lonely planet

中国旅行指南系列

湖 北

本书作者

崔群　孙澍　尼佬　袁亮　易晓春

十堰和神农架
112页

宜昌和三峡
143页

鄂中
200页

武汉
48页

鄂东
228页

恩施
179页

中国地图出版社

计划你的行程

- 欢迎来湖北 4
- 湖北亮点 6
- 湖北TOP 11 8
- 行前参考 16
- 新线报 18
- 如果你喜欢 19
- 当地人推荐 22
- 省钱妙计 24
- 每月热门 25
- 旅行线路 28
- 负责任的旅行 40
- 湖北快门 42

在路上

武汉 48
武汉三镇 50
- 武昌 56
- 汉口 82
- 汉阳 101

三镇周边 107
- 木兰山 108
- 木兰天池 108
- 云雾山 109
- 木兰草原 109
- 锦里沟 109
- 清凉寨 110
- 景德寺 110
- 九真山 110
- 嵩阳寺 110
- 金龙水寨 110
- 道观河 110
- 问津书院 111
- 中山舰博物馆 111

十堰和神农架 112
十堰 114
- 武当山 119
- 丹江口 133
- 房县 134

神农架 135

宜昌和三峡 143
宜昌 144
- 宜昌市 145
- 宜昌市周边 156

三峡 160
- 西陵峡 160
- 秭归 171
- 巫峡 174
- 巴东 175
- 瞿塘峡 177
- 奉节 177

曾侯乙编钟，见13页

武当山雪景，见119页

恩施市芭蕉侗族乡茶山，见182页

目录

了解湖北

今日湖北	246
历史	249
湖北人	260
文化和艺术	266
饮食	273
环境	278

生存指南

出行指南	284
交通指南	291
幕后	294
索引	296
地图图例	301
我们的作者	302

特别呈现

当地人推荐	22
湖北快门	42
武大樱花节	67
"过早"的武功秘籍	79
从南岩徒步到五龙宫	127
寻找心中的山楂树	150
清江古河床徒步	194
超越十三陵	213

恩施 179
- **恩施市** 182
- 恩施大峡谷 189
- 鹿院坪 190
- 清江画廊 191
- 梭布垭石林 191
- 利川 191

鄂中 200
- **襄阳** 201
  - 襄阳市 201
- **荆门** 210
  - 钟祥 210
  - 京山 215
- **荆州** 216
  - 荆州市 217
  - 洪湖风景区 223
- **随州** 224
  - 随州市 224
  - 大洪山风景区 225
  - 洛阳镇千年银杏谷 226
- **孝感** 226
  - 白兆山 226
  - 钱冲古银杏公园 227

鄂东 228
- **鄂州** 230
  - 鄂州市 230
- **黄冈** 232
  - 黄州 232
  - 龟峰山 234
  - 红安天台山 234
  - 林家大湾 234
  - 浠水 235
  - 罗田 235
  - 英山 236
  - 黄梅 236
- **黄石** 237
  - 黄石市 237
  - 仙岛湖风景区 239
- **咸宁** 239
  - 咸宁市 239
  - 九宫山 241
  - 隐水洞 242
  - 三国赤壁 242
  - 陆水湖 243

欢迎来湖北

滚滚长江，西来东去，江山里中流砥柱就是湖北。大禹踏浪而去的云梦大泽，已化作赤壁战争的熊熊烈火；武当金顶的悠悠道乐和江汉关的晨钟，仍旧和时代的脉搏一起律动至今。

仙山永恒

真武落崖升天的美好传说流传了几千年，巍巍的武当山仍是人们最接近天界的圣地。这种缅怀和纪念持续了几千年后，信仰者们在武当山上经年的建造和雕琢，逐渐形成了与仙山浑然无缝的、中国宗教信仰的活体博物馆。你不仅能看到几千年都有贤哲修行的岩洞，还能看到如紫禁城一样恢宏的宫阙云中仙殿。重走云雾中那些千百年来无数古人走过的神道，在鸟鸣花语的山溪中学几手太极拳，你会更了解何为天人合一。

历史回声

几乎可以在湖北找到中国几千年历史中任何时段的遗迹。虽然武昌红楼的枪声是听不到了，但你仍可以在樱花漫天的武汉大学和汉口的洋楼下，缅怀20世纪初期救国精英云集这九省通衢时的盛景。除了明朝几代皇帝大修的武当山诸宫，明代帝陵中最大的单体陵墓明显陵亦是罕见的独特建制。浪漫而骁勇的三国时代，除了赤壁的熊熊烈火之外，这里还有隆中对的举贤传说。而更遥远年代的楚长城，至今仍有残垣留在秦楚边关的深山中。

绿野侠踪

离开江汉平原，湖北西部的鬼魅群山如化外之境般大隐隐于长江两岸。半年积雪的神农顶海拔高达3105.4米，与23米的汉口高差达3000米之巨。野人传说仍在民间流传，而它丰沛完美的原始森林和云蒸霞蔚的高山湿地，已经成为中国最新的世界自然遗产。跨过长江，隐秘恩施高耸的群山和深藏的峡谷妖娆奇绝，有些步行才能到达。从前这些世外之地是流民、侠客和败寇的藏身天堂，今天已成了令勇敢的户外爱好者心醉的野趣世界。

江湖长在

尽管高速铁路飞快地连接了长江沿岸，当年赤裸身体在江边辛苦劳作的纤夫也改了营生，近代的科技和工程，永远地改变了江河的原貌，却无损长江这条母亲河对游人的魅力，甚至还赋予了亲近江河的一种新视线。乘船而去，今天江陵到白帝城的江上风景，比李白看到的更为壮阔；在汉水的上游，你甚至可以看到因为南水北调被拦截而成的浩荡"小太平洋"。云梦泽化为千千万万的湖泊散落在江汉平原上，夏天莲荷漫天，秋天出产肥美的螃蟹，鱼虾四季丰盛，依然是南方中国的一派盛景。

我为什么喜欢湖北

本书作者 孙澍

　　荆楚大地是我的求学之地，4年的武汉时光让我和湖北结下了初缘。以"大"闻名的武汉和其他都市一样，深藏着千万人家的荣辱哀乐，一眼望去杂乱无章，仔细探访却是有滋有味。而在鄂西的群山峻岭之中，总有造物主的各种馈赠：瑰丽的山林野花，神奇的岩溶地貌，时不时跨过一条条清溪碧水，更有一袭大江等着遇见。中东部的江汉平原和历史名城看似无趣，却沉淀着荆楚大地悠久灿烂的文化。无论是穿过小巷、探索大城，还是玩山弄水、享受自然，湖北总有让我满意的玩法。

关于作者的更多介绍，见302页。

上图：恩施地区土家族的摆手舞

湖北亮点

武当山
朝拜"悬崖上的故宫",在金顶和真武大帝像同看日出(119页)

神农架
步入"野人"所在的北纬30度秘林,徒步林海遭遇侠隐之地的极致景观(135页)

利川
腾龙洞探"中国最美洞穴",大水井赏"青莲美荫"的深山庄园(191页)

三峡
重游中国的"水上唐诗之路",看千百年来的变与不变(160页)

恩施
了解土家族苗族的前世今生,再钻进大峡谷玩个痛快(179页)

宜昌
高峡出平湖,探三峡人家,访屈原故里(144页)

明显陵
夕阳中步入这座历史最奇特的帝王陵园，和落日余晖一同看尽沧桑（211页）

汉口
听江汉关穿越了百年的钟声，在老租界迷人的咖啡馆里懒洋洋地消磨一个午后（82页）

武昌
武汉大学看樱花，博物馆里听编钟，大桥头看龟蛇锁大江（56页）

黄冈
大别山里穿行，东坡赤壁寻古，黄梅寺里问禅（232页）

荆州
拜访博物馆里的西汉人"遂先生"，再踏着古城墙完成"空中慢跑"（217页）

黄石
青山绿水间的金属怪力，令人惊叹的亚洲第一巨坑（237页）

海拔高度
- 3000m
- 2000m
- 1000m
- 500m
- 200m
- 50m
- 0m

图例
- 高铁
- 铁路
- 高速
- 国道
- 省道

0　　　50 km

湖北
Top 11

1

武当访道

1 银须飘飘的张三丰、怀抱阴阳的太极拳、侠义肝肠的武当派……小说中的武当山（见119页）令人向往，现实中的这座道教名山绝不辜负你的期望。茫茫八百里武当山，自老子的学生尹喜在此开始，就成为人们向往的仙山福地，几千年来朝圣者络绎不绝。在经过皇权的认可和加持之后，它云顶峰尖上修筑了庞大完美的神坛和修行场所，被视为自然与建筑完美融合的中国古典美学标志之一。"武当山道教建筑群"早已被列入《世界遗产名录》，白雪覆盖的金顶像极了琼瑶仙宫。不妨在山中小住几日，向习武的道长们讨教几招，古神道的一段徒步更会让你飘然若仙。

大汉口

2 汉口（见82页），这个今天在行政区划上已不复存在的地名，仍然以"大汉口"的名义继续散播着巨大的影响力。曾经的汉口五国租界是中国内陆最洋气的地方；如今虽然老楼沧桑，但是风格尚在、细节仍存，仍是西洋建筑爱好者和摄影师们的最爱。不过请不要浮于表面：钻一钻里份，看"万国旗帜"下的小市民生活场景，并在"刁角"小店过个早；推开老别墅的门，在时尚新潮的酒吧、咖啡厅泡上半天，夜色凝重时去宵夜场上大战一场。你会发现，大汉口仍在，而且越活越有味道。图为武汉胜利街附近的楼群。

3

计划你的行程　湖北 Top 11

神农架

3 中国独一无二的以"林区"命名的县级行政区,神农架(见135页)提供着整个华中地区最与众不同的小气候和最丰富的自然景观。无边无际的植物海洋,野生动物自由生长,目力所及都是远离尘嚣的极致景象。忘了"野人"吧,踩上海拔3105米的神农顶(见137页),"华中之巅"见茫茫林海,将中国大陆东北、华北、华东、中南地区的所有山峰都睥睨足下。再去大九湖(见139页),钻进电影《刺客聂隐娘》里唐人侠客归隐的桃花源。图为神农架金丝猴。

最后的三峡

4 两大水利枢纽工程的前后建成,让三峡(见160页)的万古奔腾变得静如处子。只有从三峡大坝下游8公里处的黄陵庙,到葛洲坝上游3公里处的南津关,其间约30公里长的西陵峡东段,因景观受影响较小而号称"最后的三峡"。乘船穿越这段峡江,仔细寻找英雄故事和万古诗篇里的点滴。如果被沿岸的石碑村、灯影峡等景点吸引,不妨再多花几天去岸上徘徊,前往三峡人家(见147页),从"船上人在看风景"变成"看风景的人在岸上看你"。图为宜昌西陵峡。

计划你的行程 湖北 Top 11

秘境恩施

5 随着动车的通达,偏居一隅的恩施州正在吸引越来越多的旅行者。千万年来的地质运动将这里打造成鬼斧神工,天坑、地缝、溶洞、绝壁、峰柱、天生桥……共同描绘出一幅"天然画卷"。那就请穿戴好装备,在恩施大峡谷(见189页)、腾龙洞(见193页)、清江闯滩漂流(见185页)上蹿下跳地享受户外运动的乐趣吧!玩累了不要紧,鹿院坪(见190页)、清江古河床(见191页)都有村落提供歇脚点。返回城区,更有各色各样的土家族美食供户外勇士们"腐败"。图为恩施大峡谷。

有凤之地

6 将凤凰作为图腾的楚国,其文化充满了浪漫主义的色彩,楚人飞扬跋扈的想象力尤其出名。湖北省博物馆(见71页)和荆州博物馆(见218页)都是探知楚文化的好地方,虎座凤架鼓、凤鸟双联杯、龙凤虎纹绣罗……你数到了多少"凤图腾"?两个博物馆都收藏有越王青铜剑,是楚国军功强大的最佳证据。名气最大的曾侯乙编钟也陈列于前者,还可以去曾国故都随州的擂鼓墩,一探曾侯乙墓(见225页)的巨大墓室。图为曾侯乙编钟。

明显陵

7 看遍南北两京的明清皇家陵寝,还有一座钟祥的明帝陵等你探访,以完成"大满贯"之旅。最好的参观时间是伴着夕阳,和退场的参观者逆向而行,古朴的石像生、芳草萋萋的土冢……清幽肃穆的气氛里,490年前来自湖北的少年天子、为生父争名的那股倔强劲头似乎仍能感觉到。明显陵(见211页)的陵主并非真正的皇帝,陵墓面积却是明代帝陵中单体之最。这处世界文化遗产的建筑形制以其特别的构造阐释着中国持续五百年的世界观和权力观。

黄梅问禅

8 菩提本无树,明镜亦非台——西来佛教在中国彻底的本土化,竟然是以一句偈语的形式,发生在大别山中的黄梅五祖寺(见236页)。旺盛的香火缭绕,透过窗棂就能参拜禅宗五祖弘忍的真身。30公里路程外的四祖寺(见236页)规模更大,后山的毗卢塔是禅宗四祖道信的真身舍利塔。黄梅还有一座老祖寺(见237页),祖师爷宝掌和尚据传比达摩祖师还要早300年抵达中国。除了纯正的佛教氛围,寺庙四周的山水风光对那些诚心拜佛的人来说是额外奖励。别忘了,这里还是黄梅戏的故乡。

唐崖土司遗址

9 从元末到清雍正的360余年间,土司覃氏家族在鄂西就是"土皇帝"一般的存在,依山傍水的唐崖土司城(见196页)比北京紫禁城还要大。如今,这处世界文化遗产的地面建筑所剩无几,只有石牌坊上的"荆南雄镇""楚蜀屏翰"提醒你正在进入一座城池。空荡的遗址之上,山风吹起,古代西南山地的少数民族和北京皇城之间的故事在山谷间回响。

计划你的行程 湖北 Top 11

高峡出平湖

10 创造了诸多中国乃至世界第一、长期陷于舆论旋涡的三峡水利枢纽工程，值得你亲自去看看。已对中国游客免费开放的三峡大坝旅游区（见145页），最让人感到新奇的就是全天候作业不停的五级船闸。转身眺望大坝拦江形成的三峡水库，平稳开阔的湖面，在湖泊众多的鄂省也许并不稀奇，不过背后的意义可就大不一样了。水位线的上涨，让三峡风景受到了较大的影响，不过也诞生了古昭公路、神农溪（见176页）等新景点。溯江而上，神女峰（见174页）仍在痴情等候。

靠水吃水

11 湖北的千湖和大江，孕育出各种来自水中的美食。武昌鱼（见231页方框）早以靠着诗词名扬神州，财鱼、鮰鱼则更具湖北特色，荆州、赤壁还有"吃鱼不见鱼"的鱼糕（见221页）。席卷全国的小龙虾在湖北也有知名品牌——潜江小龙虾（见225页方框），近年来武汉还成了"麻小"爱好者的圣地之一。水禽带来了鸭脖、鹅翅等重要的食材，周黑鸭早已是伴手礼必带。"湖北的藕，多个心眼"，这里的粉藕最有名，莲藕排骨汤、藕丸、藕夹、藕带都是舌尖上的湖北味道。

行前参考

更多信息见"生存指南"章节（见283页）

简称
鄂

现金
市、县的银行都不难找，自动取款机随处可见。绝大多数酒店、景区售票处都能刷卡，偏远景区、农家宾馆可能例外。许多县市级的汽车站都有自助售票机，可使用支付宝或微信支付。

语言
普通话很流行。武汉话、荆州话可以看作狭义的湖北话，如果不用太生僻的词语，并不难懂。襄阳话有些像河南话，宜昌话和恩施话接近四川话，鄂东一些地方的方言每个村都不一样。

通信
手机信号覆盖广泛。神农架、恩施、武当山等深山中，只要有常住居民就有手机信号。

上网
手机4G网络已经覆盖到各市县，平原地带的乡镇也有。武汉市区、博物馆常有免费Wi-Fi，酒店、咖啡馆的免费Wi-Fi也是必备。城镇很容易找到网吧，市区常有网咖，虽也是网游者居多，但环境要好很多。

何时去

- 夏季炎热，冬季较冷
- 春夏秋冬，四季分明

- 十堰和神农架 4月至10月最佳
- 鄂中 春秋两季最佳
- 宜昌和三峡 春秋两季最佳
- 武汉 春秋两季最佳
- 恩施 4月至10月最佳
- 鄂东 春秋两季最佳

旺季
（4月，7~8月）

➡ 4月初武汉大学、东湖等地樱花缤纷，武汉迎来了一年中游客最多的时候。

➡ 暑假的武当山、神农架、三峡、恩施山高路远，相比外面的世界一片清凉。

➡ 避暑还不够凉快？到处都有漂流。

➡ 打着赤膊，享受小龙虾宵夜的欢乐。

平季
（5~6月，9~11月）

➡ 樱花、杜鹃花谢了，暑假的游人散了，除了十一黄金周，湖北重归平静。

➡ 身为屈原故里，端午节的湖北，各地都有热闹的龙舟赛。

➡ 秋风起，肥美的大闸蟹上市了。

➡ 11月大洪山的银杏披上黄金甲。

淡季
（12月至次年3月）

➡ 初冬的武当山、神农架、大别山，寒风冻住了山林。

➡ 三峡的江水，迎来了一年中最为碧绿的时候。

➡ 和湖北人一起等候降雪，看冰雪之下的古今建筑。

➡ 炖一吊暖暖的排骨藕汤，配一盘鲜嫩的洪山菜薹。

网络资源

湖北旅游资讯网（info.hubei-tour.gov.cn）湖北省旅游局主办，有景点、线路、旅游资讯等。

武汉旅游信息咨询中心网（www.iwuhan12301.com）武汉市旅游局官方网站。

神农架官网（www.snj.gov.cn）提供神农架的详细旅游信息。

中国恩施旅游网（www.esly.gov.cn）恩施州旅游局主办的网站。

东湖社区（bbs.cnhubei.com）湖北人气最旺的地方论坛，有旅游信息和美图摄影。

湖北省道路客运联网中心官网（www.glchx.com）可查询、订购省际、城际的长途汽车票。

重要号码

公安报警	（☎110）
医疗急救	（☎120）
湖北旅游服务热线	（☎12301）
湖北旅游投诉电话	（☎027-87124701）

每日预算

经济
150~250元

➡ 青旅床位：40~60元

➡ 去小餐馆或夜市吃饭，以当地小吃、盖浇饭、小碗菜为主

➡ 以公共交通工具为主，或与人拼车前往景点

➡ 挑选几处最有意义、交通方便的景点，购票游览

中档
250~500元

➡ 连锁酒店、普通宾馆：100~200元

➡ 下馆子要两个小菜，人均40元以内

➡ 城市出行以打车为主，包车游览交通不便的景点

➡ 知名的景点都可以玩到

高档
500元以上

➡ 星级酒店：250~600元

➡ 敞开肚子品尝当地特色美食

➡ 全程包车或自驾，租车约150元/天

➡ 参加缆车、竹排等额外收费项目

数据湖北

常住人口 5851.5万（2015年）

少数民族人口 272.8万（2015年）

面积 18.59万平方公里

水域面积 2.21万平方公里

湖泊总数 728个（2015年）

长江流经长度 1041公里

最高海拔 3105米

抵达湖北后

武汉天河国际机场（见53页）

➡ 城际列车到市区：7元起

➡ 地铁到市区：4元起

➡ 机场大巴至市中心：17~32元

➡ 出租车至市中心：70~100元

宜昌三峡机场（见155页）

➡ 机场大巴至市区：20元

➡ 出租车至市区：100元

武汉火车站（见81页）

➡ 地铁至市中心：3~5元

➡ 公交到市中心：2元

➡ 出租车至市中心：35~60元

更多交通信息见**交通指南**（见291页） ➡

计划你的行程 行前参考

湖北旅行注意事项

➡ 害虫预防。湖北乡下有可能遇到水蛭、牛蜱等害虫。尽量避开草多、潮湿的地方。经过有水蛭存活的地段，休息时要经常检查身上有无水蛭叮咬，并做及时处理。如被牛蜱叮咬，要及时清洗、消毒、消炎。湖北曾是血吸虫的重灾区，但是这些年已经无新发疫情，不过长江部分江段仍有感染的可能，夏天不要轻易下水。

➡ 健康饮食。湖北菜的味道偏重，比较油腻、咸辣，小龙虾、烧烤不宜一次食用太多。平时注意多补充一些维生素丰富的水果、蔬菜。乡间自酿的米酒、黄酒后劲很大，小酌几杯即可。

➡ 做好降雨的准备。湖北常会突然降雨，在城市里带一把雨伞很有必要。山区雨伞并不实用，一次性雨衣或者专门的户外衣裤更好用。自驾进山更要关注天气预报，泥石流、落石、洪水、大雾很有可能阻碍前路交通。

新线报

武汉,每天不一样

2015年底,"大汉口"的象征江汉关大楼在建成90余年后,以博物馆的形式首次对公众开放。2016年五一,"长江第一灯光秀"闪耀18公里的武汉两江江岸线。2016年底,连接沌口、汉阳中心、汉口、东西湖区的武汉地铁6号线通车,前往天河机场的2号线二期也已建成。

高铁枢纽

"九省通衢"武汉的高铁枢纽地位,正在加速完善中。京广高铁、沪汉蓉客专十字交叉于此,前往鄂东4市、孝感、天河机场又都有城际铁路,随州、襄阳、十堰方向的既有线动车也跑得风风火火。

湖北公路客运网上购票

湖北许多县市级的长途汽车站,安装有畅途网、bus365等网站的自助取(售)票机,一些还可以刷支付宝、微信钱包购票。

一日游三峡

宜昌交运开通了长江三峡两日游游轮,一日看遍西陵峡西段(三峡水库)、巫峡、瞿塘峡风光,第二天从奉节乘车返回宜昌或前往重庆。另有"长江夜游"游轮、灯光4D秀的"夜游三游洞"新近推出。

大九湖

2016年5月,神农架大九湖开始禁止自驾车进入,景区内所有的宾馆也将被拆除,你需要在景区门口换乘公共游览车。

恩施小蛮腰

2016年5月,恩施大峡谷云龙地缝出口处,"小蛮腰"观光电梯正式运行,可帮旅行者省去上下1公里的石阶路。

透明时代

2015年,罗田的天堂寨景区相继开放200米高的玻璃栈道和145米高的全透明电梯。2016年,长阳的清江方山景区建成了国内最长的玻璃悬空栈道。

武当新索道

武当山五龙宫至南岩索道预计于2017年启用。从南岩乘坐索道10余分钟即可探访沧桑的古道观和震撼的五龙峡谷,不过西神道逃票路线也将随之作古。

新世遗

2015年7月,"中国土司遗址"列入《世界文化遗产名录》。2016年6月11日,位于恩施州咸丰县的"世遗"唐崖土司城对外开放。2016年7月,神农架被列入"世界自然遗产地"。

鄂西高速跃进

老(河口)石(首)、十(堰)房(县)、谷(城)竹(溪)、宜(昌)恩(施)、宜(昌)巴(东)高速……相继通车,自驾进入十堰、神农架、三峡、恩施山区变得快捷许多。但也意味着普通公路上的班车减少,三峡客运班船也几乎被挤出了历史舞台。

自驾新景

位于巴东县野三关镇的宜恩高速四渡河大桥是全世界数一数二高的悬索桥,桥面距谷底560米。2015年,连接兴山县城(古夫镇)和昭君村的古昭公路通车,其中有4公里是建在溪谷水流上的"水上生态环保公路"。

关于来自旅行者的最新心得和建议,见
lonelyplanet.com/thorntree

如果你喜欢

水

"千湖之省"又有大江穿境而过:湖北是水灵灵的,又有浩浩荡荡的水势,以及水气蒸腾而出的浪漫。

西陵峡 黄陵庙至南津关的西陵峡东段,险滩沉没江底,但仍旧是受水利工程影响最小的一段三峡。长江在石牌村大拐弯,船声悠悠已过重山。(见160页)

汉口江滩 从追逐"夕阳红"的广场舞大妈、气血方刚的泡吧少年,到秋季绵延6公里的芦苇花海,看"江城"武汉如何和大江相依相偎。(见85页)

三峡大坝 "高峡出平湖"波澜不惊,五级船闸24小时忙碌地灌水、提船。若能有幸碰上大坝泄洪的场面,更能让人深思千百年来的治水智慧。(见145页)

东湖公园 栈桥上且听风吟,湖中的磨山如同仙岛,堤坝宛若绿色的项链。傍晚搭上回航的小船,划过波光粼粼的湖面,抵达凌波门。(见73页)

丹江口水库 作为"南水北调中线"的水源地,丹江口水库将秦岭巴山流下的涓涓细流,汇纳成浩瀚、清澈的巨型长湖。(见134页)

历史建筑

中国传统腹地的湖北,既有木构楼阁的斗拱之美,又有沿着长江驳来的西洋建筑。

汉口老租界 曾经的汉口五国租界,仍是中国内陆最洋气的街区。从江汉路到武汉天地,黎黄陂路精致在外,里份深处烟火依旧。(见89页)

武当山古建筑群 北建故宫,南修武当。大明王朝在"太岳"武当,用红墙绿琉璃瓦的道观,绘就了"得道升仙"的天堂之路。(见121页)

明显陵 因为明朝中叶的一场重大事件,这座埋葬着一位藩王和一位皇太后的神奇帝陵,拥有领衔明清帝陵的绝妙风水和陵园设计。(见211页)

大水井 藏在鄂西南群山峻岭中的旧时宅院祠堂,看这片"青莲美荫"的黑瓦白墙院落之中,家族宗氏制度如何演绎百年。(见193页)

荆州古城墙 仍为"完璧"的江陵古城墙,适合登上城楼、俯视车流的同时,追仰三国英雄;更适合在草丛中、树荫下踩着城墙慢跑。(见217页)

武汉大学早期建筑 "樱花城堡"是珞珈山樱花最好的背景;这些中西合璧的民国校园建筑,才是这所"最美大学"的骄傲所在。(见66页)

博物馆

古老的《离骚》之歌回荡在荆楚大地,三国故事、明朝事儿,近代的湖北同样星光熠熠。

湖北省博物馆 曾侯乙的编钟、越王的剑、郧县人的头骨、元代的瓶,还有商朝玉戈、楚国漆器、秦汉简牍、明朝金玉……让人目不暇接。(见71页)

荆州博物馆 两千年前的西汉古尸静静地躺在这里,可是比辛追夫人还年长的他,在先秦的青铜剑、鸟架鼓、纹绣罗……面前只是"小年轻"。(见218页)

江汉关博物馆 踩着110余年来、每逢半点准时鸣响的钟声,走进汉口的标志性建筑;三层楼展览看完,已将大武汉的"前世来生"成竹在胸。(见82页)

恩施州博物馆 恩施近年来才被旅行者掀开面纱。探访大峡谷、腾龙洞之前,不妨先来这座现代化的博物馆,对这片神秘之地来个概览。(见182页)

鄂州博物馆 东吴故都又是铜镜之乡。从东吴孙将军的青铜兵器上遥想公瑾当年的意气风发,从破镜重圆的铜镜碎片中猜想凄美的爱情故事。(见230页)

随州博物馆 在曾经轰动世界的擂鼓墩曾侯乙墓近邻,穿梭于古

随国的青铜器陪葬品之中，最后在编钟复制品上即兴敲击出一串音符。(见224页)

美食

"鱼米之乡"物产丰饶：千百年来的人间烟火充满了智慧，烹饪出让人眼花缭乱的各色美味。

过早 大江大湖的武汉，全城人颇具江湖气息，一大早就奔走在早摊点和公交车站之间。热干面是主角，搭戏的配角更是千变万化。(见79页方框)

宵夜 过早的时间毕竟有限，人声鼎沸的宵夜才是武汉食客们的"正面战场"。披着油烟，就着路灯，撸着串串，灌着啤酒，夫复何求？(见95页方框)

合渣 一锅乳白带绿，架在火焰上越熬越香。白的是豆浆，乳香润口；绿的是蔬菜，清新爽快。再加上荤素结合的一道道配菜，滋味酣然。(见185页)

沔阳三蒸 如今提倡健康"蒸"食，湖北人早就发现了蒸菜之妙。蒸鱼、蒸肉、蒸菜……恰有江汉平原丰饶的物产，"沔阳三蒸"变幻无穷。(见225页方框)

虾子 油焖、红烧、蒜蓉、清蒸、干煸、麻辣……每到夏夜，湖北宵夜的主角就是潜江小龙虾。为了捧红虾子这"名角"，所有人已不顾形象。(见94页)

武昌鱼 "鱼米之乡"最有名的水族，早已作为一道名菜传遍远方。挑筷啄鱼之际，说不定还会将湖北省的形状，当作向海游去的一条鱼。(见231页方框)

计划你的行程
如果你喜欢

(上图)武汉江汉关大楼
(下图)武汉人过早的传统美食热干面

摄影

青山绿水是一张丝滑的绸缎,湖北丰富的花草树木就是最好的绣工,天然入画。

神农架 捕捉野人的踪迹不怎么现实。不过漫山遍野的自然风光,已足够填满胶卷:云雾高于"华中之巅",神农氏尝遍的药草鲜花岁岁枯荣。(见135页)

金顶日出 群峰俯首在武当金顶身下,第一缕日光打在金殿上,反射的光芒冲破云霄。小道长挥舞着笤帚打扫卫生,举手投足已有几分太极拳的样子。(见128页)

武大樱花 珞珈山下的樱花,幸福地拥有老斋舍、工学院、鲲鹏广场作为背景。而当白天喧嚣的游客潮退去,路灯下的夜樱更有一番书香气质。(见67页方框)

大洪山古银杏 守候村口的银杏树宛若一尊尊守护神,每到深秋披上了黄金甲的盛装。树林中籁簌作响,每一步都泛起金色的涟漪。(见226页、227页)

恩施大峡谷 地缝中落下的雨雾,折射出五光十色的彩虹。登上悬空栈道环视喀斯特峰林,"一炷香"必定瞩目,引来千百万人"咔嚓"不断。(见189页)

避开人潮

或交通偏僻,或名不见经传,湖北有一些游人少至的有趣地方。不过十一黄金周全民出游,这些地方仍可能无法例外。

磨针井 这座清幽小巧的道观,流传着"铁杵磨针"的悟道故事。由于是刚进武当山不久遇到的第一个道观,大部分游人都会乘车呼啸而过。(见124页)

黄梅老祖寺 山路上绕得昏天转地,最终来到翠湖茂竹畔的这方宝刹,看看比达摩祖师还要早300年到中国的宝掌和尚,相中的是怎样的山水。(见237页)

鹿院坪 巨型天坑中的这方"院坪",坐落着有20多户人家的小村庄。全靠徒步进入,让这里躲过了团队游的热潮,成为户外者的天堂。(见190页)

南岸嘴 长江第一大支流在这里静静地结束使命。绿色的汉水和浑浊的长江交汇成"鸳鸯锅",江面的大船从武昌的大厦前游过,正是典型的江城景象。(见102页)

鄂州 苏东坡访梅花的西山、驻扎过东吴水师的长江江滨、"铜镜之乡"的博物馆、水光潋滟的洋澜湖,鄂州虽非跌宕起伏,但也乐趣多多。(见230页)

落雁景区 在东湖的另一侧,和候鸟们一起眺望"大武汉"。候鸟们看不懂对岸翻天覆地的变化,更不懂它们看惯的夕阳为何吸引了长枪短炮。(见73页)

计划你的行程 如果你喜欢

当地人推荐

颜长江

1968年生于湖北秭归,从20世纪90年代开始进行三峡题材的摄影,出版有《最后的三峡》《纸人》《三峡日志》等著作。

你推荐去哪些地方拍摄三峡的风景和人文?

三峡是人文与风景深度结合的热血之地。但遗憾的是,因为三峡大坝蓄水,曾经在诗文和摄影作品里精彩过的峡江经典场景,有些已经风光不再。三峡的变化是巨大的,我们不能用以前的印象来套现在的三峡。风景、古迹、城镇,甚至人的性格都改变了,只能慢慢体会。西陵峡莲沱、巫峡青石、瞿塘峡白帝城,可以说还不错。这三处附近的黄牛岩、神女峰、桃子山,登高俯拍相当好。而三峡两岸的人文,也只存在于那些支流上游的小地方。不妨花点时间,乘坐乡村班车和小客船,沿神农溪、大宁河和乌江上溯,多与当地老百姓交流,可以看到峡谷急流和原生态的生活,感受有人文的风景。

哪个季节适合游玩三峡?

秋季去比较合适。春节前后也很好,因为有浓浓的原生态的年味,而且峡江的冬天并不冷,春节后一般都很暖和。

推荐去哪里品尝地道的三峡一带的美食?

美食对于摄影师而言最好是快速又好吃。宜昌街头的一碗红油小面,是价廉物美的早餐;西陵峡口,比如三游洞下游的江边,还有下牢溪峡谷里面,有不少小乡村饭馆,感觉相当好,边看景边吃江鱼火锅,很是难忘。

土家野夫

又名野夫,本名郑世平,1962年出生于湖北利川。自由作家,代表作有《江上的母亲》《乡关何处》。

你的家乡恩施有哪些不能错过的景点?

恩施的大峡谷我以为一定要去,还可以去利川的腾龙洞和大水井,鱼木寨也不错。咸丰的坪坝营是恩施州的最西部,风光也好。建始的清江漂流风景非常美,去恩施不要错过这个体验。透露一个小众的"私房"景点,利川忠路镇的老屋基是保存完好的一条土家老街,也是我的电影《1980年代的爱情》的外景地。忠路镇境内的甩甩桥、毛坝风雨桥都在电影里出现过,亦是很美的建筑。如果能亲自去看看,会有不一样的感受。

最推荐的"乡愁"食物是什么?

我自己最爱的是凉粉,尤其是汪营凉粉,汪营就是我长大的地方,凉粉是父母在夏天给我的最高奖赏。最关键的是勾兑凉粉的泡菜水中必须有花椒叶,这是秘方所在。

恩施的饮食,口味喜酸辣。菜的话,新鲜的蕨苔摔水炒鲊海椒面和腊肉是我怀念的。当地人也非常爱吃鸡杂和鸭杂,早餐则有"格格儿"这种"重口味"美食。当地人吃饭不讲环境讲气氛。火锅我们叫"吃烘锅",人越多吃起来越热烈。比如8个人就餐,无须费神点菜,先按喜好选3个烘锅——腊猪蹄、土鸡外加酸萝卜牛肉,其他的配菜小菜餐厅老板会自行选配着上。

阿Sam

著名旅行作家,曾任《1626》杂志主编。

说一个你会一去再去的武汉"私人地点"。

武汉大学后面的东湖是不错的选择。传统的磨山或者樱园很美但是因为太有名所以人山人海，听涛景区有一片水杉林，四季的景色都会不同，边上还有不少好吃的私房菜可以去探寻。还可以去汉口的老租界区，那里充满着生活气息，逛逛街边的小店，在这里可以找到汉口的历史感。晴川桥江滩边是当地人常去的地方，人不多却很美。

什么样的食物能引起你最大的"乡愁"，何时何地吃是你觉得最地道的？

很多人第一反应是热干面，我觉得更有挑战的是湖北米粉。湖北米粉没有湖南、贵州、桂林、云南那么有名，可有着独特的味道，汤底浓郁牛肉熬到刚刚好，只要你喝一口汤就知道这是湖北米粉。另一个值得推荐的是藕尖，每年5~6月的时候就会出现在湖北人的餐桌上。面窝在外地不太有机会吃到，红薯做的面窝是我的最爱，每次都舍不得吃中间的地方，因为太好吃，酥脆又很少。当然还有热干面和排骨藕汤，每个人家里炖出来的汤味道都不同，很容易让大家在吃的时候回想起家的味道。

除了武汉，还愿意把时间"浪费"在什么地方？

荆州古城，很多好吃的以及有历史的记忆。潜江，你甚至会为了小龙虾专门去一次！

张大水

《吾城武汉》作者，武昌昙华林"大水的店"的老板。

武汉有哪些蛮喜欢的小众地方？

得胜桥向南走，走着走着就能在乱糟糟的电线上，突然发现蛇山上的黄鹤楼如同鲜花一般绽放。我觉得武汉是雅俗共赏的，得胜桥的"俗"和黄鹤楼的"雅"，合起来就是"最武汉"的一个视角。还有东湖东路游泳场附近的那段沿湖公路，林荫遮天，依山傍湖，十分秀丽。

在昙华林待了这些年，有什么回忆？

房租的飞涨是最直观的感受。当年晚上相互串门、一起聊天的昙华林第一批店主，如今有很多都撤走了。越来越多同质化的店铺开张，还有油烟缭绕的小吃摊点，也出现在昙华林街道上了。还好附近的得胜桥和我刚来的时候没有多大变化，仍然嘈嘈杂杂，那些便宜又油乎乎的早点铺、夜宵店一直都在，可能是老武昌的最后印记。如今凤凰山瑞典教区旧址在保护重建，我是比较支持的；一方面可以让老洋房重新焕发生命，而且对于当地居民而言也是好事——还记得初来昙华林，我曾租住过居民自建的老房子，条件很差，房梁上是老鼠的舞台。

魏国峻

土生土长的武汉姑娘、新浪网资深编辑、湖北鲜城APP内容运营，专职发掘武汉美食休闲好去处。

吃的方面，武汉有什么特别不能错过的？

一定不能错过的就是江城的早餐文化。武汉人管吃早餐叫"过早"，早点种类之多可以让你吃一个月不重样，除了闻名全国的热干面，面窝、豆皮、煎包、糯米包油条、油饼、鲜鱼糊粉等也是武汉人钟爱的美味。

对于想尝试热干面的朋友，在居民聚集区街边做了很多年，每天都排长队的小店都会是不错的选择，推荐汉口江汉二路上的老田记热干面，这家上过《舌尖上的中国》。还有武昌粮道街上的赵师傅红油热干面，口碑非常棒。至于想吃到多个早点品种的话，还是推荐汉口兰陵路上的三镇民生甜食馆，基本网罗了武汉最经典的小吃品类，中午还有排骨藕汤等地道湖北菜供应，而且从早到晚都能吃到早点，价格也非常便宜。

如果外地好友第一次来武汉，你会带他去哪里？

我心中的老武汉是从江汉路一直延伸到武汉天地这一片的老汉口租界区，这一带汇集了民国时期遗留下来的欧洲各国老建筑。在黎黄陂路、洞庭街等这样安静的游人很少的老街区里走走感觉非常舒心而美好，从这些老洋房老街区里能瞥见百年前汉口的繁景象。另外，武汉是两江交汇的地形，长江汉水和这些水域上的桥也是武汉独有的风景线。可以花一两块钱去汉口江汉关码头乘坐轮渡过江到武昌中华路码头，能欣赏到汉江与长江的交汇处、武汉长江大桥、黄鹤楼等著名景观，下了轮渡步行一会就可以到美食一条街户部巷去吃小吃，绝对是超值而又美好的旅行体验。

省钱妙计

门票越来越贵？酒店又涨价了？没关系，精明的旅行者总能找到各种办法跑赢物价，少花钱多办事。以下就是我们精心总结的各路省钱妙计。

住宿

➡ 武汉、武当山、宜昌、恩施都有比较正规的青年旅舍。不过和湖北的旅游热度相比，一些青旅价格偏贵。武大樱花节期间，住青旅铺位不如去汉口、汉阳住快捷酒店。

➡ 武昌站晚上11:58发往十堰的K8082次火车，次日6:31到达武当山站。卧铺能省去一晚的住宿费。

餐饮

➡ 很多深藏在居民区附近的小巷里、看似破破烂烂的小店和大排档，才是本地人爱光临的店，价格自然公道。

➡ 湖北的小吃很丰富，一碗热干面、早堂面、牛肉面就能当一顿正餐。打着浏阳、洪湖招牌的小碗蒸菜，是米食者的管饱之选。

➡ 一个人也想吃大餐？先在美团网上找找。如今许多有名的食肆也顺应潮流，在网络上提供性价比高的套餐或是折扣券。

交通

➡ 武汉往返于襄阳、荆州、宜昌、恩施等地的动车二等座，性价比很高。

➡ 如果在武汉停留时间较长，可以办一张"武汉通"，乘坐公交车优惠幅度很大，还可租用公共自行车出行。

➡ 提前一个月甚至更长时间预订，武汉天河机场进出港的航班通常会有特价机票。

门票

➡ 对于景点门票，"一分钱一分货"并不通用，尤其是湖北近年开发的一些景点。湖北以湖闻名，许多不收门票的城中湖风景很赞。

➡ 去山岳、湖泊等自然景点，包车司机可能有打折。温泉、游乐园附近的许多店家、报亭可能有打折票。

➡ 一些景点会联合推出优惠套票，比如黄鹤楼和两江夜游的优惠套票能省下好几十元钱。各地市的旅游一票通都是省钱利器，许多在当地大景点就能办理。

购物

➡ 从村民手中或当地人开的店铺购买土特产，不仅价钱相对厚道，还能给他们一些实际的帮助。

➡ 前往超市购买干武昌鱼、咸宁桂花糕等食品特产，价格更便宜。

旅游淡季

➡ 湖北西部的山区，旅游淡季是十一过后到来年五一前。武汉除了每年3~4月的樱花、杜鹃花期以及大小长假，其他时间游人都不多。鄂东、鄂中更是一年四季都非热门旅游地，一些山水景点会在暑假迎来当地人为主的避暑客。

➡ 除去樱花节和小长假，3月至6月、11月进出湖北的机票折扣较大。这两个季节的景色虽不如夏天那么色彩强烈，但也很不错，宾馆价格也很灵活。

每月热门

最佳节会

武当山庙会，农历三月初三，九月初九

大端阳节，农历五月十五

神农架高山杜鹃花节，5月

武汉樱花季，3月中旬至4月初

武汉国际渡江节，7月16日

1~2月

最冷的季节，过年是这时的主题。湖北没有室内集中供暖，湿冷的气候有些难熬。

期待降雪

湖北中东部人们期盼的降雪，基本每年都会如约而至。东湖、明显陵的雪景宛若仙境，游人稀少；因为当地存不住雪，踏雪一定要趁早。湖北西部的武当山、神农架等地银装素裹，晴日里分外妖娆。

过年

家家户户忙碌地准备农历新年，腊肉、腊鱼、香肠、鱼丸、藕夹……年货琳琅满目，红红火火。

冰火两重天

神农架、九宫山滑雪场营业，各大温泉也迎来了最舒服的泡汤时节。

襄阳穿天节

农历正月二十，襄阳百姓在汉江畔捡拾有小孔的石头，用丝线穿过，戴在身上。

梅花香雪海

2月中下旬，武汉东湖梅园（见75页）疏影横斜、暗香浮动。

3~4月

"春江水暖鸭先知"的季节，鱼米之乡迅速恢复了活力。

沙洋油菜花

江汉平原是重要的粮油基地。汉江之滨的沙洋县，3月上半月的油菜花海尤其壮观。（见214页）

十堰摘樱桃

十堰樱桃沟（见115页）3月樱桃花和杏花怒放，4~5月樱桃和草莓成熟。

武汉樱花季

武汉一年一度的游客潮，随着樱花盛开而到来。珞珈山下的武汉大学（见66页）最为热门，东湖深处的磨山（见74页）也是赏樱胜地。

武当"三月三"

农历三月初三是武当山（见119页）主神——真武大帝的寿诞日，斋醮法会、拜龙头香、撞钟祈福等道教活动层出不穷。各地信徒朝山进香，浩浩荡荡登上金顶。

钟祥"三月三"

钟祥人结队郊游，来明显陵（见211页）拜皇帝（其实是生前未曾当过皇帝的藩王）、祈福许愿。元佑宫也有庙会。

杜鹃映山红

落英缤纷之际，杜鹃花相继盛放。东湖磨山（见74页）、木兰山（见108页）、龟峰山（见234页）都是看杜鹃花的好去处。

汉马

2016年4月10日，第一届"汉马"在江城举办，"一城两江三镇四桥五湖"的赛道备受好评。

矿山里的槐花

4月下旬至5月初，黄石国家矿山公园（见237页）槐花旅游节举办。

5~6月

天气逐渐炎热起来。5月中下旬,湖北乡间到处都是插秧的农忙景象。

佛诞节

农历四月初八的释迦牟尼诞辰日,归元寺(见101页)、章华寺(见221页)、玉泉寺(见158页)等佛教丛林都有隆重的法会,禅宗祖庭的黄梅同样梵音阵阵。

神农架高山杜鹃花节

比起湖北东部,神农架(见135页)的杜鹃花资源更加丰富,花期也更晚。5月神农顶至太子垭,绵延10余公里的花海是真正的"映山红"。

头端阳节

湖北是屈原的故乡,各地都会在五月初五端阳节(端午节)有龙舟赛、祭祀、挂艾草等传统活动。

大端阳节

秭归(见171页)、宜昌(见144页)等地有"端阳大过年"的说法,各镇的龙舟来到三峡大坝前最终竞渡,悠长的招魂号子响起。而在鄂东的黄石(见237页),五月十五至十八有"西塞神舟会",是和秭归齐名的端午民俗活动。

末端阳节

秭归和宜昌还要过五月廿五的末端阳节,过完这一天"端阳大过年"才算结束。

吃小龙虾

进入6月,虾子越发成熟,个大肉肥,荣登湖北各地

(上图)武汉国际赛马节
(下图)神农架野生高山杜鹃

的宵夜主角。6月15日前后，潜江还会举办小龙虾节。

7~8月

鄂西山区的旺季到来。8月上旬，"稻花香里说丰年"的喜悦，混杂在江汉平原溽热的空气中。

鄂西避暑

长江中游的平原地带，酷暑难耐，是有名的"火炉"。神农架、恩施、武当山由于海拔较高、植被茂盛，避暑客纷至沓来。湖北的水资源又很丰富，漂流项目随处可见，能帮助再降温几度。

接天莲叶无穷碧

"千湖之省"的荷塘随处可见，几乎每一个城中湖都有荷花观赏区。最美的莫过于洪湖（见223页）。

武汉国际渡江节

横渡长江，正是江城风采的绝佳象征。每年7月16日的渡江节，已经举办了40多年。

东湖看海

暴雨过后，"极目楚天阔"的东湖水面更显荡漾。踏在被淹没的栈桥上，似乎掌握了"水上飘"的神功。

三峡大坝泄洪

三峡水库泄洪并没有固定的时间。不过盛夏是洪水高峰期，遇到开闸泄洪的机会最大；若能碰到20多个泄洪闸门同时开放，相当震撼。

9~10月

告别酷暑和9月的"秋老虎"，湖北的气候又短暂地舒适起来。

武汉网球公开赛

9月中旬，国际女子网坛的顶级赛事"武网"拉开帷幕。

中秋赏月

一轮团圆之月，倒映在波光粼粼的湖面。高处的武当山、神农架、九宫山同样是赏月佳地。而在黄州、襄阳、沙市、洪湖等地的滨江赏月，天地开阔另有一番意境。

武汉国际杂技艺术节

每逢双数年的9月至10月，国际标准的武汉杂技厅（见99页）迎来了全球各地的高水平杂技团。

梁子湖捕鱼节

梁子湖（见231页）以武昌鱼和大闸蟹闻名遐迩，此时正是螃蟹上市的季节。9月底梁子湖还会举办热闹的捕鱼节。

神农架摄影节

9月底至10月中旬的神农架秋意浸染，"霜叶红于二月花"的美景如同油画。2015年，神农架于此时举办了首届摄影节。

武当"九月九"

农历九月初九是真武大帝得道成仙的日子。武当山上仙乐阵阵、钟鼓声声，拜龙头香的勇士如履平地。

钟祥"九月九"

明显陵"三月三"许过愿的香客，"九月九"要回到这里烧香还愿。

武汉国际赛马节

10月最后一个周六，蒙古马、伊犁马等国内顶级赛驹齐聚武汉，在东方马城（见53页）一较高下。

11~12月

秋冬交接，一阵北风一阵凉。秋景自西向东，覆盖了湖北全境。

一树尽带黄金甲

11月上中旬，随州洛阳镇千年银杏谷（见226页）、安陆钱冲银杏公园（见227页）美不胜收。下旬，武汉宝通寺、襄阳广德寺等处的古银杏虽是独木，但是枝繁叶茂，也有满地金黄的美景。

江滩荻花秋瑟瑟

11月开始，武汉长江二桥下的汉阳江滩（见104页），蔓延好几公里的芦苇，花絮漫天飞舞。

珞珈之秋

11月下旬，武汉大学建校之初，农林学家在珞珈山布下的风景密码显露成形。

大别山秋景

九资河（见236页）、天堂寨（见235页）……12月初，大别山的枫树、黄栌、红叶李、乌桕一片火红。

三峡红叶碧江

巫峡红叶名满天下。三峡下游的西陵峡（见160页）从12月初开始，同样是江枫似火、江水碧绿。柴埠溪大峡谷（见157页）也是三峡一带观赏红叶的知名景区。

旅行线路

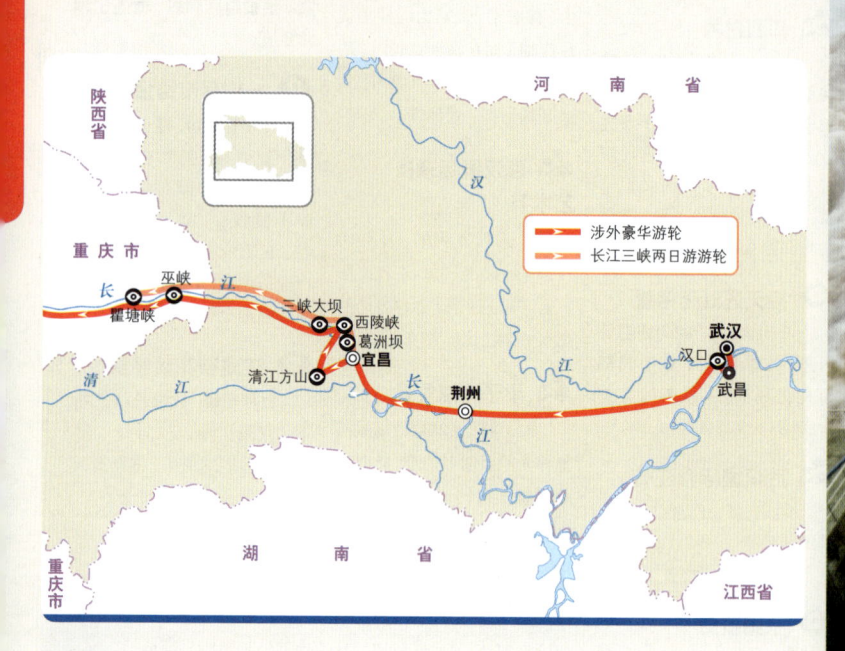

6~8天 从武汉到三峡

湖北不是热门的旅行地。鄂西有武当山、神农架、三峡、恩施四大旅行热点,更适合每一处安排3~5天的短线出游。不过沿着长江、汉水、国道318,深入探访荆楚大地,也会有融入当地人生活的有趣发现。

长江是湖北的脊柱。可从"大江大湖大武汉"到壮阔荆江,再沿峡江溯流而上。长江客运的衰落,让武汉至宜昌必须走陆路,也正好借机深入富饶的江汉平原。

四通八达的**武汉**正是进入湖北的门户。第1天将精力放在**武昌**(见56页),武大、东湖、省博都值得静下心来,慢慢探访;傍晚在长江大桥,和三镇一起送别日落。第2天游览**汉口**(见82页)老租界和江滩,古德寺也会让人大开眼界,吉庆街的宵夜是很好的告别晚宴。

第3天乘动车前往江汉平原上的历史名城**荆州**(见216页),古城墙和博物馆底蕴深厚,矗立观音矶,和长江再次碰面。当晚即可继续

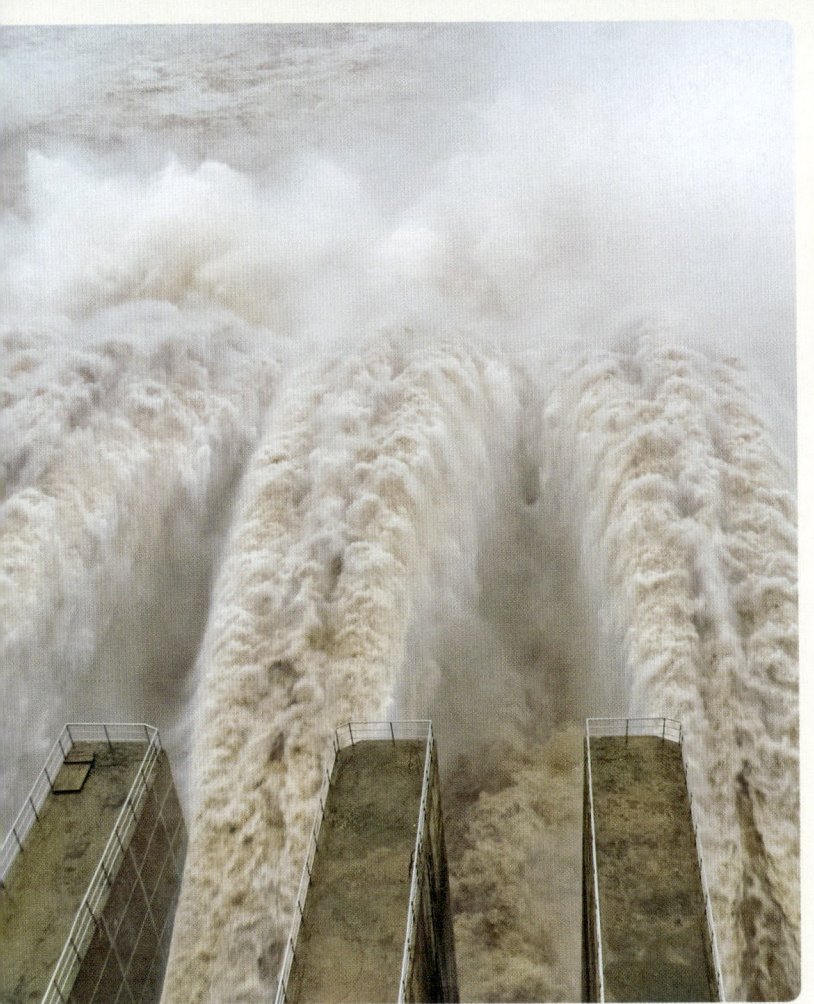

三峡大坝

乘车西去，夜宿**宜昌**（见144页）。

三峡的客轮基本都已停运，自由行不方便，还是乘坐游轮更好。宜昌前往重庆的上水航线有五天四晚的**涉外豪华游轮**。船上环境和设施不错，还会在一些景点停靠，可下船游玩；而且豪华游轮会过三峡大坝五级船闸。由于是夜晚登船，这一天可先去**清江方山**（见157页）一游，喀斯特峰林和玻璃栈桥的"空中之旅"很过瘾。第5天，也就是登船次日正式开始水上航程，**西陵峡**（见160页）、**三峡大坝**（见145页）、**巫峡**（见174页）、**瞿塘峡**（见177页）……依次路过。第8天早晨抵达**重庆**。

也可以选择**长江三峡两日游游轮**。这样的话，抵达宜昌的次日，即第4天乘坐"两坝一峡"游轮，先游览葛洲坝（过船闸）、**西陵峡**（见160页）、**三峡大坝**（见145页）。第5天早上乘坐翻坝车前往太平溪码头，当天就船过西陵峡西段、**巫峡**（见174页）和**瞿塘峡**（见177页），抵达奉节。第6天上午乘车返回宜昌或前往重庆。

计划你的行程

旅行线路

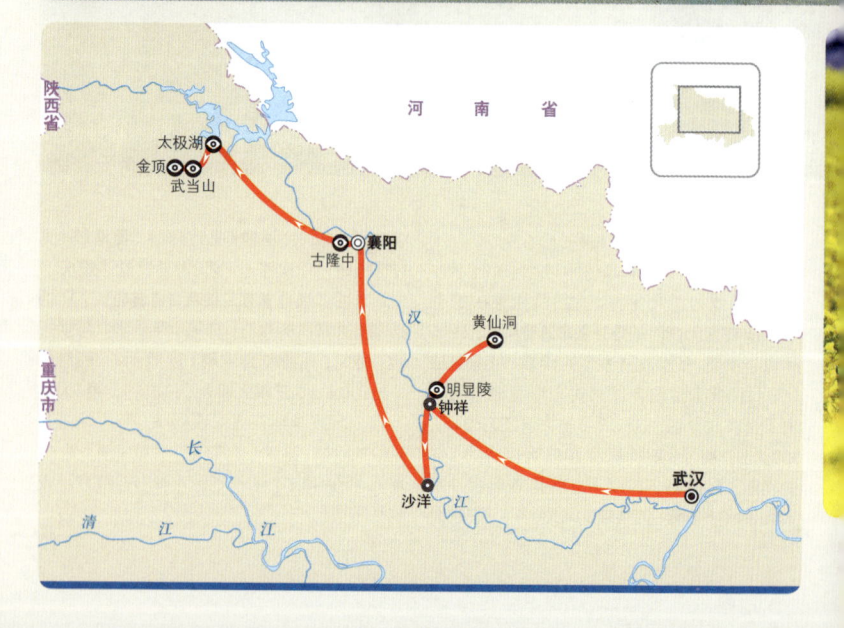

陕西省
河南省
太极湖
金顶
武当山
襄阳
古隆中
汉江
黄仙洞
重庆市
明显陵
钟祥
武汉
长江
沙洋
清江

7天 从武汉到武当山

在湖北丰富的水系中，汉水是最婀娜多姿的那一笔。江尾的大城风光无限，中游的平原物华天宝，过了丹江口更是碧波荡漾，仙山缥缈。

江汉交汇，孕育出华中最大的都市**武汉**（见48页）。前两天的行程如"6~8天从武汉到三峡"（见28页）所计划的那样，别忘了再去汉口的龙王庙或汉阳的南岸嘴，送别千里汉江的最后一程，看绿色的汉江水如何被浑浊的长江水所吞没。

第3天乘车前往**钟祥**（见210页）。这里的**明显陵**埋葬的是明朝嘉靖皇帝的生父，陵园建筑的精美程度和规模之大都堪称一绝，入选了《世界文化遗产名录》"明清皇家陵寝"。晚餐一定要尝尝蟠龙菜，其貌不扬却口感极佳。如果是阳春三月，第4天就跨过汉水去隔壁的**沙洋**（见214页）观赏万亩油菜花；其他季节更建议去**黄仙洞**，穿越3公里长的溶洞后，爬上天梯，走进神秘的水磨坪村。

第5天来到另一座历史文化名城**襄阳**（见201页）。一下车，就求贤若渴般地去**古隆中**探访诸葛亮的躬耕陇亩之地。赶在夕阳前再登上夫人城，沿着城墙俯瞰悠悠汉水，江面开阔，已是气势无穷。

第6天抵达道教仙山**武当山**（见119页）。登山前先去**太极湖**泛舟，和丹江口水库来一场简单却亲密的接触；再去"治世玄岳"牌坊前眺望武当主峰。之后乘车进武当山，当晚夜宿南岩。如果第二天日出概率很大，干脆再往上爬爬，住在分金岭或金顶，清晨正好看**金顶**日出。下山的途中，紫霄宫、逍遥谷、太子坡等景点可以顺路游玩。两处道观尤为漂亮，逍遥谷则有武当武术的表演。

计划你的行程　旅行线路

（上图）襄阳古隆中诸葛亮故居
（下图）荆门沙洋油菜花盛开

计划你的行程

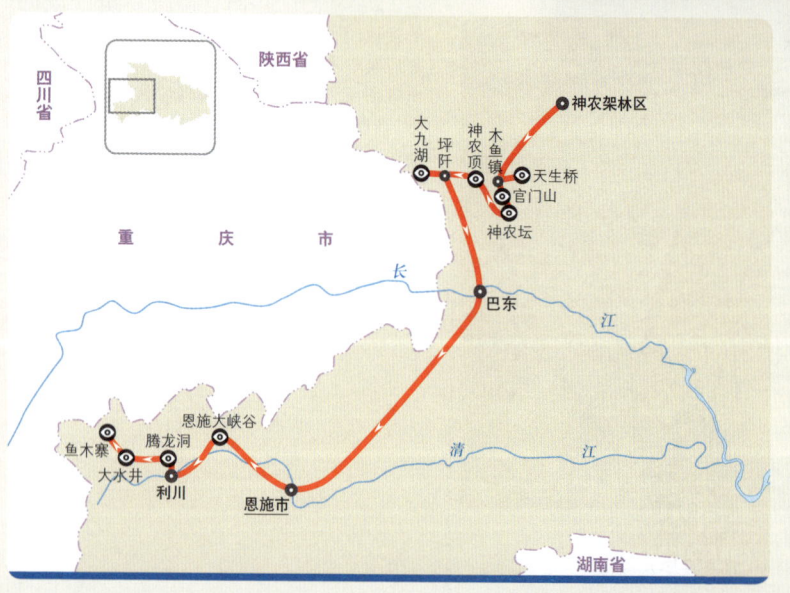

旅行线路

（左图）恩施篾匠编织"花背篓"
（右图）恩施市芭蕉侗族乡茶山

7天 探秘鄂西群山

神农架的名声远播四海，恩施近年来更是声名鹊起。这片四川盆地的东部屏障、湖北西部的大山大水，拥有荆楚大地最让人心动的自然风光。山区的公共交通不便，自驾游最佳。

神农架旅游的集散中心在**木鱼镇**。第1天先游览木鱼镇周边（见141页）的几个景点：建在峡谷中的博物馆——**官门山**上一堂风景秀美的自然科普课，**神农坛**和**天生桥**则能好好地热个身。第2天去神农架的核心景区——**神农顶**（见137页），花大半天时间好好游玩这片无穷无尽的深山丛林。晚上就住在坪阡镇，为下一天的行程做好准备。第3天一大早潜入**大九湖**（见139页），在晨雾和朝霞中感受电影中侠客归隐的秘境之地，夜宿坪阡或木鱼。

第4天一大早前往**巴东**（见175页），和长江碰面。可以和班车一样，走神农坛、溪丘湾一线，途中可以稍微绕点路，走一趟古昭公路。也可以走坪阡—下谷坪—沿渡河，一路沿着神农溪向南，风景很棒。到达巴东稍作停留，继续前往**恩施市**。虽然这一天都在赶路，但是沿途的景色不会辜负你的眼球。还可以走一段野三关到榔坪之间的G50沪渝高速，在著名的四渡河大桥前留个影。

第5天的主要精力放在鄂西南的标志景点——**恩施大峡谷**（见189页）上，还可以挑战一下"湖北天路"双木公路。最后两天转战**利川、腾龙洞、大水井、鱼木寨**都值得探访。

5天 荆襄古道

从汉江之滨的襄阳,到长江之滨的荆州——荆襄古道是长安、洛阳前往长江中下游乃至华南的要道,也是湖北历史人文游的经典路线。

武侠小说中的**襄阳**(见201页)是郭靖、黄蓉守护的城池,《三国演义》里更是故事多多。第1天早上,赶在游客潮前进入**古隆中**。中午返回襄阳古城的路上,可在岘山停留,探访早已今非昔比的马跃檀溪遗址,感叹东汉末年襄阳的风云往事。之后观赏明襄王府仅存的绿影壁,再登夫人城,遥想蒙宋襄阳大战的惨烈战事。然后摆渡过汉水,去樊城米公祠欣赏"米颠"的草书。第2天安排紧凑的**春秋寨**(见210页)一日游。

第3天来到**钟祥**(见210页)。步入**明显陵**,感受皇家陵园的精美和肃穆,并从和明十三陵不同的设计中,遥想"大礼议"的激烈对抗。钟祥城内的元佑宫则是大明承天府留下的另一处古迹。

第4、5天游**荆州**(见216页)。古城内的荆州博物馆收藏着楚地珍宝,古城外的**楚王车马阵景区**埋葬着楚国战马;去**沙市**品尝各色美食之际,还可以去张居正墓拜谒中国古代最伟大的经济学家之一,去观音矶看大江东去、登万寿宝塔。别忘了清晨或傍晚,在荆州古城墙上慢跑。

(左图)襄阳春秋寨
(右图)荆州楚王车马阵

计划你的行程 旅行线路

河南省

襄阳
古隆中

春秋寨
钟祥 明显陵

楚王车马阵景区
荆州 沙市

湖南省

8天 自驾318国道

上海到樟木的318国道被誉为中国的"景观大道"。精华在雅安向西的川藏线,但是东部沿线也有不错的风情,横穿湖北的一段即如是。

318国道在大别山中的黄冈**英山**进入湖北。向西40多公里到**罗田**(见235页),春天去薄刀峰看杜鹃花,夏天去**天堂寨**玩漂流,秋天去**九资河**拍红叶。第2天不妨去**林家大湾**看名人故居。再西行80公里,过**黄陂区**就要进入武汉三镇了。下半天就在**武汉**好好享受江城的乐趣。

第3天从沌口出市区,西行80公里到**仙桃**(见225页),沔阳三蒸作为午餐最好;如果是6~9月,就继续跑上60公里到**潜江**吃虾子。潜江向西70公里到**荆州**,沧桑的古城、热闹的沙市是今天的落脚点。

第4天向西110公里抵达**宜昌**(见144页),**葛洲坝**和**三峡大坝**是必到之处。第5天从猇亭长江大桥重回国道318,过红花套镇就要钻入群山了。拐去**长阳,清江画廊**正如其名。

长阳西行290公里可到恩施市。椰坪镇可以上高速,走一下**四渡河大桥**。当晚在**恩施市**有稀奇古怪的土家族美食犒劳。第6天尽量起个大早,赶在旅行团前进入**恩施大峡谷**(见189页);游完返回市区,大胆走一遭新塘乡附近的**双木公路**。第7天西行90公里前往**利川**(见191页),将**腾龙洞**、**大水井**一天游完。第8天沿国道前行60公里,步行挑战悬崖峭壁上的**鱼木寨**(见194页)。再往前就是重庆万州的地界了。

(上图)恩施四渡河大桥
(下图)武汉油焖大虾

37

计划你的行程 旅行线路

计划你的行程

旅行线路

10天 寻找千湖

水是湖北的灵魂，一个个湖泊是湖北最可爱的精灵。禅宗发祥的黄梅、道教名山武当，山湖相映，更是天造地设的绝佳风水。

第1天，省会**武汉**（见48页）号称"百湖之城"，最有名的**东湖**环湖一周要40多公里，随处都有湖光潋滟、草长莺飞的美景。光谷向南的**汤逊湖**已被楼宇环绕，接过了"中国最大城中湖"的头衔，不妨前往一探。第2天前往禅宗的发源地黄冈**黄梅**（见236页），参拜**四祖寺**和**五祖寺**；后者是六祖慧能得法之地，观景台能俯瞰漂亮的深山水库。第3天舟车劳顿，深山中拜访**老祖寺**（见237页），庙前一弯碧波，可能是湖北风水最棒的一方小湖。第4天过江到**黄石**（见237页），市区的**磁湖**惊鸿一瞥，这一天的目的地则是湖北同类景点中最漂亮的**仙岛湖**。第5天转车去咸宁**通山**，上**九宫山**看中部最大的风电场；这里的**云中湖**海拔1230米，号称"九宫天池"。

第6天走**赤壁—乌林汽渡**（见242页）过江，在湖北最大湖**洪湖**泛舟戏莲。第7天借道**仙桃**，转动车前往**宜昌**（见144页），再去**三峡大坝**观赏"高峡出平湖"的美景。第8、9天深入**神农架林区**（见135页），走入海拔1700多米的**大九湖**高山湿地——夏天丰水期的大九湖可能是湖北最美的湖泊了。第10天向北来到**武当山**脚下，去**丹江口水库**，看湖北乃至中国中东部最好的水质。

上图）雪后的神农架大九湖
下图）武汉东湖

恩施传统手工业布瓦

计划你的行程
负责任的旅行

"负责任的旅行"已经逐渐成了旅行者对自我的要求。旅行不只是看世界赏风景,如果同时能对当地文化、环境及居民有所裨益,你走的每一步都会更有意义。下面的一些小贴士可以帮助你保护和支持湖北的环境与社区。

参考网站

➡ **土家族文化网**（www.tujiazu.org.cn）可了解到土家族历史、文化、服饰、美食、工艺、旅游、名人等方方面面的信息，还将开辟土家族特产的网上商城。

➡ **武汉观鸟会**（www.whbws.com）为武汉当地的观鸟爱好者创办，会定期组织一些观鸟活动，也会对禽鸟做一些基本性的调查工作和科普性的保护宣传。

➡ **湖北省湖泊保护协会**（www.hblpa.org.cn）是由湖北省从事湖泊保护、管理、研究的单位、专家和学者自愿组成的非营利性社团，网站上会更新调研项目和报告。

➡ **中国武当道教**（www.zgwddjw.com）由武当山道教协会主办，有丰富的资料，包括被丹江口水库淹没的古建筑，武当山的法会、习俗和道教基本常识。

对文化负责

➡ **多了解信息** 多读一些关于湖北的读物，更加了解当地的政治、经济和文化。

➡ **尊重宗教、少数民族的文化传统** 尊重寺庙、道观、少数民族的风俗习惯，去看，去听，去问，带着你的心去理解。

➡ **不要挑剔生活的不便** 在湖北西部，你是来享受大自然的美景和传统的生活，不要用城市标准来衡量乡间生活。

对环境负责

➡ **不要到处扔垃圾** 使用可降解的产品，不要把城市垃圾带到乡村和自然环境里。乡村的垃圾处理能力低，一些塑料袋、饮料瓶就成为自然环境中难以降解的永久垃圾。最好能将乡下旅行时产生的垃圾随身带走，在确认有处理能力的垃圾投放场所再抛弃。

➡ **身体力行低碳的旅行方式** 尽量步行、骑车或者乘公共交通工具。湖北许多世外桃源都藏在交通不便的大山深处，这些地方已经成为徒步旅行者的稀有资源。

➡ **不要购买濒危动植物** 湖北山区常有餐馆将"野味"当作利诱客人就餐的噱头，这些野生动物的来源，要么是偷猎，要么是走私。珍稀的长江刀鱼也在一些餐厅可以见到，价格十分昂贵。记住"没有买卖就没有杀戮"。拒绝在旅途中食用野生动物，就可以避免成为助推旅游市场变成偷猎者和走私者的市场的帮凶。

➡ **尽量节约能源** 湖北虽然整体上不缺水，但是山区依然很有可能遭遇旱灾。水资源在这片看似不缺水的土地上，分布极不均衡。使用水、电和燃料时一定要节俭。

对当地人负责

➡ **尽量确保当地人直接获益** 在旅游热点地区，当地人并非大众旅游的主要受益者，却是环境成本的主要承担者。所以我们提倡住当地人开的旅店或者家庭旅馆；在路边的小吃摊和家庭餐馆享用美味；喝当地啤酒；从当地手艺人那里直接购买工艺品。

➡ **不要太吝啬** 不考虑制作者的时间成本而拼命压价的行为是不受鼓励的。因为这会促使制作者抛弃精美的制作，而改用粗糙简单的机器制作，从而使一些传统工艺失传。现实地看待物价，将砍价当作游戏对待，不要过分执着。别让部分游商或摊主导致你不相信任何人。随身携带一些小礼品，分给需要的人。

➡ **照相前先询问** 不要让拍摄照片的欲望控制你自己。除非获得允许，否则不要拍摄私人或者宗教活动。

武当山日出

计划你的行程
湖北快门

　　如果要绘一张湖北摄影地图，很简单，东西沿长江而行，穿过长江三峡的壮丽风光，看过武汉三镇的历史风情，来到江汉平原，又是另一番鱼米之乡的丰饶。长江北岸以北，是神农架连绵的森林和武当山间的仙宫云海；长江以南，有地貌奇特的恩施大峡谷，八百里清江宛如山水画卷。美景坐标已定，再加上我们提供的最佳时间节点，相信你在湖北的旅行，摁动快门就能收获一张摄影大片了。

最佳时间与地点

➡ **1~2月,武当山金顶** 有机会拍到白雪掩映中的碧瓦红墙。

➡ **3月,秭归木鱼岛** 在油菜花海中拍摄三峡大坝。

➡ **4月,东湖磨山** 杜鹃园姹紫嫣红,落日熔金的大湖大城,别有意境。

➡ **5月,武落钟离山石神台** 江水清澈平静,岛屿星罗棋布,360度拍摄清江明信片。

➡ **6月,秭归徐家冲三峡广场** 抢占有利地形拍摄龙舟游江的盛况。

➡ **8月,深入洪湖一隅** 零距离接触"接天莲叶无穷碧"的荷田。

➡ **9月,宜昌三把刀望江坪上** 秋高气爽,雄伟的西陵峡像一盆精致的山水盆景。

➡ **10月,汉口江滩** 长江二桥下连绵6公里的芦苇齐齐开花,是最好的文艺拍照地。

➡ **11~12月,三峡红叶季** 在莲花塘右岸公路观景台,以红叶为前景拍摄大峡谷。在瞿塘峡最高点,"复制"人民币背面的风景。

山水如画

长江向东奔流,大致勾勒出湖北的山水格局。著名的三峡大峡谷,有一多半都在湖北境内。

虽然三峡水库蓄水之后三峡风光之险打了折扣,但高峡平湖的出现,也为拍摄提供了新的内容。多数人关于三峡的第一个拍摄冲动,应该是在船过葛洲坝船闸时,当高高的闸门缓缓打开,宽阔平静的江面出现在眼前,那种豁然开朗的场景,令所有人都会举起相机狂拍。沿江而上,这一段西陵峡风光未受水位上升影响,被称为绝版三峡。船过明月湾后,左岸山上的三峡人家进入视线,忽略它的人造景观背景,呈现在取景框里的吊脚楼、古栈道和巴人城墙还是非常美的。西陵峡西口的秭归新城,每到6月就有大批摄影爱好者蜂拥而至,只为拍到最热闹的划龙舟。至于巫峡,没人愿意错过巫山十二峰的满山红叶似彩霞,其实除了秋天去凑热闹,春天满山野花盛开时节,也是不错的拍摄时段呢。在瞿塘峡古炮台上,以红叶为前景拍摄壮观的夔门,绝不会失手。

八百里清江,有八百里画廊之称,清澈的水面倒映着两岸青山。在恩施清江蝴蝶崖风景区和长阳隔河岩至水布垭一线的清江画廊风景区,随随便便就能拍出明信片一般的糖水大片。要想有点与众不同,建议离开常规景点,来一次徒步穿越清江古河床,河床里巨石嶙峋,暗河奔流,穿过大龙门,进入峡谷草坪,这里曾是电影《刺客聂隐娘》的外景拍摄地,试试拍出电影里那种红尘之外的场景。两岸深山里还有大水井、鱼木寨等豪族大院和土家村寨。这些都可以为你镜头中的清江增添别样的元素。

神山仙居

最新晋升世界自然遗产的神农架,有全中国最完好的中纬度亚热带森林生态系统。在这连绵的原始森林中,想拍到传说中的野人显然不实际,还是拍拍山花、彩林和云海吧。沿着天燕景山崖间的环行步道一路向前,身边有无敌山景如影随形。在两条步道连接处的会仙桥上,是拍摄、观赏天燕云海和晚霞的绝佳处。对面山谷植被茂盛,水汽丰沛,雨过天晴之后最易形成波澜壮阔的云海,偶尔还能见到佛光。摄影爱好者不能错过的还有红坪画廊,长约15公里的峡谷中,有高耸的十八座石峰。面对奇峰彩林,非常考验你的构图水平。

而湖北另一座神山武当,更令人赞叹的是云雾里山峰上那些精美绝伦的宫殿。沿着千百年来朝圣者走出来的古神道,一步一步往上,道旁古木参天,群山和峡谷皆在眼前。建造在绝壁上的南岩宫,在云海升腾中时隐时现,绝不亚于恒山悬空寺的神秘;紫霄宫的建筑群和女道长曾在无数影视剧中出过镜;大岳太和宫则建在武当最高峰天柱峰的绝顶上,充分利用其山形的自然起伏,

> **拍花拍树一二三**
>
> ➡ 拍摄花海和红叶、银杏的最佳时间是上午10点以前和下午3点以后,这时光线柔和,明暗反差及阴影较小。同时,这个时段游客大部队基本不在,可以相对从容地进行拍摄。
>
> ➡ 必带70-200F2.8和100mm左右的1:1微距的长焦镜头,用大光圈实现最好的背景虚化效果,对背景形成有效的裁剪,而且还能拍到花、叶的特写画面。对于不想带长枪大炮的旅行者,选择一些有大光圈镜头的DC,也能基本满足要求。
>
> ➡ 配件上,三脚架、快门线、反光板和各种滤镜最好都带上。在光线不理想的树林中,需要用反光板来进行有效的改善。使用偏振镜后,能让背景中的天空蓝得更通透,增加整个画面的色彩饱和度,对于拍花拍树来说,漂亮的色彩当然是最重要的啦。

布局下如此规模宏大的宫殿,营造出"千层楼阁空中起,万叠云山足下环"的气势。如果你有决心在冬天登上金顶,有机会拍到白雪掩映下的碧瓦红墙,你会发现,眼前的琉璃世界,才是最美的金顶。

春花秋叶

地处华中,湖北四季分明,植被茂盛,不妨追随季节的脚步,拍摄春秋的缤纷色彩。

荆楚大地,最早昭示春天的应该是江汉平原上的油菜花。每逢3月下旬和4月上旬,从沙洋县城到五里的县道上,两边是一望无际的油菜花田,车过汉江大桥,还能看到一江青水、两岸黄花的景致。从昭君故里到三峡大坝,到处都是盛开的油菜花和野桃花,以花为前景拍摄的三峡大坝,都比平时多了一点韵味。同样是3月,狮子山南麓的樱园(老斋舍)里,雪白的樱花已经开了,花海中掩映着武大早期建筑,非常上镜。登上最高处的樱顶,俯瞰樱花大道,回望珞珈山,赶紧定格这短暂的春日胜景吧。

"人间四月天,麻城看杜鹃",龟峰山上漫山遍野的野生杜鹃如期盛开,而在海拔2000米以上的神农架,春天姗姗来迟,要到5月中旬,神农顶至太子垭一线的高山杜鹃开始怒放,绵延十余里,足以让人沉醉不知归路。大九湖湿地间的三万株海棠开得如火如霞,沿着栈道在9个湖间徒步,去看看南水北调源头落水孔,沿途花开如海。建议住一晚,傍晚来临,湖面平静,夕照湖水,才能等到绝美一刻。

绵亘在湖北中部的大洪山一带,有世界上最古老的银杏群之一,在秋天铺陈出最亮眼的一抹色彩。东麓有安陆的钱冲古银杏公园,48株千年古树中据说年龄最长的已有3000多岁。每逢深秋,金叶满地,别坐环线观光车,徒步走上一圈,看过每一株古树,才不会错过最美的那一树金色。相距不远的随州洛阳镇千年银杏谷中,几乎每一个村落,都由古朴的银杏树把守村头,它们寄托着村人对北方家乡的思念。最好在村中农家住上一晚,在晨昏的光线中捕捉最美的瞬间。

每年11月,三峡两岸万山红遍,层林尽染,其中又以巫山红叶最美。巫山境内有近2万亩野生红叶,红枫、乌桕、黄栌等红叶相继登场。巫山十二峰、神女溪和小三峡等地都是欣赏和拍摄红叶的好去处。坐游船远观满山红叶,或者徒步穿越林中小道,登上高处俯瞰大峡谷,都能拍到一张你自己的三峡红叶大片。

计划你的行程

湖北快门

（上图）宜昌下牢溪
（下图）武汉长江大桥桥头

王宁波 摄

在路上

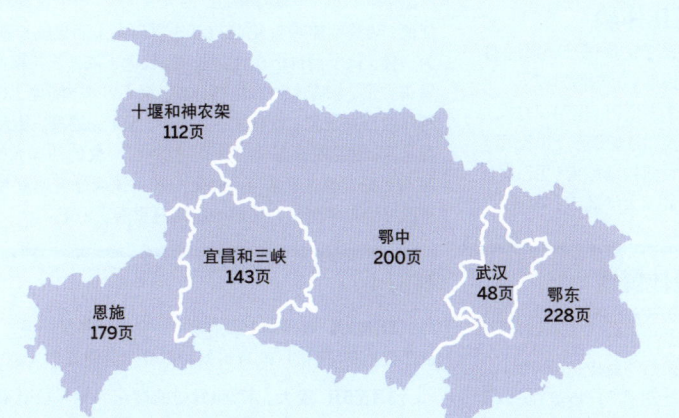

十堰和神农架
112页

宜昌和三峡
143页

恩施
179页

鄂中
200页

武汉
48页

鄂东
228页

武 汉

包括 ➡
武汉三镇	50
武昌	56
汉口	82
汉阳	101
三镇周边	107

最佳体验
- ➡ 长江轮渡（见56页地图）
- ➡ 过早（见79页方框）
- ➡ 东湖泛舟（见74页方框）
- ➡ 汉口江滩漫步（见85页）
- ➡ 省博物馆探宝（见71页）
- ➡ 武汉大学徒步（见66页）

最佳餐饮
- ➡ 天天红油赵师傅热干面（见78页）
- ➡ 王师傅豆皮（见94页）
- ➡ 德润福严氏烧麦（见94页）
- ➡ 巴厘龙虾（见94页）
- ➡ 老街烧烤（见94页）
- ➡ 1.Z Coffee（见97页）

为何去

　　武汉，湖北省省会，别称"大武汉""江城""东方芝加哥"。这些抽象的名头对于旅者来说不够提起兴致，何况它还有另一个可怕的别称"火炉"。这个城市曾经的万般显赫已湮没在历史中，但假如你是一个细心而敏感的旅者，愿意拨开满城的工地去体验这个城市的所有细节，你会感动。

　　只有在武汉，你才能在万里长江第一桥体会到"茫茫九派流中国、沉沉一线穿南北"的大开大合。早上在黄鹤楼上望江流，转身就能乘着轮渡过江去汉口龙王庙见证长江与水融为一体。孩子们自小在江边长大，长大了敢去长江横渡、东湖里头拍浪。旅客来到这里的体验，绕不开水。陆地上，则是热腾腾的市井景象。总有过不完的早，宵不完的夜。夏天热得满身是汗，也总能在某个"刁角"找到最心仪的油焖大虾，还有辣到头脑发麻的鸭脖子。公交车在三镇演绎着速度与激情，里份里的青年则挤在民国的老建筑里通宵泡吧。

何时去

　　1月至2月　湿冷加上没有暖气，室内外都是恒温，"火炉"的冬天也是可怕的，唯有雪景和排骨藕汤能安慰人心。

　　3月至5月　武大、东湖4月初的樱花胜景早已引来川流人群；之后木兰山、磨山的杜鹃花海一片火红。武汉最宜人的季节之一，和最美艳的鲜花同期。

　　6月至9月　高温难耐，"火炉"并非浪得虚名。热浪催促人们下水嬉戏、搏击长江。夏季诸湖荷花盛开，倒也是艳阳天下一道风景。由于武汉的道路遍植桂花，9月还能热出个香气四溢。

　　10月至12月　秋季是最舒爽的季节，金色阳光下的老建筑最有感觉。珞珈山的红叶渐次泛起，楚天的色彩多了起来。11、12月，汉口江滩绵延数公里的芦苇滩是最好的拍照地。

汉腔汉调

武汉人说话，常被外地人以为在吵架。这大约是有原因的：武汉话里没有卷舌音，前鼻音和后鼻音也不分，这就让语音显得十分直接，抛出去都铿锵有声。考验一个武汉人说普通话，让他念"榴莲流奶牛角包"是和请福建人说"蜂花护发素"一样的难题。在武汉逛久了，你会发现老武汉人说话嗓门都大，武汉话是漂在长江里，系在码头上的，大江大湖加上面积广大，声音都是从丹田往外迸。武汉人痛恨不"唰拉"（直接），感情越好说话越"凶"，所以看上去在"吵架"的人常常感情蛮好。所以你要是问路，碰上对方回一句恶狠狠的"搞么司？"不要慌，继续问。

大武汉

中国近代史上，只有"大上海"和"大武汉"，这两个城市的名字前曾冠以"大"字。这个说法来源于孙中山的《建国方略》，他认为"要把武汉建成纽约、伦敦之大，要建设成东方的芝加哥"。"驾乎津门，直追沪上"——百年前的武汉仅次于上海，是中国的"第二城"。民谚则说道：紧走慢走，三天走不出汉口；左看右看，一周看不完武汉。

如今的武汉面积更大，大到火车开到武汉，得分三个站。规划中最长的一条地铁线足足有68公里，34站。因为大，武汉的城市交通服务业也练就了绝活。武汉的公交车异常发达，有上千条线路，且站点多、站线长。你会发现随便去哪里，坐公交车花上1至2小时属于正常。且公交车行驶速度奇快、靠站时间却十分短暂。针对以上两个特点，作为乘客的你需要同时具备耐心和敏捷这两项素质。

武汉的交通

根据我们的经验，给出如下交通建议：

➡ 闹明白住哪个区，并选好落脚火车站，武昌站≠汉口站≠武汉站。

➡ 分区游玩，各个击破，避免一天之中反复跨江，否则时间会大量耗在交通上。

➡ 打车不如坐公交。某些出租车司机会声称自己是"汉口的车"或"武昌的车"而拒绝跨江。坐公交不会有这个问题。

➡ 坐公交不如坐地铁。地铁可以帮你躲开路面的堵塞，但请记得错开上班族出行的高峰时间。

➡ 还有一些美妙的交通工具你很可能会用到，比如轻轨和轮渡。假如在远城区偶遇了一种叫"麻木"的正三轮摩托车，它可是正宗的汉地"复古"物件。

快速参考

人口：1034万
区号：027

如果你有

➡ **1天**

户部巷或粮道街"过早"，抬头望见黄鹤楼。上午去湖北省博物馆探访楚地瑰宝。午餐后从中华路码头摆渡前往江汉关，在黎黄陂路的咖啡馆里喝下午茶，欣赏汉口老租界的万国建筑。夜幕降临，享受烟火缭绕的宵夜之乐。

➡ **2天**

第一天如上。第二天早上在东湖公园散步，从凌波门步入武汉大学，一路走到老斋舍，和莘莘学子擦肩而过。下午登黄鹤楼，发古人感慨。之后步行前往武昌桥头，欣赏暮光中的三镇和长江。晚餐后去昙华林，加入武汉的文青圈。

➡ **3天**

前两天如上。第三天早上去古德寺，颠覆关于寺庙的认知。上午继续深入老汉口，逛里份、拜教堂、寻美食。下午前往归元寺数罗汉，之后登上晴川阁，再沿着江滩散步至南岸嘴，静看江汉交汇、大船争流的风采，向"江城"道别。

网络资源

➡ **WHat**（微信公众号）：武汉最火的时尚信息集中地

➡ **得意生活**（微信公众号）：同样来吃喝玩乐购一网打尽

➡ **头条武汉**（微信公众号）：三镇新闻大杂烩

➡ **东湖社区**（bbs.cnhubei.com）：湖北最有人气的论坛

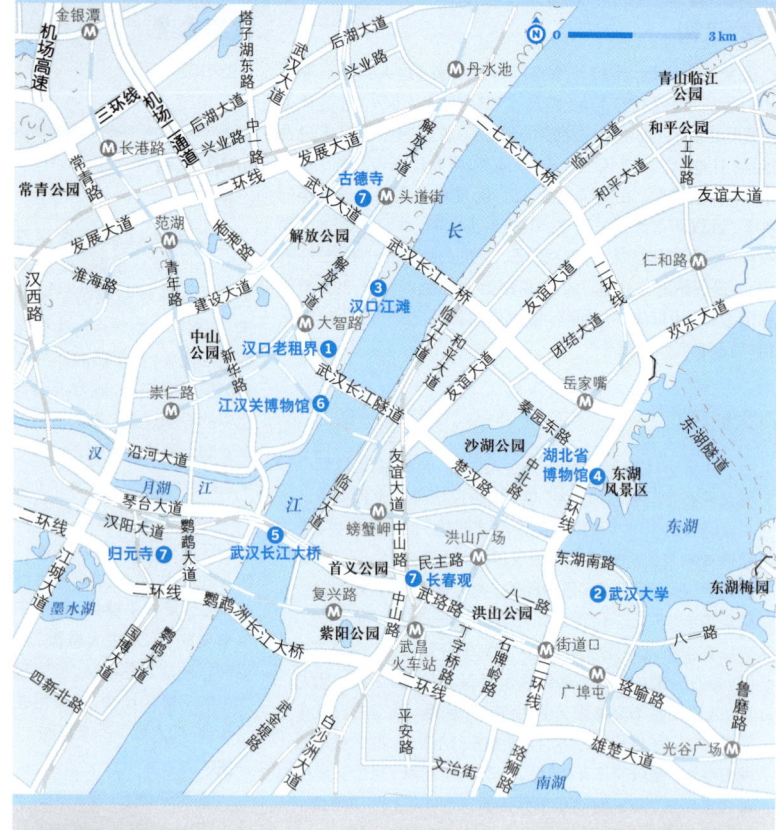

武汉亮点

① **汉口老租界**（见89页）迷踪，顺路看遍万国建筑。

② 春花秋叶，夏海冬雪，**武汉大学**（见66页）四季各有风景。

③ 散步**汉口江滩**（见85页），用皮肤感受江风的凉意。

④ **湖北省博物馆**（见71页）寻找编钟之际，随时都有惊呆了的发现。

⑤ 步行、坐车、乘船、登楼……用各种方式亲近**武汉长江大桥**（见57页）。

⑥ 在**江汉关博物馆**（见82页）听钟声，钻进关楼史海钩沉。

⑦ **归元寺**（见101页）里数罗汉，**古德寺**（见91页）中叹惊奇，**长春观**（见62页）外品斋菜。

⑧ 在三镇逛独立书店、大型书城、24小时书店、二手书店……

武汉三镇

"武汉三镇"指的是武昌、汉口和汉阳。它们被长江和汉水隔开，却又通过十余条地上地下的路网联通，构成了武汉的核心区域。当然，今天的武汉更加巨大，除三镇外还有另外六个"远城区"。

从某种意义上说，武汉不是一座城，而是三个镇。历史正好赋予了三镇迥然不同的气质。有人比喻：武昌戴着学士帽和官帽，汉阳穿着质朴的工装，汉口则是一身商贾打扮。于是对于旅行者而言，有趣之处在于仿佛同时与三位不同性格的朋友交往。

三镇之大，妙在不同。

历史

最新的考古将武汉的筑城史,上溯到黄陂盘龙城遗址的商朝早期(甚至夏朝)。不过还请把目光往后移上几千年,和东汉末年的豪杰一样,聚焦在长江中游的两座小山上。

龟山和蛇山——有世仇的荆州刘表和江东孙权隔江而治,分别在小山上筑起了军事堡垒。汉阳起于却月城,武昌起于夏口城。两座城池紧锁大江,上游入江的汉水也被紧密监视——这里的地理位置如此重要,公元208年在上游150公里处发生了赤壁之战,222年则在下游80公里处的武昌(今鄂州)孙权建立吴国。

唐朝,江夏城(今武昌)和汉阳城分别是鄂州和沔州的治所,"江城五月落梅花"写尽风流。宋朝,岳飞曾在此驻防8年,"鄂王"封号即由此来。

蒙古人在川地、襄阳遭受到了猛烈的抵抗,元代的行政区划做出了重大变革。而随着帝都东迁北京,武昌更成为官道南下的必经之路。武昌作为湖广行省的省会,取代荆州、襄阳成为楚地中心,已成大势。

明朝成化年间,汉水的一次洪患让"双城记"变成"三镇鼎立"。新生的汉口镇享尽了"九省通衢"的地理优势,"天下四大名镇"之首一鸣惊人。对岸的武昌府继续发挥着行政文教中心的优势,见证了"湖广熟、天下足"的赋税之重,以及"惟楚有材"的彬彬济济。对于汉阳,它的新使命还要再等上几百年。

晚清,沿着长江深入中国腹地的外国人立即相中了汉口。仅仅第二次被迫开放通商口岸和划割租界,汉口就成了最深入之地。彼时汉口相继开辟了英、德、俄、法、日共5国租界,"丧权辱国"的背后也有城市现代化、商贸和金融业飞速发展等客观进步。时代迫使着"华界"努力进取。1889年,湖广总督张之洞开展了轰轰烈烈的"湖北新政",枪炮、钢铁等重工业厂置于汉阳,武昌则有布、纱、丝、麻等近代轻工业和新式的学堂、军队。

1911年10月10日,在这个中国历史文化名城中,少有的未曾有过称帝建都史的大城市里,"武昌首义"爆发,帝制时代土崩瓦解。"首义之城"在民国备受重视,北伐、抗战期间甚至短暂地成为中国的政治中心。

1949年,三镇终于正式合并为"武汉市"。计划经济时代的武汉同样风光无限,改革开放初期的发展势头也很迅猛。20世纪90

孩子们的武汉

除了去**武汉大学**(见66页)、**华中科技大学**(见63页方框)体验名校氛围,去**黄鹤楼**(见59页)、**晴川阁**(见103页)重温唐诗名句,去**植物园**(见74页)、**动物园**(见76页方框)、**科技馆新馆**(见88页)、**杂技厅**(见99页)玩乐,大武汉有更多适合孩子的好地方。

东西湖区和汉口紧邻的区域,有**武汉极地海洋世界**(☏8569 9999;金银潭大道96号;门票成人/儿童150/75元;Ⓜ宏图大道)和**园博园**(☏8771 1471;金南二路8号;门票成人/儿童60/30元,会展期涨价),都是可以疯玩一整天的地方。园博园不远处的**东方马城**(☏8588 0008;金南一路1号)可以看马秀、体验骑马。

楚河汉街(Ⓜ楚河汉街)的**杜莎夫人蜡像馆**(☏8711 6288;www2.madametussauds.com/wuhan/;汉街21号;门票成人/儿童135/90元)和**万达电影乐园**(☏400 909 6688;wuhan.wandamoviepark.com;烟霞路1号;门票成人/亲子240/300元)也会讨孩子的喜爱。**欢乐谷**(☏8851 8861;wh.happyvalley.cn;欢乐大道196号;门票成人/儿童200/130元,夜场100元,含玛雅海滩水公园260元起;Ⓜ仁和路)则是武汉最好的大型户外游乐场。

上述景点网上订票优惠较大,还能找到蜡像馆和电影乐园的优惠联票(265元)。持黄鹤楼门票购蜡像馆门票可省45元。

拥有中国最大的室内滑梯、绘本馆、涂鸦室等的**麦芽堂亲子天地**(Ⓜ梅苑小区)新近开业。据悉蔡甸的汉江之眼摩天轮、世茂嘉年华、汉阳的国博海洋世界也在规划或建设中。

武汉三镇

武汉三镇

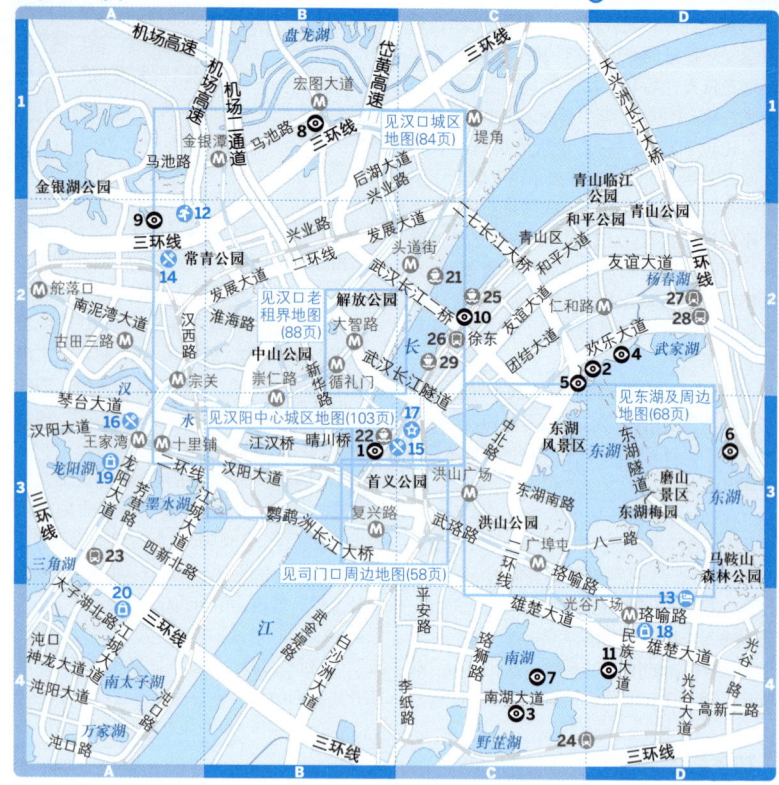

◎ 景点
- **1** 长江观景第一台 B3
- **2** 纯水岸艺术生态公园 D2
- **3** 华中农业大学 C4
- **4** 欢乐谷 D2
- **5** 九女墩 C2
- **6** 落雁景区 D3
- **7** 南湖 C4
- **8** 武汉极地海洋世界 B1
- **9** 园博园 A2
- **10** 粤汉铁路轮渡码头旧址 C2
- **11** 中南民族大学 D4

◎ 活动
- **12** 东方马城 A2

◎ 住宿
- **13** 光谷凯悦酒店 D4

◎ 餐饮
- **14** 汉口里 A2
- **15** 湖锦酒楼（锦江店） C3
- **16** 玫瑰街 A3

◎ 娱乐
- **17** 天乐社相声（工人文化宫） C3

◎ 购物
- **18** 光谷步行街 D4
- **19** 物外书店 A3
- **20** 永旺梦乐城（武汉经开店） A4

◎ 交通
- **21** 滨江苑汽渡码头 C2
- **22** 曾家巷码头 B3
- **23** 汉阳客运中心 A3
- **24** 南湖东站 C4
- **25** 鲇鱼套汽渡码头 C2
- **26** 武昌北站 C2
- **27** 武汉火车站 D2
- **28** 杨春湖客运换乘中心 D2
- **29** 月亮湾码头 C2

年代由于种种原因，武汉步履蹒跚起来；不过近年来，随着国家战略、招商引资、交通枢纽、城市建设、科研优势等方面的进展，武汉的华中龙头位置进一步加强，"准一线"城市的地位牢牢确立。

节日和活动

武汉马拉松
体育节

2016年4月10日，武汉举办了首次马拉松比赛，简称"汉马"。大赛的组织工作以及"一城两江三镇四桥五湖"的赛道得到跑友的广泛好评。可在网站（www.wuhanmarathon.org）上报名。

武汉国际渡江节
游泳

"万里长江横渡，极目楚天舒"，这样的赛事恐怕也就是在武汉才能做一次。每年7月16日举办，渡江节迄今已四十多届。如今江滩还在修建渡江文化园。

跳东湖
极限运动

老一辈人横渡长江，新生代则要骑着BMX小轮车，沿着栈桥骑进东湖，在入水前的空中摆出酷酷的姿势——堪称"城会玩"的武汉版本。每年7月至8月最热的时候，会挑一天举办跳东湖比赛，2016年已是第6届。

武汉国际杂技艺术节
表演艺术

也许你依稀还记得夏菊花的名字，杂技在湖北曾是一门"显学"。20世纪90年代的轰轰烈烈后，武汉建设了全国第一座国际标准的杂技厅，并从1992年开始逢双年9月至10月举办国际杂技艺术节。现在，武汉杂技厅（见99页）里仍会上演高水平的马戏和杂技，小孩子们尤其喜欢。

武汉国际赛马节
体育节

也许出乎你的意料，武汉的赛马运动在全国首屈一指。每年10月的最后一个周六举办的国际赛马节已经有十余年的历史。气派的东方马城靠近武汉园博园，平时也有骑马体验的活动。

ℹ️ 实用信息

武汉旅游咨询电话（☏82712301）
武汉旅游投诉电话（☏82855773）
武汉旅游集散中心（☏400 801 8866；www.wuhanjisan.com）为武汉旅游局官方创办，提供武汉市内和周边一些景区的散客拼团以及**温泉直通车**。在市内有几处站点，分别为**金家墩旅游集散中心**（☏8583 0887；汉口金家墩客运站内）、**傅家坡旅游集散中心**（☏8712 4847；武昌傅家坡客运站内）、**黄鹤楼旅游集散中心**（☏5111 0550；武昌黄鹤楼景区东门）。

ℹ️ 到达和离开

飞机

武汉天河国际机场（☏96577，订票8366 6666；www.whairport.com；黄陂区天河街；⏱订票服务8:00~21:30）距离市中心26公里，有机场高速相连。天河机场是华中地区旅客吞吐量最大的机场，也是华中唯一可直飞世界四大洲的机场。截至2016年12月，天河机场第二条跑道已投入使用，T3

玩味"最美"地铁站

美丽的地铁站，是城市在地下的莞尔一笑。

3号线的**武汉商务区站**号称亚洲最美地铁站。不论这个头衔是否公认，站在这座足足有44座手扶电梯的站内你也绝对会倒抽一口气。更震撼的事情需要抬头向上，头顶是直径21米的渐变蓝色玻璃嵌成的穹顶，如同一朵巨大的蓝莲花盛放在城市CBD。它是透明的，因此你可以透过它看到天空，那片天空，曾是1938年武汉空战飞行员陈怀民最后起飞的地方，地铁站所在的位置正是原来的王家墩机场。站内还有一座长长的透明墙，墙上有1.5万盏光导纤维发光点试图诱拐你的眼，它们能变幻出12星座的星云图，组成璀璨星河。3号线还有多个特色站，比如东风公司站的"运动之光"等。

2号线上，**汉口火车站**的几只硕大白鹤寓意"黄鹤归来"，**宝通禅寺站**的"菩提树"一看就懂；4号线**王家湾站**的"时尚律动"也名副其实。据说到了2018年，另一个会美过武汉商务区站的"最美"地铁站——**光谷广场站**将全面建成，让我们拭目以待。

❶ 武汉的旅游公交线路

下列几路公交串起了知名景点，可作为旅游公交搭乘。

402路：由武昌火车站出发，走大桥、二桥，绕行汉阳、汉口，终点东湖磨山和植物园，几乎串起了武汉所有知名景点。

401路：由汉阳出发，经归元寺，走大桥、街道口、光谷广场，终点植物园和磨山。

413路：由汉阳出发，经归元寺，走大桥、街道口、武大牌坊，终点东湖磨山。

411路：由汉口火车站出发，经硚口、走大桥、洪山广场，终点东湖公园的梨园广场。

313路：由武汉关码头南侧的民主路黄陂街发出，在汉口五国老租界中穿梭，经过江汉关、黎黄陂路、八路军办事处旧址、武汉天地等景点，再往前还能到古德寺。公交车上配备有武汉话报站。

航站楼仍未正式投入使用，未来所有国际航班全部转场到T3航站楼。在到达厅出口附近、出发厅服务台都有机场旅客指南和城市地图，可免费取用。

长途汽车

三镇有四大长途客运站，都属于**武汉公路（客运）集团**（📞96513；www.hbglky.com），分别是汉口的**金家墩**（见100页）和**新荣**（见100页）、武昌的**傅家坡**（见81页）和**宏基**（见81页）。

火车

武汉有三大火车站——**武汉火车站**（见81页）、**汉口火车站**（见100页）和**武昌火车站**（见81页）。各站附近的交通、餐饮都很方便，但要提防拉客仔。

❶ 当地交通

抵离机场

机场大巴可达武汉三镇和武汉火车站，详情可见三镇各自的"到达和当地交通"，或电询（📞5123 0531）、登录网站（www.whairport.com）。

出租车的乘坐点在到达厅8号门出口。省际班车在到达厅9号门旁的长途客运站乘坐。

截至2016年12月，连通机场的地铁2号线延伸段已修建完毕，等待T3航站楼投入使用后通车。武汉至孝感城际铁路也设有天河机场站，汉口站到机场最快12分钟，二等座7元。据悉还将开通天河机场到襄阳、宜昌等地的城铁列车。

地铁

武汉的地铁正处于一个空前热火朝天的建设阶段，2016年有13条地铁同时在建。

调研期间，武汉已建成1~4号共4条轨道交通线路，贯穿了三镇的核心区域。其中1号线为地面高架轻轨。地铁采取限时按里程计价，9公里以内（含9公里）2元/人次，9~14公里（含14公里）3元/人次，14公里以上里程票价相应增加。每次乘车时间限时180分钟。目前所有地铁的末班车都是22:30从两个方向的末端站对发。

详情可登录**武汉地铁官网**（www.whrt.gov.cn）查询。

轮渡

三镇有一种特别的交通工具叫轮渡。航线分为"平民化"的轮渡客运航线，高级一些的观光游览航线，还有更"奢华"的旅游招牌——"两江夜游"航线（见82页方框）。普通客轮性价比很高，通常白天票价只要1.5元，而且大都有露天甲板。详细信息可查询**武汉市轮渡公司官网**（www.whlundu.com）、致电（📞8683 2622）或参考三镇各自的"到达和当地交通"。注意大风天气可能停航。

公交车

三镇的公交车系统异常发达，车次频密，末班车大都在晚9点至9点半之间。夜间另有5条通宵线。绝大部分车站配备有好用的电子提示屏，能了解到下1班车辆的到站时间。空调车的票价大多都是2元/人，普通车为1元，双层巴士为1.5元，均上车投币。

公交的行驶路线、发车时间调整频繁，具体可以参考**武汉公交集团官网**（www.wuhanbus.com）或致电（📞8451 0000）。下载APP也会令你的出行智能许多，**智能公交**和**车来了**都很好用。

武汉地铁示意图

武汉普通客运航线

出租车

　　武汉的爱丽舍出租车，起步价为3公里10元，之后每公里租价1.8元。雪铁龙凯旋或新能源出租车，起步价都是2公里10元、每公里租价2元。当车用天然气价格低于5.89元/立方米时，不收燃料附加费。调研期间，仍处于免收的状态。

　　各种租车软件在武汉三镇非常普及，你甚至可以通过手机召到一种拉风的出租车——特斯拉。

　　高峰时段，你很可能在最繁华的路口遭到拒载。虽然这种行为饱受诟病，处罚也很严，但司机们依旧很任性。没办法，谁叫堵车太厉害。据说武汉有一种车，叫"不去光谷的出租车"。

公共自行车

　　下载APP**江城易单车**，按照提示注册充值，就可以租用公共自行车。公共租车点遍布市中心的各大景点。可电询（☎8551 1588）或登录**武汉公共自行车官网**（www.whhtbike.com）了解更多信息。

武昌

　　"武昌，以武而昌。"这个地名充满了阳刚之气；当地最负盛名大学的牌坊上，题字从右读又是"学大汉武立国"。这里最出名的正是拉开辛亥革命序幕的武昌首义：枪炮声中，2000余年中国帝制时代结束。"以武而昌"的城市使命，在1911年爆发出最强的时代之音。

　　武昌更是一座文教政化之城：武汉几乎所有知名高校、科研机构都分布在武昌，各大省直机关也在此坐落。而自从明朝开始，湖广布政使司、湖北省的治所就设在武昌府中。司门口、户部巷、候补街、戈甲营、都府堤……这些充满了古代衙门色彩的地名今天尚在，穿街走巷，仍能在得胜桥、昙华林、花堤街发现老武昌的点点滴滴，雅俗兼备。

更具魅力之处，还得走出老武昌。东湖波光粼粼，在城里已有"极目楚天阔"的风光。而有资料显示，武汉是全世界在校大学生最多的城市，武昌自是重中之重。源源不断的新鲜血液注入，100年前曾有新军的革命党人星夜起义，今天则有满大街的年轻学生，游荡在永远都在建设中的光谷，以及时尚新潮的楚河汉街——武昌有着如此旺盛的新陈代谢，以至于这座城市粗粝、世俗的一面，都变得不足为道起来。

◉ 景点

◎ 司门口周边

破破烂烂的武昌老城——站到武昌桥头俯瞰，这种印象十分强烈。与之形成鲜明对比的，是修得焕然一新的黄鹤楼、红楼、红巷等景点。不远处的绿地、万达和江对岸的汉阳国博，高楼林立，已经勾勒出新的天际线。司门口、解放路、得胜桥、大成路……曾经武昌最繁华的地方仍旧人头攒动，却早已疲态尽显，好在市井依旧、遗址可寻。

★ 武汉长江大桥

（武昌蛇山和汉阳龟山之间）有人赞叹这座大桥的工程力学，有人为70年仅一次大修的质量而称道，更有人则将其比作平躺着的埃菲尔铁塔。对于武汉人而言，大桥是三镇一市的纽带，更是他们的一种生活方式。"一桥飞架南北，天堑变通途"，1957年10月，全长

另辟蹊径

江城看桥

沿江城市很多，"跨江城市"却不多。如今武汉长江上的桥梁建成和在建的共有11座，江城的桥梁之美，续章连连。

鹦鹉洲长江大桥（二环线南段）于2014年底通车，是武汉第8座长江大桥。这座火红的桥梁十分耀眼，是世界上跨度最大的三塔四跨悬索桥。如今可走步行楼梯上桥面观光，也可以乘坐公交556路或出租车经由此桥。据悉鹦鹉洲大桥还将开放100多米高的塔顶观光。

武汉长江二桥（武昌徐东和汉口黄浦路之间；M黄浦路）于1995年通车，大大缓解了大桥的交通压力。多路公交车由二桥过江，也可步行上桥。

二七长江大桥（二环线北段长江面上）是世界长跨度最大的三塔斜拉桥，不过并未设置步行道。公交551、555、717、725路等由此过江。

天兴洲长江大桥（三环线北段）是世界上最大的公铁两用桥。武汉火车站乘坐车北上，或西去荆州、宜昌、襄阳等地都会经过此桥。

江汉桥（汉阳古琴台和汉口集胜路之间）虽然看起来只是一座普通的小桥，但却是武汉的汉江第一桥。多路公交经由此桥。

晴川桥（汉阳南岸嘴和汉口集家嘴之间）被形象地称为"彩虹桥"。可乘多路公交在沿江大道集家嘴站下车，或乘531路到汉南路高公街站，由南岸嘴的桥头登桥。30路等经此桥连接汉口、汉阳。

沙湖大桥（沙湖湖面上）高楼林立，视野震撼。由汉口经长江隧道过江，前往楚河汉街、武大凌波门都会经过此桥。也可由楚河汉街的西端登桥。楚河汉街（见70页）的四座桥也是极具特色。

双湖桥（中南医院和放鹰台之间）是一座现代工艺建造的十七拱桥，连接了水果湖和东湖。北侧的中南医院停靠多路公交车，南侧的放鹰台有402路可到。

光谷大桥（八一路东湖湖面上）是东湖上最长的桥梁，桥梁连接了武大的珞珈山和地大的南望山，南眺武汉体育学院，湖面上常有皮划艇运动员训练。340路经由此桥，572、413路的八一路东湖村站上桥也很方便。

司门口周边

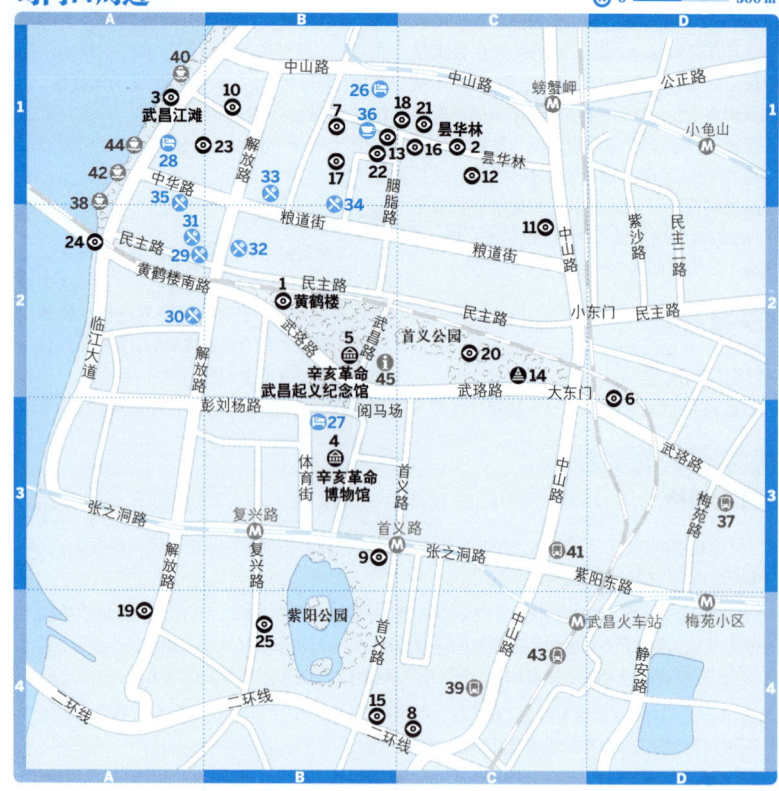

1670米的"万里长江第一桥",于武汉江面最窄的龟蛇二山之间架通。这座公铁两用桥还让京汉、粤汉铁路连成一体,火车轮渡成为历史。

由于紧邻黄鹤楼,**武昌桥头**游人最多。在这里远眺汉口、汉阳和大江开阔,视野极佳;碰上合适的天气,还可收获一场城市天际线上的夕阳。桥头堡内有电梯,可花2元乘坐,在大桥桥面和临江大道之间切换,电梯厅内还有一些富有时代特色的展品。紧邻龟山公园南门的**汉阳桥头**则要冷清许多。

两边桥头堡之间的正桥长1.2公里,步行约需15分钟。南侧步行道的视野主角是鹦鹉洲长江大桥;走北侧的步行道,能更好地观赏江汉汇合和武汉三镇的风光。大桥上车流滚滚,两侧步行道之间并不现实,还是一开始就挑好走哪边吧。

奔驰在大桥上的公交车线路数不胜数。前往武昌桥头可在阅马场、黄鹤楼站下车后步行;或从司门口沿解放路南行,登台阶上桥;或从中华路码头、黄鹤楼码头、公交临江大道汉阳门站行至大桥下方,乘电梯或走台阶。多路公交设有汉阳桥头站。

免费 武昌江滩 公园

(见本页地图;武昌区临江大道)和汉口江滩一样,武昌江滩的范围也很大,从武船厂区的北侧一直到二环线的二七长江大桥下,绵延有12公里之长;继续向北又是连绵不断的青山江滩。大堤口向南,江滩以码头和水泥观景平台为主;向北才是公园绿地,还有正对老汉口的**长江观景第一台**(见52页地图;临江大道近三马路;M积玉桥),夕阳中风光无限好。每晚7~9点还有长江灯光秀可看,其中动态的主题秀每次持续12分钟。

司门口周边

◎ 重要景点
- **1** 黄鹤楼..B2
- **2** 昙华林..C1
- **3** 武昌江滩..A1
- **4** 辛亥革命博物馆..................................B3
- **5** 辛亥革命武昌起义纪念馆..................B2

◎ 景点
- **6** 长春观..D2
- **7** 崇真堂..B1
- **8** 楚望台..C4
- **9** 工程营旧址..B3
- **10** 红巷..B1
- **11** 湖北美术学院....................................C2
- **12** 湖北中医药大学................................C1
- **13** 花园山..B1
- 花园山牧师楼....................................（见13）
- **14** 龙华寺..C2
- **15** 起义门..B4
- **16** 仁济医院旧址....................................C1
- **17** 日知会旧址..B1
- **18** 瑞典教区旧址....................................C1
- **19** 三烈士亭..A4
- **20** 蛇山（首义公园）............................C2
- **21** 昙华林历史文化陈列馆....................C1
- **22** 天主教中南神哲学院........................B1
- **23** 武昌毛泽东旧居................................A1
- 武昌农讲所旧址纪念馆..................（见10）
- **24** 武昌桥头..A2
- 中共五大会址纪念馆......................（见23）
- **25** 周福堂故居..B4

⊜ 住宿
- **26** 半山影青年客栈................................B1
- 登巴国际连锁客栈昙华林店............（见36）
- 读加书店旅舍......................................（见7）
- **27** 捷臣汇东商务酒店............................B1
- **28** 萨布拉酒店..A1
- 小羽绘画民宿....................................（见11）

⊗ 就餐
- **29** 蔡林记总店..A2
- **30** 曹祥泰..A2
- **31** 户部巷..A2
- **32** 建建枯豆丝..B2
- **33** 三胖腰子粉..B1
- **34** 天天红油赵师傅热干面....................B1
- **35** 小张烤鱼（户部巷店）....................A1
- 长春观斋补堂素菜馆..........................（见6）

⊜ 饮品
- **36** 大水的店..B1

ⓘ 交通
- **37** 傅家坡汽车客运站............................D3
- **38** 汉阳门码头..A1
- **39** 航海汽车客运站................................C4
- **40** 红巷码头..A1
- **41** 宏基汽车客运站................................C3
- **42** 黄鹤楼码头..A1
- **43** 武昌火车站..C4
- **44** 中华路码头..A1

ⓘ 实用信息
- **45** 黄鹤楼东门旅游集散中心................B2

前往长江观景第一台，可乘16路在临江大道四马路站下车；或从地铁2号线积玉桥站步行500余米。沿着江滩骑车也很棒。可借助武汉市的公共自行车租赁系统；江滩公园的大门不允许单车进出，不过还有许多小门，沿着楼梯可以把单车推进去再骑。

黄鹤楼　　　　　　　　　　　　　　　公园

（见58页地图；www.cnhhl.com；武昌区武珞路阅马场；门票80元；☉旺季4月至10月8:00~18:00，淡季8:00~17:00；Ⓜ首义路）崔颢和李白的两首唐诗，让黄鹤楼从小学生那里就名扬天下。号称"江南三大名楼"之首的黄鹤楼，曾是一座"劈情操"的酒楼，古人来江城也要"到此一游"才圆满。修建大桥时，只剩一个铜铸楼顶的清代黄鹤楼遗址被占；1985年，更为高大雄伟的新黄鹤楼拔地而起，却远离了江边1000余米。

如今登上这座51多米高的黄琉璃瓦覆攒尖顶的仿古楼阁，是一件很"现代化"的事情。进门再次检票后，可乘电梯直通5层，每层大厅都有陶瓷壁画等陈列。举目远眺，长江大桥、司门口尽收眼底，不时还有火车从桥下呼啸而过，千年景色大变，正合"此地空余黄鹤楼"和"唯见长江天际流"之意。

景区内还有许多新建的景观小品，如"黄鹤归来"铜像、《崔颢题诗图》浮雕、李白搁笔亭、岳飞铜像等，古迹则有元代的**胜像宝塔**和清代的**宝铜顶**等。

景区有东、南、西3个大门。西门离武昌桥头和司门口很近，南门和东门离红楼很近。南门外有黄鹤楼站，停靠前往汉口、汉阳方向的10、61、401、402和电车1、4路。东门设有 旅游集散中心，发售优惠额度不小的两种联票（黄鹤楼加长江游轮180元，黄鹤楼加楚河汉街至东湖游船130元）；东门外的武珞路/武昌路阅马场站停靠有多路公交，也可由地铁4号线的首义路站北行约10分钟。

免费 **蛇山** 公园

（见58页地图；M首义路）蛇山西段已圈作黄鹤楼景区，东段仍旧是市民早晚锻炼散步的好去处。这里建有 首义公园，能看到纪念碑、首义人物群雕、烈士祠等革命景点，还有纪念张之洞的 抱冰堂 和几座民国名人的旧宅。公园东侧，复建的 龙华寺 是一座尼姑庵。西侧的 湖北省立图书馆旧址 是中国国内最早的图书馆专用建筑之一，造型上参考了武汉大学早期建筑，同属中国传统复兴式近代建筑。

黄鹤楼东门向东步行400米即到首义公园，继续东行300米为龙华寺。

免费 **辛亥革命武昌起义纪念馆** 历史建筑

（见58页地图；☎8887 5305；www.1911museum.com；武昌区武珞路1号；讲解50元；◯周二至周日9:00~17:00，16:00停止入馆，节假日照常开放；M复兴路，首义路）历史总是充满了讽刺——这座"红楼"本是晚清政府为"预备立宪"而建的湖北省谘议局；武昌起义的第二天，革命军就在这里组建了 中华民国军政府鄂军都督府。这个湖北军政府起初以一己之力和清政府抗衡，建立中华民国。一个月内，十三省纷纷响应；而在南京临时政府成立前，这里还曾一度代行"中华民国中央政府"的职权，黄兴于此拜将授印，宋教仁起草了首提"人民一律平等"的《鄂州约法》。

如今红楼内重现了当年湖北军政府的军令部、军务部、外交部、教育部等各种机构场景，西配楼内还有近400件展品的史迹陈列展。红楼本身的建筑也很有看点，红砖红瓦，回廊悠悠，中西合璧。门外的广场，孙中山先生铜像 眺望远方，目光深邃。再往前有 十八星旗花坛 和 黄兴拜将台，广场西侧的湖北剧院附近有 谘议局界碑 和 彭刘杨三烈士塑像。

除了收费讲解，纪念馆每天提供4场免费讲解，分别于9:00、10:00、14:30、15:30开始。

多条公交线路的武珞路/武昌路阅马场站下车，离红楼很近。地铁4号线的复兴路站、首义路站步行约需15分钟。

免费 **辛亥革命博物馆** 博物馆

（见58页地图；☎8805 1911；www.1911museum.cn；武昌区彭刘杨路258号；凭身份证免费领票；◯周二至周日9:00~16:30，领票9:00~11:30，13:00~16:00，节假日照常开放；M复兴路，首义路）博物馆是为了纪念辛亥革命100周年而建的。红楼、孙中山铜像、黄兴拜将台、博

另辟蹊径

粤汉旧事

长江大桥通车之前，京广铁路在武汉被长江隔开，北称"京汉铁路"，南为"粤汉铁路"。武昌北站（见52页地图；武昌区临江大道徐家棚）原名徐家棚站，曾是粤汉铁路最北端的车站。那时，轮渡过江的火车在此拆卸或重组，武昌北站和武昌站之间的铁路上，火车过往频繁。

近几年来，往返于江夏流芳—武昌—武昌北—青山何刘之间的免费市郊通勤列车，被网络宣传成清新时尚的 武昌绿皮小火车。每天上午7点、下午3点50分和5点15分，武昌北站都有绿皮车发出，不过乘务员可能会拒绝非沿线居民模样的乘客上车。调研期间，官方发布了武昌北站附近铁轨将要拆除的消息。乘坐多路公交车在和平大道徐家棚站下车，沿秦园路至铁路道口，再沿铁轨北行可到武昌北站。

而在长江二桥武昌桥头下往北不远处，另有 粤汉铁路轮渡码头旧址（见52页地图），保留着巨大的水泥石墩和废弃的铁轨。可乘公交到徐东再步行20分钟前往。

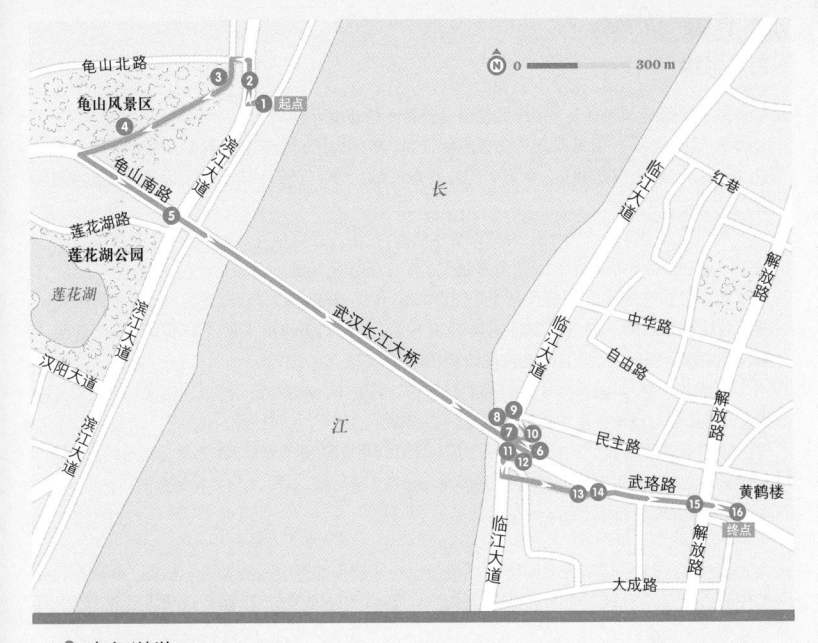

步行游览
晴川阁到黄鹤楼

起点: 晴川阁
终点: 黄鹤楼
距离: 3.5公里
需时: 1小时(不含参观景点时间)

没有比用脚步丈量更好的方式,来体验万里长江第一桥了。两侧桥头分别是"晴川历历"之阁和"故人西辞"之楼;纵使过江的交通日新月异,历史见证者仍在两岸矗立。

参观 ❶ 晴川阁,出门后从 ❷ 铁门关城楼下经过,左拐进入龟山北路。从公厕旁沿着石阶上山,过 ❸ 龟山东门而不入。继续前行可到 ❹ 交警大桥大队,门前是观赏大桥的最佳位置。从 ❺ 汉阳桥头登上大桥,朝武昌方向步行,1.2公里长的正桥高悬江面,恐高之人可能不敢贴近栏杆呢!桥上俯瞰长江天际流、百舸争流,大可发出"大江东去浪淘尽"或"逝者如斯夫"的感慨!

15分钟后到达彼岸。别急着下桥,先去前方的 ❻ 平台,等候一列京广线上的火车从黄鹤楼下经过。"故人西辞黄鹤楼",火车上的旅客也和黄鹤楼告别:哪怕只是和武汉这样匆匆擦肩而过,这座大城已经向他们展示了自己最负盛名的景点。花2元钱乘坐 ❼ 武昌桥头的电梯下到临江大道上,记得回头仰望桥头堡的建筑风格。再沿 ❽ 台阶看1954、1998年两次特大洪水的水位线,以及毛泽东下水横渡长江的壁画。登上旁边的 ❾ 二楼顶层,恰有一行黄鹤飞翔的塑像。过马路到对面,大桥下方有 ❿《建桥史》浮雕。沿路向南穿过桥底,能在东面桥墩上找到 ⓫ "黄鹤楼故址"刻字,古黄鹤楼矗立在蛇山头,最终让步于大桥的修建。从桥头堡南侧的楼梯爬上,有 ⓬ 武汉长江大桥建成纪念碑,一旁是火车飞啸而过的铁路桥面。沿楼梯返回,从立着"武昌区老年活动中心"路牌的小路进入。在这片引桥下的老居民区中有 ⓭ 陈定一烈士墓。一旁还有 ⓮ 陈友谅墓,石牌坊上书"江汉先英"和"三楚雄风",纪念这位元末乱世中的一代枭雄。绕过陈友谅墓,沿小径上行回到引桥公路上,前行至 ⓯ 解放路立交,走到马路对面,就是 ⓰ 黄鹤楼西门了。

另辟蹊径

首义寻踪

除了都督府、起义门、蛇山,武昌首义还有一些遗址可寻。

武汉造船厂一带曾是湖广总督府所在地,厂区大门即当年总督府的东辕门。革命前夕,彭刘杨三烈士在此就义。今天大门内立着**三烈士亭**(见58页地图;武昌区解放路近水陆街),内有三人的塑像。

周福堂故居(见58页地图;复兴路近水陆街)的旧主是新军马队标统,当年这里是起义秘密筹划之处。一旁的**圣米迦勒堂**是武汉历史上的著名教堂。

紫阳公园东侧的**工程营旧址**(见58页地图;张之洞路近首义路)立碑纪念。这里曾驻扎着湖北新军第八镇工程八营,首义枪声由此响起。旧址对面有**首义烈士祠牌坊**;紫阳公园的东北湖岸还有一座**胜利亭**,为民国政府所建。

昙华林一带,美国教会开设的圣约瑟学堂的旧址中,坐落着**日知会旧址**(见58页地图;崇福山街41号)。日知会是新军进步青年创办的重要的秘密反清社团。

卓刀泉公园后的**伏虎山革命烈士陵园**(见68页地图;洪山区卓刀泉南路近珞喻路)埋葬着首义烈士刘公、蓝天蔚、蔡济民、刘静庵和孙武、吴兆麟。国军抗日名将郝梦龄、中共"一大"代表李汉俊也长眠于此。

物馆和南侧的首义广场、烈士祠牌坊同处于一条中轴线之上,形成了中国大陆最大的一片辛亥革命文化街区。

博物馆常设有《共和之基——辛亥革命历史陈列》,3层楼的展厅回顾了从晚清到1912年中华民国颁布《临时约法》的历史风云,其中包括发生在武汉地区的汉阳新政、庚子起义、拒俄运动等革命前夕的重大事件。为了重现1919年双十的夜晚,复原的场景还配上了狗叫的背景声音;抵抗清军围剿的阳夏保卫战,则让人感叹维护革命成果的不易。每天10:30和14:30,博物馆提供免费的讲解服务。

多条公交线路的武珞路/武昌路阅马场站下车最近。地铁4号线的复兴路站、首义路站,距博物馆北门的入口步行约10分钟。

免费 起义门 历史建筑

(见58页地图;武昌区首义路近津水路;M首义路)这里原名中和门:武昌首义当晚,湖北新军工程营控制此门,迎候接应部队入城,并在此架炮轰击湖广总督府。民国将这里改名为起义门,后来只剩下一个城门洞,却也是武昌老城唯一幸存的城门了。现在的重檐歇山顶城楼是20世纪80年代复建,内有武昌老城的模型和旧照。一直向东的300余米长的城墙,则于2011年重新修葺。最东侧有**楚望台**,清末曾有中国最大的军械库,革命军抢先攻占此处即为此因。如今这里古意难寻,二环高架路紧邻城墙,青砖城墙和飞速车流并行;对面还有一座清真寺,附近为回民在武昌的聚集区。

地铁4号线的首义路站南行10分钟即到起义门。从武昌火车站步行至楚望台约需10分钟。

长春观 道观

(见58页地图;☎8884 2090;www.whccg.com;武昌区武路路269号;门票10元;⊙8:00~16:30)这座道观是武汉乃至中国南方最有名的道教丛林之一,因"长春子"丘处机曾在此传教而得名。如今的殿堂多为近代所建,能看到藏传佛教风格的红花、大象等装饰,以及欧式风格的道藏阁;《天文全景图》石碑和乾隆御笔"甘棠"石刻,亦为长春观独有。登到最高处,还能看道士面对着武珞路的闹市打坐修炼。

长春观在武汉人心中是求姻缘的好地方。和合二仙洞供奉的两位就是主管姻缘的;观内还有会仙桥;也可以去拜拜喜神,也就是月老。长春观一直走在时代前沿,现任方丈吴诚真是道教1800年历史上第一位坤道(女性)方丈。这里的全真龙门精武馆也搞得红红火火,常能看到练武的"小道士"们。长春观斋补堂素菜馆（见58页地图）更是早已名满江城。

多路公交车可到武珞路大东门站，离道观很近。一旁的城隍庙（免费参观）为近些年来复建，商业化过重。

★昙华林　　　　　　　　　　　　　　街区

（见58页地图；M螃蟹岬）彼岸的汉口曾是熙攘逐利之地，武昌吸引了一批批的传教士布道、办学。附近的楚材街一带曾是武昌贡院所在地，昙华林则成为秀才们租房、备考之地。清末民初，新式学院如雨后春笋般萌生，西式的教育制度混进了古老的科举文脉。于是和老汉口的洋商范儿不同，昙华林的西式建筑群总透露出一股文艺范儿；如今这里也开满了咖啡馆、摄影店、画廊……虽略显俗套，还是添上了几分"小清新"的活力。

昙华林历史文化陈列馆（☎8892 8082；昙华林近胭脂路；免费；◎周二至周日9:00~17:00）有昙华林历史建筑最详细、全面的介绍，可惜并无可带走的图文资料，还得用照片或纸笔记录下来，再行按图索骥。

崇真堂（昙华林近得胜桥）于1864年落成，是湖北省第一座基督教堂，创建者是英国人杨格非——他是华中地区基督教事业的开

值得一游

武昌逛高校

学在华科，玩在武大，爱在华师……在拥有世界上最多在校大学生（据统计超过100万）的武汉，逛大学乐趣多多。

湖北中医药大学（见58页地图；武昌区昙华林188号；M螃蟹岬）前身是1871年美国教会创办的文华书院，曾开启了武汉乃至中国新式教育的先河。文华书院后来发展成文华大学，校园如今为湖北中医药大学使用，文华大学文学院、文华大学理学院、文华大学礼拜堂、翟雅阁健身所等老建筑风采依旧。

湖北美术学院（见58页地图；武昌区中山路374号；M螃蟹岬）是中国八大美院之一。校园里保留有当年华中村的两座洋楼：榆园如今开有艺术咖啡沙龙，朴园曾居住着钱钟书的父亲、国学大师钱基博。学校大门外有湖北省美术院美术馆（免费；◎周二至周日9:00~17:00，16:00停止入馆）。

中南民族大学（见52页地图；洪山区民族大道182号）和南湖零距离接触，是除了武大之外，武汉高校自然风光最美的一座。

华中科技大学（见68页地图；洪山区珞喻路1037号；M光谷广场）是和武大齐名的重点高校，前身是华中工学院，光谷的快速发展就和该校强大的光学工程密不可分。校园具有方正笔直、男生居多等典型的工科院校特色。

中国地质大学（武汉）（见68页地图；洪山区鲁磨路388号；M光谷广场）的逸夫博物馆（☎6788 3344；mus.cug.edu.cn；门票40元；◎周一至周五8:30~12:00, 14:30~17:00，周六、日及节假日9:00~16:30）较有名气。地大的攀岩也很出名，可去室内攀岩馆（☎8779 1882；攀岩120分钟体验套餐79元；◎周六、日9:00~11:30, 14:30~17:00, 18:30~20:30）挑战一下。

华中师范大学（见68页地图；洪山区珞喻路152号；M广埠屯、虎泉）顶着"爱在华师"的美名，校园风景宜人，时有美女出没。黎元洪墓位于校园东南一隅。

华中农业大学（见52页地图；洪山区狮子山街特1号）同样依山傍湖，作为农业大学更是植被丰饶。大学生活动中心旁的油菜花田，阳春三月亦是一景。

中科院水生所（见68页地图；武昌区东湖南路8号）的水生生物博物馆（☎6878 0725；museum.ihb.ac.cn；免费，参观需提前预约），有非洲矛尾鱼、白鳍豚、扬子鳄、江豚、中华鲟等动物的标本可看。

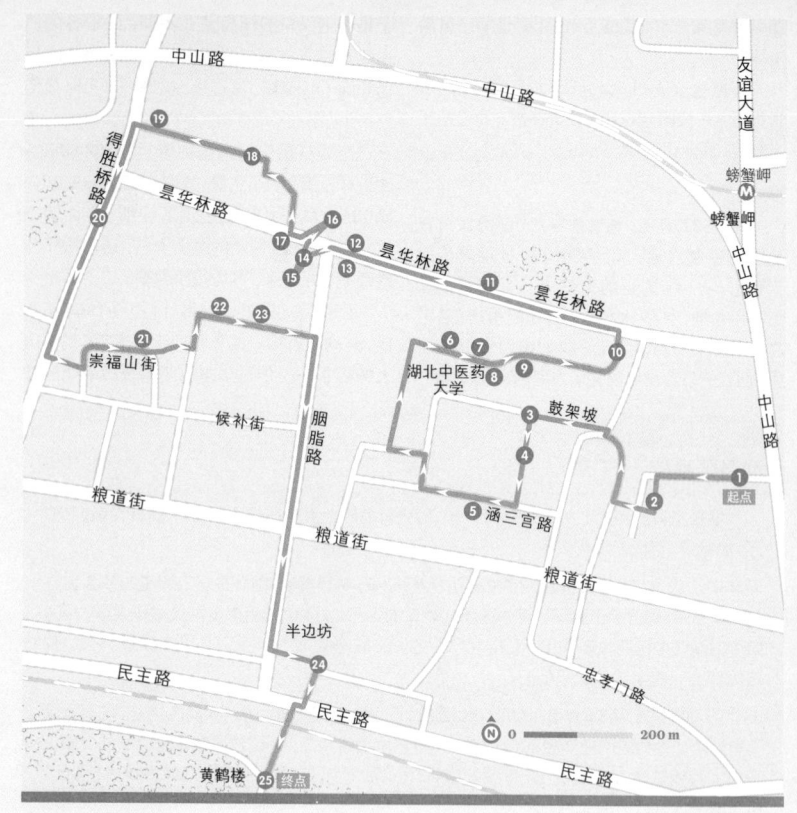

步行游览
徜徉昙华林

起点：湖北美术学院
终点：武昌路隧道
距离：5.5公里
需时：2小时

出螃蟹岬地铁站，沿中山路向南不远就能看到昙华林的路牌。先别急着拐进去，继续向前的 ❶ 湖北美术学院别有天地。美院的艺术气息是见面礼，路过一个漂亮的池塘，再向前能看到两栋白色小别墅，即 ❷ 榆园和朴园。沿着楼后的小路向南，路口右拐从西门出湖美，再沿小路向右，至下一个路口左拐，深入的巷子叫鼓架坡，有 ❸ 湖美涂鸦街。之后从一处三岔路沿着小坡向南，前行能看到 ❹ 半园，门匾上的"半园"两字为"民国四大书法家"之首的谭延闿所题，下方的"向阳院好"来自"文革"。南行到涵三宫路，右拐不远能在路南看到 ❺ 武汉中学旧址，董必武等人创办的这所私立中学仅余一个拱门。前行路口右拐，至路口左拐，下一路口右拐，从南门进入湖北中医药大学。校园里相继看到 ❻ 文华大学文学院、❼ 文华大学理学院、❽ 李时珍塑像和路口处的 ❾ 文华大学礼拜堂。绕过树影婆娑的 ❿ 翟雅阁健身所，出北门就回到昙华林路上了。

沿路向西，从 ⓫ 十四中门口路过，内有国民政府军事委员会政治部第三厅旧址。再往前就到了昙华林的核心地段，依次能看到 ⓬ 昙华林历史陈列馆和 ⓭ 仁济医院旧址，不妨入内一看。前方就是胭脂路路口，瑞典牧师楼里开有 ⓮ 融园咖啡，累了就进去歇歇脚，在古董环绕中来一杯咖啡。沿着旁边的台

阶路爬上 ⑮ **花园山**，看意大利天主教区留下的礼拜堂和天文台旧址。下山后从融园对面钻过门洞，进入 ⑯ **瑞典教区旧址**。调研期间这里正在整改重建，预期将来仍可以爬到凤凰山顶，再沿山脊向西。暂时还请原路回到昙华林再向西，从 ⑰ **半亩园艺术酒店**对面进入 ⑱ **三义村**。这里仍保留有"批刷"等老房子，苏式筒子楼在半个世纪前可是羡煞众人的住宅。即将走出三义村，有一栋带有围墙、花园的红砖小楼，为 ⑲ **石瑛故居**：石瑛是武汉大学时任校长。

来到拥挤的 ⑳ **得胜桥**，菜店、肉铺、2元店、包子铺、小鱼市……应有尽有，往南走还能远望到黄鹤楼。沿一条小巷左拐，之后遇路口再先后左拐、右拐，就进入了崇福山街。㉑ **圣约瑟学堂旧址**尚在，这里曾是湖北新军的反清团体"日知会"的活动场所；一旁的崇福山巷深处，一排排住宅刷上了淡蓝、淡绿色，老屋换新颜。继续向东，路尽头左拐，一直前行就来到前身为教会育婴堂的 ㉒ **武汉市儿童福利院**，和 ㉓ **天主教中南神哲学院**。

前行回到胭脂路，向南步行，依次经过的候补街、粮道街都有许多食肆。再往南在7天酒店斜对面，在拐进入半边坊，有时能碰到二手衣物摊点。东面的胭脂坪有 ㉔ **黎元洪公馆**，这里在1938年武汉保卫战期间曾为国民党中央军委会机关驻地。向南来到大马路，斜对面进入 ㉕ **武昌路隧道**。开凿于清末的这个隧道曾是连接蛇山南北的要道，洞口的"武昌路"三字为黎元洪所题。穿过隧道即到黄鹤楼东门和首义文化区。

创者。**仁济医院旧址**（昙华林近胭脂路）位于历史文化陈列馆对面，原名英国伦敦会医院，1895年扩建成文艺复兴式建筑。

花园山是天主教的地盘。山顶坐落着**嘉诺撒仁爱修女会礼拜堂**（花园山4号），背后有花园山天文台遗址。南麓的**天主教中南神哲学院**（花园山2号）有文艺复兴风格的鄂东教区主教公署和巴西利卡风格的**花园山主堂**。隔壁的武汉市儿童福利院前身为教会育婴堂，内有一座万婴墓。

瑞典教区旧址位于花园山北麓和凤凰山南麓。最易找到的建筑是融园咖啡所在的**花园山牧师楼**（昙华林68号），为北欧风格的二层券廊式砖木小楼。牧师楼正对面穿过一个中式门廊后，还有10余栋老楼参差坐落在凤凰山上；墙面上爬山虎斑驳成影，"七十二家房客"挤进了神职人员的寓所。2016年，瑞典教区旧址迁出了600余户居民，将开展"保护性开发利用"。

地铁2号线的螃蟹岬站、多路公交车的中山路螃蟹岬站离昙华林的东入口很近。沿着胭脂路北行进入昙华林，也是常走的路线，可乘公交在民主路胭脂路、粮道街胭脂路站下车。乘15、43、514、804路等公交车在中山路解放路站下车，沿得胜桥南行，可从西端进入昙华林——这边的入口很容易错过，请多留意。

红巷　　　　　　　　　　　　　街区

（见58页地图）红巷的确很红。这里将**武昌毛泽东旧居**（都府堤41号）、**中共五大会址纪念馆和陈潭秋早期革命活动旧址**（都府堤20号）、**武昌农讲所旧址纪念馆**（红巷13号）一起打造成武汉革命博物馆（☎8885 0322；www.whgmbwg.com；免费；⏰周二至周日8:30～17:00，节假日照常开放）。作为"革命圣地"，红巷打理得干净大方。

多路公交的中华路、解放路司门口、粮道街司门口站离红巷都很近，从户部巷步行只需5分钟。

◎ 东湖及周边

"欲把西湖比西子"，那么东湖比作的，就该是远赴塞外、大气自由的湖北美女王昭君了。没有西湖的连绵群山和丰富的人文景

另辟蹊径
珞珈金秋

春花烂漫——未免照一张相，镜头里到处都是攒动的人头。其实，武大更具魅力的季节是11月中下旬的深秋。珞珈山上下种植的树木，是由民国武大农学院院长叶雅各先生精心选择的。他不仅考虑到防火、防虫，还念着绿化景观。因此每逢金秋，珞珈山上赤橙黄绿紫，站在老斋舍顶上远眺，宛若油画。这时的九一二操场，跑道上落满了悬铃木叶，秋意盎然。

点，中国最大城中湖之一的东湖，魅力之处就是湖面之大——最宽处有5、6公里，环湖一周要40多公里。以下从武汉大学开始，按顺时针环绕东湖的方向排列。

★ 武汉大学　　　　　　　　　　　　学校

（见68页地图；武昌区珞珈山；Ⓜ 街道口、广埠屯）无论哪个榜单的"中国最美大学"，武汉大学总是名列前茅。不过光有依山傍湖的自然风光，不足以成就武汉大学（文理学部）的"艳名"在外。1933年胡适曾说道："你们要问中国有没有进步，去看看武汉大学就知道了"，主要针对的就是美国建筑师凯尔斯设计的**武汉大学早期建筑**。中轴对称、四角崇楼、中式屋顶、绿琉璃瓦……组成了地道的中国传统风，却是用钢筋水泥的西式建筑工艺表现出来；再从珞珈山、东湖完美地"借景"，造就了中国近代高校建筑群的典范佳作。而名扬天下却又饱受争议的武大樱花，更为这里添上了撩人心怀的一抹春光。

◎ 樱花大道一带

狮子山南麓的**樱花大道**旁，高大的**老斋舍**又叫**樱花城堡**，是武大早期建筑的代表作。这里最早是学生宿舍，日占时期曾作为作战指挥部和伤病医院使用；三座高大的罗马券拱门下，百步阶梯徐徐升高，每一层宿舍以《千字文》命名，从而挂着"天字斋""地字斋""玄字斋"等牌匾。登上最高处的**樱顶**，正好俯瞰樱花大道、回望珞珈山。

老图书馆简称"老图"，如国王一般坐落在樱顶，是凯尔斯"中西合璧"建筑的集大成者。外观如一座雄壮威严的中式宫殿，主附楼、屋顶等组合构造很复杂，窗花老子像、宝塔状烟囱等细节别具匠心；内部大厅作为自习室使用，有几分《哈利波特》霍格沃兹魔法学校大厅的感觉。老图两侧的**法学院**和**文学院**也是老建筑，如今为外语学院和数学学院使用。

九一二操场位于樱花大道东段的下方，又称"奥场"，是为了纪念1958年9月12号毛泽东在此向学生讲话而命名。几十年前的抗战期间，蒋介石也曾在这里检阅参加"珞珈山军官训练团"的国军精英。隔着操场对望的**理学院**和**工学院**也是凯尔斯的得意之作。另一侧白色的**人文馆**于1990年建成，曾获得中国建筑学会的大奖。理学院向东、樱花大道尽头有**武大标本馆**，其中动物标本多出自于著名的唐氏家族之手，遇到开放可入内一游。

◎ 洪波池周边

洪波池位于文理学部中央，是从武大正门走大路前往樱花大道的必经之处。"洪波"之名得自郭沫若，不过并未传开，许多学生还是称其为未名湖。

万林艺术博物馆（museum.whu.edu.cn；免费；⏱周二至周日9:00~16:30，节假日照常开放）位于洪波池一旁，外观乍一看很不和谐。不过楼上的观景平台可是远眺狮子山的好地方，在此能体会到凯尔斯的宏大格局，以及老斋舍"布达拉宫"别称的来由。博物馆内常有各种临展，会有武大教授、志愿者等提供免费讲解。

宋卿体育馆在洪波池前往樱花大道的上坡路左侧，由黎元洪（字宋卿）的儿子捐建。1938年国民党在此召开临时全国代表大会，蒋介石在会上获得了"总裁"的头衔。一旁的**鲲鹏广场**也是武大的标志之一。

梅园操场位于洪波池前往奥场的路旁，每周五晚6点半有免费的露天电影放映（遇雨雪天气取消）。这里层层叠叠的坐梯配合树木，本身也是很漂亮的拍照处。

珞珈山和东湖沿岸

珞珈山树木葱茏,东湖的视野被遮得严严实实。值得一看的是东南麓的**十八栋**。这些英式田园风格的小别墅散落在参天大树下,被郭沫若称为"武汉三镇的物外桃源";据说当年日本轰炸机途经上空发现此处,想留给自己享用,从而未扔下炸弹。如今这里在**周恩来故居**(19栋)和**郭沫若故居**(12栋)都有刻字纪念。

半山庐位于工学院和档案馆后方,因为属于珞珈山靠近奥场的一侧而更容易到达。这栋漂亮的小楼是宋美龄命名的,她和蒋介石曾在抗战前期在此居住。

凌波门是武大看东湖的最佳地点。这里有栈桥围成的游泳池,东湖风光浩瀚无垠,夏天暴雨后更能拍出"水上飘"的照片。沿着林荫下的东湖南路,向南步行不远,湖北省水上运动管理中心对面也有栈桥。

多路公交车可到的八一路珞珈山、珞珈山路劝业场站,前往武大(文理学部)正门,也就是"国立武汉大学"(新)牌坊很方便。这里可以乘坐校内中巴车(对外票价2元)前往工学部或湖滨(凌波门),后者经过樱花大道。

地铁2号线街道口站,向北步行10分钟可到牌坊。广埠屯站沿广八路北行,可从家属生活区进入武大;也可步行至信息学部南门,换乘校内中巴前往文理学部。

402路的东湖南路武大工学部/凌波门/风光村站,以及522、606路终点的洪山侧路茶港小区站,也能方便地进入武大校区。其中风光村可由东门(艺术学系大门)进入武大,之后绕过外国专家楼,有台阶上珞珈山,前往十八栋最近。

宝通寺 寺庙

(见68页地图;武昌区武珞路549号;门票10元;⊙9:00~17:00;Ⓜ宝通寺)宝通寺是武昌最大、历史最悠久的佛教**丛林**,历史可上溯到南朝的刘宋。元代,寺庙深处的半山腰处,建起了**洪山宝塔**(登塔2元)。这座七级八方的砖石塔,从此成为宝通寺乃至洪山的象征。民间则有传闻说,宝塔钟声所及的范围内,才能长出正宗的洪山菜薹。如今宝通寺的佛殿多为晚清所建,文物和艺术价值都不算高;不过寺庙依山而建,古树葱茏,檀香阵阵,还能看到僧人们种下的一畦畦菜薹。山门外就是热闹的亚贸商场,庙内却别有一番清幽,实属难得。

地铁2号线宝通寺站、多路公交车可到的武珞路宝通寺站可到。

武大樱花节

一年一度的花开花落,带来了一年一度的人潮涌入和漫天争议。对于武大而言,樱花之美似乎成为一种负担,更需要百年沉淀的智慧,来应对舆论旋涡中的非议和偏见。

"珞樱"的历史上溯抗日战争的武汉沦陷时期,日军在老斋舍前种下了30余株樱花。这些"原罪樱花"早已寿终,今天的樱花多为中日邦交正常化后引种的。

樱园(老斋舍)和樱花大道,是樱花最集中的地方。这里的白色樱花即**日本樱花**,是大多数人印象中的那种樱花。工学院(行政楼)和人文馆一带,以及鲲鹏广场也有不少日本樱花——武大早期建筑和白色樱花交相辉映,风景羡人。校园里能见到的白色樱花还有**垂枝樱花**,顾名思义即识。另有两种粉红色的樱花,花期不同,分别是**早樱**和**晚樱**。

每年日本樱花盛开之际,**武大樱花节**开始,持续半月左右。花期和当年的气温、降水等情况息息相关,3月上旬到4月上旬都有可能,而且一场强降雨可能将樱花提前打落。樱花节期间进入武大校园要购买门票,或在**武汉大学官网**(www.whu.edu.cn)提前实名预约。这时校内还会有专供游客搭乘的观光车。

白天不进武大,可以选择检票人员下班后,宁静的**夜樱**别有一番美感。碰上小雨甚至一场难得的春雪,雨樱、樱吹雪的景色,落英缤纷更让人难忘。

如果只是纯粹赏花,**磨山**(见74页)的樱花园其实规模更大。

东湖及周边

武汉 武昌

69

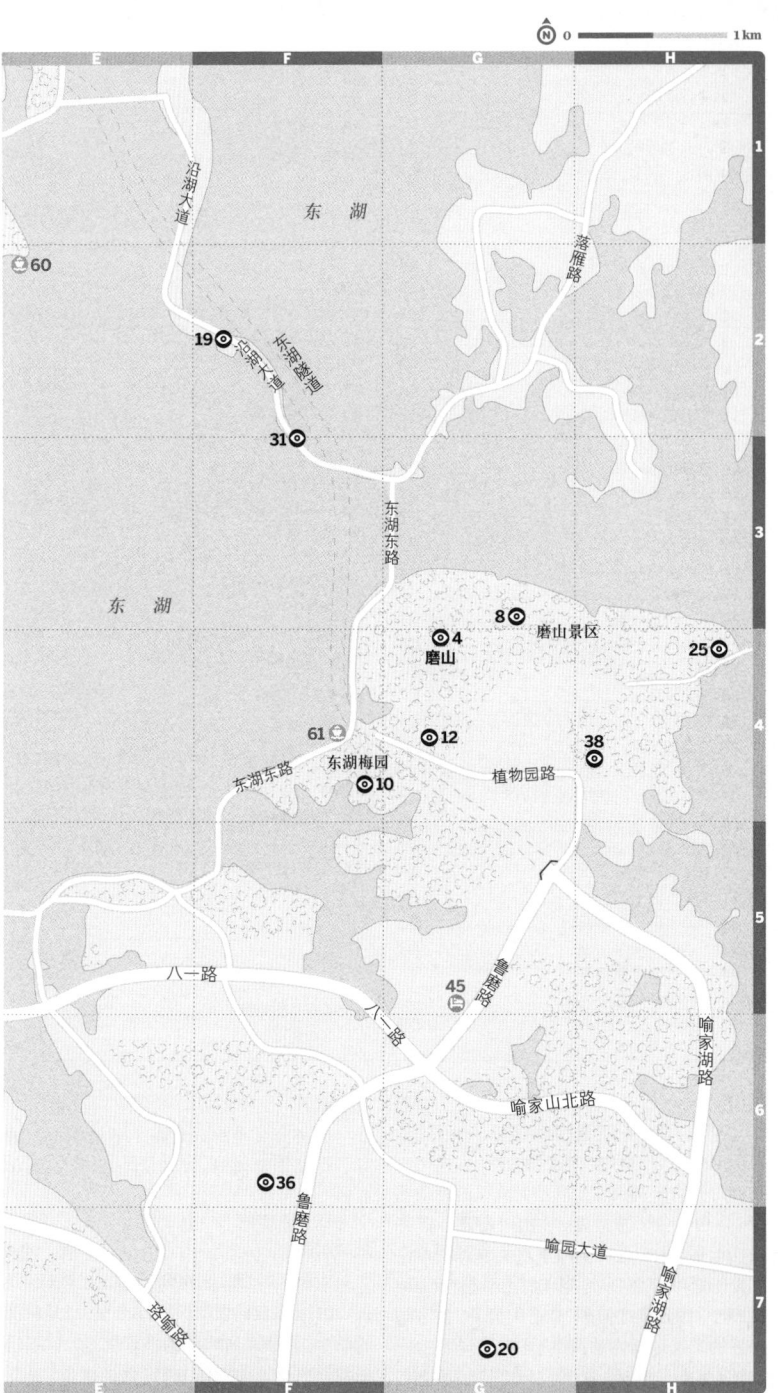

武汉 武昌

东湖
沿湖大道
落雁路
●60
●19 欢湖大道
●31
东湖东路
●8 磨山景区
东湖
●4 磨山
●25
61 ●12
东湖梅园 ●38
东湖东路 植物园路
●10
八一路
45 鲁磨路
喻家湖路
喻家山北路
●36
鲁磨路
喻园大道
喻家湖路
路喻路
●20

东湖及周边

◎ 重要景点
1. 楚河汉街 B3
2. 东湖公园 D2
3. 湖北省博物馆 C2
4. 磨山 G3
5. 武汉大学 C5

◎ 景点
6. 403国际艺术中心 A6
7. 宝通寺 A5
8. 楚天台 G3
9. 东湖猴岛 D1
10. 东湖梅园 F4
11. 东湖牡丹园 D1
12. 东湖樱花园 G4
13. 杜莎夫人蜡像馆 B3
14. 放鹰台 B4
15. 伏虎山革命烈士陵园 D6
16. 行吟阁 D2
17. 洪山 A5
18. 湖北省美术馆 C2
19. 湖光阁 E2
20. 华中科技大学 G7
21. 华中师范大学 C6
22. 梨园大门(东湖公园) D1
23. 黎元洪墓 C7
24. 凌波门 D4
25. 刘备郊天坛 H4
26. 珞珈山 C5
27. 毛泽东故居纪念馆(梅岭一号) C3
28. 屈原纪念馆 D2
29. 沙湖 A2
30. 施洋烈士陵园 A5
31. 十里长堤 F2
32. 听涛大门(东湖公园) D2
33. 万达电影乐园 A3
34. 武汉大学早期建筑
    (老斋舍和老图书馆) C4
35. 先月亭 D3
36. 中国地质大学(武汉) F6
37. 中科院水生所 C4
38. 中科院武汉植物园 G4
39. 卓刀泉寺 D6

✪ 娱乐
40. 汉秀 B3
    One & Night A+汉街店 .... (见59)

🛏 住宿
41. 阿凡达太空舱青年旅舍 A3
42. 东湖宾馆 C3
43. 东湖印象青年旅舍 D2
44. 珞珈山庄 D5
45. 暖途国际青年旅舍 G5

🍴 就餐
46. 恩施电网汉办餐厅 A6
47. 桂园食堂(武汉大学) C4
48. 虎泉夜市 D7
49. 珈园小观园 C5
50. 省直机关四食堂 B4
51. 田园小观园 C4
52. 小亮蒸虾 B6
53. 小潘烧烤 C5

☕ 饮品
54. 醇园咖啡 C4
55. 万林咖啡 C5

🛍 购物
56. 豆瓣书店 B4
57. 九丘书馆 B4
58. 文华书城(汉街店) A3

🚌 交通
59. 汉街中心码头 A3
    汉秀码头 .... (见40)
    行吟阁码头 .... (见16)
60. 落霞水榭码头 D2
61. 磨山梅园码头 F4

洪山
公园

(见68页地图;免费;M宝通寺,中南路)从汉阳的梅子山、龟山,到武昌的蛇山、洪山、珞珈山、磨山、喻家山,恰是大武汉的一条龙脉。洪山正位于龙腰处。洪山西南麓开辟有**洪山公园**,入口处有全国重点文物保护单位的**无影塔**可看。向东是**施洋烈士陵园**(武珞路509号),埋葬着这位在"二七大罢工"被军阀杀害的工人运动领袖;园内还有**施洋烈士纪念馆**(免费;⊙9:30~11:00,15:00~16:30,周四下午闭馆)。

多路公交车的武珞路丁字桥站下车最近。从地铁宝通寺、中南路站步行不到10分钟。

楚河汉街
街区

(见68页地图;东湖和沙湖之间;M楚河汉街)2011年落成的**汉街**长约1.5公里,已是武汉的学生、白领和游客们的新欢之地。这里沿街都是巴洛克、石库门等风格的建筑,还有屈原、昭君、知音、药圣、太极等6个广场，立有古代湖北名人的塑像。汉街上各种物业都有，从周黑鸭、麦当劳、星巴克，到**杜莎夫人蜡像馆**和**万达电影乐园**（见51页方框），以及**汉秀剧场**（见75页）和"七星级"的万达瑞华酒店……

汉街北侧的**楚河**长约2.2公里，是连接东湖和沙湖的人工河道。如今这里开设有游船项目（见74页方框），可乘船前往东湖。楚河上的四座桥各具特色，**放鹰桥**的欧式塔桥风格、**云中桥**的灯幕、**歌笛桥**的拉索结构、**烟霞桥**的扭曲造型和夜间LED效果，都值得留意。

地铁4号线设有楚河汉街站，由此可至汉街中段的云中桥。前往汉街东端的放鹰桥，可乘多路公交在东湖路楚河汉街站下车。

放鹰台　　　　　　　　　　　　　公园

（见68页地图；武昌区天鹅路近白鹭街；免费）相传"安陆女婿"李白曾经在此放鹰捕鱼，尽显唐朝"古惑仔"的风采。如今这里筑有一个高台，造型萌萌的李白塑像矗立其上。放眼望去，东湖一隅风光也是可圈可点。

公交402路设有天鹅路放鹰台站。也可乘坐多路公交车在东湖路中南医院站下车，向南过双湖桥即到。

★ 免费 湖北省博物馆　　　　　　博物馆

（见68页地图；☎8679 4127；www.hbwm.org；武昌区东湖路160号；凭身份证免费领票，讲解100元起，自助导览仪租借20元起；⊙周二至周日9:00~17:00，16:00停止入馆，节假日照常开放；Ⓜ东亭）湖北是中华文明的重要发源地之一。先秦时期，楚国不同于中原各国的巫鬼、浪漫之风，让后人对历史充满了遐想和假设；秦汉以降，荆楚大地居于天下之中，每逢治世和战乱都有大事频频发生。这座省级的历史博物馆有20万余件藏品，其中国家一级文物就有近千件；不过相比悠长灿烂的历史文明，仍是沧海一粟。

省博有四大"镇馆之宝"。**越王勾践剑**（镇馆）和**吴王夫差矛**位于右翼的**楚文化馆**中，江南吴、越两国国王的兵器是被楚国当作战利品带回来的。这里还能看到**九连墩楚国车马坑**的复原车马——九连墩楚墓位于枣阳，是中国迄今为止考古发掘的最大的楚国墓葬。

编钟馆珍藏着震惊世界的**曾侯乙编钟**（镇馆）。曾国位于随州市一带，曾在楚国几乎被伍子胥的吴军灭亡时，收留了溃逃至此的楚昭王。编钟和**曾侯乙编磬**、**青铜尊盘**、**鹿角立鹤**等一级文物都出土于随州擂鼓墩的曾侯乙墓，青铜铸造工艺极高，据分析有可能是楚国为报恩赏赐给曾侯乙的。这里有复制的编钟提供奏乐表演，时间10:30、11:30、14:30、15:30，每场20分钟左右，票价15元。

郧县人头骨化石（镇馆）所在的"郧县人展"和"屈家岭展"展示了长江中游地区在旧、新石器时代的发展。

而"土与火的艺术展"精选了湖北出土的古代瓷器，其中包括**元青花四爱图梅瓶**（镇馆）——这个代表着青花瓷最高技艺的瓷瓶，出土于分封钟祥的明朝藩王郢靖王的墓葬中。

明朝藩王有着严格的管理制度，"列爵而不临民，食禄而不治事"——收罗珍宝、把玩古器成了他们的"专长"。湖北在明朝分封有许多藩王，**"梁庄王墓展"** 主人生活的年代，正值明初"永宣盛世"，国力强盛；陪葬品精美华丽，还能看到"郑和下西洋"带回的金锭。

"盘龙城展" 又将历史带回到古老缥缈的时代——比楚国还要早近千年的商朝。武汉郊区的黄陂发现的盘龙城文化，被一些专家论证为"华夏文化南方之源，九省通衢武汉之根"。这里能看到一枚**大玉戈**，堪称"玉戈

> **另辟蹊径**
> ### 武昌798
> 汉口有武汉天地，汉阳有汉610造，武昌也有属于自己的"798"——**403国际艺术中心**（见68页地图；武昌区宝通寺路33号；⊙周二至周日11:00~17:00；Ⓜ宝通寺）。不过园区面积较小，只是由曾经为武汉锅炉厂的一个车间改造而成，如今主要开有一家书店和咖啡馆，还有一个小小的红椅剧场。坐在大楼梯上看看书，正好消磨时光。

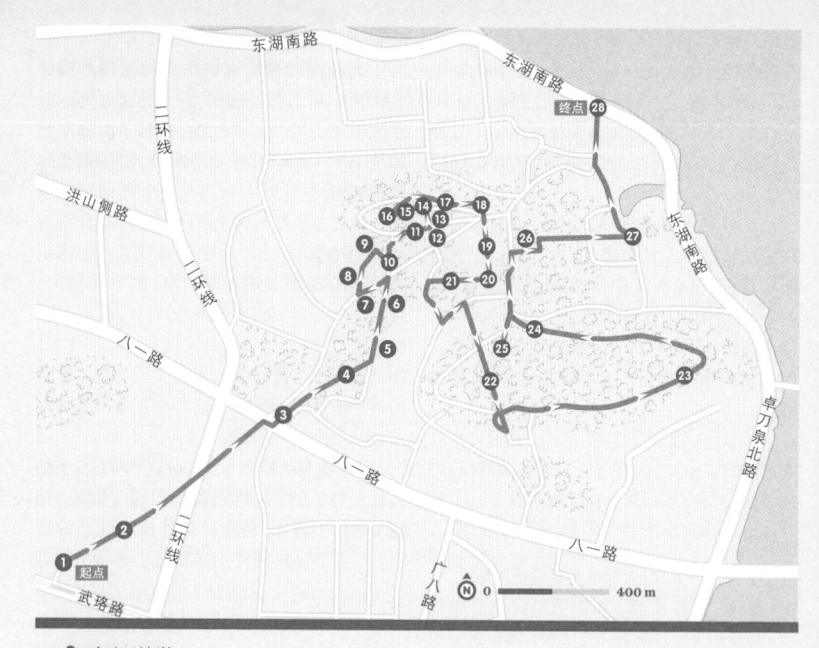

步行游览
珞珈采撷

起点: 老牌坊
终点: 凌波门
距离: 7公里
需时: 3小时

出街道口地铁站D出口,前行3分钟就能在右手边发现一个斑驳的 ❶ 老牌坊,正书"国立武汉大学",背刻"文法理工农医"。这里曾是武大最南边的地界。沿路前行,穿过 ❷ 劝业场的小商品街,再从二环高架路下过街,不远即到 ❸ 新牌坊。进入校园,右手边的 ❹ 珞珈广场为图书馆、生科院、教五楼环绕。进入 ❺ 新图书馆大厅,在很出名的墙绘前留影。沿馆前马路左行,不远就是外观备受争议的 ❻ 万林艺术博物馆。之后在洪波池畔的五岔路口前往教四楼,门口有 ❼ 六一惨案纪念亭。绕过斜对面的李四光牵驴像,就能看到 ❽ 宋卿体育馆,看过 ❾ 鲲鹏广场,返回到大马路上。沿 ❿ 法桐林荫路上坡即到 ⓫ 樱花大道,马路右侧的山坡叫 ⓬ 情人坡。

穿过古朴端庄的 ⓭ 老斋舍的拱门,不仅有"中华民国十九年国立武汉大学建"的石碑,也有按照"六一惨案"遇难学生流下的血迹铺红的地面。⓮ 老图书馆在樱顶静候,别忘了再去西侧的 ⓯ 老法学院、⓰ 樱顶大学生活动中心和东侧的 ⓱ 老文学院看看。绕过文学院一旁的闻一多塑像,前行至 ⓲ 理学院,可入内一探。沿台阶下至 ⓳ 九一二操场,回望理学院"天圆地方"的造型,以及另一侧 ⓴ 工学院的挺拔宏大。

工学院斜对面的樟树林下,鸢尾花在5月盛开。这片花园叫作 ㉑ 李园,立有李达塑像。绕过一旁的梅园三舍、四舍,步入 ㉒ 珞珈山隧道。武大流传的鬼故事大都与这里有关。穿过隧道即到珞珈山南麓,沿着洞口西侧的小路爬上,至珞珈山环山路上。沿着这条武大最美之路向东,不久即见 ㉓ 十八栋,可寻找一下周恩来曾住过的第19栋。

沿着环山路漫步,来到山北麓的 ㉔ 珞珈山庄。继续前行看宋美龄的 ㉕ 半山庐,再返回前往 ㉖ 人文馆。沿着人文馆背后的清幽小路前往新外院和法学院,拜访 ㉗ 张之洞塑像——张之洞创办的自强学堂,被武大认为是立校之始。之后向北步行5分钟,出 ㉘ 凌波门就到了东湖岸边。之后乘402路离去;或者返回校园,乘校车去万林咖啡(见80页)。

另辟蹊径

梅岭一号

共和国成立后,武汉是除北京之外毛泽东停留时间最长的城市,东湖宾馆梅岭别墅群的1号楼,则是除了中南海之外他居住时间最长的地方。据统计他曾44次下榻于此,每次短则七天、长则半年,这里也因此被誉为"湖北中南海"。

梅岭一号辟有**毛泽东故居纪念馆**(见68页地图;武昌区东湖路142号东湖宾馆内),馆内陈列有他使用过的物品,屋外有斯大林赠送的吉斯防弹车和纪念碑刻等。

调研期间故居暂停对外开放。可电询**东湖宾馆**(见77页)了解最新动态。乘多路公交在东湖路蔡家嘴站下车,进入东湖宾馆后还需再步行10余分钟。

之王"。

除此之外,楚地还以精湛的漆器工艺和出土的秦汉简牍闻名于世,因此省博中也设有**"书写历史展"**和**"秦汉漆器艺术展"**,展览中也不乏精品。"荆楚百年英杰展"则系统回顾了近代风云中、"九头鸟"们方方面面的卓越贡献。

多路公交车可到东湖路省博物馆站。司门口可乘14路,磨山、武汉大学凌波门可乘402路,黄鹤楼(武珞路阅马场站)可乘411、701路,武汉大学正门(八一路珞珈山)可乘552路。地铁4号线的东亭站步行至博物馆约需15分钟。

和省博物馆隔黄鹂路相望的**湖北省美术馆**(见68页地图;☎8679 6062;www.hbmoa.com;武昌区东湖路三官殿1号;⊙周二至周日9:00~17:00,16:00停止入馆;Ⓜ东亭),一年四季都有画展可看。

★ 免费 东湖公园   公园

(见68页地图;☎8871 3008;www.whdonghu.com;武昌区东湖西北岸;⊙24小时)东湖很大,不过当地人提起去东湖景区玩,十有八九指的就是这个开发最早的沿湖公园;由此东望,有湖有山,视野最佳,还不要钱。

公园沿着湖岸铺展,从南到北有3公里长;两个大门分别坐落南北,北门叫**梨园大门**(Ⓜ岳家嘴),南门叫**听涛大门**。标志性的景点是**行吟阁**,取《楚辞·渔父》中屈原"行吟泽畔"之意,阁前有"天问"的屈子塑像,四周的堤桥上绿柳成荫,内湖中荷叶浮萍。

想要避开人群,就一直往南走吧。过了栈桥围成的**听涛泳场**,一旁的苍柏园有着漂亮的园林景观,再往前是寓言雕塑园,尽头的小半岛上有**先月亭**,在这里看着对岸的珞珈山发呆、吹风正好。**屈原纪念馆**南侧的法国梧桐林也很清静,落叶常年不扫,踱步簌簌作响。

公园内有几家中餐馆,主打湖景和私房菜;行吟阁旁有肯德基;大门旁的小卖部价格已经偏高,往远走一点就有平价的商店。

梨园大门外有**东湖牡丹园**(门票20元,牡丹节65元),花期在3、4月之交。由此走沿环湖大道向北300米、1公里、1.5公里处,分别有**东湖猴岛**(门票60元)、**九女墩** 免费、**纯水岸艺术生态公园** 免费 等景点。

汉阳门、司门口乘14路,古琴台、阅马场乘701路,终点环湖路东湖站即在听涛大门外;湖北省博物馆步行约10分钟可到。汉口火车站乘411路、司门口乘573路、汉阳门乘578路、江汉路乘601路,梨园广场站下车即到梨园大门;地铁4号线岳家嘴步行约需15分钟。

落雁景区   公园

(见52页地图;☎8643 0007;www.whdonghu.com;洪山区肖马杨;门票13元;

不清场的落日

磨山和落雁景区位于东湖东岸。傍晚游客散去,和归巢的候鸟同望落日熔金的大湖大城,别有意境又很容易出好片子。磨山和落雁景区在17:30的最后售票、入园时间后,并不清场,大可看完日落晚霞再走。落雁景区附近的513路末班车(方向武汉火车站)在晚9点从光谷广场发出,磨山坐车更加方便。

东湖游船

　　汉街中心码头（见68页地图）位于汉街西端的太极广场，毗邻万达电影乐园。有2条经楚河、往东湖的航线，票价都为100元，发船时间都为整点。下午2点(含)之前发船的是**环东湖水上快线**（磨山线），行程2小时，沿途停靠**汉秀码头**（见68页地图）、**磨山梅园码头**（见68页地图）、**落霞水榭码头**（见68页地图），可下船游览后，再持当日票乘另1班船。下午3点至晚9点发船的是50分钟的**汉街—东湖精品游**（听涛线），沿途只在汉秀码头停靠。另有**楚河夜游**，19:10、19:50、20:30发船，单程/往返30/50元。可登录**东湖游船官网**（www.whdhyc.com）或致电（☎8891 3338）详询。网络订票有较大优惠，**黄鹤楼**（见59页）还有优惠套票出售。

　　东湖公园的**行吟阁码头**（见68页地图）另有游船前往磨山梅园码头，往返船票加磨山门票只需60元，发船9:30~16:00，可致电（☎8679 4323）详询。这里还有刺激的**水上升空伞**（150元起）可玩。

　　东湖公园、磨山、武大凌波门常有私船揽活儿。虽有参考价格，但是整体偏贵，比如3公里多的路程就要240元；而且这些木船空有其表，用的是电动甚至是柴油发动机的引擎，噪音颇大，意境全无。不过每逢傍晚，东湖公园、磨山一带的私船归家，常常花15元甚至更低的价格，就能乘船到武大凌波门。反其道行之也成，早上在凌波门、风光村，也有机会搭到"上班"的小船去另一岸。

⏱8:00~17:30）景区孤零零地位于东湖东岸，交通不便，同时也就享尽了东湖静如处子的一面。雁落于此，隔岸观看的就是武昌的城市天际线，在湖面上鳞次栉比——孙中山关于武汉"东方芝加哥"的畅想，由此可知一二。民国这里曾是一位粤商的藏娇之地，如今则是武汉新婚夫妻拍摄婚纱照的热门地之一，有鹊桥相会、山盟海誓、比翼双飞、并蒂莲池等爱情主题的小景，风景委实可爱。

　　磨山景区南门有发往落雁景区北门的旅游专线中巴车，票价5元；行驶路线要经过磨山景区内。磨山南门发车9:20、10:20、11:00、14:00，周末节假日增加13:00、15:00；落雁北门发车10:00、13:30、14:30、16:30，周末节假日增加10:40、12:30。

　　武汉火车站往返于鲁磨路光谷广场的513路设在青王路落雁景区站，由此步行至落雁北门还需1公里。也可以从磨山东门步行过来，有将近2公里，不过一路上湖光山色极美，还有一座让人浮想联翩的**清河桥**。磨山东门外也有私船，可包船由水路去落雁景区。

　　东湖湖心的雁中咀有地名叫"落雁岛"，和落雁景区隔湖相望，并不是一个地方。

中科院武汉植物园　　　　　植物园

　　（见68页地图；☎8751 0783；www.wbgcas.cn；武昌区鲁磨路特1号；门票40元；⏱旺季5月至9月8:10~17:10，淡季8:10~16:40）武汉植物园花木锦簇，每个月都有应季的花展，栈道亭台点缀其间，景色很棒。东侧的湖岸区有生态修复中的湿地，还可以眺望对岸高架桥上的京广高铁列车。作为中国三大核心科学植物园之一，这里也是科研重地，**沉水植物区**、**猕猴桃园**都有着很高的科研价值，还有景观温室、标本馆等，几乎所有种类的植物旁也都配有详细的介绍牌。针对6~8岁的孩子，植物园还有专门的科普课程，可登录官网点选"科普动态"的"更多"，再选"活动预告"查看。

　　最快的公交是在地铁光谷广场站换乘401、625路，沿途风景最美的是402路。

磨山　　　　　公园

　　（见68页地图；☎8751 0399；www.whdonghu.com；武昌区沿湖大道56号；门票60元；⏱7:30~17:30）磨山是东湖门票最贵、开发程度最高的景区，却有点陷入"只缘身在此山中"的迷境。磨山、东湖相映的风景在东湖公园、落雁景区都能看到，来到磨山，东湖的背景框却只能是一栋栋高楼大厦了。

磨山最值得去的季节是樱花和杜鹃花盛开之期。**东湖樱花园**植有近万株樱花，筑有日式风格的庭园建筑，每逢樱花季正是灿若白雪。**杜鹃园**每到4月更是姹紫嫣红、群芳斗艳。除此之外，同在磨山南麓的还有荷花园、郁金香园和盆景园等。

磨山北麓已是滨湖风光。这里有仿古建筑的楚城、楚市，后者坐落着武汉老相机博物馆。再往东有石阶路前往山顶，继续沿着湖岸向前，有许多雕塑展示楚国的历史、文化、社会制度等。之后公路离开湖岸，缓缓爬坡，林深人少，步行15分钟后可到**刘备郊天坛**，已是磨山景区最东边的。

山顶的**楚天台**是景区的标志性建筑，内有一些楚国经典文物的复制品，还有编钟乐舞的免费演出（9:30~16:30，每逢半点开始，12:30无），登高可俯瞰湖中路和雁中咀。沿山脊向西，一路上还有**朱碑亭**和**千帆亭**，后者的东湖视野比楚天台更好。

观光车（☎8751 0989；全程30元/人；◯8:30~17:00，每10~15分钟1趟）串起了磨山景区的南、北、东三个大门和主要景点，可在沿途站点随上随下。景区还有滑道，上行（15元）是被拖上去，下行（35元）才能体验到滑道的乐趣；一旁的索道停运已久。北门附近还能找到Segway电动平衡车的店家，租金80元起。

磨山南门和东湖梅园北门斜对，有401、402路的鲁磨路梅园站，由此去樱花园最近。北门外有401路的始发站（东湖东路磨山），湖中公路的起点也在附近。东门离刘备郊天坛很近，没有公交。

东湖梅园　　　　　　　　　　　公园

（见68页地图；☎8751 0452；武昌区东湖东路近鲁磨路；门票40元；◯8:30~17:00）梅花是武汉的市花。每年2月至3月的梅花花期，这里的"香雪海"成为东湖最受欢迎的地方。除了看花，梅园也建有一些和梅文化有关的雕塑、建筑、展馆。

402、413路有东湖东路梅园站，401路有鲁磨路梅园站。

免费 卓刀泉寺　　　　　　　　　寺庙

（见68页地图；洪山区卓刀泉南路27号；Ⓜ虎泉）这座小庙内有一口古井，相传井里的泉水是关羽当年驻军于此、捉刀斫地而得。因此这里也是一座关帝庙，立着一尊巨大的关公塑像，还有桃园阁供奉着刘关张三兄弟的神像。

卓刀泉寺离华师东门很近，可从地铁2号线虎泉站步行前往；或乘多路公交在卓刀泉路虎泉、虎泉街卓刀泉南路下车。

☆ 娱乐

天乐社相声　　　　　　　　　　演出

（见52页地图；☎135 5409 9000；武昌区和平大道450号武昌工人文化宫二楼；门票50元；Ⓜ积玉桥）"汉味小品"曾上过央视春晚，汉味相声也是尽显"九头鸟"和码头文化的犀利、狡黠。天乐社是武汉仅有的相声茶馆，也会上演渔鼓、道情等曲艺节目，有时还会从北京德云社邀请名嘴献艺。如今每周演出3场，晚8点开始，2小时包括4~5段节目。周四、五在工人文化宫演出，周六移师长春观斋补堂素菜馆（见78页）。现场有瓜子、茶水出售。

汉秀　　　　　　　　　　　　　演出

（见68页地图；☎400 827 0055；www.thehanshow.com；武昌区东湖路138号2栋；门票380元起；Ⓜ楚河汉街）剧场位于楚河汉街的东头，紧挨"高大上"的万达瑞华酒店。从剧场设计、演出编排、灯光效果到门票价格等各个方面，汉秀同样走在了前列。每天有15:00

不要错过

最美湖中路

东湖深处的**十里长堤**（见68页地图；武昌区磨山北门和九女墩之间的东湖东路和沿湖大道），杉树两行，宛若一条绿翡翠的宝石串儿，在湖面上勾勒出最美的弧线。湖中路的中段还有一座**湖光阁**，旁边有**沙滩浴场**。

调研期间，由于东湖隧道的修建，湖中路实行了机动车辆限行，原有的公交线路停运，沙滩浴场也暂停营业。当然，骑单车甚至步行，才是游览这条景观大道的最好方式。

当地知识

百湖之殇

"千湖之省"的省会,被誉为"百湖之城"。东湖、南湖、西湖、北湖——武汉竟然全部集齐,还有武昌的沙湖、晒湖、紫阳湖……汉阳的墨水湖、月湖、太子湖……汉口的菱角湖、鲩子湖……然而看似风光的背后,却是共和国成立以后,湖泊数量从127个减少到38个的困境。杨汉湖、潇湘湖、范湖、歌笛湖、都司湖……这些明清笔记、民国记忆中常见的湖泊已经消失。东湖、沙湖、南湖、月湖等仍在,但水面也缩小了不少。

造成这一现象的原因,主要是20世纪50~70年代的"围湖造田",以及90年代至今的"围湖造楼"。武汉成为中国湖泊保护法规最多的地方,然而在各方利益驱使下,湖泊保护的形势仍然不够乐观。2016年洪水再度肆虐武汉,就和蓄水的湖泊大量消失、功能消退密不可分。

目前除了东湖,武汉城区值得留意的几个湖泊如下:

西、北湖(见84页地图;M王家墩东)附近是武汉CBD所在,高档写字楼和咖啡西餐厅云集。

机械荡子(M王家墩东)是武汉最深的人工湖,又名喷泉公园。

沙湖(见68页地图)毗邻武汉"中央文化区",沙湖大桥(见57页方框)视野不错。

南湖(见52页地图)是武汉第三大城中湖,环湖五校中中南民族大学(见63页方框)位置最佳。

月湖(见103页地图;M钟家村,汉阳火车站)是武汉最具文化底蕴的湖泊,古琴台和琴台大剧院隔湖相望。

墨水湖(见103页地图)和紧邻的马沧湖、下马湖同为**武汉动物园**(门票20元)所在地。

莲花湖(见103页地图;M钟家村)建有太白阁,纪念在汉阳流连忘返的诗仙李白。这里位于汉阳桥头下,时有火车轰鸣驶过。

汤逊湖 接替东湖成为"中国最大城中湖"。可乘武(汉)咸(宁)城铁时顺道观赏。

和21:00两场演出,时长90分钟,通过中式戏曲、杂技和西式歌舞剧等艺术形式的结合,力图展示汉族、楚汉、武汉文化的精髓。网络订票更加实惠。

One & Night A+汉街店　　　　　酒吧

(见68页地图;☎8777 7999;洪山区汉街208号;人均140元;⊙20:00至次日2:00;M楚河汉街)One & Night A+是武汉目前最火的酒吧之一,是希望帅哥美女女的好去处,在汉口解放公园和武昌楚河汉街各开一家店。每晚9点半开始有乐队献唱,曲风以Blues、乡村、轻摇滚等为主,整体氛围介于清吧和嗨吧之间。团购能节省至少一半花销。

🛏 住宿

武昌酒店众多。最省心的选择是各大品牌的连锁快捷酒店,周日到周四100元/晚的房间很容易找到,但到了周五、周六普遍都会涨价,武大周边的酒店尤擅此道。而在樱花节期间,武大附近的连锁快捷酒店要每晚四五百元甚至更贵,全城的青年旅舍床位也能卖到80~100元/晚——这时去汉口、汉阳住酒店,性价比最好。

★东湖印象青年旅舍　　　　青年旅舍 ¥

(见68页地图;☎8812 8698;武昌区沿湖大道17号东湖别墅旁;铺40元,标单/双119/188元;☎❄)清晨的鸟儿唤醒睡梦,夜色阑珊时格外宁静。东湖是武汉的那颗少女心——这家离东湖公园最近的青年旅舍,尽管房屋本身并不算精致,但是踩着林荫的光影,10分钟内就能来到湖岸,听涛拍岸、隔湖观山,清新的空气无拘无束。公共空间和多人间都是标准的青旅模样，119元的单间大小刚够。青旅离东湖公园的听涛、梨园两个大门距离相当，从公交站步行约500米；滴滴叫车也很方便。

东湖宾馆　　　　　　　　　　　宾馆 ¥¥¥

（见68页地图；☎6888 1818；www.el-h.com；武昌区东湖路142号；标单/双620元起；⚡❄）东湖宾馆曾是武汉最神秘的地方之一，因为东湖之滨、梅岭之上的这座园林式宾馆，拥有毛泽东下榻过48次的**梅岭一号别墅**（见73页方框）。对外营业的区域有会议中心（听涛2号）和南山乙所，房间装修跟得上时代；但是相比而言，还是室外的景观更对得起"五星级"的消费。

光谷凯悦酒店　　　　　　　　酒店 ¥¥¥

（见52页地图；☎8778 1234；www.hyatt-regency-wuhan.com；洪山区珞喻路1077号；标单/双835元起；⚡❄）尽管有些偏僻，门前又是总在大堵车的珞喻路东段，但是光谷凯悦的情操依旧满满：竹林掩映的入口、摆满线装书的书墙、魔法世界的旋转楼梯、黑白色调的大理石和木质客房……酒店的西餐厅和酒吧也很不错，前者有178元的工作日午餐自助、98元的下午茶，后者有33米吧台和外籍驻唱歌手。

珞珈山庄　　　　　　　　　　　宾馆 ¥¥¥

（见68页地图；☎6875 2935；武昌区武汉大学行政楼旁；标单/双358元起；⚡❄）宾馆房间较为普通，价格又不便宜，但是依旧很难订，原因在于武大深处、珞珈山下的绝佳位置。宋美龄住过的半山庐就在不远处，沿着珞珈山的环路散步安静极了，前往樱花城堡、凌波门步行不超过15分钟。樱花节期间住在这里，就不需要购买门票或者预约入校了，不过更要提前很久才能订到房间。

暖途国际青年旅舍　　　　　　青年旅舍 ¥

（见68页地图；☎8788 6151；洪山区鲁磨路茅屋岭264号；铺45元，标间133元起；⚡❄）暖途也是YHA加盟青旅。蓝色外观的小屋显得很温馨浪漫，每一个房间也都有不同颜色的纯色涂墙。铺位房较为宽敞，花园木台上则有帐篷（30元）可住。旅舍屋后是一畦畦菜地，兼享田野农趣。前往磨山、植物园、光谷的公交车很方便。

住得不一般

文泽尔私人图书馆（☎152 0274 5914；江汉路步行街上海邨22号2楼；380元；Ⓜ江汉路）这间"大隐隐于市"的私人图书馆，小小空间里从天到地布满原版书，并提供像巴黎莎士比亚书店一样可以与书共眠的机会。难得老屋还有洗浴、空调、饮水和无线网服务，但只有一个床位。因主人是十分爱书之人，取阅的书籍请一定原位归还，切勿污损。如非住宿请勿轻易参观打扰，它并非对外开放营业的书店，甚至主人也明确告诉我们"不希望太多人来这里"。这个没有门面也没有招牌的地方，只有会员会熟门熟路地进来，各自安静地读书。夜宿可在小猪（短租）APP上预订。

读加书店旅舍（见58页地图；☎181 8605 2391；武昌区昙华林10号拾间书局2楼；铺50元起，榻榻米标间199元；⚡❄；Ⓜ积玉桥）这里同样主打"睡书店"的概念，装修融合了极简工业风和樟木日式风。

阿凡达太空舱青年旅舍（见68页地图；☎177 7179 5378；武昌区公正路212号安顺花园内；太空舱65元；⚡❄；Ⓜ楚河汉街）旅舍位于汉街万达影城对面，房间里能瞥见沙湖一角。

小羽绘画民宿（见58页地图；☎180 6211 8771；武昌区中山路湖美教工宿舍内；房间99元起；⚡❄；Ⓜ螃蟹岬）这里是插画师小羽老师的工作室，有画框、颜料、花盆相伴。

龟3青年驿站（见103页地图；☎8818 6758；汉阳区龟山北路3号；铺45元；⚡❄；Ⓜ钟家村）旅舍坐落在一个大厂房之中，铺位在集装箱里。厂房内的羽毛球、乒乓球场地可以随意使用。

登巴国际连锁客栈昙华林店 青年旅舍 ¥

（见58页地图；📞177 2055 2015；武昌区昙华林戈甲营98号；铺50元；🛜❄；Ⓜ螃蟹岬）和其他地方的文艺小资地儿一样，昙华林也冒出了许多青年旅舍，而且大都是按照一定模式打理出来的，有些同质化。国内（甚至已经走上了国际！）知名背包客栈品牌的登巴也在这里开有分店，位于昙华林"标志"**大水的店**（见80页）旁边，是比较可靠的选择。

半山影青年客栈 客栈 ¥

（见58页地图；📞153 2720 0409；武昌区昙华林福利村40号；标单128元；🛜❄；Ⓜ积玉桥）客栈藏得很深。要从三义村街道拐弯处的台阶往山上爬，不一阵子就能看到爬山虎斑驳的这栋老屋。不远处的瑞典教区正在拆迁整合，这座客栈还能体验到凤凰山上的小日子，小花园、楼顶露台很是悠闲。房间以各种鸡尾酒命名，不过硬件条件很是普通，大厅的咖啡酒吧倒花了很多心思，很有氛围。

捷臣汇东商务酒店 商务宾馆 ¥¥

（见58页地图；📞8806 0888；武昌区首义园体育街特1号；标单/双139元起；🛜❄；Ⓜ复兴路）这家酒店坐落在辛亥革命文化区，离红楼、辛亥博物馆、黄鹤楼都很近，步行穿过武昌路隧道前往昙华林也不远。房间设施中规中矩，但是面积较大，还有10层以上的高层房间，俯瞰城市的视野不错。

萨布拉酒店 商务宾馆 ¥¥¥

（见58页地图；📞8861 6669；武昌区临江大道25号；标单/双308/338元起；🛜❄）酒店房间面积较大，室内装修和公共空间都有几分豪华，书桌上还摆有"正能量"的书籍。不过酒店真正的亮眼之处是江景房（368元），能将长江大桥、龟山电视塔和轮渡码头尽收眼底。

🍴 就餐

★天天红油赵师傅热干面 小吃

（见58页地图；武昌区粮道街139号；人均10元；🕐6:00~14:00）粮道街是武昌老城很有名气的一条美食街，排队最长的就是赵师傅家。不过大家可不是为了热干面（4.5元）。让人垂涎三尺的是他家独创的油饼包烧麦（6.5元），酥脆的油饼配上软糯的烧麦，油香混进胡椒味，两种早点的碰撞出"过早"的新宠——想吃到，最好赶在中午12点前。脆皮烧麦（6元）搭着酸奶（5元）也是推荐的吃法。

户部巷 美食街 ¥

（见58页地图）"民以食为天"，户部的巷子自然也是食色生香。而一句"过早户部巷"，更让这里成为外地吃货来汉的必到之处。如今的户部巷是可以"从早吃到晚"的地方。和其他城市名声在外的美食街一样，这里也集中了各地风味；不过"狭义"的那条巷子两侧，仍旧以武汉和湖北的当地食肆为主。这里的出品也已经"游客化"：当地人提到去户部巷吃特色，大多会嗤之以鼻；外地人吃到徐嫂糊汤粉、石太婆热干面等，也会觉得不过尔尔。如今巷子南端入口外还开有**蔡林记总店**（人均10元；🕐周一至周五6:00~21:00，周六、日6:00~21:30）兼"博物馆"，也能将三镇美食吃遍，不过记得热干面就要全料（6元）的，贵得多的牛肉、虾仁热干面反倒不伦不类。

湖锦酒楼（锦江店） 湖北菜 ¥¥¥

（见52页地图；📞8822 1777；武昌区临江大道88号；人均90元；🕐11:00~14:00，17:00~21:00；Ⓜ积玉桥）湖锦是武汉人很认可的连锁湖北菜品牌，各种宴席、聚餐常会选择他家。位于武昌江滩旁的锦江店是总店，装修豪华，还有看得见长江的景观位。牛蛙肉做的辣得跳（69元）、葱烧武昌鱼（42元）、手撕牛肉（78元）都是回客常点的菜肴。

长春观斋补堂素菜馆 素菜 ¥¥

（见58页地图；📞8885 4229；武昌区武珞路145号长春观旁；人均60元；🕐9:30~21:00）长春观的素斋在武汉三镇很出名。和中国大部分素菜馆一样，这里也是素菜荤做，豆制品在厨师手下变成黑椒牛排、扣肉、菠萝咕噜肉、招牌拼盘……价位从十几元到几百元都有，一些菜做得足以以假乱真。素包子个头很大，可以单点，作为主食。

田园小观园 湖北菜 ¥¥

（见68页地图；📞6877 3538；武昌区武

汉大学工学部松园西路近茶港路；人均50元；⊙11:00~21:00)小观园是武大校内最好的餐厅，共有2家，这一家离樱花大道更近一些。餐厅环境挺好，服务质量在学生的"监督"下也保持得较好；菜品价格不贵，味道也还不错。最受欢迎的有清蒸武昌鱼(36元)和蹄髈(68元)，新推出的孔雀武昌鱼(39元)也值得一尝。另一家叫<u>珈园小观园</u>(☎6876 6552；武大南三区珞珈山路近路南五路)，位于珞珈山南麓的家属区，离广八路校门较近。学生食堂中对外开放、方便到达的有<u>桂园食堂</u>一楼，隔壁的餐厅也能点菜。新图书馆背后的<u>梅园餐厅</u>引进了呷哺呷哺、肯德基、氧气层等美食店家，可谓开了中国校园商业的先河。

小张烤鱼（户部巷店） 烧烤 ¥¥

(见58页地图；☎8886 0119；武昌区自由路41号；人均40元；⊙10:00~23:00)小张是江城烤鱼界的名店，如今已开了多家分店。这家离户部巷北端很近，是小张烤鱼的总店，足足有三层楼的座位。烤武昌鱼58元/份，烤草鱼、财鱼、鲫鱼都是48元/份，为"一烤二炖"的川式烤鱼法，底菜有千张、黄豆芽。一般而言，两个人一份烤鱼，再点一两道菜就很充足了。

曹祥泰 甜品 ¥¥

(见58页地图；☎8887 1626；武昌区解放路409号；人均30元；⊙)解放路曾被誉为武昌的江汉路，是老城最热闹的商业街。已有百余年历史的曹祥泰坐落街旁，是当地资格最老的点心铺。紧跟时代潮流的曹祥泰已经有很多西式蛋糕，甚至还能吃到比萨等西式简餐。不过这里更受老食客们喜欢的还是绿豆糕(28元/斤)，每逢端午节总会排起长队购买。

小潘烧烤 烧烤 ¥¥

(见68页地图；洪山区广八路近八一路；人均30元；⊙16:00至次日3:00；Ⓜ广埠屯)广八路是武大和华师之间的一条小马路，也是两校学生的美食"秘境"。小潘烧烤是很受学生欢迎的一家，烧烤对象从羊肉、鸡翅、鲫鱼到韭菜、茄子、金针菇，再到烤河粉，充分体现了武汉烧烤"什么都可以烤"的特色。凉拌毛豆、卤藕适合开胃，每到龙虾季也有油焖大虾。环境属于典型的"苍蝇馆子"，位置不太好找：从北端进入广八路，看到广八平价超市后，从南侧的小巷子拐进即到。

省直机关四食堂 湖北菜 ¥¥

(见68页地图；武昌区东三路20号张家湾小区内；人均25元；⊙周一至周五12:20~13:30，17:20~19:30，周六、日及节假日11:15~13:50，17:20~19:30)茶港毗邻洪山路，同为湖北各省直属机关的所在地。这里有为机关职员开设的食堂，也对外营业，菜、肉、油的味道、分量和质量都有保证。四食堂是其中之一，有家常小炒、干锅、铁板菜、鱼类等，一道菜的价格多在16~38元之间。环境是典型的食堂，点菜要去窗口点。

虎泉夜市 夜市 ¥¥

(见68页地图；洪山区虎泉街近卓刀泉南路；人均30元；Ⓜ虎泉)武汉的宵夜文化很发达，汉口尤甚，武昌也不甘落后。不过这些年来随着城市的发展和整治，许多自发形成的夜市、美食街已今非昔比甚至消失。虎泉夜市也不比当年风采，但总体而言还是能吃到许多不错的小吃；每年全城吃龙虾的季节，许多店家也会推出新鲜的蒸虾、虾球、油焖和蒜蓉大虾。由于离华师东门很近，虎泉夜市是华师学生的宵夜首选。

> **"过早"的武功秘籍**
>
> 　　外地人常以为吃了一碗热干面就等于"过早"了，殊不知武汉的"过早"兵器数十种，需要匹配才能得其味道之精髓。就好比热干面需要蛋酒或清酒配，夏天的标搭是冰镇绿豆沙或红豆沙，最好还是带着冰碴的。有些配料也很重要，比如店家如果备了酸豆角或雪里蕻，不可不加。面窝和油饼乃至油条，这种咸味的油炸食品最好配着鱼糊粉来食，或者至少要有碗豆腐脑，绵绵的它们才得以强调出脆脆的口感。这种兵器谱中不成文的匹配才能烘托出一代"饕餮"食客的盖世风采。

武昌小龙虾一条街

石牌岭路（M宝通寺）是武昌的"小龙虾一条街"，竹苑大市场有好几家不错的大排档，每到时令都是人满为患。其中**小亮蒸虾**（见68页地图；人均100元；◎17:00至次日3:00）名气最大——不过也许是"小亮"名字太过普通，这里能看到好多同名店家，要一直走到小道的尽头，才是"原版"小亮。

这里的**恩施电网汉办餐厅**（见68页地图；石牌岭路88号恩施电网驻武汉办事处内；人均60元；◎10:30~14:00, 17:00~21:30）也是美食榜上的风云店家。帝都的各驻京办餐厅常有惊喜，湖北各县市驻汉办的餐厅也是思念家乡美食的好去处。这家餐厅提供的是地地道道的土家族菜，可靠的进货渠道保证了出品质量。

建建枯豆丝 小吃 ¥

（见58页地图；武昌区青龙巷49号；人均13元）豆丝是武汉当地的特色食品，炒或煮着吃比较常见。这家小店只卖枯豆丝（13元），是油炸的做法，再配上自家特制的辣萝卜丝。价格比几年前涨了许多，但是味道和人气仍在。

三胖腰子粉 粉面 ¥

（见58页地图；武昌区粮道街近楚材街；人均15元）三胖是粮道街上另一家老字号店铺，经营腰子粉（13元）、猪肝粉（13元）等主食，粉内有加勾芡，自行添加的辣椒油很香。可以再来一份卤猪蹄（12元）或者炸春卷（15元）作为小食。

🍷 饮品

★ 大水的店 咖啡厅 ¥¥

（见58页地图；☏186 2786 2256；武昌区昙华林56号；人均25元；M螃蟹岬）几年前《吾城武汉》手绘本惊艳面世，如今看来竟是武汉重拾"文艺范儿"的起点之一。作者张大水在昙华林开设了这家咖啡馆，绘本中天马行空的想象，通过墙绘、模型等立体形式表现出来。门外的模型"个斑马"早已是昙华林的大明星，楼梯上从一元路开始节节升高的彩绘，同样出现在许多人的武汉游记中。各种光怪陆离的物件摆满了角角落落，不经意间发现的小阳台别有天地。于是和这些视觉上的无限诱惑相比，饮品和蛋糕味道如何，似乎已经不再重要。不过若是赶着樱花季前来，不妨尝一下有趣的樱花苏打水（26元）。而一茬茬的帅哥服务员，也是这里的一大看点。

万林咖啡 咖啡厅 ¥¥

（见68页地图；武昌区武汉大学万林艺术博物馆三楼；人均20元；◎9:00~21:00）当樱顶的戈雅咖啡无限期停业时，万林三楼的咖啡厅姗姗来迟；好在这里无敌的室外平台，很好地弥补了前者闭门的遗憾。咖啡多在15~20元之间，味道普普通通，远处的老斋舍、老图才是重点。

醇品咖啡 咖啡厅 ¥¥

（见68页地图；武昌区珞狮北路近洪山侧路；人均40元；◎9:00~22:00）醇品位于武大茶港校门外、二环高架路下，门外没有好看的风景，室内面积也比较小——既然不便劈情操，这里的亮点就是真正好喝的咖啡。店主对咖啡颇有研究，选豆、研磨都是亲力亲为。价格也要贵上一些，花式30元起，单品咖啡大都50元往上。

🛍 购物

武昌最值得旅行者逛街的商圈，是**楚河汉街**（见70页）和**光谷步行街**（见52页地图；M光谷广场），后者建起了成片的西式街区，十分洋气。昙华林和武大校园是武昌的"文艺"地界，珞珈山、老武汉主题的明信片、书签、手绘地图很容易找到。**大水的店**（见本页）有武汉、武大的绘本，也是不错的纪念品。名扬海内的周黑鸭开有多家分店，带几包鸭脖、鸭架也是很多人的选择。

★ 豆瓣书店 书店

（见68页地图；武昌区洪山侧路省地震局对面；◎10:00~21:00）这家小小的独立书店每个月会更新3次书，主题多为人文科学专题研究和小说、诗歌等文学作品。一些书已经很难在市面上见到,但也能保持八九成新,值得过来淘一淘;而且书价常年打折。店里还养了两只调皮的猫咪,在书架上肆意打闹。

文华书城(汉街店) 书店

(见68页地图;☎8711 0755;武昌区楚河汉街1号;⚲10:00~22:00;Ⓜ楚河汉街)这家大型书城占满了4层楼面,也是武汉"最美书店"的有力竞争者。一楼有武汉专题的书柜,以匹配"每个城市都有家好书店"的书店精神。书城内有供读者坐下捧书品阅的桌凳、坐垫,也有提供面包、饮品的小店。

九丘书馆 书店

(见68页地图;武昌区东三路水果湖第一小学旁;⚲24小时)九丘是武昌第一家24小时营业的书店,面积不大,但是书架很高、收藏较为丰富。书馆提供咖啡、奶茶、糕点,可以坐下来慢慢品读。错开放学时间最好,那时会有隔壁的小学生挤满书店,比较喧闹。

❶ 到达和当地交通

长途汽车

傅家坡汽车客运站(见58页地图;☎8727 4817;武昌区武珞路358号;Ⓜ梅苑小区)经常也写作"付家坡汽车客运站",是武昌最大的汽车站,有前往省内各县市的班车和跨省长途大巴。可登录**湖北公路客运集团网**(www.hbglky.com)、**12308网**(www.12308.com)、**畅途网**(www.changtu.com)查询、订票。乘汽车去咸宁应选此站;每天有1班车发往神农架(7:00;165元;7小时)。

宏基汽车客运站(见58页地图;☎8807 4968;武昌区中山路519号;Ⓜ武昌火车站)是武昌另一个大站,和武昌火车站只隔一条马路。可在网上查询、订票。乘汽车去赤壁、通山、洪湖(汉口金家墩站也有车)首选此站。

航海汽车客运站(见58页地图;☎8831 8111;武昌区中山路528号;Ⓜ武昌火车站)在火车站斜对面,规模不如傅家坡、宏基大,也有频繁的车次前往咸宁。

杨春湖客运换乘中心(见52页地图;☎8668 9999;洪山区白云路;Ⓜ武汉火车站)是毗邻高铁武汉站的汽车站,班次不多,主要是为了方便京广高铁乘客换乘前往省内各地。

火车

武昌火车站(见58页地图;武昌区中山路近紫阳东路;Ⓜ武昌火车站)是武汉客流量最大的火车站之一,主要停靠京广铁路上南北向的火车,武汉始发终到的非G、D列车大部分也设在武昌站。前往咸宁的武咸城际也由此发车,沿途在武汉市区(三环线以内)还可能停靠南湖东站(见52页地图;洪山区水蓝路)。

武昌站一般从西广场进站,也就是地铁站的这一侧。东广场进站需持软卧票或武咸城际车票,或花10元的茶水专座钱入内候车。每逢大学放、收假,武昌站排队人数很多,一定要提前到达。

武汉火车站(见52页地图;洪山区白云路;Ⓜ武汉火车站)是高铁站,京广高铁、武黄城际、武冈际的全部车次,以及沪汉蓉客专、武襄十动车的部分车次于此发停。

东广场为公交车场,有往返于汉口金家墩客运站的**高铁快线**,票价7元,耗时40~50分钟;前往金家墩至末班高铁到站后结束,金家墩前往高铁站末班17:30。一些动车在武汉站、汉口站都停靠,也可作为"快速公交"使用。

前往武昌、汉阳以搭乘地铁4号线为主。23:00~24:00有4班**夜班公交**,可到长江二桥东端的徐东附近。

抵离机场

傅家坡、宏基客运站都有前往天河机场的机场巴士(32元;1.5小时)。傅家坡班次更密集,6:00~20:00,每小时1班;宏基8:15~19:15,每小时1班,另有6:10的一趟早班。

黄鹤楼景区东门的旅游集散中心,也有机场巴士(8:45~19:45,每小时1班;32元;70分钟)。

武汉火车站东出口有机场巴士(9:00~19:30,每20~30分钟1班;37元;70分钟)。

天河机场前往武昌傅家坡的巴士(32元;1.5小时)从早9点到末班航班都有,每30分钟1班,坐满提前发;中途可在汉阳古琴台下车(22元;40分钟)。前往武汉火车站也有机场巴士(9:00~21:00;37元;70分钟)。

轮渡

中华路码头(见58页地图;武昌区临江大道近中华路)有前往汉口关码头的航线(6:30~20:00/20:10~24:00,票价1.5/5元),终点步行即

长江游轮

两江夜游是最受欢迎的观光游船，分为含晚餐（170元）和不含餐（90元），航行时间1小时。汉口在**粤汉码头**（见88页地图；江岸区沿江大道近蔡锷路）上船，武昌在**红巷码头**（见58页地图；武昌区临江大道近红巷）上船。可登录去哪儿、携程等旅游门户网站查询具体船班，网购船票也有较多优惠。黄鹤楼东门的旅游集散中心有黄鹤楼加两江夜游的优惠套票（180元）。

周末和法定节假日还有白天运行的**江滩观光航线**，票价30元，可在中华路、汉阳门、晴川、武汉关四大码头登船，每1小时1班，船上可观黄鹤楼、晴川阁、龙王庙、长江大桥等地标。

到江汉路、汉口老租界和江滩。除了大船，白天另有快艇可坐，票价5元。

汉阳门码头（见58页地图；武昌区临江大道近民主路）有前往集家嘴码头的航线（7:00~18:40，票价2元），终点离汉正街很近，因此能看到一些"打货"的人乘船。同样有快艇可坐，票价5元；8:50~15:50，每小时还有1班快艇前往江水更深处的硚口码头。路过两江交汇处，别忘了观看江汉分明的"鸳鸯锅"场景。

黄鹤楼码头（见58页地图；中华路、汉阳门码头之间）工作日有发往晴川码头的班船（7:00、7:40、8:20、16:00、16:40、17:20；票价1.5元），乘客不多，有机会"包船"；航线和大桥几乎平行。周末和节假日9:15~15:15，每隔半小时有**大禹神话园专航**，票价10元。

曾家巷码头（见52页地图；武昌区临江大道近四马路；M积玉桥）有发往王家巷码头的班船（6:50~8:50、17:20~18:50，每半小时1班；票价1.5元），登岸后前往龙王庙很近。

月亮湾码头（见52页地图；武昌区临江大道月亮湾）也有发往王家巷码头的班船（7:00~9:30、16:30~19:00，每半小时1班，10:30~15:30，每小时1班；票价1.5元）。

汉口

"汉口，汉水出口。"长江最大的支流汉江，走到汉口就注入了长江。汉口因水而生，依水而设。以两江为界，长江西岸和汉江北岸的地盘就叫汉口，虽然今天在行政区划图上已经找不到"汉口"这两个字，取而代之的则是江岸区、江汉区和硚口区。

在武汉人的心中，汉口才是最地道的武汉，这里有最时髦热闹的夜晚和最精致有底蕴的白天。汉正街和江汉路演绎了百年商海沉浮，至今都还是人气最旺的逛街处。汉口老租界是堪比上海老租界的各国建筑博览馆，黎黄陂路上的有趣小店让你逗留一整天也不觉乏味。想要遇见"老武汉"，那就往汉口的里份里钻一钻。妄图满足口腹之欲，吉庆街的夜场和诸多的老字号24小时等候你舌尖的刺探。

◉ 景点

好消息是汉口的景点几乎都免费，坏消息是一定注意它们的开关时间，周一和周三是吃"闭门羹"概率较高的时候。汉口的部分景点会以街区的形式存在，逛它们宜穿平底鞋慢慢走，建筑和历史是其中high点，所以你也要有点解读历史的兴趣和能力。还有一部分则是昔日荣光的纪念馆，今日除了偶尔有团体学习，平日里有些门可罗雀。你可选择自己感兴趣的点挑着走一走。

★ 免费 江汉关博物馆　　博物馆

（见84页地图；☎8288 0866；www.jhgmuseum.com；沿江大道95号；◎周二至周日9:00~17:00，16:00停止入馆）非常适合成为你来武汉的第一站。踏入江汉关大楼，你就会成为一个世纪以来的极少数幸运儿之一，因为这个几乎作为武汉标志的大楼自1924年建成后2015年才首次向公众打开大门，普通老百姓也可以一窥它的内部。大楼共开放了三层参观，以图文、实物陈列和多媒体的方式将汉口1861年开埠以来至武汉2049年的远景规划予以呈现，全部认真看完几乎就可以对武汉的近代史了然于胸。在博物馆的二层，有一小片宽阔的室外观景平台可以落座休息，这里是近距离欣赏钟楼的不二位置。江汉关塔钟自打1924年1月28日开始报时起，直到现在，每逢半点就会敲响。一代又一代的武汉人，正是伴着这钟声长大。

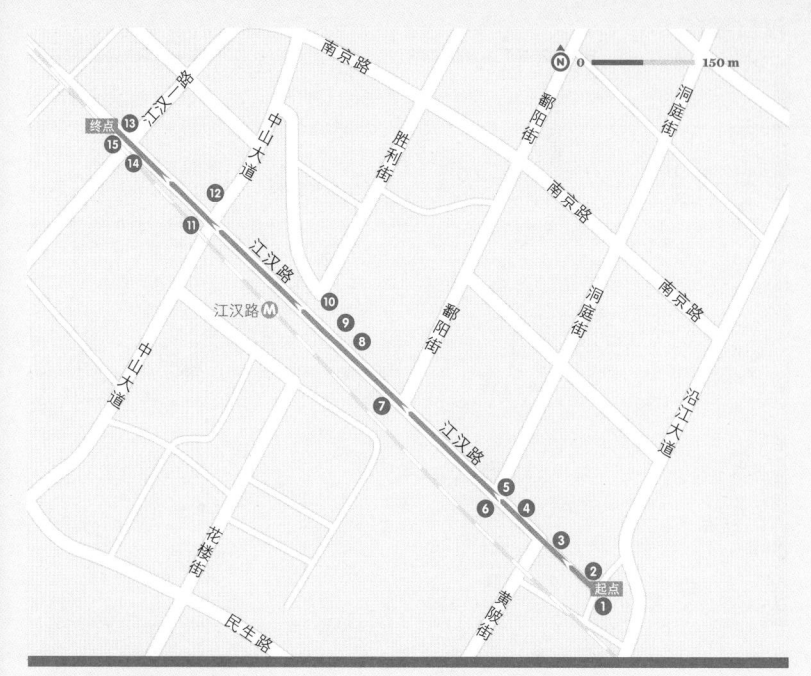

步行游览
江汉路建筑巡礼

起点: 江汉关
终点: 江汉一路路口
距离: 1公里
需时: 1小时

百货骈陈的江汉路不仅是购物天堂,更是建筑大观园。若你能将视线上移至两旁建筑,这条百年前划开洋界和华界的道路定叫你大开眼界。

1924年落成的 ❶ 江汉关大楼是武汉当时的最高建筑。它的斜对面,现在好百年饭店所在的转角大楼建成于1928年,原是 ❷ 日清轮船公司。往前走两步是 ❸ 日信洋行(江汉路8-16号),这里曾是日清轮船公司高级职员的宿舍。它的北面 ❹ 永利银行(江汉路20号)是中国本土的民营银行,这座大楼是武汉民国时期最后建造的一座大型现代建筑。跨过洞庭街,右侧转角处首选看到的就是红色醒目的 ❺ 中国实业银行(江汉路24号),是近代著名建筑师卢镛标的代表作之一,也是20世纪30年代武汉三镇高楼之最。正对面的 ❻ 台湾银行(江汉路21-23号)其实是在台湾创办的日资银行,一度曾担负起发行日本钞票的任务。步行一小段,OCE商场所在的 ❼ 四明银行(江汉路45号)开创了汉口大型建筑的简约风尚,它同样出自卢镛标建筑事务所。

再跨过鄱阳街,道路右侧的 ❽ 亨达利钟表店(江汉路42号)不容小觑,江汉关的大钟正是由其安装,时至今日,这家"老亨"店里的钟表技师仍负责着江汉关大钟的保养维护。同侧的 ❿ 上海银行(江汉路60号)大楼建于1920年,其创建者陈光甫不仅是金融业奇才,也是一名出色的外交家。两楼之间夹着一条 ❾ 上海邨是中西结合的里弄代表,内有"彩蛋"。走过中山大道,⓫ 兴业银行(中山大道561)和 ⓬ 中国银行(中山大道593号)在路口如同护法分立左右。再向前走到江汉一路和江汉路的十字交叉处,就会有三座漂亮的大楼环绕着你。右侧是 ⓭ 聚兴诚银行,左侧的 ⓮ 冠生园和 ⓯ 国货大楼挟江汉一路而立,透过它们足以想见昔日中国最大的食品企业和汉口最高级商场的富贵荣华。

汉口城区

武汉 汉口

地名索引（按图中位置）

- 环湖中路
- 磨子口
- 机场高速
- 机场二通道
- 金银潭
- 金银潭大道
- 金南一路
- 金银潭大道
- 学府北路
- 学府南路
- 公园环路
- 常青花园
- 公园南路
- 金敦潭大道
- 将军一路
- 将军四路
- 将军路
- 三环线
- 黄潭湖
- 塔子湖
- 梦湖路
- 塔子湖东路
- 碧波街
- 碧波街
- 武汉大道
- 后湖大道
- 兴业路
- 兴业南路
- 正义路
- 罗家嘴路
- 长港路
- 常青五路
- 后湖大道
- 兴业路
- 中一路
- 武汉大道
- 发展大道
- 长港路
- 常青三路
- 红旗渠路
- 常青一路
- 新华路
- 江发路
- 常青路
- 银墩街
- 二环线
- 新华路
- 黄孝河路
- 江大路
- 常青路
- 汉口火车站
- 二银桥路
- 后襄河北路
- 解放公园
- 长丰大道
- 二环线
- 振兴三路
- 常青路
- 范湖
- 菱角湖
- 香港路
- 惠济二路
- 解放公园路
- 云飞路
- 建设大道
- 澳门路
- 范湖路
- 北湖西路
- 新华路
- 菱角湖
- 西北湖路
- 建设大道
- 鲛子湖
- 见汉口老租界地图（88页）
- 武汉商务区
- 淮海路
- 王家墩东
- 雪松路
- 江汉北路
- 大智路
- 大智路
- 双墩
- 汉西路
- 银松路
- 青年路
- 新华路
- 万松园路
- 中山公园
- 江汉路
- 二环线
- 宗关
- 解放大道
- 京汉大道
- 前进一路
- 友谊路
- 汉西路
- 解放大道
- 利济北路
- 友谊南路
- 江汉关博物馆
- 沿河大道
- 硚口路
- 京汉大道
- 崇仁路
- 中山大道
- 民权路
- 硚口路
- 太平洋
- 民族路
- 汉江
- 中山大道
- 武胜路
- 利济路
- 琴台大道
- 沿河大道
- 民权路
- 晴川街
- 滨江大道
- 汉阳大道
- 汉江大道
- 鹦鹉大道
- 龟山风景区
- 琴台大道
- 龟山南路
- 月湖
- 江城大道

标注

- 38
- 21
- 42
- 32
- 24
- 44
- 16
- 6
- 27
- 41
- 7
- 17
- 37
- 35
- 34
- 29
- 31
- 8
- 28
- 33
- 18
- 22
- 26
- 39
- 23
- 36
- 19
- 4
- 20
- 3
- 30
- 25
- 40
- 13
- 46
- 14
- 11
- 43
- 45

博物馆限流，瞬时在馆人数控制在260人，观众凭借有效证件免费入场。提供有偿的语音导览设备租赁。乘各路公交在沿江大道武汉关站下。或乘地铁2号线到江汉路站（C出口），向沿江大道方向步行800米左右。

★ 江汉路　　　　　　　　　　　　街区

（见84页地图；免费）百年前就川流不息的江汉路如今依旧熙熙攘攘，不管你周几去，这条马路上永远挤满人。从江汉关开始，向北笔直延续1.6公里的江汉路是武汉最有名的商业步行街。虽然如今的它人气依旧高，却早已不是都市潮人们口中最IN的购物处，街上聚集的品牌和中国任何一条商业街并无二致，但道路两侧恢宏的建筑依旧能够让你感觉到它的不同。事实上，我们也更推荐你把它当作一座地上建筑的博物馆来逛，通过欣赏建筑穿越到20世纪最气派的时空中。倘若肚子饿了被呼唤回现实，可以在万达广场一楼或旁边的Happy站台地下一层找到各种小吃，这些食铺通常是11点后才开始做生意，无论哪一家档口都有人正在大快朵颐。乘地铁2号线到江汉路站（C出口）是最方便的交通方式。

★ 汉口江滩　　　　　　　　　　　　公园

（见84页地图；免费）武汉是与长江相生相伴的，江滩是你所能找到的最贴近这个城市主动脉的地方。花上一两个小时漫步，也看不完这座亚洲最大的临水公园，从武汉客运港顺着长江北岸的走势绵延至丹水池后湖船厂的汉口外滩，面积是上海外滩的数倍。类似上海外滩，临着沿江大道的一侧，也是一溜的大型租界建筑群；不同于上海外滩的是，这里气氛宁静，格局亲民，且无论何时都可以直接触到长江水。只要你愿意，还可以跳上船，江上游览一番。

今天站在汉口江滩除了瞭望百舸争流，看尽世间繁华，也有许多点滴提醒着人们去回忆：粤汉码头处屹立着毛泽东为武汉抗击1954年大洪水而题词的纪念碑。1998年，汉口江滩还再次见证过长江歇斯底里的一面：当时只要通过长江二桥，就能看见整个江城处在长江水位线下数米，一旦江堤崩塌，后果不堪设想。

汉口城区

◎ 重要景点
- **1** 古德寺 E3
- **2** 汉口江滩 E5
- **3** 江汉关博物馆 D6
- **4** 江汉路 D6

◎ 景点
- **5** 八路军武汉办事处旧址纪念馆 E4
- **6** 后襄河公园 B4
- **7** 武汉达临性学博物馆 C5
- **8** 花园道 C5
- **9** 解放公园 D4
- **10** 京汉铁路总工会旧址 E3
- **11** 龙王庙公园 D7
- **12** 武汉二七纪念馆 F2
- **13** 武汉国民政府旧址纪念馆 D6
- **14** 武汉基督教教世堂 C7
- **15** 武汉科学技术馆新馆 E6
- **16** 武汉市博物馆 B4
- **17** 西北湖公园 C5
- **18** 中山公园 C6

🛏 住宿
- **19** 橙果创意青年旅舍 D6
- **20** 好百年饭店 D6
- **21** 武汉君亭酒店 A3
- **22** 扬子江酒店（江汉路步行街店）........... D6

🍴 就餐
- **23** K11新食艺 C6
- **24** 戴记烧烤 C4
- **25** 德华楼 D6
- **26** 德润福严氏烧麦 C6
- **27** 古记鲜 C4
- **28** 老街烧烤（雪松路店）........................ C5
- **29** 泰吉美食广场（泰吉火锅）................. C5
- **30** 谈炎记水饺 C6
- **31** 王师傅豆皮 D5
- **32** 望旺煨汤大王 C4
- **33** 雪松路 C5

🍹 饮品
- **34** Beer Barn C5
- **35** Bounty C5

🎭 娱乐
- **36** 蓝天演艺厅 B6
- **37** 武汉杂技厅 C5

🛍 购物
- **38** 汉口书局 A3
- **39** 武商摩尔城 C6
- **40** 新民众乐园 D6
- **41** 卓尔书店 D4

ℹ 交通
- **42** 汉口火车站 B3
- **43** 集家嘴码头 D7
- **44** 金家墩长途汽车站 B4
- **45** 王家巷码头 D7
- **46** 武汉关码头 D6
- **47** 新荣客运站 F1

夏季来江滩要避开正午，这里基本没有太多遮挡。另外，白天和夜晚的景致和气氛都很不一样。白天很宁静，偶尔有孩子们放风筝；夜晚则很热闹，老人家扎堆跳广场舞，年轻人则围着客运港周遭的酒吧忘乎所以地闹，19点开始还有长江灯光秀可看。一般来说，靠近武汉客运港的一期最热闹，越往三期走越安静。若是走不动，沿途也有观光车坐。10月至11月，长江二桥下连绵6公里的江滩芦苇齐齐开花，随江风起舞，在摄影圈中几乎已成为和武大樱花齐名的一景。市内沿江大道的公交车都可以到江滩，两个比较大的站点为"武汉港"和"粤汉码头"。

免费 宋庆龄旧居陈列室 纪念馆

（见88页地图；📞8229 6617；沿江大道162号；⏰周二至周日9:00~16:00）这座鹅黄色的四层小楼给沿江大道的沿街建筑带来一股小清新之风。1926年国民政府迁都武汉时，宋庆龄曾在此居住工作7个月。这楼原本是俄国的华俄道胜银行，后又作为国民政府的中央银行。建筑有两个小秘密：一是楼内还有一层地下室，二是你所看到的第四层其实只是隔热层，这种设计十分聪明地应对了武汉的"火炉"天气。一层一侧有个叫"武汉礼物"的商店，是武汉旅游局策划的专门店，只在少数几处景点存在，可以挑一点纪念品。乘坐多路公交至"沿江大道兰陵路"站。

龙王庙公园 公园

（见84页地图；沿江大道1号；免费；⏰24小时）俗话说"大水冲了龙王庙"，说的就是这里！长江汉水在此交汇，让龙王庙成为历来抗洪的险中之险。可如今，险点变景点，你可

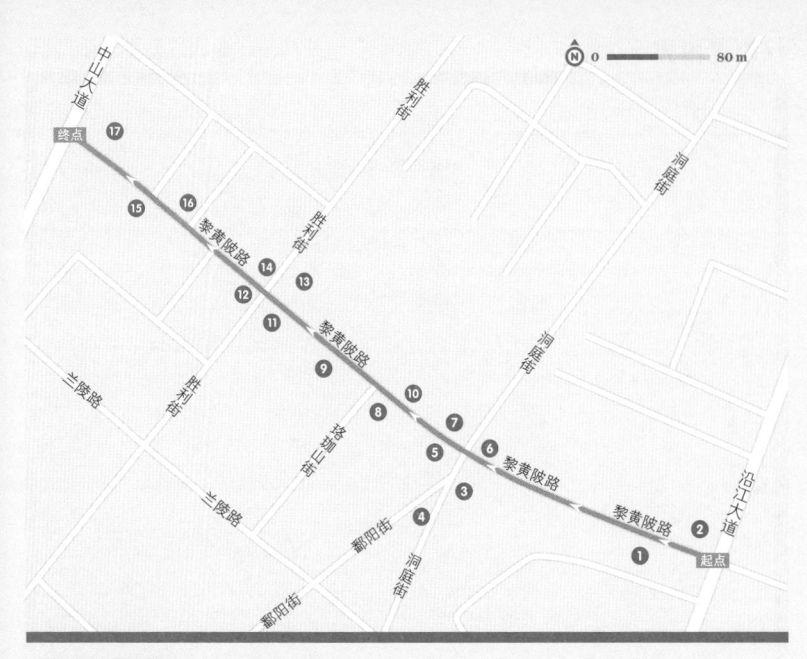

步行游览
黎黄陂路街头博物馆

起点: 宋庆龄旧居陈列室
终点: 基督教青年会汉口会所旧址
距离: 0.6公里
需时: 0.5小时

黎黄陂路位于俄租界区内,原名夷玛街。南北走向,长仅604米,却聚集了17栋特色建筑。从沿江大道路口开始,左右分别是 ❶ **顺丰洋行旧址**和 ❷ **华俄道胜银行旧址**,后者如今是宋庆龄旧居陈列室。顺丰洋行是一座高大的船形建筑,它的主人曾是大名鼎鼎的俄商李凡洛夫(S.W.Litvinoff),因中国茶而富贵。南起武夷山脉的万里茶路正是借由汉口这个"茶叶港"的各种特权碾轧了晋商和英商,成为独步世界茶市的一霸。

向北走,黎黄陂路和洞庭街以及鄱阳街的交叉路口有五处旧址,分别是左手边的 ❸ **邦可花园**、❹ **巴公房子**和 ❺ **惠罗公司**,以及右侧的 ❻ **俄国巡捕房**和 ❼ **中华基督教信义大楼**。邦可花园现是健康幼儿园,从前这里开着著名的"邦可食品店",可以买到最地道的大列巴和罗宋汤。洞庭街和鄱阳街夹住的三角地带的红房子是非常著名的巴公房子,巴公就是前面所讲的三大俄商茶厂中阜昌茶厂的主人,地道的皇亲国戚。巴公房子里的上海理发厅,连同隔壁的惠罗百货公司以及邦可食品店和西餐厅,是20世纪二三十年代汉口顶级的时尚场所。

紧靠着刚走过的商业中心的就是一大片 ❽ **珞珈碑路高级住宅区**和 ❾ **五花宾馆旧址**。虽说是百年前的设计,却和今天流行的联排别墅没有太大区别。它们的对面是 ❿ **美国海军青年会旧址**。

胜利街交叉处又有四座建筑:左侧的 ⓫ **汉口首善堂**、⓬ **日伪汉口放送局**和右侧的 ⓭ **裕兴洋行**、⓮ **俄租界工部局旧址**。首善堂是当时天主教在汉所置产,是一座现代风格的古典主义建筑。放送局的下方因为隔了商铺的广告不太容易看得出旧貌,俄租界工部局则变身黄陂路小学,裕兴洋行原楼已不见踪影,取而代之的是20层高楼新源大厦。临近中山大道,还有三幢建筑,其中曾经汇聚了21个国家医务人员的 ⓯ **万国医院旧址**早已面目全非,但其斜对面的 ⓰ **高氏医院旧址**仍然保留完好。最靠近中山大道的 ⓱ **基督教青年会汉口会所旧址**是1944年原址重建的建筑,原由加拿大巨商潘美捐款修建。

汉口老租界

以从容地立于观江平台上，瞰汉水清、长江浊的交汇之景。还可以去江边平台上找一块"汉口打扣巷"的古碑。跨过沿江大道，街对面是郁郁葱葱的龙王庙公园。公园主体建筑为三层仿古龙王庙，内设**中华龙文化博物馆**（⊙8:30~12:00，14:00~16:30）。妙处在此，里面有一条旋转楼梯通向顶层，很可能是周遭最棒的观两江汇合之景的高点。园侧有一石碑写道：汉口源点。不要小瞧这个点，今天的大汉口，确实就是从这里慢慢扩散发展而来的。乘坐30、502等路公交在沿江大道龙王庙站下。

武汉科学技术馆新馆
科技馆

（见84页地图；☏5075 5500；www.whstm.org.cn；沿江大道91号；免费；⊙周三至周日9:00~16:30，15:30停止领票）新的科学技术馆由原来的武汉客运港改造而来，保留了其标志性的船型建筑外形。内部有声光电的奇幻科技，标志性的展项"天问"就在展馆序厅。这个地方，不仅适合孩子玩耍，也会令大人们大开眼界。凭身份证换票入内，瞬时限量3000人。乘坐多路公交至沿江大道武汉港

汉口老租界

◎ 景点
1. 阿列克桑德聂夫东正教堂 B5
2. 八七会议会址纪念馆 B4
3. 基督教荣光堂 B4
4. 上海路天主堂 B5
5. 宋庆龄旧居陈列室 C4
6. 武汉美术馆 B5

🛏 住宿
7. Salut Villa法式小栈 B5
8. 马哥孛罗酒店 C4
9. 万友风庭酒店 B5

🍴 就餐
10. 巴厘龙虾(洞庭街店) C4
11. 吉庆街 B4
12. 界立方 C5
13. 客串先生烤吧 B4
14. 莉莉周花园餐厅 D2
15. 刘记三狗牛肉面 B4
16. 莫奈花园 D1
17. 三镇民生甜食馆(胜利街总店) B4
18. 太子亢龙酒轩(临江总店) D2
19. 五芳斋汤圆 B4
20. 武汉天地 D1
21. 嚣夜音乐炭烧 B4
22. 小贝壳餐坊(洞庭街店) C4
23. 小黄鱼酒楼 B4

🍹 饮品
24. 1.Z Coffee C4
25. 18号酒馆 B3
26. 63号庄园咖啡 D1
27. 醇whisky A3
28. 汉口往事 B4
29. 魔界咖啡 B4
30. 吴家花园 A4
31. 小火车咖啡 C4
32. 爪哇空气 B5

✪ 娱乐
33. 都市茶座 B4
34. 武汉剧院 A4

🛍 购物
35. 保成路 A4
36. 德芭与彩虹 D1

ℹ 交通
37. 粤汉码头 C4

下,或地铁二号线江汉路站再往江汉关方向步行一小段。秘密:科技馆背面,也就是更靠近长江的那一面,你可以一直走上20号码头延伸到江水中的栈道,是独自欣赏江景的绝好地方。

★ 汉口老租界　　　　　　　　　　　街区

从西头的江汉路到东头的一元路,南起长江岸边北至京汉大道,在这片面积里,时间仿佛拐进了过去。若你从西走到东,分别会踏过英俄法德日五国租界地,建筑风格也从冷峻孤傲的英式洋行变为甜美精致的"日系"红砖矮墙。大多数的租界建筑仍保存完好,一些变成了商店,一些仍在住人。很难在这片面积广大的租界区内设计一条堪称完美的徒步线路,因为好看的建筑太多,细节太过丰富。即使陷于城市建设的脚手架中无法出头,穿过一个世纪的时间,你仍能从花式的铸铁栅栏和梧桐叶下的红墙上看到属于曾经的"东方芝加哥"的繁华旧梦。可乘坐公交车至江汉路再沿着洞庭街或胜利街向西行进,中途随时可以随心意转弯,沿途有许多迷人的咖啡馆和餐厅可供歇脚,所以迷路只当是享受。

阿列克桑德聂夫东正教堂　　　　　教堂

(鄱阳街48号;免费)如果你问"阿列克桑德聂夫东正教堂在哪里?"十有八九回答是:不晓得。但问"汉口东正教堂"情况就很不一样。它不仅是武汉唯一也是俄罗斯境外现存时间最早的东正教堂,始建于1876年,侥幸躲过了1938年和1944年汉口两次大轰炸。建筑采用拜占庭式的穹顶和拱技术,无论外形还是内部都非常漂亮。不过,想要看到里面,需要点运气。由于目前教堂并不承担宗教活动,变成了一个文化交流馆陈列简单图文。钥匙掌管在一位神出鬼没的大爷手中。我们碰上了这位大爷,他放话:开门时间不定。

免费 武汉美术馆　　　　　　　　　美术馆

(☎8260 2713;www.wuhanam.com;中山大道保华街2号,中山大道与保华街三角岛上;⊙周二至周日9:00~17:00,16:00停止入馆)武汉美术馆真是美得低调,像一个安全岛安然恬静地待在繁华闹市的正中心。尽管如此,却挡不住一身贵气,无须华丽装饰,西洋古典廊柱加圆形拱窗的建筑自然透出雄伟姿态,这建筑原本是金城银行旧址。美术馆的2~3层为主要展厅,看累了可以去顶楼天台,阳伞和木椅打造出舒适的休息空间。还有一间阅览室,提供各种美术期刊和书籍。美术馆离著名的吉庆街很近,晚餐可就近解决。乘2路电车,7路等多路公交到南京路站。

基督教荣光堂 教堂

(☎8283 5484;www.gchurch.cn;黄石路26号;免费;◷9:00~17:30)红砖清水外墙让荣光堂一下子就从周遭建筑中跳脱出来,它是武汉现存的最大的基督教礼拜堂。原来名叫格非堂的它,是为了纪念一位在华居住了50余年的英国传教士杨格非。教堂于1931年兴建,你仍能在正立面的左下角找到保存完好的奠基石。乘公交车553路在黄石路站下沿着黄石路往东南方向走300米。

上海路天主堂 教堂

(☎8283 5723;上海路16号;免费;◷8:00~18:00)规模颇大的上海路天主堂更为当地人熟悉的名字叫作圣若瑟堂。它于1874年动工,耗资12万法郎全部来自清廷的战争赔款。现在这座罗马式建筑是新人们最喜欢的婚礼举办地。该堂后侧在右原本各有一座圆形钟塔,1943年因战争被炸毁其中右侧的一个。地铁2号线到江汉路站(C出口)再沿郡阳街向北步行200米。或者乘坐公交车到武汉港站或南京路站再步行至此。

武汉基督教救世堂 教堂

(汉正街447号;免费)藏在喧哗汉正街里的救世堂大隐隐于市,正如它的名字,抗日期间以及1931年汉口大洪水期间都曾就救助于大量难民。这座建堂的建筑非常特别:正南立面开着巨大的白石凯尔特十字窗,屋檐却是中式的飞尖翘角。堂内祭坛也独树一帜:没有穹顶,屋顶是木质的船型结构,这使得讲坛如同一座舞台,人在屋内仍能闻到木头散发出的气息。除了每天不同时间的礼拜聚会时间,想要入内参观可请求看门阿姨,多半会被允许进入。市区乘坐多路公交车到"武胜路江汉一桥"或"沿河大道江汉桥"站,紧邻普

不要错过

在汉口,逛里份

北京有胡同,上海有弄堂,武汉有里份。老汉口最有味道的民居,当属里份。从天空中看武汉,那大片的红色多数由接檐连壁的里份营造,从清末到民国结束,武汉共有大小200余条里份。但随着城市进程的拆迁改造,如今仅残留下数十条,多在汉口。

这些幸存下来的里份,多数作为民居,在繁华闹市低调着,用一墙石门隔开喧哗,最易接近的莫过于江汉路上的**上海邨**。少数几条里份被"创客"们租来改造成咖啡馆、酒吧和各种潮流小店。比较著名的如**泰兴里**,短短一条里份挤满了咖啡馆和商店,营造出最文艺的午后。隔壁的**同兴里**,里口附近有酒吧有餐厅,但里份里还挂着衣服,搓着麻将。

汉口的里份类型多样,有单条的、网格的,也有无规律自由组合的。比如,同一片区的**泰安里**、**福忠里**和**保元里**就各有各的特点。泰安里分为主巷次巷,福忠里则为网格空间,小小的保元里把人们聚集在一条主巷上,但每个门栋又都别有洞天。

里份里藏的都是故事。车站路旁,有武汉一处知名的"高龄"里份——**三德里**,向警予曾化名"夏易氏"隐居于此,最终在此被捕。胜利街的**咸安坊**是三镇首个高档里份,铸铁花窗、蜡光地板,百年的马桶和浴缸依旧能用。航运巨子卢作孚、汉剧名角陈伯华都曾在此居住。可惜就在2016年1月,咸安坊还发生了一次火灾烧毁了其中两栋。

武汉的里份,居民的裤裙常和天空融为一景,孩子们在门前的凳子上趴着写作业,它们封存着最市井的烟火气息,是属于这个城市的生活底色,留给最耐心和细心的人去拆封。

爱医院。

八七会议会址纪念馆　　　　　　纪念馆

（见88页地图；☎8283 5088；www.192787.cn；鄱阳街139号；免费；◎9:00~17:00，周一闭馆，16:30停止入场）八七会议纠正了党内的右倾错误，确定了开展土地革命和武装反抗国民党反动派的正确方针，是中共党史上重要的转折点。1978年正式对外开放，2001年被命名为全国主义教育基地。邓小平为纪念馆题写了"八七会议会址"的门额。如需讲解服务，需要十人以上团体，且请提前数天预约，30元/次。一楼为图文展示，二楼恢复了当初实景陈列。乘坐1、38路等多路公交车在大智路站下。

★古德寺　　　　　　　　　　　寺庙

[见84页地图；☎8290 7553；江岸区上滑坡路（新建正街）74号；门票8元；◎7:00~17:30]一座足以颠覆你三观的佛寺。其主体建筑圆通宝殿整体神似印、缅阿难陀寺，却有着西方教堂般的外立面。大殿回廊的漂亮一眼便见，天气好的黄昏光影尤佳，已被年轻男女列入婚照热门取景地。然而宝殿顶部的玄机却不是人人都能看清门道：代表五佛四菩萨的九座佛塔象征着九龙拜圣，人立于地面，从任何一个角度看塔顶，永远只能看到其中七座，暗合道教的北斗九星，七显二隐。塔刹既像风向标又像十字架，塔顶既有"中国风"的莲花墩也有印缅常见的狮子、大象和金翅鸟等神兽图案。总体而言，如此脑洞大开的"混搭风"在中国佛寺中独此一例。随着古德寺的日益复兴，圆通宝殿的隔壁新盖起了一座层层叠叠的宏伟佛堂，你可以在周六、周日以及农历初一和十五听到群尼诵经。乘公汽电3、30路到工农兵路国宾馆下车，回走几步看到古德寺路的黄色路牌，向里走一小段便到。轻轨1号线二七路站距离古德寺亦步行可至。

武汉国民政府旧址纪念馆　　　　纪念馆

（见84页地图；☎8566 3790；中山大道708号3楼；免费；◎9:00~16:30）置身于民国建筑摩肩接踵的中山大道上，这所建筑与同排建筑最大的差别可能就是顶楼上端闪闪的红星了，非常容易错过。一楼是酒店大堂和售卖香烟的地方，可能是在暗指这里曾是大名鼎鼎的"南洋兄弟烟草公司"的办公楼，三楼才是展厅。门口登记后就可以进入参观，除了桌子凳子和青天白日旗，整层楼多半就只有一个你。怎能想象北伐胜利后，这整栋楼可都是无比忙碌的武汉国民政府办公处。乘公交车至"中山大道民生路"，离新民众乐园不远。新建的地铁6号线从有百年历史的中山大道穿行而过。

武汉二七纪念馆　　　　　　　　纪念馆

（见84页地图；☎8293 4390；江岸区解放大道2499号；免费；◎8:30~11:30，14:00~17:00）1923年2月，京汉铁路工人的罢工将中国工人运动的第一次高潮推向顶峰。2月7日，京汉铁路沿线罢工各路遭遇镇压，工人罢工领袖林祥谦、施洋等人在武汉境内遭遇杀害。这座纪念馆的陈列品，由一列火车头模型开始，用图文和实物再现了那段历史，最具价值的是一方京汉铁路落成纪念铁碑。纪念馆凭身份证免费进入。乘坐211、212、508等多路公交车至二七纪念馆下车，或轻轨1号线至徐州新村站，向北走一点。

如果仍有兴趣，纪念馆方圆5公里内，分布着一批"二七"遗迹，值得一看的是京汉铁路总工会旧址（见84页地图；☎8290 1914；解放大道2185号；免费；◎9:00~17:00，16:30停止领票入场，周三闭馆）乘轻轨1号线至二七路站，灰色的平层建筑不太显眼。

中山公园　　　　　　　　　　　公园

（见84页地图；☎8578 0746；解放大道1265号；免费；◎6:00~22:00）名副其实的"汉口第一公园"，历史已逾百年。由私人花园——"西园"逐渐扩建至今天的规模，慢慢玩的话足以消磨半日。园内有两家茶社，分别位于公园前区留春湖畔的松月轩半岛和后区梅山上，是小憩的好选择。玩够了，步行穿过公园正门前的解放大道就是商业核心区，体量巨大的商业中心——世贸、武商和国际广场一字排开，解决温饱并满足欲望。公园的东南西北四个门分别有多路公交车可达，其中南门为正门，乘公交到"解放大道中山公园站"下。或乘坐轻轨1号线在"利济北路"或"友谊路"站，或地铁2号线在"中山公园"站D或E出口。

解放公园
公园

（见84页地图；解放大道1861号；免费；⊙5:00～22:00）绿意盎然又安静低调，是武汉闹市区内最大的一片自然生态区。屏蔽了嘈杂的商贩，也没有过多的熊孩子。可以随意找一棵百年大树，在浓密的树荫下打个盹，又是一个慵懒的美好下午。新中国成立前这里曾是六国洋商的跑马场。肚子饿了，从公园1号门出过马路步行不到1千米就是武汉天地特色商业街，可逛可吃。公园一号门为正门，可乘坐轨1号线到黄浦路站，或乘诸多公交车到解放大道解放公园站。将来地铁8号线会从门前穿过，看园人告诉我们2017年年底才能修好。

八路军武汉办事处旧址纪念馆
纪念馆

（见84页地图；☎8273 5576；长春街57号；免费；⊙9:00～17:00，16:30停止领票入馆，周三闭馆）许多"老汉口"也不一定知道此处，但它其实就紧邻武汉天地。四层的建筑原为日商大石洋行，后美军轰炸日租界时被炸毁，1978年在原址重修。目前里面复原陈列着周恩来、董必武等人的办公室，也通过一些器物和图片来展示武汉抗战的岁月。公交车313长春街站就在纪念馆门前，或者乘坐到多路公交到芦沟桥路站也可。

住宿

汉口的住宿选择数量虽然多，却缺乏背包客最爱的青年旅舍，如果想要节省经费，可以选择经济快捷的商务宾馆。我们推荐住在江边或租界区内，这样才能体会到汉口的精华，出行也更便利。尽管这些寸土寸金的地段通常都被星级酒店占据。好在汉口的星级酒店，没有热门景区或旅游城市酒店那种明显的淡旺季，用心寻找、耐心守候很多时候也能淘到便宜的价格。

★ Salut Villa法式小栈
青年旅舍 ¥

（见88页地图；☎150 7234 7117；天津路9号；铺/标单78/128/元；⊛❄）隐藏在租界区小巷里的Salut Villa，由红砖墙的老房子改造而来，带着一个安静美丽的庭院。一楼有两间房，分别是男生和女生的宿舍，都有一个面对窗户的美好桌面。二楼隔间有且仅有一个单间。留法的老板夫妇把各处都收拾得很干净，布置也透着一股设计感，只是厕所只有一间需要公用。这里并不提供就餐，但有一个可爱的小厨房可以自制简单吃喝。由于地处租界，周边有无数的"老字号"可供饕餮。房间里有自付自取的酒水饮料和生活必需品，也有地图和书籍，如果采取预付款方式则可以获得密码自行进入房间。

橙果创意青年旅舍
青年旅舍 ¥

（见84页地图；☎132 3717 4020；江汉路宝利金中央荣御C1-1908；铺58～68元；⊛❄）距离江汉路非常近，是由住宅小区里的房子改造而成的家庭式青旅，想要上楼电梯需要刷卡，所以最好请老板下来接。客厅是公共活动空间，备有投影仪。三间房可供最多20人同时住宿，床铺是不同颜色的太空舱，较好地保护了客人隐私。有两间厕所兼淋浴室，阳台夜景尚可。年轻的老板很懂得用自己的热情把住客们笼络在一起，气氛不错。

★ 万友风庭酒店
酒店 ¥¥

（见88页地图；☎8277 1919；wanyoft@126.com；青岛路8号；标单/双 358/398元；⊛❄）酒店本身就在历史文物建筑里，是保安洋行旧址。能够住在这样的建筑里已属难得，更难得的是地段超级好，距离江汉路、江滩都是步行可达，其实酒店就在原英租界的核心位置。装修上是浓郁的欧陆复古风，单是旋转楼梯就令人心醉。虽然在历史建筑里也有相应的不便，比如较小的大堂和停车不便，但考虑到价位不高，服务也很好，性价比已是难得。

马哥孛罗酒店
酒店 ¥¥¥

（见88页地图；☎400 636 6636；www.marcopolohotels.com；沿江大道159号；标单/双755/775元；⊛❄Ｐ❄）如果预算充足，我们十分推荐沿江大道的这家五星酒店。房间虽和所有大酒店一样平淡无奇到无可挑剔，但好在它绝佳的地理位置带来独特的"武汉范儿"。所有临江房间均可看到无敌江景，酒店周遭全是租界老建筑。想要寻找市井滋味和旧日时光，就调头去酒店背后的租界区转转，俯首皆是地道小吃和漂亮建筑；想要抚摸大都市的脉搏和现代感，就正面去沿江大道或江滩漫步，可零距离感受长江之水。夜晚这条街上有全市最in的酒吧和最潮的男女青

不要错过

舌尖上的汉口里

位于园博园东门的汉口里（微信hankouli2014；东西湖区金南二路8号）简直就是餐饮老字号的博物馆。如果要吃传统中式大餐，可以选择大中华酒楼和武鸣园。前者因为毛泽东一句"才饮长沙水、又食武昌鱼"而以烹饪鱼着闻名天下，后者则因梅兰芳大师钟爱的河豚料理而驰名。武汉出水产，鱼肴丰富，甚至能够出现专门料理某种鱼类而闻名的馆子，比如鮰鱼大王。

武汉传统四大名小吃——蔡林记的热干面、老通城的豆皮、四季美的汤包、小桃园的煨汤。除了蔡林记外，其他都能在这里找到。热干面也不是没有，只是变成了大汉口热干面。除此外，汉口小吃的后起之秀——顶好牛肉面和周黑鸭也有分店。累了想泡茶，有百年老茶馆田庆堂伺候。想要买点东西回去分享，绝对不要错过汪玉霞的甜品，武汉甚至有句谚语为它而生："汪玉霞的饼子——劫数（绝酥）"。

历史将一些百年老字号结业停产，又将一部分挖掘重现。汉口里的这些店虽然披着仿古的外皮，有时生意还没有隔壁的火锅烧烤店好，但集结起来的力量还是号召了相当一部分"吃货"。即便不吃，这片复古建筑群依旧值得逛逛，由几条里弄十余竹床扮出浓郁的汉派风情，还有一家长江非遗博物馆（◎9:00~20:00）免费提供参观和非常有气质的汉口书局（☎8262 0129；长堤街301号；◎10:00~19:00）。790等路公交车到园博园东门站，这里离江汉路、租界等核心区域有点远，离汉口火车站比较近。

年。沿江大道上还有另一家五星级的江城明珠豪生大酒店亦有江景。

扬子江酒店（江汉路步行街店） 酒店 ¥¥

（见84页地图；☎8287 8188；江汉路步行街104号；标单/双 228元；❄❋）开在步行街上的酒店少之又少，何况特价房仅售168元。就在中山大道和江汉路交叉口处的扬子江酒店仅仅占据了大楼的第5层，一层是商铺，你需要通过一侧的电梯上去后才能到达前台，装修复古，房间干净。如果怕吵，记得和服务员不靠步行街侧的房间。

好百年饭店 酒店 ¥¥

（见84页地图；☎8277 7798；江汉路2号；标单/双 358/398元；❄❋Ⓟ）独一无二的地理位置，独一无二的历史建筑，每天枕着江汉关的钟声醒来……然而，除此以外，关于一个老酒店的坏处你也能一一想起：不太友好的服务，十分陈旧的设施，以及噪声。

武汉君亭酒店 精品酒店 ¥¥¥

（见84页地图；☎400 672 8666，8363 1666；www.ssawhotels.com；硚口区园博园东路9号；标单/双 410/450元；❄❋Ⓟ）不适合要经常往返市中心游玩的客人，因为距离较远，但却非常适合在汉口火车站中转或要去园博园游玩的人，酒店就在汉口里。事实上，如果需要过一夜，与其待在乱糟糟的火车站附近，还不如打车来这里，顺便逛逛汉口里。酒店是2015年新装的，有民国建筑的红墙外表和简约设计的房间，晚上非常安静。部分房型提供接送机。

🍴就餐

来汉口，吃是重中之重。忘记卡路里，用尽你的24小时，去彻底沦为一个"好吃佬"吧。胃口要从早上就打开，不可以因为贪睡而放弃"过早"，更不要在夜晚早早归床。要把自己投入汉口的滚滚红尘中去，早上在巷子口吃热干面和面窝，晚上钻进"刁角"里找烧烤和小龙虾。生活，就该像汉口人一样说的那样"蛮有味"。

武汉天地 街区 ¥¥¥

（见88页地图；www.wuhanxintiandi.com；芦沟桥路28号）武汉天地是上海新天地的姊妹篇，也是最近几年武汉颇为成功的旧城改造项目。用"历史建筑+时尚餐饮"的组合表达着武汉的现代气质。这里的消费水平相对较高，不过就算不就餐不购物，把这里当作一片建筑有特色的社区逛逛也不错。9栋老建筑容光焕发，一块大华里门楼神气活现，门楼上"大海航行靠舵手"的字样和红五角星都还清晰可见。轻轨1号线到黄浦路站。公交车601、402、520、526、212、721等多路公交至中山大道芦沟桥路站。

三镇民生甜食馆(胜利街总店) 小吃 ¥

(见88页地图；☎8278 6087；胜利街86号，近合作路路口；人均5元；⊙6:00~19:30)来武汉要"过早"，过早要去户部巷，这是大家都知道的。可集中各色早餐的户部巷在长江对岸，你又不想仅仅用一碗热干面就打发了自己，怎么办？三镇民生甜食馆可以让你一次吃个够。这家遍布三镇的连锁早餐馆最靠近汉口江滩的就是胜利街这家，千万别被它的名字误导了，并不只是甜食而已，而是热干面、豆皮、糊米酒、煎包和豆腐脑的大集锦，便宜又好吃，绝对够你消化一整天，只是就餐环境有点差。

★ 德润福严氏烧麦 小吃

(见84页地图；☎189 7143 9703；友谊路双洞正街48号；人均5元；⊙5:30~19:00)武汉的烧麦，强调重油。因此你会看到，盛放烧麦的白瓷碟子码在笼屉顶上，蒸汽把盘子熏热，这样猪油就不会凉掉。因为有了猪油，烧麦口感顺滑，香菇肉丁和笋丁增加了鲜美的味道，糯中带脆，外加点睛而必不可少的黑胡椒，味道令人难忘。目前德润福是三镇的烧麦店中人气最旺的，早餐时段门前永远大排长龙，店内就餐提供免费的大碗茶以解腻。

★ 王师傅豆皮 小吃

(见84页地图；☎8577 3256；高雄路47附3号；人均15元；⊙6:30~12:30)想要吃汉口最有名气的豆皮，一定要赶早，不到7点就开始排队，节假日11:30之前准卖光。一锅豆皮，一半三鲜一半牛肉，前者清鲜后者鲜辣。蛋皮扎实，配料多到要溢出来，特别适合那些喜欢豆皮有很多"丁"的吃货。再淋上卤水浇头，要不是分量太足，肯定还要再叫一份。

老街烧烤(雪松路店) 烧烤 ¥¥

(见84页地图；☎8549 1399；万松园雪松路65号，近今楚包；人均70元；⊙12:00~14:00，17:00至次日2:00)号称让人排队到伤心也要一试的烧烤店，吃过以后会发现：原来烧烤也可以烤出不一样的味道。上菜极快，服务员个个麻利又专业，金针菇、干子、蜜汁鸡翅……当

老字号"沉浮记"

武汉是个历史名城，不乏历史悠久的餐饮"老字号"。武汉人耳熟能详的四大名小吃"老通城豆皮、蔡林记热干面、四季美汤包、小桃园煨汤"，在历史的烟云中民改国、国民改，停业过、拆迁过、转让过……几度沉浮。现如今在政府的规划下，这些老字号在旅客扎堆的户部巷、首义园、汉口里等处仍能看到，但味道总让老武汉人摇摇头："不是那个味了。"由于老店大多易址，新店不少又分身几处，大家都宣称自己才是最地道的那家，无从知道是真是假。老字号的牌子需要连续的品牌保护和踏实的传承，才能守护住那份记忆中的味道。

所有当家产品已将腹部塞得满满当当的时候竟然发现：原来最好吃的烤面包片才刚上！同名店遍布三镇。

巴厘龙虾(洞庭街店) 龙虾馆 ¥¥¥

(见88页地图；☎152 0276 9077；洞庭街125号；人均150元；⊙11:30至次日2:00)在这里绝对能够感受到武汉人对小龙虾的满满诚意：油焖大虾、清蒸大虾、蒜蓉虾球、全味虾球、干煸虾球……小龙虾是餐桌上的绝对主角。巴厘龙虾在武汉三镇有多家分店，但洞庭街这家因为在一桩老别墅里，最有感觉，同时还可以在室外的院子里吃。除了小龙虾，烧烤和凉面也不错！

小贝壳餐坊(洞庭街店) 湖北菜 ¥¥

(见88页地图；☎8284 4071；洞庭街129号；人均80元；⊙9:30~22:00)环境、服务和味道都一级棒，所以价格偏贵也无可抱怨。家常的湖北菜，却做得精致。汽水肉、大白刁、手打鱼头鱼丸汤锅都是点击率极高的菜品。乘坐313路公交车到洞庭街蔡锷路，紧邻巴黎龙虾洞庭街店。

德华楼 小吃 ¥

(见84页地图；☎8566 5628；六渡桥清芬三民路66号；人均10元；⊙7:00~20:00)汉口人都晓得"清芬的包子"最好吃。清芬的包子，具体指的就是这家创建于1924年的包子铺——

德华楼,曾经吸引过梅兰芳的德华楼,除了白案的包子依旧经典,"德华水磨年糕"和"德华北方水饺"也是闻名三镇的"中华名小吃",寿桃包则是当地人在寿宴上的不二选择。

五芳斋汤圆　　　　　　　　　　小吃 ¥

(见88页地图;☏8280 8027;中山大道723号;人均10元;⊙6:30~20:00)创建于民国35年的五芳斋汤圆百余年来每逢元宵节前店门口永远是长长的队。同时拥有"汤圆大王""粽子大王""糕团大王"三大金字招牌的五芳斋从来不缺人气,推荐品尝最传统的黑芝麻、桂花作芯的汤圆。如今店内就餐环境相比从前已经发生了翻天覆地的变化,窗明几净,还有二楼。一楼门口也有糕点外售窗口,很是诱人。

刘记三狗牛肉面　　　　　　　　面 ¥

(见88页地图;兰陵路86号;人均13元;⊙7:00~21:00)严格说来,牛肉面和粉是湖南人的最爱,但两湖人民相望相守,牛肉面早已在武汉发扬光大。兰陵路上有两家鼎鼎有名的牛肉面馆,三狗和顶好,常让人纠结到底去哪家。其实味道差不多,环境都有些抱歉,看哪边人少就钻哪家好了。特点就是面白肉红菜青,各是各有的味道。目测热爱炒面的人比汤面还多。

小黄鱼酒楼　　　　　　　　　湖北菜 ¥

(见88页地图;☏8291 9788;合作路34号;人均40元;⊙9:00~21:00)属于那种门面较小、环境抱歉、菜品地道、人气爆棚的民间小馆。秘制小黄鱼、招牌划水、鱼丸鱼糕等都是武汉人记忆中的味道。属于那种可以一吃再吃的家常馆子。

谈炎记水饺　　　　　　　　　　小吃 ¥

[见84页地图;☏8584 0285、8582 3066;硚口区利济东街1号(利济北路口);人均10元;⊙7:00~19:20)不要误会,武汉人说的水饺是北方人口中的"馄饨"。从挑扁担的摊演变而来的谈炎记已经快满百岁了,支撑它的是不简单的坚持:水饺馅不用全猪肉而是配了30%的牛肉;擀的面皮现做现用,坚持不用隔日皮。不怕下本钱,用十余种调料配出汤底。它在武汉有三家店,汉口除了这家还有一家在中山大道238号凯德广场B1层41D。

泰吉美食广场(泰吉火锅)　　　　小吃 ¥

(见84页地图;☏8576 7977;台北路171号;人均8元;⊙6:30~9:00)你很难给这家店下个定义。一楼卖各种武汉小吃,还兼售味道不错的烤鸭;店里负责做豆皮的师傅是原来"老通城"的豆皮师傅,用的是最正宗的传统做法与用料,还有一个特色产品是番茄汤包。二楼则是火锅店(⊙11:30~14:00,17:00~21:30),能在武汉惨烈的火锅店20年的竞争中生存下来,本身就说明口味还不错。地点靠近武汉杂技厅,台北路小学正对面,公交坐522路到台北路鄂城墩站。

太子亢龙酒轩(临江总店)　　　湖北菜 ¥¥

(见88页地图;☏400 139 9977;沿江大道226号;人均90元;⊙9:30~21:30)第一眼,你肯定会被这家酒店的巨大给吓到;第二眼,你会

> ### 夜汉口,吃江湖
>
> "过早户部巷、宵夜吉庆街。"池莉的《生活秀》让吉庆街已经成为武汉的一张名片。经过整修后的**吉庆街**(见88页地图)白天冷冷清清,几排红砖房围起来的地方像一个安静的街心公园或民俗馆。只有夜幕降临时,龙虾、烧烤和火锅摊子才开始向街道中心蔓延,鼎沸的人声中总混杂着江湖艺人们的歌与调。
>
> 　　想要感受武汉的宵夜文化,务必往**万松园雪松路**(见84页地图)上走一趟,十几家小龙虾馆子集聚于此。凌晨时分,等座位的人挤到了马路上,惹得无法通行的出租车司机狂摁喇叭。柏油马路踩上去有点黏鞋底,那是多少个夜晚万众宵夜留下的战场痕迹。
>
> 　　除此外,二七路、复兴村、北湖夜市、大智路路口以及一元路、台北路、前进四路至江汉路都是宵夜的好地方。无论是烤串烤鱼还是烤鸭脖,不管是蒸鲜呛虾还是油焖虾,火锅也好串串也罢,过早的小吃可以拿到夜晚继续吃,再配上几扎冰啤或冰镇绿豆汤,你就混入了这宵夜的"江湖"!

吃惊地发现竟然都坐满了。别担心,超有经验的服务员一定会帮你找座位。在江滩逛累了或者把租界转完了,就可以来这里解决温饱,几乎可以找到一切品种的湖北菜,也绝对不会不好吃。毕竟,已经是江城几十年屹立不倒的酒楼了。

界立方　　　　　　　　　　　街区 ¥¥

(见88页地图;微信jielifangCYKJ;合作路14号)俄租界里的界立方是近年来潮男潮女们的新坐标,可以视作一个微型商圈。外街、中街和后街上云集了十余家餐厅,口味都还可以。白天这里很沉静,古老的砖墙、门洞和木梁提醒人们这里曾是俄在华所建的最大茶厂之一——"新泰洋行"旧址。晚餐时间一到,界立方立刻苏醒,年轻的都市儿女们翩然而至。公交车到沿江大道兰陵路站。

客串先生烤吧　　　　　　　　烧烤 ¥¥

(见88页地图;☎5188 5553;胜利街211号;人均50元;⊙15:00~24:00)在武汉必须要感受此地的烧烤文化,但如果受不了街头幕天席地的就餐环境,就可以来这家颜值颇高的烧烤店。用的是租界区的老房子,风格正如它自己说的,"可能是最文艺的烧烤"。店内有巨大的壁画,1903年的官窑砖块,扑面而来是浓浓的老武汉气息。除了各种烧烤,自酿米酒也好喝。

嚣夜音乐炭烧　　　　　　　　烧烤 ¥¥

(见88页地图;☎8287 7337;交易街21号;人均70元;⊙17:00至次日2:00)装修之精美颠覆你对烧烤环境的刻板印象,叫服务员按铃就好了。且桌上都有加热的炭炉,解决了在武汉的冬夜端上来就冷的难题;晚上还会有歌手现场表演助兴。相应地,价格也会偏高些。

戴记烧烤　　　　　　　　　　烧烤 ¥¥

[见84页地图;☎180 6241 4686;唐家墩路(马场角口);人均60元;⊙17:00至次日3:00]典型的口味大于环境的撸串圣地,服务全靠自己,每个人都拥有仓库棚子下坐着塑胶板凳围着一次性桌布的浪人心态。索性像当地人那样,来一碗蟹蟹脚面再来一份鸡爪,受不了辣就叫瓶冰冻维他奶,完美!

"刁角"美食

武汉的旧城街巷藏着不少民间美味,当地人把这种不好找的地方,称为"刁角"。小摊子吃的往往不是环境,最看重的是"味"。

四平牛杂:中山大道华清园对面的二曜路上,老板自小就在这一代长大,牛杂卤香浓郁,白萝卜入口即化。

无名火锅:花桥一村和二村的建设银行口子走到头,右手边搭的棚子就是,17:30以后才开门。价格便宜到哭,一篮子菠菜才3元。

二嫂串串:二十来年,每天中午11点开门,下午2点就抢光关门。位置在三阳路天德里路麒趾小区。

其实整个江城藏匿了无数这样的小馆,不做广告、环境抱歉、服务欠佳,全靠着味道和人们实实在在的口口相传才红了好多年。

望旺煨汤大王　　　　　　　湖北菜 ¥¥

(见84页地图;☎8587 1858;发展大道226号;人均55元;⊙9:30~21:00)武汉人十分讲究喝汤,这使得煨汤成为当地饮食一大特色。在很大程度上,"喝汤"就是"请客吃饭"的代名词。煨汤习俗催生出一代"煨汤大王"——"小桃园"的喻凤山。喻老退别舌尖江湖后,其子喻少林摸索了三十几种汤,开了这家以汉派煨汤为特色的餐厅,同时兼做湖北菜。此店靠近汉口火车站。

莉莉周花园餐厅　　　　　　湖北菜 ¥¥

(见88页地图;☎8271 8271;胜利街256号;人均80元;⊙11:00~14:00,17:00~21:00)相比菜品,更多人是冲着这里的环境而来。首先建筑是建于1900年的日式老房子,本身就有历史,沦陷时期曾做过日军军官宿舍。装潢是一派浓浓的复古风情,配合绿色的植物和美丽庭院足以慰劳眼睛。最好能提前订位,店在陈怀民路口,公交车坐到六合路站。

K11新食艺　　　　　　　　美食中心 ¥¥¥

(见84页地图;解放大道628号)汇聚中西餐厅的大杂烩,拥有的大多是"国际"连锁品牌。地点在武汉新世界中心西侧。地上五层，地下两层。属于逛街累了然后去吃的地方。

古记鲜　　　　　　　　　　　湖北菜 ¥¥

（见84页地图；☎137 9709 6309；建设大道长江日报路特1号，香江路路口；人均40元；⏱11:00～20:00）土灶现烧的特色馆子，灵魂是红烧甲鱼和干烧大白刁，各种鱼圆肉丸让你吃个够。

莫奈花园　　　　　　　　　　甜品店 ¥¥

（见88页地图；☎8228 3277；芦沟桥路武汉天地12栋；人均50元；⏱10:30～23:00，22:30停止点单）莫奈花园在武汉有多家店，但这家店环境最好面积最大。即使这样，周末下午也是一位难求，尤其是后花园的户外座。欧式的花园式装潢，墙上挂的都是莫奈的画，鹅黄色的室内装修让人很放松。招牌产品是宇治抹茶慕斯和招牌酸奶芝士，也有咖啡和茶提供，适合下午茶。另一家店在西北湖路。

🍷 饮品

★ 1.Z Coffee　　　　　　　　咖啡馆 ¥¥

（见88页地图；☎134 7685 1856；兰陵路时代广场3栋高区47层4703；人均60元；⏱11:00～23:00）47层高处，拥有无敌180°江景。纵然天气雾霾、长江浑浊，靠窗的高椅座位依旧是风光无限。装修简约，咖啡也不错，咖啡三剑客是他家特色，另外也有许多甜腻的咖啡套餐。只是这位置真是让人又爱又恨，地处核心却低调难找。咖啡馆其实是在马哥孛罗酒店后一个叫时代广场的小区住宅楼内。这个小区靠兰陵路的一侧院子门不关，但靠马可波罗酒店这边的门需要刷门卡。有个取巧的办法是从马可波罗大堂乘坐客梯到负一再转至小区3栋，上47层找到门，按铃吧！

★ 醇whisky　　　　　　　　　　酒吧 ¥¥

（见88页地图；☎8235 5801；京汉大道义和巷京汉1903号1楼D5D6，好邦超市背后；人均90元；⏱19:00至次日2:00）假如你是一个日式鸡尾酒吧爱好者，喜欢简单冷淡的设计，安静地听听音乐聊聊天，那么就来醇whisky。占据整面墙的酒柜配上灯光显然是店内的最大主角，吧台边的位置高低适宜，桌角也细心用皮料包边。吧台对面的散座分为上下两层，上层更加私密。至于酒水出品，可能会大大出乎你的意料，基本可与沪上名店看齐。若酒单没有你想要的品种，亦可要求特调一杯，不会失望。葡萄酒是隐藏的惊喜，不在酒单上，供懂酒的人自点。

★ 吴家花园　　　　　　　　　　茶室 ¥

（见88页地图；☎8280 4028；南京路124号；人均30元；⏱11:00～23:00）80年前的大帅家，如今也为寻常人家服务。这里曾是吴佩孚的私邸，现在一楼则是古香古色的茶院。夏天坐在庭院或天井里，有小桥、池塘，看绿色植物爬满古典建筑；冬天则可以钻进包房里，冷了就泡一壶暖心的红茶。这里只饮茶，不配餐，也谢绝参观，维护了客人的一方清静。茶单用绢本折子毛笔手抄，茶品从最便宜的一杯28元，到数百元一壶一字排开。进门的时候，你会惊艳地发现新浪的独眼兽蹲在一旁，这不意味着这家店受到了新浪推荐，而是新浪湖北包下了整个二层当作办公室。

爪哇空气　　　　　　　　　　　酒吧 ¥

（见88页地图；☎133 6727 4139；天津路7号；人均25元；⏱11:00至次日3:00）在武汉算是有年头的餐吧了，老屋子配上以"旧"为美的装饰，让人觉得放松而自由。店面不小，地段闹中取静，还有一个有流水的庭院。主打的是精酿手工啤酒，也兼带一些小食和咖啡。凌晨总是以最后一位离开的客人为关门时间。

Beer Barn　　　　　　　　　　　酒吧 ¥¥

（见84页地图；☎8555 9078；西北湖路3-85号万豪国际A105；人均60元；⏱周一至周四9:30至次日1:00，周五至周六10:30至次日2:00，周日9:30至次日1:00）万豪国际靠近湖边的这一条马路充斥着咖啡馆和酒吧，也许因为有夜色有湖景，又靠着万松园的宵夜处，生意都不错。Beer Barn可算是其中翘楚，总有人愿意为伊等位1小时。酒的品种很多，关键价格不贵，性价比很高。

Bounty　　　　　　　　　　　西餐酒吧 ¥¥¥

（见84页地图；☎159 2766 6730；www.bountybar.cn；青年路308号花园道商业街B101；人均160元；⏱9:00至次日2:00）位于花园道商业街口的这家酒吧气氛非常好，有时候热情的法国老板还会亲自助兴表演调酒。开放

沿江大道酒吧一条街

汉口沿江大道中段的老房子如今已经成为武汉著名的酒吧一条街，SOHO等酒吧隔几步就有一家，上起武汉关下至分金街上，每当华灯初上，有人在安静的角落看着车来车往发呆，有人在热烈的音乐中迷醉。白天的老租界和夜晚是两种气质，所以到了晚上不妨到租界和江滩再走走。

式的环境很适合夜晚时分吹着小风喝点酒，酒品以朗姆酒为主，想喝红酒或啤酒的话也可以要，虽然并不在酒单上。西餐以法式的为主。

魔界咖啡　　　　　　　　　咖啡馆 ¥

（见88页地图；黎黄陂路26号；人均35元；⊙9:00~24:00）位置不大，脾气不小："禁止抽烟、禁止熊孩子出没"的牌子就摆在门口，但这样的脾气会讨那些就想安静喝一杯咖啡的客人喜欢。魔界有三家店，都有植物和老物件以及不可缺少的猫。豆子自家烘焙，也提供一些小食。黎黄陂路这家气氛最好，因为这条街上从22号到32号充斥着咖啡馆和餐厅酒吧，坐在树下有一种巴黎街头感。但如果单就环境而言，我们更推荐魔界咖啡在泰兴里6号的店，老宅二楼的这家馆子更为清静优雅，营业时间是10:00至22:30。

汉口往事　　　　　　　　　咖啡馆 ¥¥

（见88页地图；☎8282 1939；珞珈山街51号；人均60元；⊙10:00~22:00）有两件乌龙事件：虽然门口写着大大的51号，其店员说应为50号。虽然一二楼为主题餐厅（⊙11:00~14:00, 17:00~21:00），但我们更推荐三楼的咖啡馆。请从餐厅旁的小楼梯爬上去，然后就会看到充满复古风的老房子。这里除了咖啡，也提供酒和点心。

小火车咖啡　　　　　　　　咖啡馆 ¥

（见88页地图；☎8280 9989；汉口江滩内，粤汉码头闸门前；人均35元；⊙10:00~22:00）主打进口啤酒和各种咖啡，但相对于口味，吸引我的其实是它的环境：座位就在江滩上一节绿皮火车车厢里，虽然硬座不太宜人，但这可

不就是怀旧的感觉？天气好的时候可以坐在户外，吹风，晒太阳……哦，别忘了最重要的事情——拍照!

63号庄园咖啡　　　　　　　咖啡馆 ¥

（见88页地图；☎8263 5563；长春街63号，近汉天地；人均35元；⊙10:00~23:30）武汉为数不多的精品咖啡馆之一，位于武汉天地附近闹中取静的长春街上，门口的座位看起来相当惬意。大厅的吧台旁总是围坐着欣赏咖啡制作过程的客人，二楼有两张十分惬意的皮质摇椅，可以隐秘地俯瞰楼下发生的一切。

18号酒馆　　　　　　　　西餐酒吧 ¥¥

（见88页地图；☎8293 1718；京汉大道923号附2；人均85元；⊙17:30至次日2:00）武汉的酒吧相当一部分以这种西餐酒吧的方式存在着。晚餐时分，这里还是安静的充满小资情调的西餐厅；到了夜里9点左右，音乐响起，就开启了夜摇模式。酒水以精酿啤酒为主，啤酒爱好者请入。

☆ 娱乐

★ 都市茶座　　　　　　　　表演艺术

（见88页地图；☎8280 6818；胜利街157号）隐藏在租界闹市区里的都市茶座是一个可以容纳170人的小剧场，宽大的太师椅颇有老茶馆的味道。这家剧场的节目由武汉说唱团打造，有一帮当地的曲艺名人坐镇，可以欣赏到湖北大鼓、湖北小曲、渔鼓等非物质文化遗产。

武汉剧院　　　　　　　　　现场表演

（见88页地图；☎8278 7752；解放大道1012号）门口汉白玉的毛爷爷已经耸立了数十载，建筑本身就带着历史。前身为武汉汉剧团。现在周末轮番上演湖北评书、楚剧等曲艺戏剧，以及舞蹈话剧等专演。

蓝天演艺厅　　　　　　　　现场表演

（见84页地图；☎8360 3835；解放大道1049号蓝天宾馆）有歌有舞有杂技，最关键是还有汉派搞笑的段子……白天游玩后晚上可以来这里找乐，一般晚上9:00开始，整个大厅可以坐几千人，二楼还有包厢。

武汉杂技厅
表演艺术

（见84页地图；☎8579 9884；建设大道739号）中国最早最大也是最专业的杂技表演场所。现在依旧上演着孩子们最喜欢的大马戏。

🛍 购物

★ 德芭与彩虹
书店

（见88页地图；☎8262 0127；江岸区芦沟桥路武汉天地8号楼；◷9:30~22:30）小有名气的书店，温馨的环境让读者在留言本上写下："像家一样温暖的书店。"书的种类不多，以人文为主，选取精当。武昌街道口有它的另一家店，书籍则以绘本为主。如果有心去了解这家店背后的故事，你会感动。公交车到芦沟桥路站。

★ 卓尔书店
书店

（见84页地图；☎8587 9999；惠济路3号；◷24小时）也许是武汉唯一一家24小时书店，面积非常大，有上下两层。真正24小时开放的是正门正对的一片专属于书的区域，上下两层足够你消磨不眠之夜。其他区域则是10:00至21:00开放，有咖啡等饮品以及桌椅提供，楼上还出售一些创意产品。有兴趣的话，不妨绕到书店背后的卓尔跨界中心转转，有茶座、咖啡馆还餐厅，三楼还有专门一层的儿童图书，四楼则会不定时地举办一些艺展。地铁3号线到香港路站，或公交车到澳门路站，近儿童医院。

汉口书局
书店

（见84页地图；☎8262 0129；园博园东路9号汉口里长堤街301号；◷10:00~19:00）纯中式的古代私家书房格局，有一整面墙和楚文化和武汉有关的书，不出售畅销书。书局安静地待在汉口里的一角，也有特色明信片出售。

新民众乐园
商场

（见84页地图；中山大道608号）1949年前，这是和天津劝业场、上海大世界并称的花花世界，梅兰芳等名家均在此演出过。从1919年建成至今，这里的舞台上演过天南地北戏剧和曲艺杂耍，后来武汉的第一家美甲店、文身店都诞生于此，是实至名归的"民众乐园"。现在的新民众乐园内里和一个现代商

汉镇之兴，始于正街——汉正街兴衰简史

世人对汉正街的印象还停留在20世纪举国闻名的"小商品市场"或是"扁担"这特别的行业。其实，汉正街历史已有500年，是汉口存在最早的中心街道，汉口的繁盛与汉正街的发展密不可分。所谓"正"者，官也。沿着长江平行布置的这条长街，云集了四方商旅、八方游客。入清后已是极盛，诸行百市，应有尽有。据《汉口小志》，最著名的有八大行，即盐行、茶行、药材行、什货行、油行、粮行、棉花行、牛皮行。今天汉正街上还留有淮盐巷、药帮巷这样的街道名。药帮一巷上踩的仍是清时铺就的麻石板道。

"文革"时期，汉正街的小商品生意一度偃旗息鼓，但"改革开放"以后，汉正街被再次激活，汉口最早的"万元户""百万富翁"都爆发于此。行政区划上，位于汉正街的延安上里也成为硚口区和江汉区的分界线。在迷宫般的市场里有一条保寿巷，巷子里有一座保寿硚（桥），只有在清晨市场打烊的时候你才能看到被遮蔽的桥栏上刻着"道光十四年孟秋月山陕西水烟众号建"的字样，这个硚，是今硚口的"硚"的来历。

在20世纪80年代的大红大紫后，随着后起的义乌等同类市场的兴盛，汉正街被甩在了后面。新世纪电商交易的发展壮大，让五百年的汉正街迎来了新挑战。2011年，政府开始对汉正街进行历史上第N次的大改造和整体迁移，数百商户迁至黄陂汉口北，个中麻烦不断。仍留在老街的商铺照常生意，打货的小面的依旧穿梭，但街口的老屋有些已经夷为平地，几个高档写字楼、商贸中心正在建设。政府对汉正街新希望是"建设集休闲旅游、电子商务、贸易流通、文化会展等功能为一体的世界级滨水商贸旅游区（TBD）"。这场蝶变正在阵痛期，一座世界最高的跨江摩天轮"汉江之眼"正在建设，一旦建成，这座地标性的摩天轮会成为俯瞰汉江两岸的最高处。

城别无二致，有商店也有影院，仍是市民们娱乐购物的好去处，但你还是能够透过华丽的拱廊和大舞台看到它隐秘的身世。

保成路
夜市

（见88页地图）白天的保成路冷冷清清，人们似乎忘记了它在20世纪80年代的电子音响一条街的繁华。然而到了夜晚，保成路用首尾相连望不到头的夜摊和鼎沸的讨价还价之声奏响了市民生活之歌。卖各种服装小商品的自不必说，贴手机屏幕的、做美甲的也间或其中，考虑到大家的生理需求，每个小路口都有卖水卖小吃的，这里，是武汉最负盛名的夜市一条街。

武商摩尔城
商业街区

（见84页地图）由武汉国际广场、武商广场和世茂广场三大购物中心构成的汉口最繁华的商业区，就在解放大道中段中山公园的对面。对于爱逛街的人来说，是个一整天也走不出去的天堂。

❶ 到达和当地交通

长途汽车

金家墩长途汽车站（见84页地图；☏8558 7777；发展大道170号；⏲5:30~20:00）就在汉口火车站对面，是汉口最繁忙也是最乱的汽车站。有两个候车厅，几乎可以去往任何你想去的地方。除在车站窗口购买外，也可通过湖北公路客运集团（☏96513；www.hbglky.com）购票。乘坐市内多路公交车在"发展大道汉口火车站"下。

车站以及隔壁的机场快线售票处均提供行李寄存，可隔夜。

新荣客运站（见84页地图；☏8232 1055；解放大道2759，汉黄路新荣村特1号；⏲6:10~19:00）汉口第二大的长途汽车站，主要运营去往省内东北方向的中短途汽车，包括新洲、红安、麻城、罗田等地。乘轻轨1号线到新荣站。另从汉口金家墩汽车站和汉口火车站可乘坐509路和809路到新荣站。其他如727、211、212、615、253、232、234路在解放大道新荣村或后湖大道新荣站下。

火车

汉口火车站（见84页地图；发展大道金家墩特1号）武汉是中国首个同时拥有三个特等客运火车站的城市。汉口火车站就在繁华市区内，交通便利。普通列车和高铁动车均通过，主要停靠东西走向的沪汉蓉客运专线的旅客列车。市内多路公交车和地铁二号线到"发展大道汉口火车站"。需要接驳去机场的话在马路对面金家墩长途汽车站隔壁的售票处乘坐机场快线。

汉口火车站本身的建筑也值得一看，现在的欧式样貌还原了100多年前老汉口火车站。

抵离机场

金家墩长途汽车站隔壁有**机场快线**（☏8581 7603；6:05~20:05，每半小时1班，20:40；17元；40~50分钟）。**美联假日酒店**（江汉区解放大道868号；Ⓜ循礼门）也有**机场快线**（6:20，6:35~19:35，每半小时1班，20:20；17元；1小时）。

新荣客运站则有**机场小巴**（7:00~17:00，每半小时1班；35元；1小时）。

机场前往金家墩9:05始发，每半小时1班直到末班航班抵港后结束。前往美联假日酒店

中转无聊怎么办？

武汉市博物馆[见84页地图；☏8560 1720；www.whmuseum.com.cn；青年路373号（地铁2号线D出口）；免费；⏲9:00~17:00，16:00停止领票，周五闭馆]距离汉口火车站仅300米的武汉市博物馆简直是中转客打发时间的绝好地方。冬暖夏凉清净异常，凭身份证登记就可以免费进入。至于参观内容则依你时间丰俭由人，青铜器和瓷器是其最大亮点。博物馆隔壁的**后襄河公园**（见84页地图）有绿地有湖泊，远比候车厅迷人。

喜欢猎奇者若不介意沿着青年路多走一段，可在**武汉达临性学博物馆**（☏8360 5116；青年路285号汉口机场河小天鹅宾馆内二楼；门票50元；⏲周一至周日9:00~11:30，14:00~16:30）上一堂大开眼界的性学教育课。受过刺激后在对面的**西北湖公园**（见84页地图）放松身心。公园种植有千余株晚樱，若错过了武大樱花，在此可以弥补。湖对面的**花园道**（见84页地图）由日本著名设计师伊东孝主持设计，对原来的工业厂房进行一番重造，是就餐、购物的好地方。

另辟蹊径
留住汽渡

汉口滨江苑到武昌鲇鱼套（铁机路）的汽渡线路，是偌大一个江城仅存的最后一条汽渡航线了。它载着汽车和电动车在滚滚长江上摆渡，价格却只要5元和3元，个别高峰时段还令人发指的免费。即便如此便宜，在城市交通大发展的今天，选择汽渡的人也寥寥无几，一点营收不足以抵销它的运营成本。曾几何时，汽渡是武汉人除了长江大桥以外唯一的过江方式，20世纪八九十年代的"风光期"，3条航线加起来的日渡运量高达2万台次，汽车排着长队等候上船。

假如你乘着出租车或者自驾在武汉逛，腻歪了大桥二桥的拥堵，更受不了过江隧道的憋屈，不妨花5元钱坐坐汽渡，当汽车上船，你从车舱里走出来，肆意吹吹江上的风！此刻你是否想起了，刘德华在电影《失孤》开头中，正是在汽渡上开始了漫漫长路。

汽渡十分准时。运营时间为7:30～18:30，每隔30分钟1班对发。算好你的时间，体验一下这和重庆过江索道一样不可不试的独特江城体验。

8:35～19:00，每半小时1班，19:00后则要在航空路东南医院（江汉区航空路特1号；Ⓜ青年路）下车。前往新荣客运站10:30～19:00，每半小时1班。

轮渡

武汉关码头（见84页地图；沿江大道江滩14号）对于游客来说，这里发出一条非常有用的航线，连接**武昌中华路**码头（1.5元/5元；◐6:30～20:00/20:10～24:00）。这意味着，你可以在江北岸逛完江汉路或江滩，步行至武汉关码头，花上1.5元，吹着江风到南岸，散步穿过中华路，吃完户部巷，再心满意足地登上黄鹤楼望江。

王家巷码头（见84页地图；沿江大道江滩8号）距离武汉关不远的王家巷码头发出二条航线，分别抵达武昌的**曾家巷码头**（1.5元；7:00～19:30）和**月亮湾码头**（1.5元；7:00～19:00），前者到徐家棚、杨园；后者可到万达广场。

集家嘴码头（见84页地图；沿江大道江滩42号）最靠近龙王庙的码头，7:00～18:40发至武昌汉阳门，票价2元。

粤汉码头（见88页地图；☎8277 9136；沿江大道江滩63号）码头在汉口江滩内，正对江城明珠所对的江滩入口。主要发出高档的两江夜游船（含餐170元/不含餐120元；航程1小时），均返回本码头。码头17:30开始售票，首个出港游轮19:00发出，随后每半小时1班，一般最晚1班为21:30。但旺季时班次会有增加，以上具体时间也可能依照情况做调整。

汉阳

"汉阳，汉水之阳。"然后汉水却从北面流过，理应叫"汉阴"才对。其实在明朝中叶的那次改道之前，汉水从今天的白沙洲、鹦鹉洲两座大桥之间（还有说是沌口）汇入长江，汉阳之名毫无疑问。新的"汉水之阳"用了汉口的名字，也没有好事者计较风水法则。然而这次改道的影响远不止此：隔岸的武昌府早已汇集了政府资源的优势，新生的汉口又将"九省通衢"的往来商贸一网打尽。古老的汉阳成为三镇之末，直到今天还能从武汉人的市井调侃、消费习惯中感受得到。

近些年来，汉阳滨江、国博新城的高楼大厦倏然拔地，武汉汽车城、体育中心相继落成，鹦鹉洲大桥、地铁4号线随之开通，新汉阳的框架已然铺开。同为新建的还有琴台大剧院、"汉阳造"创意园等文化产业项目，如今还风传"太古里"相中了归元寺一带的风水宝地。而据史料记载，汉阳曾经正是武昌城文人商宦的"郊游"首选，李白于此赞叹道"当时秋月好，不减武昌都"。汉阳不仅是隔江观望"晴川历历"之地，不仅是车行长江大桥的一个过路站。这里有"百年汉阳造，千年汉阳城"的历史风云，借着李白的"一去未千年，汉阳复相见"，正好来汉阳数罗汉、觅知音……

◉ 景点

★ 归元寺　　　　　　　　　　寺庙

（www.guiyuanchansi.com.cn；翠微路20号；门票10元，法定节假日20元；◐夏秋季5月1日至10月7日7:30～18:30，冬季8:00～17:00；Ⓜ钟家村）始建于清初的归元寺，却高居武汉"四大佛教丛林"之首，清廷的宠爱自然密不可分。山门悬挂的门匾为竖匾，即为皇家敕封。寺内也能找到由黎元洪手书的匾额——归元寺在武昌首义后的阳夏保卫战，曾作为革命军的粮站，遭受到了清军的猛烈炮击。归元寺的香火一直十分旺盛，如今还新建了气势恢宏的圆通阁和双面观音像，放生池、大雄宝殿檀香缭绕，禅意悠然。最值得看的还是**罗汉堂**，里面有20世纪初塑造的500余尊罗汉造像，因为造型生动，和北京碧云寺、苏州西园寺、成都宝光寺的罗汉堂并称为中国四大罗汉堂。去归元寺数罗汉，再花10元钱换一张罗汉卡，试图读懂上面的签语，是一件很有意思的体验。归元寺每天8点40分至16点之间有多场免费的义务讲解，能了解到许多佛教常识。

地铁4号线钟家村站步行至归元寺约800米。公交401路设有翠微路归元寺站。

古琴台　　　　　　　　　　　　历史建筑

(☎8483 4187；琴台大道10号；门票15元；⊙8:30~17:00；Ⓜ钟家村)《高山流水》的"知音"故事，早已成为中国传统文化中的一段佳话。相传春秋战国时期，俞伯牙、钟子期的相知相识就发生在龟山下、月湖畔，汉阳的琴断口、钟家村等地名也都和他们有关。如今所见为清代嘉庆年间的建筑，占地面积不大，内有石碑、浮雕、塑像等展现两人的旧事和后人的怀念，还设有"高山流水厅"，每天10:30和15:00各有一场古琴表演，30元/人。

多路公交车设有鹦鹉大道/琴台大道古琴台站。地铁4号线钟家村站步行约600米。

龟山　　　　　　　　　　　　　　公园

(☎8472 3530；门票15元；⊙7:00~17:00；Ⓜ钟家村)武当山的真武大帝派出了手下的龟蛇二将，镇守长江水患，终于幻化成了武汉的龟蛇二山。而历史上的龟蛇二山正是汉阳、武昌的起点，两地最早的筑城都是依山建起的军事堡垒。如今蛇山"断头"（长江大桥）"拦腰"（武昌路隧道），龟山也头顶电视塔。山上自西向东有向警予烈士陵园、赤壁大战全景画馆（已停业）、三国人物雕塑、高山仰止牌坊、鲁肃衣冠冢等。5:30~7:00为晨练时间，此时进入龟山不要门票。

龟山有好几个入口。汉阳桥头的南门、古琴台对面的西门是最常用的2处，公交方便。另有龟山北路上的北门、晴川阁铁门关背后的东门。

免费 南岸嘴　　　　　　　　　　　公园

(汉水和长江交汇处南岸；⊙24小时)有人将这里比作摩泽尔河和莱茵河交汇处的"德国角"，还声称长江和汉江的组合要远超它们，这里是名副其实的"中国角"。不过和

汉阳造和张之洞

1889年，从两广总督调任湖广总督的张之洞，把他办理钢铁、军工等近代重工业的雄心也带了过来。次年，龟山北麓建立了湖北枪炮厂（汉阳兵工厂），直到朝鲜战争还为志愿军使用的"汉阳造"步枪即为此厂生产。再次年，汉阳铁厂动工建造，后来还联合组建了汉冶萍公司，钢铁产量曾占中国九成。

尽管张之洞的建厂决议显得有些草率、不够专业，尽管汉阳兵工厂、铁厂的出品质量、数量备受争议（但近几年屡屡发现仍在使用的汉阳铁厂钢轨），尽管汉阳铁厂成立没几年就被日本人控股，但是"汉阳造"对于武汉意义非凡。一时间，武汉成为洋务运动的重心，势头竟要超过"长三角"；近代工业的扎根、兴起，更为"大武汉"的繁荣奠定了基础。如今在原汉阳兵工厂旧址建有**汉阳造文化创意园**（见103页地图；龟山北路1号；Ⓜ钟家村），规模较大，业态丰富，堪称大武汉的798。一旁的**龟山北路**也是一条很漂亮的马路，可以一直走到滨江的晴川阁。

张之洞督鄂，带来的还有更深层面上的变化。武昌起义枪声响起后，就有清廷遗老指责："追原祸始，张文襄优容新进，设厂制造，徒资逆用，以演成今日之惨剧。"文襄即张之洞的谥号。孙中山则赞他是"不言革命之大革命家"。今天在蛇山的抱冰堂和武汉大学的张之洞塑像旁，都可以缅怀这位晚清重臣。

汉阳中心城区

汉阳中心城区

◎ 重要景点
- **1** 归元寺 B3
- **2** 汉阳造文化创意园 C2
- **3** 晴川阁 D2

◎ 景点
- **4** 大禹神话园 D2
- **5** 古琴台 C2
- **6** 龟山 C2
- **7** 汉阳江滩 D2
- **8** 汉阳桥头 D2
- **9** 汉阳树 C2
- **10** 莲花湖 D2
- **11** 墨水湖（武汉动物园）...................... A3
- **12** 南岸嘴 D1
- **13** 月湖 B2

✪ 娱乐
- **14** 琴台大剧院 B1

🛏 住宿
- **15** 福荣斯酒店 B2
- **16** 龟3青年驿站 C2
- **17** 汉阳造国际青年旅舍 C2
- **18** 晴川假日酒店 D2

🍴 就餐
- **19** 曾记豆皮大王 A2
- **20** 老俩口家常菜馆 C2
- **21** 盼盼烧烤 C3

ℹ 交通
- **22** 机场巴士始发站（汉阳汽车客运站）...... B2
- **23** 晴川码头 D2

"德国角"成为常举办大型露天活动的景点不同，南岸嘴仍旧是垂钓者、江泳者和饭后散步者的乐园。这里看绿色的汉水注入浑浊的长江之中，集家嘴轮渡班船和货船往来；汉口龙王庙再往远方，是武昌日新月异的万达、绿地高楼群，大江上的巨型货轮奋力前行。

沿着晴川阁前的江滨一直向北步行，约10分钟后可到南岸嘴的核心地带。也可从江汉一桥沿汉水南岸步行2公里，或乘坐531路至汉南路高公街站下车，向北即到。从汉口过来可乘多路公交在沿河大道集家嘴站下车，步行过晴川桥即到。

★ **免费** **晴川阁**　　　　　　　　历史建筑

（洗马长街86号；⏰9:00~17:00，每月第二周的周二闭馆，每周四15:00闭馆）火车上一些不明就里的旅客，会将这座楼阁误认为是黄鹤楼。的确，和已经远离江边约1公里的黄鹤楼相比，晴川阁虽然楼层较低，檐角也没有那么飞扬，但是矗立江边的地理位置，还是让这里更符合古人诗文中的一些描写。如今的晴川阁也非原版，为1985年仿照清末历史照片所建。不过围绕着高阁的**禹稷行宫**清代建筑群已被列为全国重点文物保护单位——这里又叫禹功矶，是历朝历代祭祀大禹之地。横跨洗马长街（滨江大道）的**铁门关**也是复建，历史可以追溯到"吴魏相争"的三国时期，洗马长街的得名就相传和关羽洗马有关。

多路公交车可到滨江大道晴川阁站。比较有趣的走法如下：从汉阳桥头沿交警大桥大队前的小路，从龟山东麓步行10分钟下到滨江大道上，或者从南岸嘴沿江边步行10分钟过来。也可从武昌黄鹤楼码头乘船往来，不过班次比起往返汉口的航线要少很多。

免费 汉阳江滩 公园

（滨江大道；◎24小时；Ⓜ拦江路）三镇各有江滩。汉阳江滩能安静地观赏长江大桥和鹦鹉洲大桥，桥上的喧闹和江滩的平静正好是两个平行的世界。大桥桥墩北侧的**大禹神话园**也是很棒的去处，各种富有表现力的雕像配上大江大桥的背景，让人顿生感慨。

大禹神话园就在晴川阁一旁。地铁4号线拦江路站步行至汉阳江滩中段约700米，由此北上至大禹神话园还有1.7公里。

☆ 娱乐

琴台大剧院 演出

（☏8455 0088，售票8480 3018；www.whqtdjy.com；月湖北岸）和"高山流水"的古琴台隔水相望，这座现代化的大剧院属于保利院线，是武汉环境最高档、设施最先进的演出场所，也是全球各大知名乐团、芭蕾舞团、话剧团、马戏团来汉献艺的首选之地。一旁的**琴台音乐厅**（☏8188 0089；www.qtconcerthall.com）金碧辉煌，来此听一场古典音乐会，是在武汉最好的艺术洗礼。大剧院一楼还有**琴台钢琴博物馆**（☏8479 9618；门票50元；◎周二至周日9:00~17:00），收藏有100余台百岁以上年龄的古典钢琴，还有几台钢琴提供试弹。

当地知识

汉江为什么那么窄？

站到南岸嘴、江汉桥看100余米宽的温婉汉江，很多人可能会疑惑：这就是传说中的长江第一支流吗？

其实汉江在中游的襄阳有500~2500米宽；在下游的仙桃、汉川乃至武汉市区的琴断口之前，河道也能有300米宽以上。而在明朝中叶改道前，汉水从龟山南麓汇入长江，今天敞阔的墨水湖（动物园）、龙阳湖相传即为汉江故道所遗；几十年前，汉江的水患还时常威胁着下游城镇的安全。

部分原因和民国的河道整治工程有关。中山先生在《建国方略》这样为武汉规划河道："汉水将入江处之急激曲折，应行改直，于是以缓徐曲线绕龙王庙角，且使江汉流水，于其会合处向同一方面流下。"长江四季5000吨货轮的通航能力，为他格外看重。除了上述措施，汉江和长江的河道还被缩窄，以增加水流的冲沙能力，下切河床，增加航道水深、防止泥沙淤积；又修筑并加固了陡坡形的江堤，以防止航道发生偏移。

丹江口水库、南水北调中线等汉江中上游的大型工程，是下游水量减少的另一大原因。如今虽也有"引江济汉"的调水工程，但总体而言江变少了，汉江下游的排污能力下降，2014年夏天武汉段曾绵延有10公里的水葫芦。

上古时期的汉江下游即为云梦泽。随着泥沙的沉淀，大泽逐渐淤平，变成水道密布的三角洲，因此汉江一直都有多条入江的支流河道——这也是汉江武汉段其貌不扬的原因之一。

另辟蹊径
鹦鹉洲和汉阳树

"晴川历历汉阳树,芳草萋萋鹦鹉洲"——崔颢所见的鹦鹉洲早已沉没江底,清代新淤的鹦鹉洲也和汉阳连为一片,如今高楼崛起、大桥飞渡。

倒有一棵500余岁的古银杏树,继承了"汉阳树"之名,每到深秋落叶金黄。

汉阳树(凤凰巷12号;免费;Ⓜ钟家村)位于武汉第五医院旁:想进院子可出医院大门后,沿右边的围墙走到底,再右拐深入巷子,不远就能看到一个圆形拱门,进入即可。

汉阳树周边也是汉阳老城区所在,市井气息浓厚。调研期间,这里也开始了拆迁。西大街上的涂鸦墙,用一幅幅画面回顾了曾经的老城生活。

🛏 住宿

★ 晴川假日酒店　　　　　　　　酒店 ¥¥¥

(☏8471 6688; www.wuhan-rshotel.com; 洗马长街88号; 标单/双606元起,江景房706元起; 🛜❄)在武汉近几年翻天覆地的变化前,这座88米高楼曾在20世纪80年代是武汉第一高楼和地标建筑;而当时的晴川饭店之于武汉,就如同金陵饭店之于南京、锦江饭店之于上海那样的地位。后来晴川饭店为洲际集团收购又重新装修,但是老楼一些设计上的缺陷仍不可避免。如今虽有各种条件更高档、装修和设施更新更人性化的酒店出现,但是晴川凭借着无敌的江景、大桥景和毗邻龟山、晴川阁的优雅环境,仍然是旅行者的上佳选择。

汉阳造国际青年旅舍　　　　青年旅舍 ¥

(☏8477 0648; 龟山北路1号汉阳造创意园区9-7号; 铺45元起,标单/双138/148元; 🛜❄; Ⓜ钟家村)这家YHA加盟青旅坐落在创意园中,当然情调营造得不会太差。房间简洁整齐,有漂亮的墙绘烘托氛围。床位是标准的青旅木床,多人间面积尚可,不会显得空间局促。

福荣斯酒店　　　　　　　　快捷酒店 ¥¥

(☏8471 8599; 马沧湖路近汉阳大道; 标单/双99/108元; 🛜❄; Ⓜ汉阳火车站)这家快捷酒店不在大马路上,因此价格要便宜一些。房间性价比较高,基本设施都有,面积也不算拥挤,桌椅等装潢竟还有几分小清新的感觉。

🍴 就餐

汉阳也有一条美食街:玫瑰街(Ⓜ王家湾),喜欢探访美食的大饕们不妨一试。

曾记豆皮大王　　　　　　　　　小吃 ¥

(墨水湖路近汉阳大道; 人均10元; Ⓜ汉阳火车站)看着排队的人数,以及满头白发的曾爹爹还在厨房把守质量关,再注意一下拥挤陈旧的店面,就知道这里是另一家"刁角美食"。曾记一直高居汉阳乃至武汉豆皮界的前列,用当地行家的话来说,这里出品的豆皮(8元)油光水滑,有老武汉的味道。想吃得赶早,据说上午11点之前来就能吃到;但是如果10点已卖完也不奇怪,店家会表示今天卖得快了一点而已,只有生煎、糊酒等可吃了。

老俩口家常菜馆　　　　　　　湖北菜 ¥¥

(☏8484 8110; 拦江路118号; 人均40元; ⏰10:30~14:30, 17:00~20:30; Ⓜ拦江路)老俩口从许多年前的路边摊,成长为今天的这座中等规模的餐馆。菜肴的样式、味道都是典型的武汉家常菜,对于沿海地区来的食客而言可能有些咸。炸三元(38元)几乎每桌都点,三元包括芹菜丸子、萝卜丸子和大白菜丸子;竹筒蒸排骨(40元)和免费赠送的黑米粥也很受欢迎。

盼盼烧烤　　　　　　　　　　　烧烤 ¥¥

(腰堤路近鹦鹉小道; 人均45元; Ⓜ拦江路)在这个全民撸串的年代,盼盼是汉阳最火的串串店。每到夜晚,露天小桌摆开,连邻居的门口也被占满。瘦肉、肉筋、脆骨等都是1.5元/串; 蹄花(25元)、鱼尾(10元)也很不错。邻居店家有饺子、汤包、炒粉、煲仔……宵夜种类齐全。

🛍 购物

★ 物外书店　　　　　　　　　　　书店

(☏8446 6688; 龙阳大道58号人信汇B座4楼; ⏰10:00~21:30; Ⓜ龙阳村)地处汉阳的偏远之处,物外书店却是"武汉最美书店"的有力竞争者。商场顶楼是"空中花园"一样的书

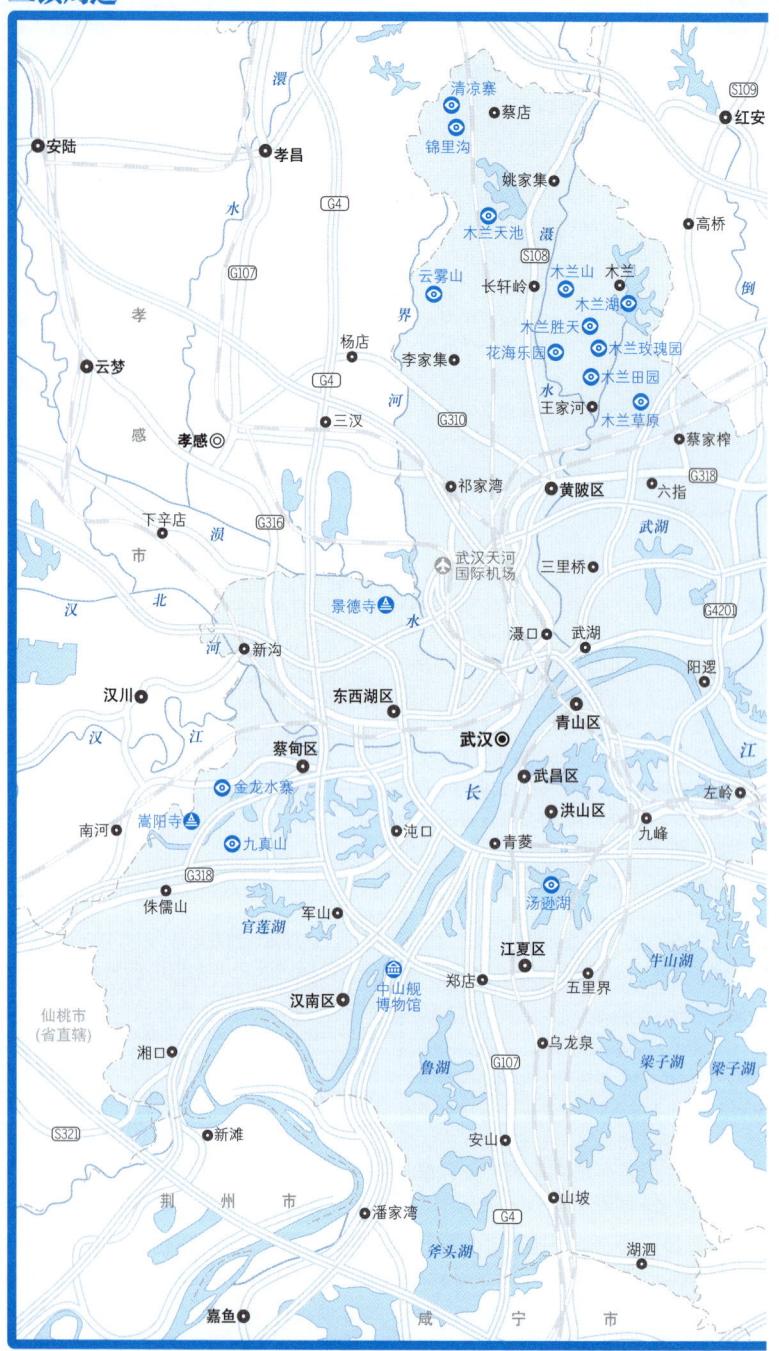

三镇周边

武汉
汉阳

店，天井为中心的中国传统庭院式结构，出自台湾诚品书店的设计者。全黑色的书柜、书桌摆满了书籍，柔和的灯光打上去，"精神食粮"氤氲出光圈一般的色彩。书的种类也很齐全，签售、讲座、读书沙龙时有举办，还有体验工坊可以花30元DIY陶罐。商场一楼还有24小时营业的物外书店APM，规模小多了，和诺意咖啡开在一起。

永旺梦乐城（武汉经开店） 购物中心

（jingkai.aeonmall-china.com；江城大道388号；⊙10:00~22:00）永旺是日本大型购物中心和超市品牌，这家沌口的永旺梦乐城规模号称亚洲最大，细节上的设计又尽显人性化的关怀。钟家村地铁站乘637路、武昌火车站乘202路可到，也有免费的接驳班车，可登录官网查询。

❶ 到达和当地交通

长途汽车

汉阳客运中心（ℐ6884 1280；龙阳大道近芳草一路；Ⓜ汉阳客运站）地处偏僻，车次也不如汉口、武昌的汽车站多且正规。除非住在附近，汉阳当地人也习惯去傅家坡、金家墩坐车。

抵离机场

汉阳火车站斜对面的**汉阳汽车客运站**（汉阳大道275号；Ⓜ汉阳火车站）有发往武汉天河机场的机场巴士（7:30~18:00，每1.5小时1班；22元；1小时）。调研期间，该站正在拆迁重建，最好提前致电（ℐ5123 0531）确认。从机场到汉阳汽车客运站8:50~19:40有车，经停王家湾；也可乘坐往武昌傅家坡的机场巴士，中途在古琴台下车。

轮渡

晴川码头（汉阳江滩大禹神话园旁）工作日有前往武昌黄鹤楼码头的航线（7:20、8:00、8:40、16:20、17:00、17:40；票价1.5元）。周末和节假日有**大禹神话园专航**（9:30~15:30，每半小时1班；票价10元）前往对岸。

三镇周边

除了武昌、汉口和汉阳，地域广大的武汉市还包括东西湖区、汉南区、蔡甸区、江夏区、黄陂区和新洲区这几个远郊城区。它们是

黄陂N景

有木兰山和木兰天池的成功案例在前,黄陂包装出了"木兰八景",包括木兰山、木兰天池、木兰草原、木兰云雾山、木兰湖、农耕年华、清凉寨、木兰古门,其中前四个为国家5A级旅游景区。虽各有特色,但多数商业痕迹较重,娱乐项目普遍雷同,收费高昂是另一为人诟病之处。你可以网上购买**大武汉旅游年卡**(www.whlynk.com),这可以为你省下很大一笔门票费用。

作为武汉的"后花园",黄陂的旅游业发展如火如荼,政府主导设立了**黄陂旅游网**(www.huangpitour.gov.cn)。好山好水的黄陂木兰山群每年吸引省内外游客数百万人次。火热的旅游前景催生出更多的景点项目,且多数偏爱以"木兰XX"为名,初访者来到黄陂一定会被指向四面八方的木兰XX路牌给弄晕。这些后生代的"木兰N景"多数为农家乐性质或"婚纱摄影取景基地",提供一些体验性的娱乐项目,风景大多不错,但价格也贵得惊人。在现有的"木兰N景"中,我们比较推荐木兰山,木兰天池和云雾山。

旅游业发达,好的方面也摆在眼前:黄陂公路平坦,道路指示完备,连景观树都养眼;全境安排了数十个干净美好的公厕,甚至有一张旅游厕所分布图。村村都刷成了徽式建筑的门脸(村内不一定),几乎每个景点都有免费Wi-Fi和二维码手机扫描介绍,随时晒图不用愁。

奔赴黄陂各景点,都可以从武汉市中心乘坐公交车292到黄陂前川客运站后转各方向小巴。

上班族周末自驾郊游的地方。

号称"**武汉后花园**"的黄陂区景点最多,其北部的木兰生态旅游区板块又最为有名。黄陂各景点之间尽管也有公共交通,但考虑到班次和灵活性,自驾更为合适,除非你打算一天只去一个景点。

西南的蔡甸区与汉阳相邻,"高山流水"故事里的钟子期墓就在此处。南边的江夏区,梁子湖波光粼粼,中山舰威风凛凛。东北方向的新洲其实不新,古为邾城,3000年的历史中诞生了问津书院等古建筑。汉南区和东西湖区面积较小。

木兰山

(见106页地图;☏6150 1019;www.whmls.cn;黄陂区胜景大道;门票80元;⊙24小时)大别山南麓的主峰之一,因花木兰的典故而闻名。春季的木兰山最美,杜鹃怒放。不过当地人来此以烧香拜佛的居多。体力允许的话,争取爬到金顶,眺望一下远方风景。慢慢爬山下山需要一整天时间。

比较不方便的是,公交车和小巴只到山门处,此处距离景区大门还有20分钟车程。自驾的人需要在山门处缴费10元,而搭乘公交的人只能包门口的小巴上山,还价是必需的。能凑齐一车的话,大约每人10元。每年有两个香客时节,分别是春节到农历三月三、七月初到重阳节,傍晚上山的人也还是很多的。

在汉口火车站乘292路公交到终点站前川客运站,换乘去木兰山的小巴。或在汉口新荣客运站乘坐直达木兰山景区的旅游直通车。或在汉口北乘坐K3直达。

木兰天池

(见106页地图;☏6151 8926;黄陂区长轩岭街石门山;门票80元;⊙7:30~17:30)与其相信包装ег宣传所言"花木兰的外婆家",不如就把这里当作一片峡谷风景的避暑地来玩。想要看到天池需要先爬山,好在一路也有山溪和野花做伴。到了天池后,会有滑草、飞索、游船等游玩项目。景区内有餐饮店,价格偏高。玩完需要三四个小时。

自驾从武汉市中心大概1.5小时,另外在武汉港有一日游专线。也可以乘坐公交车292到黄陂前川客运站后转小巴。

云雾山

（见106页地图；☎6166 1366；www.yunwushan.cn；黄陂区李家集镇泡桐乡；门票90元；⌚7:00~17:30）云雾山的茶非常有名，但并不在景区内。事实上，从木兰天池到云雾山的一段大约20公里的山路在春季倒是十分美丽，春芽嫩绿，春水妩媚，云雾山脚的茶园就在路边，配合着大片的油菜花海令人心旷神怡，如果自驾不可错过。

4、5月是云雾山上的野生杜鹃盛放的时节，这也是云雾山的最大卖点，每年此时用人山人海来形容此处并不为过。不过除此以外的时节，可能并不值得前往。如今山脚下还建设了恐龙谷和蜡像馆，以及季节性开放的冰雕馆，各自门票价格不菲，为了孩子可勉强一入，一般游客没必要买套票。

不太友好的是，在距离真正的景区2、3公里的地方，就有人员把守出入口，只要车辆进入就缴费10元。如果你从这里就开始徒步，很可能没到大门就累得七荤八素。如果懒得走，在云雾山大酒店有观光车穿梭至景区大门处，收费10元/人，30元可以把你送上山顶。汉口火车站坐292路公交车到黄陂终点站，再转泡桐方向的大巴方可到达。

木兰草原

（见106页地图；☎8585 4539；www.whmlcy.net；黄陂区王家河街；门票80元；⌚8:00~17:00）虽说穿着蒙古民族服装、说着黄陂腔的售票员出现在面前时略显滑稽，但黄陂确实整出了偌大一片平整的草地，供无法亲身去塞北的人们体验一下骑马、射箭、滑草……甚至还有一片桑椹花田（9、10月）。你很容易感觉到运营者的殷勤，他们提供了歌舞和马术表演，还有一系列的水上活动。如果你能忍受马场不太好闻的气味，并接受单项活动的处处收费，大约还是能在这个宽敞的地方待上半天，更何况当地人告诉你这就是花木兰骑马练武处呢？从前川乘坐到木兰草原的专线车，木兰湖也有专线车直达木兰草原。

紧挨着木兰草原1公里处正在新建一个叫作木兰竹海的景点，在我们调研期间尚未开始营业。另外，木兰草原会举办风筝节，如果撞上应该还挺壮观的。

锦里沟

（见106页地图；☎8555 4527；www.jinligou.com；黄陂区蔡店乡道士冲村；门票80元；

火塔线

乘坐木兰草原到木兰湖的班车在漫长的火塔公路上会前后经过木兰田园、玫瑰园和胜天农庄三个站，分别对应木兰田园（见106页地图；☎8590 5515；www.mlty.org；王家河街岗上熊村毕田塆；门票60元；⌚8:00~17:30）、木兰玫瑰园（见106页地图；☎8501 9019；www.mulangarden.com；王家河街胜天村；门票60元；⌚8:00~17:30）和木兰胜天（见106页地图；☎8500 8900；www.027nz.cn；王家河街胜天村；门票90元；⌚7:00~17:30）三个景区，田园主打亲子活动，玫瑰园以看花为主，胜天则以户外拓展为吸引点。在玫瑰园和胜天农庄的中间，还有一个不收费的罗家岗村被好古之人挖掘出来，村委会的背后，村深处保存着几栋明清古民居，墙上的红色标语还依稀可见。这条线尽头的木兰湖（见106页地图）其实看看就好，除了乘船没什么玩的，大多数来此的人是去湖中太阳岛上的度假酒店休闲。在木兰湖广场的旅游码头（船费往返30元；8:00~17:00）乘船，途中经过鸟岛（门票20元），两票一般配套出售。

火塔线周围6公里范围内，还有银杏山庄、王河水乡、大余湾、花海乐园、三台寺等景区，其中比较出名的是大余湾，号称是拥有油菜花海的水乡村落。不过在我们调研期间，该村落已经停止收费，了无游人，可以自由进出村落，村人说，此处还是有可能重新"包装上市"，只是不知时间。大余湾的斜对面有一处花海乐园（见106页地图；☎6156 1616；www.mlhhly.com；研子镇；门票80元；⌚9:30~17:00）主要供儿童游玩和拍婚纱照，下午16:00前后有表演。

⊙8:00~20:00）主打土家风情，有山有水有吊脚楼。3、4月有樱花，每天下午两点在忠孝王府都有土家歌舞表演，还有旱地滑车这样的娱乐项目。餐饮方面，景区内的**忠孝王府餐厅**（☏159 2745 5528）有土家大菜"抬格子"和"包谷烧"，尝试前者需要提前预约。武汉市区早上8:50在地铁3号线市民之家站E出口有直通车。

清凉寨

（见106页地图；☏6153 9009；黄陂区蔡店乡；门票50元；⊙8:00~17:30）最大亮点是刘家山和丁家山两个高山自然村的大量银杏树，不过要去对季节。好在除了银杏，这里也有樱花、映山红、茶花和枫林，装扮出四季不同的颜色。景区内除了山水，也有一些游玩项目，比较受欢迎的是穿草鞋爬瀑布。景区内有农家乐，味道不错。交通亦是坐到前川客运站再转去清凉寨的车。

景德寺

（见106页地图；东西湖区柏泉区月塘角村；免费）建于唐代晚期的景德寺原名金台寺，宋真宗景德年间香火鼎盛，寺庙全面修缮改名"景德"。沿着长长步道进去，两侧松柏伟岸，被熏得漆黑的壁炉仍能看出此寺在当地百姓心中的地位。除了古寺，寺庙正对面的柏泉古井和侧面的一株百年古朴树值得一看。古井的水质清冽，在我们调研时还目击周围村民特意骑着摩托车带着水桶前来取水。在吴家山吴西路公交场站乘坐H87到终点柏泉景德寺站。

九真山

（见106页地图；☏6930 3030；蔡甸区永安街炉房村；门票60元；⊙8:30~17:00）据说是知音故事里钟子期的隐居地，因此从知音谷到锁情台，沿路安排了一些人工景致，比如钟子期的石雕等。若是纯粹为自然风光而来不会失望，连理湖水杉动人，爬山的一路都是洗肺之旅。每天8:00至18:00汉阳客运站有专线巴士往返景区。周末和黄金周的上午8点到9点，在汉口客运港旅游集散中心有一日游专线车。

嵩阳寺

（见106页地图；蔡甸区索河镇嵩阳村；免费；⊙8:00~17:00）寺庙所处位置三面环山，一面риBe水，假如没有门口锲而不舍追卖高香的几位大妈，正是极为清净之所。这里原为纪念随唐太宗李世民出征的尉迟恭军中十八鄂籍壮士，由尉迟敬德监修。现存的寺庙簇新而宏大，调研期间仍在完善中。公共交通并不方便，得在蔡甸汽车站乘坐到石山方向的小巴，告诉师傅到嵩阳下，车费5元，下车后再步行15分钟即到。

路上会经过一个叫**香草田园**（☏8496 1088；门票假日80元，平日60元；⊙9:00~18:00，周二闭园）的拍照胜地，一大片紫色的薰衣草会让"花草控"们拔不动腿。

金龙水寨

（见106页地图；☏8496 2777；蔡甸区索河镇；门票60元；⊙8:30~17:00）在这里可以体验蔡甸"莲藕之乡"的感觉，乘船采莲，晚上可以看萤火虫。7、8月，门口就可以买到大把新鲜的莲蓬。不好的地方也很明显，景区不大，人造的痕迹较明显，区内的导览指示也不是很清楚。汉阳王家湾乘坐206路至终点，转乘蔡甸到石山的小巴到金龙水寨。

道观河

（见106页地图；☏8953 0633；新洲区道观河风景旅游区旅游大道1号；免费；⊙9:00~17:00）道观河是一片以水库为核心的风景点，除了游船泛舟水面，最重要的一处人工景点是报恩禅寺，禅寺本身属于新建，但如果绕过高处的观音殿一直向右转，就可以看到藏在深处略显破败的卧佛殿，里面有一尊湖北最大的缅甸汉白玉卧佛，乃镇寺之宝。报恩禅寺的对面有一道曲廊亭，现在改为世界宝玉博览馆，是要收费30元的。隔壁的乘船处，有快艇和电动船提供，收费每艇100元至800元不等，湖中心的宝塔是封闭起来无法登顶的。景区内就餐性价比不高，建议在景区外的大

问津书院

(见106页地图;☏8693 7339;新洲区旧街孔子河村;免费;◉周二至周日9:00~17:00)新洲地名叫"新",其实已是一个有三千年历史的老地方,古为邾城。因此出现问津书院这样孔子南巡讲学遗存并不为奇,历史上该院与东林、鹿洞等书院齐名,共为中国最古老的"大学"。今天在问津书院的地下,仍能透过玻璃看到当年书院的地基遗存。西汉时,当地人在耕作时挖掘出一块石碑,上面刻着"孔子使子路问津处",淮南王得知后下令在掘碑处修亭护碑,后来又在旁修筑孔庙,于庙内设置学堂,便是今天的问津书院。现在在书院对面,有一古桥孔叹桥以及后来重建的亭子,直到明代,石碑都立在这里。现在,陈列在书院里的石碑并非原碑。跨过古桥,地界便属于黄冈团风。此处公交并不方便,在新洲汽车站乘坐到旧街方向的小巴,跟司机说问津书院下。

中山舰博物馆

(见106页地图;☏8156 1913;www.zhongshanwarship.com;江夏区金口街北;凭身份证免费领票;◉周二至周日9:00~17:00,16:00停止入馆,节假日照常开放)在中国也许没有一艘军舰,能像中山舰一样见证了如此丰富的历史。在护国运动、护法运动、炮轰总统府、东征粤军、国共第一次合作等历史大事件中,中山舰或显露身影,或担当主角。最辉煌的一幕莫过于孙中山携宋庆龄登舰致谢慰问,最悲情的一幕莫过于武汉会战时被日机击沉于长江的金口江面。1996年孙中山百年诞辰,中山舰打捞工程正式启动;2008年,中山舰又从位于市区造船厂的原博物馆,再次下水,回到"大梦归"的地方。

博物馆内陈列着按照1925年原貌修复的中山舰,日机袭击造成的创伤仍清晰可见。

三镇周边美食

提起黄陂,首先要摆出来的就是黄陂三鲜——鱼丸、肉丸和肉糕,都是已经流传了数百年的民间传统佳肴。此外,豆丝也要尝一尝,用葛根粉、精米、黄豆、面粉和植物油精制成的豆丝可煮可炒。手工糍粑也是当地一美味。

如果去了蔡甸的沉湖,一定要尝一尝鳙鱼,口感远超区内的其他鱼类。莲藕和西瓜也是蔡甸的名产,尤其莲藕,是武汉人炖汤的首选。新农牛肉可以当作特产带走,味道非常棒。

江夏梁子湖的大河蟹在武汉人心中地位不逊于阳澄湖大闸蟹。环绕梁子湖的舒安乡,有一种特别的传统食物名曰藠头,洁白无瑕,酸脆开胃,曾在清代入选"满汉全席",餐厅就餐时都可以叫上一碟当小菜。

距离市区非常近的东西湖,美食都在柏泉,板鸭、干鲶鱼和龙井茶都是当地特产,像是柏泉龙井,年产不足5000斤。

新洲的涨渡湖,是一片美丽的湿地,除了可以拍出好照片,湖水里的黄颡鱼在湖北久负盛名。汪集鸡汤用井水土鸡汤煮,是至鲜美味。

这里的展览也很丰富,有中山舰、辽宁号的模型,有中山舰历史故事的大型油画,有中山舰视角的海防历史展,还有一件件精美又沧桑的出水文物。作为"爱国主义教育基地",博物馆时有海军前来参观,也是一道青春的风景。博物馆外的园区修建得也很漂亮,有兵器展示和青翠湖面,还有纪念武汉会战的群雕、纪念碑。登上台阶高处,回望长江淘浪,顿生"有为者亦若是"的感慨。

武昌火车站对面的公交站区最南侧,有始发前往江夏金口街的910路,票价4元。由于修路,可能要1.5小时才能到达中山舰博物馆。

十堰和神农架

包括 ➡

十堰 114
武当山 119
丹江口 133
房县 134
神农架 135

最佳云海点

➡ 金殿（见128页）
➡ 彩虹桥（见139页）
➡ 神农顶（见137页）

最佳住宿

➡ 紫云阁（见131页）
➡ 驴友记国际青年旅舍（见141页）
➡ 福地居33号（见131页）
➡ 琼台宾馆（见130页）

快速参考

十堰
➡ 人口：334万
➡ 区号：0719

神农架
➡ 人口：7.6万
➡ 区号：0719

为何去

与浩荡无边的江汉平原相比，埋伏在群山之巅的鄂西北一直是一个昂然的例外。3105.4米高的神农顶是所有中东部大陆省份的最高峰，仅大海之外的台湾诸山能与其相媲美。在云梦泽肆虐的大水年代，它可能是唯一的先人乐园。

重重山峦使得这一区域人居疏散，处处充满着桃花源的味道，但它其实离文明又是如此之近，秦楚巴豫乃至整个中国的高人在两千年前就开始在那些云雾缭绕的悬崖山涧里找探索自然与天地间的真理、生命与人伦中的道德。最终，无数修行贤者在此获得的觉悟和思想影响了从宫廷到民间的整个中国，汉水与长江间的武当山也就此封圣，以云里雾里山峰上精美绝伦的宫殿，成为与遥远皇城相对应的天上神舍，万人敬仰到今天。另外，这四省交会、山高水深的地域，却也一直有着野性和草莽的色彩。神农架"野人"的话题一直是全国人民自20世纪80年代以来津津乐道的话题。"野人"并不那么容易遇见，但在青草萋萋、古木芳华的高山深处，那些萍踪侠影的唐宋传奇，还是会突如其来地撞入心头。

何时去

6月至9月 对长江沿岸平原上的人来说，神农架和武当山算得上最好的避暑胜地之一，即使在8月，大九湖和金顶也清凉宜人，不过这时也是旅行团和房价的顶峰。

10月至11月 国庆之后是灿烂的金秋季节，自驾在山峦和峡谷间，五彩缤纷的森林秋色会让你目不暇接。

12月至次年2月 冬天是少数人的选择，你有机会拍到皑皑白雪中的金顶，以及在落叶后的森林环抱中滑雪下山。

3月至5月 正是武当山百花盛开的时节，樱桃和草莓也纷纷上市。但要清明过去差不多十天半月，神农架的春茶才会上市，两千米海拔以上的杜鹃花，则要5月才会怒放。

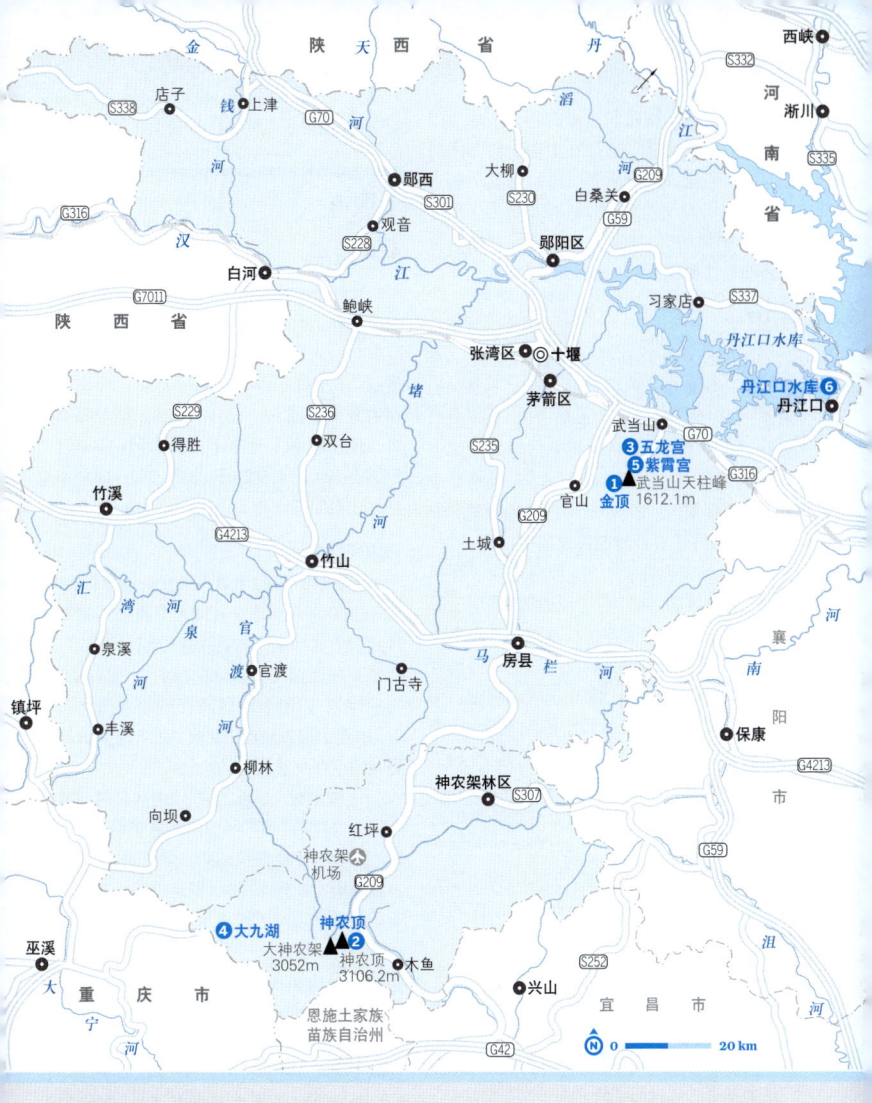

十堰和神农架亮点

❶ 在**金顶**(见128页)俯瞰滚滚云海中的九宫八殿。

❷ 徜徉在**神农顶**(见137页)漫长的步道里看无尽的杜鹃花。

❸ 重走古神道,从**五龙宫**(见127页)徒步到太和宫。

❹ 和**大九湖**(见139页)的梅花鹿在草场上赛跑。

❺ 在**紫霄宫**(见125页)和道人学习太极拳。

❻ 自驾**丹江口水库**(见134页),探望广袤如大海的湿地保护区。

十堰

随着飞机、铁路和未来的高铁去武当山的直达性越来越好，选择在十堰中转去武当山的旅行者也在慢慢减少。不过，在这个新中国工业建设时期造就的移民城市待上一两天也不会无聊，它仍然是你中转去鄂西南乃至外省的最佳枢纽。

历史

从古到今，十堰所处的汉水上游山区一直是一个边缘地区。上古时候，它曾经是郧国的领地。郧国是一个非常古老的方国，商周时期多有记载，其宗室早先活动于今河南新郑县一带，后来有一支迁移到了汉水旁，也就是今天十堰市郧阳区一带，而后又迁徙到今湖北安陆一带，最终于春秋时期被楚国灭亡。

虽然郧国离开了十堰，但郧字成了鄂西北这一片地区的名字。后世设置的郧阳府、郧阳专区都把府城设置在了汉水之北。在秦楚之间，它一直默默无闻，以汉水旁的郧阳城管辖着庞大的山区。1963年，中国政府决定将第二汽车厂建在郧县汉水以南的陈家街，天南海北的专家和工人一夜之间移民到这里，合力建起了一座称得上庞大的工业城。经过几十年的建设，这个平地而起的山城成为中国汽车工业几十年的核心之一，也让鄂西北在湖北省内的地位得到根本改变。而有六百年历史的郧阳古城，早已随着丹江口电站工程的兴建永沉水底。

直到今天，你仍能看到二汽集团对这个城市满满的影响。不过随着地区内移民的增多，曾经的"普通话城市"又有被鄂西北方言占领的趋势。西武高铁的开工，将更方便旅人和这个城市的居民迅速往来。

方位

有意思的是，"十堰"这个地名是有明确所指的。堰，即拦水用的堤坝，整个十堰市区曾经一共有十道拦水堤坝，所以也就有了十堰。

但是这十堰并不是严格的南北一字排开。作为旅行者，你需要了解的是位于城市南部的火车站就是那真正的"十堰"，而从南至北的人民南路—人民中路—人民北路则是这个城市最重要的核心街道。从火车站沿人民路往北走，你会先后经过三堰、五堰和六堰。

十堰最主要的长途汽车站便位于三堰，当地人称为"三堰客运站"，五堰六堰是繁华的商业中心，同时也是郊县不少公交车的起点。

十堰市

◎ 景点

十堰市中心没有太多值得一看的景点，如果你停留时间长需要打发时间的话，可以去市中心的**人民公园**（公交5路、8路、57路）或是城边的**四方山森林公园**（公交4路、57路）和**牛头山公园**（公交57路）走走，都是绿意盎然的免费城市休闲去处。**龙泉寺**（门票30元；◎7:00~18:00；公交201路、3路、24路）则是本地香火旺盛的佛寺。

十堰博物馆　　　　　　　　　　　　　博物馆

（☎848 9398；北京中路91号；免费；◎周二至周日9:00~17:00）这座庞大摩登的博物馆同时挂牌着一个名号"中国南水北调博物馆"。二楼主题展馆是"走入恐龙时代"和"远古人类家园"。以十堰地区发现的恐龙蛋化石为主，讲述十堰发现的"龙蛋共存"现象对研究恐龙的生存及其灭绝的价值。

三楼则有"东风之路""南水北调湖北库区出土文物展"和"仙山琼阁武当山"三个展馆。你可以看到二汽的第一辆军用越野车等一系列历史经典车型，了解这个城市与汽车工业的共生；详细了解南水北调工程的前因后果和细节，以及在一系列水坝工程中永沉水底的古郧州和古均州；并对武当山古建筑群有一个全景式的预习。

除了种类繁多的恐龙蛋化石，博物馆的展品有一些称得上珍奇，值得你细细端详。6尊精美的铜铸鎏金武当山神像，它们曾经流失外地、险被熔炼。还有丹江水库沿坝前发现的玉柄铁剑，它出土于新中国成立以来湖北境内首次发现的一处春秋时期殉人墓地——郧县乔家院墓群。

乘坐公交15路、16路、18路、28路、31路、33路车到市博物馆站即可到达。

东风汽车工业旅游区　　　　　　　　工厂

（☎822 3802；车城路127号；门票30元；◎8:00~12:00, 13:00~17:30）所谓东风汽车工业旅游区就是东风汽车的总装厂，你可以走在全线贯通的空中观光通道上，参观流水一线、二线、三线的汽车生产过程，这里生产的都是重型车，小汽车的生产基地主要在襄阳。厂房旁边也设有汽车文化长廊，涵盖了东风汽车发展史等内容。有专门向导会予以讲解，并回答你对汽车工业和二汽的问题。

公交8路、28路、59路在"总装厂"下即可到达。

赛武当 自然保护区

（☎692 1199；小川乡校川村188号；门票30元；⏰7:00~18:00）如果你对爬山兴趣浓厚，可以试试挑战十堰城区34公里外的伏龙山，它的主峰海拔1730米，高过武当山主峰而被称为赛武当，山势磅礴，峰峦叠嶂，一路原始森林和祖师庙、玉皇殿等道观颇为可观，登临主峰时，可以清晰地看见武当山的金顶，两峰的直线距离大约24公里左右。

在十堰火车站广场可以乘坐62路到终点站赛武当停车场，全程票价5元/人次，首末班发车时间为7点和17点，不过一天只有4班。你也可以乘坐2路、9路、10路在马家河站下，再转搭面的到景区。

免费 黄龙古镇 古镇

（张湾区黄龙镇）在郧阳古城于20世纪60年代沉入水底之后，你已经很难在汉江两岸找到真正的古老遗迹。汉江支流堵河旁的黄龙镇算是其中仅存的硕果之一，在没有保护和开发的情况下，它看起来非常衰败，却也有着清朝河运城镇的基本骨架和残留的精美细节。前街、后街、上街、河街的格局还在，江西会馆、陕西会馆和于家大院仍然有气派的影子，让人勉强能理解它曾经自称"小汉口"。

黄龙镇往西走约4公里是**黄龙滩水电站**（☎858 5318；门票40元；⏰7:00~17:00），大坝对游客开放参观。

乘坐201路公交到市九中下车，平时票价2元，晚7点以后3元。到黄龙滩水电站继续乘坐到黄龙大坝下车即可。

到汉水去

汉水旁的郧阳曾经是鄂西北多年的府治，从根本上来说，郧阳文化才是这一区域的"本地文化"，就连本地特色的早餐"三合汤"，据说也是郧阳的更为地道。

十堰市区六堰有频密的城际公交往来于郧阳和市区，中间有一个站**樱桃沟**，3、4月的时候值得一停，这里盛产樱桃和草莓，开花时也颇漂亮。继续搭乘公交到汉江之畔的郧阳城区，欣赏免费的汉江上游两岸风光，去上了电视片《舌尖上的中国》的郧阳**王氏三合汤**（郧阳区小环路小石桥下，近金沙路郧阳路十字路口）喝一碗三合汤。丹江口水电站抬高了汉江的水位和宽度，也在郧阳附近形成了所谓"**郧阳岛**"。你可以乘坐十堰—郧阳100路公交车，到长岭站下车后，穿过牛头山隧道，沿着长沙路步行到郧阳岛。

郧阳区有不少开发过的景点，但公共交通都不方便，如果你是远途来到鄂西北，它们并不太值得你专门耗费时间前往，倒是更适合自驾游队伍顺道前往。江南的柳陂镇有**青龙山恐龙蛋化石群国家地质公园**（☎747 8009；门票60元；⏰8:00~18:00），它是在恐龙蛋化石之乡就地建起的，如果你在十堰博物馆看恐龙意犹未尽，可以再来这儿寻宝。江北最有名的山水景点是**九龙瀑**（☎710 8999；郧阳区南化塘镇青岩村；门票80元；⏰7:00~17:00），卖点是兆河峡谷里华中地区最大的瀑布群，森林瀑布、奇石青苔皆颇有可观。想要搭乘公共交通抵达这里，只有等周末市区三堰客运站的专线车（☎889 9822）。

如果你已经自驾到了九龙瀑，不妨继续北行十来公里到白浪镇。这里便是鼎鼎大名的三省共治的**白浪街**，湖北省郧县白浪镇、河南省淅川县荆紫关镇、陕西省商南县白浪镇在这条长不过半里的小街上交界，当地人公认的交界点不是由国务院立的界碑，而是一块天降陨石，人称"三省石"。建有石亭，中心地面有三棱石，三面写有鄂豫秦三字，称得上"一脚踩三省"。你不妨跨过省界走去近在咫尺的河南荆紫关古街，大量精美的清朝民国会馆和民宅都很值得一探。

十堰城区

十堰和神农架 十堰市

🛏 住宿

像所有繁荣的中等城市一样，十堰拥有繁多的住宿选择。但如果你不是自驾，我们会建议你最好住在城市的主干道人民路附近，方便你快速地往来于火车站、长途汽车站、汽车南站以及繁华的五堰和六堰。

喜鹊愉家旅馆 　　　　　　　　　　酒店 ¥¥

[☎869 5777；东山路东山北苑（腾龙湾）；标双252元起；@🛜ℙ]也许不是每个人都能接受它的洋泾浜摩登风格，譬如红色的大伞和同样饱和度很高的地毯，但在它的价位里提供的设施足够令人惊喜。除了贴心的挂熨机，房间还有Xbox游戏机和跑步机，要宅要动都可以。提供免费的汽车接送和免费的自行车。

城市便捷酒店 　　　　　　　　　　酒店 ¥¥

[☎889 7955；人民南路83号；标双149元起；@🛜ℙ]位置方便，与火车站、三堰汽车站和汽车南站都在步行距离但又不显得吵闹。有免费的洗衣机房。

十堰城区

◎ 景点
1. 东风汽车工业旅游区 A4
2. 牛头山公园 A5
3. 人民公园 B2
4. 十堰博物馆 C3
5. 四方山森林公园 B1

🏠 住宿
6. 城市便捷酒店 B5
7. 武当雅阁国际大酒店 C3
8. 喜鹊愉家旅馆 C3
9. 小王国主题酒店 B5

🍴 就餐
10. 0719餐谋天下 B2
11. 何记郧阳三合汤 C3
12. 老藏烤鱼 C2
13. 李二鲜鱼村 A4
14. 幸福小镇 C2

🥤 饮品
15. 偏爱Old is new C2

ℹ️ 实用信息
16. 十堰市人民医院 B3
17. 十堰市太和医院 B4
18. 中国邮政 C2

ℹ️ 交通
19. 火车站 B5
20. 客运中心 B4
21. 汽车南站 B5
22. 郧阳公交发车处 C2

武当雅阁国际大酒店　　　　酒店 ¥¥¥

(☎860 8202; 北京北路78号十堰博物馆对面; 标双500元起; @🛜P) 称得上是市中心的花园酒店,院子里种满了银杏和古树,大部分房间都看得到葱郁的园林和山景。虽然没有与时俱进地在床头加上灯光总控和插座,但总体硬件是对得起五星级标准的。

小王国主题酒店　　　　　　酒店 ¥¥

(☎803 6520; 人民南路15号; 标双238元起; @🛜P) 每间房都是不同的装修风格,色彩对比强烈,的确算得上是各种各样的小王国,更适合有童心的旅客和情侣居住,喜爱简洁的人可能会感到视觉疲劳。网络和影音设施不错。

🍴 就餐

在湖北,十堰并不是一座以美食闻名的城市,它由四方混杂的移民组成,所以很难说得清"本地"的饮食口味是什么,它更像一个中部口味的大杂烩,以湖北为底色,加上周边重庆、陕西和河南的影响,襄阳牛肉面馆旁边就是陕西羊肉汤和重庆小面的场景四处都见得到,肆虐湖北夜市的小龙虾和烧烤也同样占据这里的夜市。当然,靠山吃山,靠水吃水,周边山区原生态的山珍和汉江里的鱼如翘嘴鲌,也是你到鄂西北不能不尝的特色,可以在餐厅多问问当天有什么本地时鲜食材。

五堰商业街后的香港路白天是热闹的小吃街,高山洋芋(炸土豆)是当地人喜欢的小吃。到了夜晚可以去六堰河道周边如荆州路,餐厅和排档的选择都很丰富。

何记郧阳三合汤　　　　　　小吃 ¥

(☎137 9786 2538; 河北路29号近深街街; 人均13元; ⊙7:30~14:00, 17:00~21:00) 如果你没有时间跑去郧阳吃,那这便是十堰市区中颇受好评的三合汤店。所谓三合汤,就是一碗红薯粉,配上牛肉牛杂、白萝卜和水饺,浇一层辣椒牛油,再撒一些葱、蒜苗、香菜,当早餐吃非常酣畅淋漓。普通13元,金牌20元的肉更多一些。

0719餐谋天下　　　　　　　湖北菜 ¥¥

(☎868 0719; 大岭路13号近得得福商场; 人均50元; ⊙11:30~14:00, 17:00~22:00) 融合了湘菜做法的本地菜馆,烤盘大草鱼、高压一锅鲜和梅干菜炖肉广受欢迎,尤其以训练有素的服务人员获得当地人好评。

李二鲜鱼村　　　　　　　　湖北菜 ¥¥

(☎888 6505; 人民南路12号; 人均40元; ⊙11:30~14:00, 17:00~22:00) 十堰本地老牌的鱼餐厅连锁店。酸菜鱼火锅是其招牌,鱼肉称得上鲜美,配菜丰盛量大。三堰店是诸多分店中比较受欢迎的。

幸福小镇　　　　　　　　　湖北菜 ¥¥

(☎810 8201; 北京路体育中心后金盾驾校

隔壁；人均60元；⊙11:30~14:00, 17:00~22:00) 亮点在此城市中央的小山小院，提供各种丰富常见的湖北菜，也供应火锅。鱼头泡饭和外婆粉条是其颇受欢迎的主食。

老藏烤鱼　　　　　　　　　　　　　烧烤 ¥¥

[☎821 5528；荆州路饮食一条街（近人民广场）；人均50元；⊙17:00至次日2:00]本地老字号的烧烤店家，炭火烤鱼在百元左右，配的豆皮和魔芋都颇为鲜美，凉菜如豆干也很好。也提供其他各种烧烤，肥肠是其招牌之一。

🍷 饮品

偏爱Old is new　　　　　　　　　　咖啡厅 ¥¥

(☎864 5133；人民北路人民商场负一楼；人均50元；⊙10:00~20:00)确切地说，这是一家在当地颇受欢迎的供应西餐简餐、西点和冰激凌的餐厅，但你也能喝到本地少见的品种齐全的意式咖啡，味道过得去。

❶ 实用信息

紧急求助

十堰市旅游投诉电话(☎868 3356)

银行

四大行和招商银行的网点和取款机分布在人民路。

医疗服务

十堰市太和医院(☎880 1880；人民南路32号)原郧阳地区医院。
十堰市人民医院(☎863 7000；朝阳中路37号)
中国邮政五堰营业厅(人民北路27号近邮政街；⊙8:00~17:30)

❶ 到达和离开

飞机

2016年才开航的**十堰武当山机场**(☎810 8565)已经迅速开通了武汉、西安、上海、天津、北京、昆明、广州、兰州、杭州和长春的航线，计划在2017年开通成都、海口和厦门航线。除了上海航班要在春秋航空的官网上预订外，其余航线都能在主流订票网站和APP订到。在淡季，南方航空往往会推出武汉到十堰与动车票价格不相上下的折扣票价。

长途汽车

十堰有3个主要的汽车客运站，最主要的是位于三堰的**客运中心**(☎889 0276)，俗称三堰汽车站，绝大部分市内和省内班车在这里发出；与其相距只有两站公交的**汽车南站**(☎888 8517)负责丹江口（经武当山）和房县的滚动班车；位于北郊的是**高速公路客运站**(☎810 5013)，以省外长途为主。**中国公路客票网**(☎400 998 4365; www.bus365.com)可以购买绝大部分十堰汽车站始发的车票。

火车

在西武高铁汉十段于2018年完工之前，十堰还得继续依赖20世纪建成的襄渝铁路连通各地。经过双线改造之后，目前每天有4对动车往来于十堰和武汉，行程在4小时左右，中间经停襄阳和随州，是去武汉、襄阳和随州最舒适的交通选择。

除此之外，普速列车大量经过十堰，这里可以方便地直达重庆、成都、西安、汉中、宜昌、贵阳、郑州、武汉、长沙、广州、东莞、上海、杭州、宁波、福州、青岛、北京、哈尔滨等国内主要城市，不过大部分并非十堰始发，票源有限，最好提前预订。

十堰市客运中心车次时刻表

目的地	发车时间/班次	票价（元/人）	行程（小时）
襄阳	7:00~17:00，每小时1班	64	2.5
木鱼（神农架）	9:00	85	5
宜昌	8:00, 12:20	137	6.5
上津	7:00, 14:00, 15:00	45	2
竹溪	7:40~17:00，约每小时1班	76	4
恩施	9:30	220	9

❶ 当地交通

抵离机场

机场大巴（☎868 1515；10元）每天7:30到下午8点约每两小时从三堰客运站发出，发车间隔和时间会随着航班变动而变化，建议事先打电话确认。也可以打车前往，50元左右。

公交

十堰拥有颇为方便的公交系统，城市公交基本为1.5元/次。旅行者比较有用的是4路和5路，都能从火车站抵达汽车南站、客运中心（三堰汽车站）和五堰六堰商业中心。

除此之外，火车站前广场发出的202路可以直达武当山景区山门（4元；约1小时；◎6:00～20:30）；人民北路六堰公交总站发出的100路可以抵达郧阳区（3元；约40分钟；◎6:00～21:00）。

出租车

十堰出租车起步价6元，2.5公里以后，每半公里0.8元。滴滴快车在十堰提供服务。

武当山

何谓"武当"？根据《太和山志》的说法，它源于"非真武不足当之"的含义，也就是说，武当山就是道教敬奉的玄天真武大帝的发迹圣地。从这个意义上来讲，武当山对于从古到今修道寻真的人（尤其是真武信仰者）来说，与菩提伽耶在佛教徒、耶路撒冷在基督教徒心中的地位是相当的。

茫茫八百里武当山，自老子的学生尹喜在此开始，就成为人们向往的仙山福地，几千年来朝圣者络绎不绝。在经过皇权的认可和加持之后，它云顶峰尖上修筑了庞大完美的神坛和修行场所，被视为自然与建筑完美融合的中国古典美学标志之一。与此同时，道与术的传承和发展依然在延续发展，武当山不仅被视为道教研修的中心，也被视为中国武术的根本来源，在"北有少林，南有武当"的美誉传遍世界时，武当山频频以中国顶尖武术的故乡的形象，出现在各种传奇的影视作品中。1994年，这座极其丰富的、与自然天地紧密联系的人类文化宝库，荣登《世界文化遗产名录》。

最快去武当山

202路公交车是最方便抵达武当山的。不过想要更快的话，你可以去客运南站搭乘丹江口的依维柯中巴，从早上6点到下午6点一直流水发车，10元钱到武当山山门路口，大约需要半个小时，返回十堰的话同样可以在武当山城区路边拦车。

在今天，登上武当山天柱峰顶上的金顶已经不费吹灰之力，甚至可以半天来回。但我们会建议你放慢脚步，至少选择步行一部分千百年来形成的古神道。只有在那些曲折通幽、山重水复的古道上，你才能体会到武当山之所以封圣的天人合一之境。

历史

明永乐十年（1412年），六十多岁的道人孙碧云匆匆前往武当山。他是张三丰的高徒，也是洪武皇帝和永乐皇帝最信任的道人。此时他重返张三丰的修道之地武当山，是怀有永乐帝的秘密使命：规划在武当山建造大明的皇家道场。

在此千百年前，武当山早已成为中国最主要的道教修仙名山之一。传说中是春秋时期的尹喜开始了山中的修道传统，其后历朝历代，无数道家名人在此修行，包括世人熟悉的孙思邈和吕洞宾等。汉高祖五年（公元前202年），这里已经置"武当县"，已是天下闻名的宗教活动场所。魏晋南北朝时期，更是令人向往的高人世外之地。

从唐朝开始，武当山被各代皇帝注意，开始在山中修建各种神殿。贞观元年，太宗诏武当节度使姚简到武当山祈雨而应，敕建"五龙祠"，直到今天仍是武当山重要的宫殿之一。到唐末，武当山被列为道教七十二福地之一。宋元时，皇室封号武当山真武神，成为元朝皇帝"告天祝寿"的重要场所。与此同时，道教也在武当山中持续发展，形成了自己的流派。

明朝是武当山地位飞跃直上的年代。永乐皇帝的决定，使得武当山诸宫殿的修建，成为与北京紫禁城旗鼓相当的、明朝最重要的

武当山

地图标注

- 丹江口水库
- 至十堰(38km);西安(338km)
- 武当山地质博物馆
- G70, G59, G316
- 至神农架景区(218km);房县(102km);竹溪(211km)
- 武当山（见武当山城区地图(122页)）
- 元和观
- 遇真宫
- 玄岳门
- 太极湖码头
- 至武汉(420km);丹江口(62km);襄阳(135km)
- 磨针井
- 五龙宫
- 太子坡
- 逍遥谷
- 八仙观
- 福地居33号
- 灵山居
- 玉虚岩
- 五龙宫步道
- 紫霄宫
- 南岩
- 逍遥谷步道
- 同福客栈
- 金顶
- 清微宫
- 琼台

十堰和神农架 — 武当山

两大皇室工程。孙碧云道士在1412年春天的勘测和设计，决定了今日武当山建筑群的基本模样：不求皇权中轴形制，而是顺应岩石山涧、悬崖险坡，将玄武（真武）入山修仙的故事融入武当山的山水之间，让武当山的云外神宫体现至高无上的皇权和神权。

1412年9月18日，明成祖朱棣命隆平侯张信、驸马督尉沐昕、工部右侍郎郭琎、礼部尚书金纯等率20余万军民，在黄榜亭前开工，大修武当山诸宫。五年过后，天柱峰的金顶即将修建时，72岁的孙碧云道人在南岩宫龙头香处焚香礼谢，端坐而逝。此后直到永乐二十一年（1423年），敕建的大岳太和山9宫8观33处才告落成，嘉靖年间又增修扩建，最终形成了绵延140里的仙山琼阁。武当山被封为"太岳""治世玄岳"，被尊为"皇室家庙"，成为道教第一名山，武当山也成为中国最大的一处道场。连带着山下汉水边的均州府因山得利，繁荣一时。

既为明室遗物，清朝皇帝对武当山诸宫的态度是颇为审慎的。但武当山的宗教神圣地位已经得到公认，依然得到继续发展。在最盛时期，山间道观总数曾达2万余间。

遗憾的是，1967年丹江口水电站建成后，武当山的部分珍贵宫殿被丹江口水库淹没，目前存古建筑53处，建筑遗址9处。在1994年，武当山道观建筑群被列入《世界遗产名录》，以其"悬崖上的故宫"形象，吸引着天下游人。今天，这里依然是道教最重要的圣地，修行者仍然于山中度日，以太极为代表的武术，也吸引了来自全世界的学习者和研修者。

方位

武当山现在是属于十堰市直管的"特区"，城区沿着十堰－丹江口公路两侧分布（在市区里为"太和路"），当地人称之为"老营"，因当年修筑武当山宫殿驻营而得名。其中市中心有庞大的玉虚宫遗址，往丹江口方向去，分别会遇见元和观、遇真宫和玄岳门，它们都不属于武当山风景区的范畴。

武当山风景区的入口，也即山门，地处老营城区的东侧并融为一体，充斥着酒店和纪念品商店。入得山门后，公路沿山而上，过磨针井后沿山分成两条道，右边通往太子坡、逍遥谷、紫霄宫和南岩宫，公路止于南岩，你将会沿着古神道徒步到金顶。左边则通往八仙观和中观琼台，在中观可以搭缆车直上太和宫和金顶。

从武当山城区往十堰方向走到嵩口村，有一条上山的公路，可以抵达与武当山主峰隔着山涧相望的五龙宫。这里正在修建通往南岩的索道，也将成为一个新的景区入口。

◉ 景点

武当山景区[见120页地图；☏566 8587；十堰市武当山特区永乐路13号；门票140元（不含金顶、紫霄）加观光车（全山任意乘坐）100元 加保险3元 共243元，儿童及60~69岁老人享受景区半票优惠120元，70岁以上老人免大门票，车票半价；全日制在校学生（凭学生证）享受景区半票优惠120元，1.2米以下儿童免票；另外收费金顶27元，紫霄宫15元；⊙6:00~18:30]是游人最集中的地方，基本涵盖了山上的精华古迹，方便的接驳巴士让你来往各个景点都不需要等待太多时间。如果你住在山下，二次进山需要再付50元，住在山上则不限制停留时间，住得越长门票也就越划算。

事实上，山下也有一些很容易被游客忽略的武当建筑遗迹，有不少属于世界文化遗产的武当山建筑群的保护范畴，不仅人少还免费，

九宫还是八宫？

对武当山古建筑群的数量，向来有各种各样的说法，有时候你会听说"八宫二观"，有时候又会听说"九宫八观"。实际上，这都不过是古人喜欢的文字概述。武当山的道教建筑多如繁星，各种概述都无法厘清全貌。

明朝永乐年间是武当山道教建筑最大规模修建的时代。永乐大修的说法大多是"八宫、二观、三十六庵堂、七十二岩庙"，其实也是个概数，在明代的《太和山志》记载中，还被简略概括为33处。

传说中，西周时期武当山就出现了房宇。当然可考的建筑还是贞观年间修筑的五龙祠。宋代多了一些石窟工程，紫霄宫也在宋徽宗年间出现，在"靖康之祸"时又被悉数毁灭。元代时，武当山已经非常鼎盛，"九宫八观"的说法开始出现，具体有五龙、南岩、紫霄、太和、王母、紫虚、紫极、延长、天宫等九宫，佑圣、元和、云霞、威烈、回龙、仁威、太玄、三清等八观，大小建筑群落多达上百处，却又基本毁于元末的战火。

明成祖朱棣完成武当山建筑群的基本结构后，后世皇帝也持续添砖加瓦。成化二年（1466年），建迎恩宫280间。嘉靖大修之后，当时所称的"八宫"，是指太和、南岩、紫霄、五龙、玉虚、遇真、迎恩、净乐等八处，这八宫共有房屋6266间，而整个武当山常年有军余匠作、守护和洒扫宫观夫役等3千多人。

在今天，嘉靖时期并称的八宫中，迎恩宫仅剩遗址，净乐宫永存水底（丹江口市已择新址复建），遇真宫在2003年遭遇火灾之后，又遭遇丹江口水坝再次提升，蓄水位从157米提高至170米，残存的遗址也将会提升复建。

武当山城区

武当山城区

◉ 景点
1 武当山博物馆 C2
2 玉虚宫 C3

🎓 课程
3 三丰会馆 D3
4 武当师行功夫馆 A1

🏨 住宿
5 建国饭店 D3
6 武当山宾馆 C2
7 武当山道客青年旅舍 B2
8 武当山国际青年旅舍 C3

🍽 就餐
9 老火车站 C2
10 天福大酒店 C2
11 玄武老菜馆 C2

ℹ 交通
12 武当山汽车站 D3

是你通盘领略武当建筑之美不可缺少的一站。

◉ 景区外

免费 武当山博物馆 *博物馆*

(☎566 7386;武当山特区文化广场东侧;⊙周二至周日9:00~11:30, 15:00~17:00)这是你上山前的一个极好开胃菜。博物馆设有武当建筑、仙山名人、武当道教、道教造像、武当宫观道乐、武术与养生、武当民俗等8个展厅,丰富的内容从内到外地把武当山的宗教历史文化生动地通过实物和影音展示出来,而且不少珍贵文物在山上是看不到的,譬如明代建文皇帝时期的金龙、玉璧和山简,铜铸莲花灯和铜铸真武坐像亦是难得的精品。

从武当山市区可轻易步行抵达,自老营国际饭店约需步行十分钟。

免费 武当山地质博物馆 *博物馆*

(见120页地图;☎565 8252;武当山特区太极湖新区管委会旁;⊙周二至周日9:00~11:30, 15:00~17:00)这个博物馆属于武当山国家地质公园,两层展馆设有恐龙世界、武当崛起、地球奥秘、四维地影影院四个展厅,解释了武当山地区的地貌形成。如果不是对地质特别有兴趣半个小时就能参观完。

这里几乎快到汉江(太极湖)边,距离老营中心有两三公里。班次极其少的3路公交车通过这里,打车甚至步行都会更合适些。

免费 玉虚宫　　　　　　　　　　　宫殿

(⊙全天开放，玄帝殿8:00~17:30)明朝人可能想象不到，当年武当山诸宫中庞大、雄伟和庄严的玉虚宫，在今天成了人们休闲的地方，每天下午和傍晚，你都能看到当地人在此休息，来自全世界各地的习武者则在这里勤奋地练习。

在永乐修建武当诸宫后，负责管理武当山的官员就驻守在玉虚宫内。当年它有五道宫墙围护，排场完全不亚于南京和北京的宫殿。现在留存的二道宫墙，依然占据了武当山市区的很大部分。它的毁灭主要是在清乾隆十年(1745年)的一场大火灾。2007年5月，经过5年的保护性修复工程后，宫墙、御碑亭、山门、玉带河和玄帝殿得到了修复，成了武当山脚下最恢宏的建筑。修复后的玄帝殿采用重檐歇山顶式大木结构，庄严宏伟，三块横匾额均为康熙御笔，斗匾为元代书法家赵孟頫所书。巨大的赑屃驮御碑矗立在广场旁，甚至比北京京明十三陵的定陵、长陵的赑屃驮御碑都要高大得多。

老营路上便可看到宫墙，沿步行街穿过襄渝铁路便可抵达玉虚宫。

免费 元和观　　　　　　　　　　　道观

(见120页地图)从武当山老营市区沿公路向丹江口方向走大约两公里，公路右侧有一座略显破败的元和观，它始建于元代，明朝永乐年间重建，是武当山进玄岳门古神道上的第一座道观。

和其他道观不同的是，这里曾经是武当教团处罚违犯清规戒律的道人的司法机构。传说玄天上帝修炼得道后，曾掌管"元和迁校府"，故这座道观取名"元和观"。迁，是放逐的意思；校，是指枷锁等刑具。元和观的大殿里正面坐着的是身着铠甲、龇牙咧嘴、手执金鞭的王灵官。明清以来，他一直被人们视为天上人间的纠察之神。

在武当山市区搭乘2路公交车(2元)往太极湖码头去即可到达。

免费 玄岳门　　　　　　　　　　　古建筑

(见120页地图)在静乐宫(见133页)原址永沉水底后，玄岳门，也即治世玄岳坊便成了水路而来拜访武当山的第一站，称得上是武当山的正门。

这座威严的牌坊建于明嘉靖三十一年(1552年)，高12米，宽12.81米，石凿榫卯而成。正中坊额上刻着嘉靖皇帝亲书"治世玄岳"4个大字，显然比永乐皇帝所称的"大岳"又更进一层，表示武当山道教及祀奉的真武神是大明治理天下的依靠，武当山也因此超越了五岳。

曾经，玄岳门前有灵官殿、玄都宫、回心庵等建筑，现在只剩一座孤零零的牌坊了。

搭乘2路公交车(2元)往太极湖码头去，路左边即可看到。

太极湖　　　　　　　　　　　　　湖泊

所谓太极湖，其实便是蓄水后的丹江口水库在武当山脚下的一小部分，畅游在几十平方公里的水面上，也称得上蔚为壮观。

遇真宫的门与墙

明代武当八宫之一的遇真宫，曾经占地面积24,000平方米，堂皇端正，却屡经劫难。1935年一场百年不遇的山洪，百余间华屋被淤土埋没，变成一片平地，只留下山门内一座四合院式的古建筑；2003年1月19日的一场大火，遇真宫大殿被烧成灰烬。只剩下宫门、宫墙、龙虎殿、真仙殿残迹、配殿、廊庑、斋堂、耳房、金水桥等地面建筑。在这之后，它又遭遇丹江口水库水位上升即将淹没的难题，一直到2011年6月15日，国家文物局批复遇真宫垫高保护工程设计方案，决定对遇真宫山门及两翼琉璃墙体、东西宫门选择原地顶升的保护方案，以保留古建筑原貌。

这是一项惊人的工程，12台千斤顶同时工作，千吨重的宫门缓慢上升。最后三个宫门整体被拔高了15米。现在，遇真宫的复建正在进行中，有望于2017年开放，未来它将会三面环水，一面临公路，成为水上的武当山宫殿。

从武当山市区搭乘2路公交车(2元)即可到达，在元和观和玄岳门之间。

玄武跳崖升仙于何处？

在华夏先民的神话体系中，主领天上四方星宿的是四个不同的神，分别是青龙、白虎、朱雀和玄武。玄武主领北斗七星，最初的形象为龟蛇合体。

随着上古传说的不停演变，玄武由天上星宿，逐渐变成了一个遥远国度"净乐国"的王子。他一心向道，并发誓要扫尽妖魔，最后毅然出家到均州城东南的武当神山修行，四十二年后的九月初九，紫气元君为考验真武大帝修道是否仍存凡心，化为美女引诱，真武不为所动严厉斥责，美女羞愧，跳崖自杀。真武望着万丈深渊，对伤害了他人性命后悔不已，他决定把自己的生命偿还那女子，纵身跳下悬崖，紫元君见真武已修成正果，便命令早安排好的五条巨龙从崖下飞来，将真武捧拥于琼台，接受玉帝册封。

因为这个传说典故，一直以来便有人想在南岩真武跳崖处修建宫殿，宋朝人没有完成这个计划，元朝的时候，道士张守清花了27年，于公元1313年终于修成悬崖上的南岩石殿，元朝皇太后赐宫名"天乙真庆宫"，皇室的认可，也让真武崇拜和武当的仙山地位，有了更迅速的飞跃。

玄岳门码头 每天都有 **太极湖水上游**（☎506 3322；游船128元；◉9:00～17:00），基本是在库区的武当山部分巡游一圈，全程一个半小时，通常还加送一小段快艇。也有皮划艇、摩托艇和拖伞船等水上娱乐提供。

乘2路车（2元）至终点站即可到达码头。

👁 景区内

（见120页地图）游玩武当山景区得看你的时间预算。如果你只有一天时间的话，建议你一早入景区后直奔琼台，乘坐索道上金顶，沿古神道下坡步行至南岩，乘车走马观花地游览南岩宫和紫霄宫后下山。

通常来说，两天是更合理和普遍的安排，若要细细品味，四天五天也不会嫌多。

以两日游设计，一般情况下，你会坐车一路游览各个景点，到南岩时住下，第二天清晨早起，开始走一段与古人相同的神道，经过朝天宫抵达太和宫和金顶。然后坐索道下山到中观，再乘车下山。下文的景点将以这样的游玩顺序排列。

稍微另类的两日游玩法会多一个愉快的小徒步。进山游玩磨针井、太子坡和逍遥谷后，从逍遥谷漂亮的峡谷中徒步三到四个小时至琼台中观。当天在琼台住宿。第二天一早索道上金顶，沿古神道下至南岩，游玩南岩和紫霄宫后下山。

如果你有三天时间，那么可以拿出一天时间，从南岩徒步8公里到另一座山头的五龙宫，再乘坐缆车回来，峡谷风景壮美，五龙宫地区亦有不逊色于南岩的历史人文遗迹。

磨针井
道观

观光巴士抵达的第一个景点便是磨针井，又名"纯阳宫"，建于康熙年间。其名来自那个著名的"只要功夫深，铁杵磨成针"的故事。在传说中，静乐国太子（真武）入武当山学道修炼，意志不坚，欲出山还俗。走到这里，其师紫元君化为姥姆以"铁杵磨针"点化后，复回山中修炼，终于得道升天，成为北方的真武大帝。院内有祖师殿前有两根碗口粗的铁杵，讲的就是这个故事。殿内以真武修炼为题材的清朝壁画也颇有可观。

注意，景区大巴通常不会主动在这里停靠，你要事先告诉司机。

太子坡
道观

太子坡之名，来源于这里被指认是真武太子年幼时修炼的地方。而又名复真观，指的就是太子被"铁杵磨成针，功到自然成"点化后，复又上山修炼的事迹。

整座宫观依山形而设，背依狮子山，面临千丈幽壑，右有天池飞瀑，左接十八盘栈道，巧妙地构造出"一里四道门、九曲黄河墙、一柱十二梁、十里桂花香"四大独特景观，向来被认为是利用自然地形展开建筑的经典之作。它是永乐大修的重点工程，在康熙年间，也得到了三次重修。

走进北天门后，短短71米长的神道上，流

不要错过

木构奇迹五云楼

太子坡内有一处小院重叠的幽静之所，那里有一幢让人称奇的"一柱十二梁"式建筑——五云楼。五云楼高15.8米，是现存武当山最高的木构建筑。最有名之处就是它顶层的"一柱十二梁"。

五云楼所处的位置正是一个斜坡，如果开挖山体或填平斜坡，都会违抗明永乐皇帝不开山取材的旨意。于是施工人员想出了"一柱十二梁"的解决办法。他们在五云楼的一根主体立柱上，将十二根梁枋穿凿在上，交叉叠搁，计算周密。称得上是建筑奇迹，以至于人们常常直接将这整座楼都叫作"一柱十二梁"。

畅的弧形墙体蜿蜒起伏如游龙。依次进入有二宫门、三宫门、南宫门，高大的照壁与宫墙连为一体，宫墙旁有建于明代的、武当山唯一的一座攒尖式砖雕焚香炉。

龙虎殿是道教的第一重殿，殿内供有青龙神和白虎神。青龙、白虎为道教护法神。殿中央门庭上悬有一匾额"体慧长春"，为清嘉庆二十四年（1819年）福建信士敬献。大殿前的匾额上写着"云岩初步"四个大字，意为太子武当修真的开始，殿内供奉着明代楠木雕刻的真武像，是武当山现存最大、保存最完整的一尊真武神像。

太子坡也是武当山景区巴士最重要的换乘站，如果你从南岩下来，想换乘去琼台，注意不要超过下午5点。

逍遥谷　　　　　　　　　　　　峡谷

逍遥谷基本算得上是一个人工建起来的景点，然而它依山傍水，青山翠谷，颇值得你在此停留游玩。

景区里称得上古迹的，只有剑河桥，也叫天津桥，始建于元代，明永乐十一年（1413年）重建。桥下九渡涧汇集了紫霄涧、黑龙涧、白云涧之水而入梅溪涧，清澈见底，被称为龙泉湖。武当山名产"剑河鱼"亦在此生长。每天上午十点半和下午三点，这里都有免费的武当武术表演，每次半小时，颇为精彩。

从天津桥上行约0.5公里，是所谓猕猴谷，成群的猕猴在此戏耍，与游客互动。

紫霄宫　　　　　　　　　　　　道观

（门票15元）是山中要另外收费的两个景点之一，同时也是武当山建筑群中保存最好、规模最大的建筑，基本保持了永乐修建时的格局和模样。山腰中的它紫气氤氲，宫殿巍峨，仙气十足，被道教称为"云外清都"。

宫殿背靠展旗峰，左有青龙背，右有白虎垭，宫前的金水河蜿蜒流过，俨然是皇室宫殿的格局。和许多道教宫观一样，紫霄宫也是龙虎殿—朝拜殿—父母殿的格局。龙虎殿中的青龙神和白虎神，为元代著名塑像家刘元一派的传世作品，是武当山泥塑艺术珍品。朝拜殿正中供奉真武大帝，殿左则供奉武当武术创始人张三丰。殿右供奉吕洞宾，是道教全真派北五祖之一。

不要错过

从逍遥谷穿越山涧到琼台

很多游客在逍遥谷只跟猴子嬉戏一会儿就离开，错过了这里隐藏的一个大亮点。事实上，从逍遥谷溯涧而上，已经建好了完整的栈道直通琼台中观，全程大约5公里，沿途古木参天，浓荫蔽日，清泉瀑布不绝，除了将近终点时有一段直上的栈道会耗费半小时外，其余路段坡度轻缓，游人稀少，若不是有景区标识，简直犹如漫步在世外仙界，属于人人都能完成的小徒步。

猕猴谷进去大约1公里，按指示左行，通过曲折的神道，可以到达武当山最险、规模最大的岩庙玉虚岩。钻过挂满萝藤的山门，豁然开朗，随处可见当年庙房的遗址、摩崖石刻和众多清代泥塑雷部彩绘神像，神采各异。返回到主栈道后，继续前行至琼台即可。

从逍遥谷到琼台是上坡，你最好做好3个小时的时间准备，并且带上一定的水和食物，中间没有补给。

当地知识
如何与道人打交道

遇见道人，应尊称其为"道长""师父"等，忌直称为"出家人""道士"等。对年长坤道，不能称为"大妈""奶奶"等，同样应称为"道长""师父"。

与道人见面常见的行礼方式为拱手礼，两手相抱，左手抱住右手举至胸前，微微低头。不要握手和拥抱，更不要闹出双手合十的笑话。

与道人交谈时，不应提及年龄和生辰，也不应提及婚配之事和腥荤之言，道人在吃斋、诵经、静坐时，游人不应打扰。道教有"三不起"的禁忌，道人有时未理会你其实并非无礼。如果遇见道教活动，应静立默视或悄然离开。

朝拜殿后是武当山最具代表性的大木建筑紫霄大殿。殿内神龛内供奉着明代御制铜铸鎏金真武圣像，两旁神龛内为真武大帝不同时期的塑像，皆为稀世珍品。紫霄大殿后面是清代建起的父母殿，供奉的是真武大帝的父母，净乐国的国王和王后。有意思的是，贺龙在1931年，也曾经驻扎在父母殿里办公。

紫霄宫仍是武当山修道的中心之一，周边也有不少学校，所以在这里你常常会有机会看到修道者在练习武术。

南岩（乌鸦岭） 道观

景区班车的终点站停在乌鸦岭停车场。沿山势往前再走一点，路的右边便是武当36岩中最美的南岩了。

这里是传说中真武大帝得道飞升的圣境，也是吕洞宾、陈抟修行练功的场所。宫殿面向南边的峭壁，故名南岩。

进入小天门，你会看见一座高大的御碑亭，亭内为永乐年间的赑屃驮御碑。碑文记述了永乐皇帝在武当大兴土木，创建武当道场的原因、目的，同时对武当山及真武神也进行了详细的描写。

玄帝殿是南岩宫的主体建筑，民国十五年（1926年）毁于火灾。2004年重新修复，供奉的玄天上帝是武当山规模最大的泥塑贴金神像。出玄帝殿左行是通往元代石殿的廊道，右行十分钟即可到达真武修炼成仙的圣地"飞升崖"。

皇经堂是昔日道人诵经的地方，殿内旁碑体上刻的"南岩"，是永乐皇帝的小女常宁公主的驸马沐昕所书，沐昕与隆平候张信、礼部尚书金纯等是武当山建筑班子的核心人物，跟随武当山建筑工程十数年直至完工。

不要错过南岩的两仪殿，因为殿外就是大名鼎鼎的龙头香，它又被称为龙首石，通体长2.9米，宽30厘米，龙头面向金顶，下临万丈深渊，观者心惊胆战。古代虔诚的信徒们在此敬香掉崖者不乏其人。清康熙十二年（1673年）湖广总督蔡毓荣下令禁烧龙头香至今。

从南岩到金顶 古迹

这条几百年来无数朝圣者走过的神道是武当山旅行的精华地段之一，你不但会领略到武当山的山色之美，还会领略到古代的道人和建筑师，是如何借助这样的山势，营造出无与伦比的神山仙宫之味。

在南岩最北的游客中心，你可以选择是徒步还是乘坐花轿上山。体力允许的话，我们建议徒步前往，这样方便随时停下欣赏和拍照。这段神道全长4.5公里左右，正常体力的旅行者一般3小时可以完成。如果走到中途感觉需要花轿，也可以直接电话呼叫花轿服务（☎138 7281 7869，159 7191 3691；南岩－金顶全程680元，朝天宫－金顶380元，80公斤以上体重者面议）来接应。

过了游客中心，你会经过榔梅祠，它是永乐大修时全山十六座祠庙中最大的一处，现存砖石结构正殿和配殿、厢房、山门和宫墙。传说真武大帝返回山中继续修炼时，经过此处时折下一段梅枝插在榔树上，说："吾若道成，花开结果。"后来，他修炼成功，梅枝果然在榔树上也插栽成活，并开花结果。但有意思的是，榔梅树后来在武当山绝迹。直到1997年，人们从安徽齐云山移回一棵榔梅树，榔梅祠才得以名副其实。

这一小段路也是视野最开阔的路段，群山和峡谷皆在眼前，四月间满目皆是湖北野樱花。往前走，经过七星树村后，平缓的路段结束，开始进入古木参天的登山道。大约百步之后经过一个亭子，左边便是悬崖上的黄龙洞，它实际上是一个天然的岩屋，经历代修炼之士的修建增补，有了黄龙殿、真武阁、药王殿、神泉亭等，逐渐形成现在的规模。

走过黄龙洞后，越发一步一登高，幸好林荫蔽日，清凉舒适，眼前隐在树丛中的红墙碧瓦便是朝天宫。传统认为，这里是神仙云游观视人间的最低界线，修道成仙者，将在这里洗浴更衣，在天兵天将引接下，过三座天门再入南天门觐见真武大帝。朝天宫始于元代，现在看到则是1991年复建的，宫前有两通石碑，是李宗仁夫妇登武当山的碑刻，记述了1939年广西各界慰问出征抗日将士的事迹。

过了朝天宫，你必须要做一个选择。即从左右两条路上山，左面一条称为前山神道，又称采樵者行道，过去一般为打柴送货人上金顶所走的路，也有人把它称为清神道（相对明朝神道）。除了最开始的"百步梯"貌似吓人外，其实相对要轻松一点，中间会经过金顶下的最后一个食宿点分金岭，打算在此住宿可以走这边。

右边一条称为后山神道，是明朝修建的传统神道，朝山进香的人都要走这条路，它几上几下起伏非常大，但有威严的三天门在等待你登上真正的仙界。它们均为明永乐十年（1412年）在元代旧址上敕建。登上一天门后再下百多级台阶，转过一弯，是武当山海拔最高的三孔石桥"会仙桥"（又称"摘星桥"），旁边有尹喜岩，传说是尹喜修仙的地方。三座天门之间的神道虽有石阶护栏，却陡峭崎岖，不少路段仅容一人，最好放慢脚步欣赏高处

不要错过

从南岩徒步到五龙宫

明朝大修武当山神庙之后，顺势而为也修建了上山的主要通道，串联了当时主要的宫门。所以在今天，从玄岳门至金顶的曲折道路，就被称为"古神道"。古人若要拜神，就要玄岳门开始，三叩九拜，经过遇真宫、元和观、玉虚宫、太子坡、紫霄宫和南岩，最终抵达金顶。

在这条神道的西边，还有一条官修的进山道路。它起于今天六里坪的嵩口村，攀登于与天柱峰相望的系马峰上，到达五龙宫后，下至山涧，又继续攀山而上至南岩宫，会合到主神道上。这条道路被称为"西神道"，而主流路线就被称为"东神道"。

西神道经过的五龙宫，称得上是武当山最大的遗珠。它从唐朝就成为武当山的皇家宫殿始祖了，后也不断重修，最终毁灭于1928年的大火，只保存有部分砖基、碑刻和道像等残垣断壁。元君殿殿基汉白玉座上1.95米的铜铸鎏金真武坐像仍是武当山的珍宝之一，而宋元时的排水系统，今天成了一个神秘的地宫"五龙宫涵洞"。

五龙宫在现在得到了部分修复，目前嵩口村到这儿已经通了水泥路，并且在宫殿遗址周边修建了栈道，你可以环游其间，探索传说中尹喜修炼的"隐仙岩"；最大的道人墓穴"榔梅真人墓"；据说是孙思邈研制火药的岩洞"凌虚岩"也在其不远处；而武当山唯一一座跨河谷两岸修建的庙宇"仁威观"（已烧毁）则在嵩口至五龙宫的公路左侧下方的山谷里。

五龙宫至南岩索道预计于2017年启用。这意味着曾经是免费的五龙宫地区也将正式纳入武当山景区的收费管理范围。

索道的修建意味着你从南岩徒步到五龙宫有了一个轻松的回程选择。从南岩地区到五龙宫已经修建好了完美的徒步栈道，单程大约8公里。从南岩停车场往金顶方向走，过了榔梅祠右边便有下山的道路标识。右转下山，经过飞升岩（传说五龙升腾护真武的地方），路过山间湖泊天一湖，一路幽远山谷溪流到驸马桥，过桥不久开始高坡上升，顶上就是五龙宫了。道路称得上简单，但上下坡幅度非常大。

注意，这条栈道被称为"五龙峡"，基本沿峡谷行进，并不是真正传统的进山神道。真正的西神道，是从五龙宫下山过驸马桥后，左转上山沿山脊而行，途经上元、中元直抵南岩，这条小路早已人迹罕至，迷路可能性很大，不建议没有向导便前往。

风景。过了三天门之后，大约二十分钟即到**朝圣门**，之后你就快要到达雄伟的**紫金城**，也就是武当山之巅的所谓**金顶景区**了。

金顶
宫殿

天柱峰山顶周围的建筑群被称为**大岳太和宫**。宫城中的亮点，自然是群山之巅的**金殿**（门票27元；⊙6:00~17:00），又称金顶。

如果你从三天门过来，穿过宫城西边的院落，便可以到达俯瞰武当山诸峰的观景台。观景台石壁上嵌刻有四个刚劲有力的大字"一柱擎天"，为民国十五年（1926年）湖北省第一任教育厅长宗彝先生所书。上方还有一块"整军经武"碑，是日军侵华猖獗之时，李宗仁在1939年秋所题。

到购票点之后，右边是太和宫和金殿，左边则是小莲峰上的**转运殿**。它有着自己的特殊结构，分内外两层，内层小殿全铜铸就，铸造于元大德十一年（1307年），是中国最早的一座铜殿。原本放于天柱峰顶，永乐大修时，在1416年移到此处。外殿与铜殿之间的间隙只够一人而过，朝圣者总是会在此转上一圈，以示好运长久。

出了转运殿便入**大岳太和宫**。它建于明永乐十年（1412年），嘉靖年间进行大扩建以后，以金殿围墙为界，围墙内称"紫金城"，围墙外称"太和宫"。太和宫成了朝拜殿。殿内正中供奉真武塑像，左右还有六尊泥塑彩绘造像，即真武大帝的部将。

太和宫门口两边各立有铜碑。均为嘉靖皇帝的御制碑文，当时据说武当山多次显现神灵，圆光呈瑞，嘉靖皇帝认为是玄武在暗中护佑国家，也就有了这第二次大修。

顺台阶拾级而上，便是紫金城的南天门。从左到右为鬼门、神门和人门，你得从右边的人门进入。顺着城墙而上，是金顶**灵官殿**长廊，道路两旁耸立着灵官使用的钢鞭。之后绝壁上一段曲折的蹬道，被称为九连蹬，运气好的时候，你能在这儿看到飘浮在如仙如幻的云海中的武当宫殿和山峰。

巍然屹立在天柱峰之巅，通体鎏金的**金殿**在明永乐十四年（1416年）建成，它在南京建成，经长江入汉水运至均州，人力运至山顶榫卯而成。如此重量的宫殿，如何人力攀山越岭至1612米的顶峰，让今人很难想象。

金殿坐西朝东，正中供奉真武大帝，丰姿庄严。侧侍金童玉女，捧册端宝。水火二将，擎旗捧剑，龟蛇二将，翘首相望。殿内金匾上书"金光妙相"四字，是清代康熙皇帝的御笔。在这群山之巅，明朝的工匠做到了密不透风，神灯已长明不灭数百年。

颇有意思的是金殿周围的148根铜栏杆，大部分为云南民众在明万历十九年（1591年）朝山进香时捐造，可见那时真武信仰和武当山作为神山，已经影响到了更远的边疆地区。

> **另辟蹊径**
>
> #### 清微宫与南神道
>
> 如果你已经来过武当山多次，东神道和西神道都走过了，那么可以试试从所谓南神道抵达金顶。
>
> 所谓南神道（门票20元），是旧时当地居民从天柱峰南方上山的一条小路。起于丹江口市官山镇的吕家河村。从武当山特区到官山镇有高速公路（即六里坪到房县的十房公路），下高速后有柏油马路抵达吕家河。吕家河至栈道起点田畈还有10公里路程，在我们调研时，这一路的柏油路已经贯通等待验收中。真正从田畈步行到金顶，约有5.7公里的路程。中间有3公里多是修葺好的栈道，阶梯式的河床上是层层瀑布，峡谷森林景色宜人。景区栈道结束后，一段不长的小径可以走到天柱峰下的**清微宫**。宫室在中观琼台至金顶的栈道上，距离金顶约1.5公里，几乎是直上的坡度，回望群峰颇为震撼。
>
> 清微宫是永乐大修武当时的重要宫殿，嘉靖年间再次扩建，殿宇道房达300余间。不过它的全盛期其实属于元代，道人张守清在这里开设讲习班，听讲者据说超过4000人。如今遗址上仅有四合院几间，尚有几位修行人在此驻守。
>
> 可以从武当山市区包车到吕家河和田畈再开始徒步，费用大约要300元。

沿逆时针方向下金顶出门右转，是崇台之上的**皇经堂**，又名诵经堂，是道人诵经习课的场所。每日清晨和黄昏，你都能听到虔诚的道人在此诵颂经文真诰。

琼台
道观

琼台在天柱峰东南山麓约2.5公里，坐高望远，和南岩的乌鸦岭一样，也是看武当山云雾的好地方。从元代开始，这里已经开始建设宫殿，称为"琼台宫"；明清时修葺扩建。建有上观、中观、下观共24座道院，庙房100多间，现在称得上完好的只有中观，所以也常被直接称为"**中观**"。

中观最宝贵的文物是大殿右边的元代石殿。大殿本身则供有明代的铜铸鎏金真武神像。

大部分游客来到这里只是为了乘坐**金顶索道**（☎568 9877；上行90元，下行80元）。如果时间充足，也可以尝试琼台到金顶的步道，山势比南岩至金顶更高更险，至少需要两个小时以上登顶。中间没有补给商店，最好带上适当的食物和饮料。

八仙观
道观

很少游人会在八仙观停留。一般交通车也会停在八仙茶亭旁边，方便游人购买两边茶园产出的武当道茶。你需要沿着下山方向走，看到八仙观标识后，右转进入茶园，从小路下山50米，即可到达三面环山、盆地之中的八仙观。

八仙观始建于元代，清乾隆二十二年（1757年）重修，传说是八仙会拜真武的地方。大殿、龙虎殿、配房均为砖木结构，两端山墙均有鱼、瑞草、祥云等彩绘，与武当山其他明清建筑倒是有些不同。

这一带公路两侧是武当山地区最大的茶园，茶农的劳作景象与高山处森林相映成趣。

🎓 课程

武当山是太极武学的起源地，在此学习武术是很多人的梦想。山上山下分布着十多所武术学校，大部分都能提供短期和长期的课程。费用也普遍合理，一般来说，一个月的短期课程收费在6000～9000元之间，包括学费和食宿费用。针对上班族的以天计算的教学也广泛存在，还有针对青少年的暑假学习班。

注意，因为住宿和课程限制，报名学习起码要提前一个星期。

三丰会馆
武校

（☎187 7298 6366, 153 3425 9396；wdgf.com；武当山特区山门东侧通神沟）曾任紫霄宫住持的钟云龙道长开设的武术学校，提供全面的太极武学教学。除了山下的主校区，也有机会在琼台附近的分院学习。

武当师行功夫馆
武校

（☎400 612 6665, 187 7278 3366；wdgf.cn；武当山特区316国道近太极湖西路路口）武馆创办者是钟云龙道长的徒弟陈师行道长，曾是武当山最年轻的武当武术教练。武馆的优势是食宿条件在武当山地区一流，并且仍有陈师行道长亲授班可以报名。

✨ 节日

武当山一年有两次是香客最集中的日子，一是农历三月初三，这是真武大帝的生日；二是农历九月初九，真武大帝得道飞升的纪念日。两个日子金顶索道都人满为患，如果你打算上金顶最好步行。

🛏 住宿

住宿在武当山从来不是一个问题。山上山下都有大量的酒店和旅馆供应，你只需考虑自己的行程安排来决定住在哪儿。乘坐火车于早上抵达的旅行者时间有限的话建议直接在山上住，时间宽裕的旅行者则可以安排一天住在山下，游览山下景点。

🛏 山下

注意，如果全程住在山下，二次进山需要多付50元。

武当山国际青年旅舍
青年旅舍 ¥

（☎566 2333；武当山特区公园路2号小广场旁；铺45元起；☏）尽管在这里住宿会遭到前国道后火车的双重噪音袭击，但与玉虚宫近在咫尺的中心位置也属加分。因为附设的"行者餐吧"提供西式简餐、咖啡和鸡尾酒，几乎是武当山的唯一选择，所以这里夜晚就成了附近学武的外国青年的交际场所。床位是标间拆卖,每个房间都有卫生间。

武当道客青年旅舍　　　　　　　青年旅舍

(📞133 8713 5281; 武当山特区太和西路14号乔家院; 铺45元起,标双108元起; 🅿️ 🅿️)安静舒适的小院里有家居味道浓厚的公共空间,房型多样,提供厨房使用。

建国饭店　　　　　　　　　　　酒店 ¥¥¥

(📞590 8829; 武当山景区山门旁; 标双458元起; @ 🛜 🅿️)紧靠大门的四星级酒店,床品服务都规规矩矩符合标准,早餐算是当地最好的。

武当山宾馆　　　　　　　　　　酒店 ¥¥

(📞566 5548; 武当山特区永乐路33号; 标双200元起; @ 🛜 🅿️)尽管设施和设计跟不上时髦,但这家老宾馆充满树木的安静大院颇为愉悦,停车位非常充足,3号楼的客房会更新一些。

🛏 南岩(乌鸦岭)

乌鸦岭—南岩地区是武当山景区内最热门的住宿选择。大部分人在这歇息一晚后徒步上金顶,也因此这里的住宿供应相对来说是最充分的,工作日颇有折扣可谈。尤其是靠近停车场那一排颇有20世纪风味的宾馆,标间在100~150元间即可谈下。

南岩客栈　　　　　　　　　　　酒店 ¥¥

(📞590 2833; 武当山景区南岩; 标双368元起; @ 🛜)建国饭店在南岩地区的分号,走小型中式精品客栈路线。维护尚可,床垫足够舒服,房间望山日出的景观颇为出色。

太极会馆　　　　　　　　　　　酒店 ¥¥

(📞568 9888; 武当山景区南岩; 标双368元起; @ 🛜)南岩地区最有规模的星级酒店标准饭店。1号楼走现代路线,2号楼则是中式装修。值得一提的是,它的餐厅几乎是这一带最体面的,味道不错价格也属合理。

🛏 七星树

如果你想第二天上金顶时减少一点脚程,那么不妨从南岩继续上行,到距离朝天宫已经很近的七星树村居住。这里家家户户都提供客房和餐厅服务。房间根据条件从60~200元都有可能,热水洗浴和电热毯是家家户户都有的。从村里到金顶需要1.5~2小时。

同福客栈　　　　　　　　　　　客栈 ¥¥

(📞136 3623 2222; 武当山景区古神道七星树尾; 标双180元起; 🛜)七星树村最高处的客栈,价格也是最高的。装修就是农家乐的水准但称得上干净舒适,服务也有家庭式的周到。

🛏 金顶周围

不惧寒凉,虔诚拜山的信徒和那些一心想拍日出胜景的摄影爱好者会选择住在距离金顶最近的地方。但是金顶旁边的住宿选择其实只有两个,如果你没有携带帐篷又碰上两个住宿点都客满,可以沿清朝神道下撤半小时到**分金岭**,那里有三四家简单的食宿店提供简单的住宿。

金顶贵宾楼　　　　　　　　　　酒店 ¥¥¥

(📞568 7158; 金顶索道上站旁; 标双480元起; @ 🛜)金顶唯一的酒店,仅有十一间房。网络慢、热水小、床品质量也只是一般宾馆的水平,即使这样,假日也是一房难求。

天云楼　　　　　　　　　　　　招待所 ¥

(📞568 7158; 金顶太和观皇经阁旁; 铺40元,普双200元起)条件简陋,因为防火也没有电热毯,需要自己带足保暖设施,你有机会和真正修行问道的人共处。

🛏 琼台中观

琼台中观地区的住宿供应不少,仅次于南岩—乌鸦岭。农家乐的房间多半百元可以拿下,停车场附近的宾馆则普遍在150~200元之间,热水和网络俱全。

琼台宾馆　　　　　　　　　　　酒店 ¥¥

(📞568 9818; 琼台索道下站旁; 标双360元起; @ 🛜)琼台地区最好的酒店。景观房居高临下,窗外就是武当山的岩壁沟壑,有漂亮的晨雾景观。装饰走古典路线,有中央供暖,但也有热水不够热的通病。

紫霄宫

紫霄宫因在山中路程的中间位置，很容易被人忽略其周边住宿，但其实这里山色优美，气温也较山顶舒适。除了两三家酒店之外，紫霄宫西院本身有香客房（☎159 7189 5959）可以投宿，两旁村屋也有农家乐。

紫云阁 酒店 ¥¥¥

（☎568 9339；紫霄宫派出所旁；标单620元起；@⑥）称得上是武当山景区内唯一具备五星级设备的小型精品酒店，环境静幽，山景丰美。房间面积不大但是小巧典雅。服务周到，餐厅只有中式早餐但出品用心。步行到紫霄宫要5分钟左右。

其他地区

除了上述地区，实际上如逍遥谷、八仙观、太子坡等地都有数量不少的农家乐和客栈，价格与其他地方相去不远，通常在80~200元之间。近年在武当山尤其是紫宵一村也出现了一些经过设计的山间民宿，与一般农家乐有了区别。

福地居33号 客栈 ¥¥

（☎189 8603 5590；紫霄一村近财神庙；标单399元起；@⑥）千米海拔上村屋改建的精品民宿，在露台上可以看茶园和无尽的悠远山景。饮食主打有机食物不便宜。与公路有些距离，是需要走一小段无防护山路，到达离开都需要房主帮助，因为大部分班车不会停靠这里。

灵山居 客栈 ¥¥

（☎187 2180 9936；紫霄一村近财神庙；标双248元起；@⑥）同样的村屋改建的民宿，除了漂亮的茶园景，天台上的望远镜还可以看星星月亮。老板娘用菜园的产出做的川菜水准不错。

玄缘精舍 客栈 ¥¥

（☎568 9567；八仙观茶厂旁；标双120元起；@⑥）这间背依万亩茶园的客栈以其道教文化出名，晚上经常有道教文化的讲座和讨论。房间朴实安静，推窗即是茶园古树。老板能为你做出景区旅游和徒步线路的指引。

就餐

武当山上虽然没有值得特别推荐的馆子，但就餐完全不是问题，蔬菜和鱼都是非常新鲜的。南岩、七星岭和中观餐厅密集，即使是在相对少人停留的紫霄宫、逍遥谷、太子坡和八仙冠，也有"农家乐"经营住宿和餐饮。难得的是，无论山上和山下，价格都称得上公道合理。到处都能吃上10元的面条。三两个人吃一餐有剑河鱼、野菜和当地黄酒（冰镇后会更好喝）的特色晚餐，基本上200元就能搞定。但是切记，务必要先确认好每道菜的价格。

相对没有选择的是金顶，你只能在金顶贵宾楼、天云楼和几个小卖部果腹。不过金顶贵宾楼15元的早餐在山顶上可以称得上相当实在。天云楼招待所对面的饭堂则提供斋饭。除了金顶，中观和紫霄宫都提供斋饭，时间基本一致，早餐6点，午餐12点，晚餐5点。每餐的价格在10~15元间，紫霄宫的斋饭比金顶的更出色。

武当山城区也到处是馆子，提供的菜品大同小异，以剑河鱼和汉江里的翘嘴鲌为招牌。值得一提的是几个老馆子丰富的早餐。尤其是玄武大酒店附设的**玄武老菜馆**（☎507 6111；太和大道31号汽车站对面；⊙早餐7:00~10:00）和**天福大酒店**（☎135 0867 7179；剑河路近红十字会；⊙24小时营业），都拥有几十种丰富的过早品种，每样不过三五元，牛肉面都称得上美味。晚餐和夜宵除了满大街大同小异的馆子，还可以去玉虚宫西侧老火车站，那里集中了七八家大排档，武当山地区的特产都有。

饮品

武当山是静修之地，山上没有喝东西的营业场所。当然，无数小商店里还是可以买到啤酒和当地自酿的黄酒的。如果下山想喝一杯，武当山国际青年旅舍的**行者餐吧**有基本的意式咖啡和鸡尾酒，营业到晚上11点半。

娱乐

除了山上逍遥谷每天下午的武术表演，山下太极湖新区的武当剧场晚上则有融合舞蹈、武术与声光技术的主题表演"**梦幻武当**"（☏565 2333；票价118~380元；⊙20:00~21:00），通过旅店或旅游APP预订价格会更便宜。

❶ 实用信息

旅游服务

武当山特区旅游局投诉电话：566 8567。

银行

南岩设有中国农业银行的ATM，市区则有四大银行的ATM。

邮局

南岩游客中心有邮局，出售明信片。

上网

绝大部分有宾馆和农家乐都提供Wi-Fi，主要景区周围也有景区提供的免费Wi-Fi。

医药服务

太和医院武当山分院（☏566 5554；太和路10号）

❶ 到达和离开

飞机

见118页十堰武当山机场。

长途汽车

通往十堰和丹江口的巴士会经过市区主干道，招手拦车即可，十堰方向10元，丹江口方向18元，你也可以乘坐公交203路（4元）到达十堰火车站。

在我们调研期间，武当山汽车站还是一个没有建筑的停车场站，位于太和路近汉十高速入口，与武当山景区山门需要步行5分钟左右。这里有班车开往**神农架木鱼景区**（☏137 9783 0043；⊙8:00；4.5小时；100元）、**武汉**（☏136 8720 1585；⊙9:30；6小时；130元）、**郑州**（⊙14:00；6小时；130元）和**襄阳**☏136 8720 1585；

从武当山去陕西

从武当山去陕西有很多路径选择，除了郧阳北部的白浪街（见115页），还可以通过郧西和商州抵达西安，也可以通过十天高速或麻竹高速抵达安康后，前往汉中或者西安，三条路都属高速大道，自驾非常方便。

如果选择商州方向，不妨去距离陕西与湖北交界处漫川关仅有十多公里的**上津古镇**一观。虽然规模袖珍，却称得上是湖北省唯一保存最完整的旧县城。建于明代的古城墙南北长306米，东西宽262米，青砖砌成，四方各有一个城门，分别叫作接秦、达楚、通汉、连郧，表明自己"朝秦暮楚"的交通地位，西南一角还有为方便百姓劳作而开的角门。

城墙内的民居多为四合院结构，不少已经破旧不堪，但仍保持着人居，山陕会馆还能看出旧时气势。1947年，解放军在这里建立了湖北省第一个人民共和国的县政府，政府驻地的院落依然维持着原样。

镇上广场的**上津金盾酒店**（☏631 3333；标双148元起；@ℙ）崭新宽敞，街上小馆子融合鄂陕风味，羊肉串和凉皮很常见。汽车站每天有发往**十堰**（55元；⊙7:20, 8:00；2小时）和**西安**（90元；⊙8:30, 9:00, 16:00；3小时）的班车。也可以乘坐频繁的农村小中巴先抵达**郧西县城**（25元；1小时）再转车去十堰和武当山。

往安康方向走，选择走竹溪县则可以探访古老的**关垭遗址**，这一地带有一片古长城的残垣，南起湖北省边界的竹溪县，北至陕西省平利县，绵延180余公里，被一些研究者认为是春秋战国时期的**楚长城**遗址（也有人认为是秦楚之间的古庸国所筑）。而关垭子山口的土夯城墙被认为是就是这段古长城划分秦楚的核心标志，虽然土墙已经被新建的仿古城楼夺去了气势。

可以从武当山上十房高速到房县，再上谷竹高速，就能迅速到达竹溪县与陕西的交界蒋家堰镇关垭遗址。乘坐公共交通则需到十堰乘坐**竹溪班车**（3.5小时；69元），车站门口即是去蒋家堰和关垭的**公交站台**（4元），从竹溪去**安康**每天8点到下午5点有7班车（42元；1.5小时）。

(⏰8:00~16:00；约每小时1班；60元）。

火车

铁路武当山站在武当山市区往十堰方向约三公里外的六里坪。这里有不少普速火车停站，可以到达北京、上海、西安、广州、福州、武汉、成都、重庆、汉中、安康、贵阳、青岛等主要城市，票源较少，要提前预订。

预计2018年通车的西武高铁武十段将设武当山西站。

❶ 当地交通

抵离机场

机场大巴（☎868 1515；15元）每天7:30到晚上8点，约每两小时从武当山景区门口发出，全程高速30分钟可达，发车间隔和时间会随着航班变动而变化，建议事先打电话确认。

公交

除了开往十堰的城际公交，武当山市区还有贯穿太和大道的本地公交，可以抵达武当山火车站、景区山门和太极湖码头，2元/人，与城际公交共用站点。

景区内除了旅游接驳大巴外，还有为当地居民准备的公交开往中观和南岩（乌鸦岭），通常游客也是可以免费搭乘的，尤其是下午旅游大巴即将停运时。

出租车

极其少见的武当山出租车起步价6元，2.5公里以后每半公里0.8元。如果需要包车客运可以通过旅店联系。

丹江口

走在丹江口市种满法国梧桐、尺度适宜的小马路上，你会恍惚以为这是南京或上海在20世纪五六十年代建设的新城区。事实上，丹江口也的确是那个年代建设起来的新城，水电站和其他工业企业迁移了大量全国各地的城市居民来到这里，使之成为继十堰之后又一个典型的共和国移民城市。

在大坝蓄水之前，丹江口市域的前身——均州是以武当山闻名天下的古城。1958年，均州古城和朝拜武当山的第一个宫殿净乐宫，也一并永沉水底。

◎ 景点

净乐宫　　　　　　　　　　　　宫殿

（☎525 2725；丹江口东郊赵丹路；门票30元；⏰7:00~17:00）常常被书写为"**静乐宫**"的它，在1958年沉入水底后，一些构件被提前保存下来，经过漫长时间的等待，终于在21世纪重新复建成功。

净乐之名，来自真武大帝家族传说中的"净乐国"。古人以均州为净乐之都，真武大帝在此降生。原宫位于均州城内正北，共有宫殿、廊庑、亭阁、道房等大小房屋520间，建筑面积3万多平方米，全宫占地面积12万多平方米，是人们朝拜武当山的第一座宫殿。1956年开始，均县文物搬迁小组陆续将净乐宫大小石牌坊、驮御碑等800多件文物迁到丹江口金岗水库北坡，包括大石牌坊、龟驮碑2座、琉璃八字山门、琉璃化纸炉、文庙小石碑坊等，均州古城和净乐宫随之淹没。

未曾想到的是，净乐宫文物堆放于此，50年后才得以复建宫殿。现在到达这座2006年完工的武当神殿，你看到的第一个大门，也就是大石牌坊，是新净乐宫少见的明制文物，两座永乐时期的赑屃驮御碑依然威风凛凛。玄帝殿、紫云亭、皇经堂和父母殿皆按旧制重建。

乘坐公交103路车（1.5元）到终点站即到。

丹江口大坝　　　　　　　　　　水电站

（☎521 0149；丹江口沿江大道与大坝路路口；门票65元；⏰8:00~18:00）可以说，有了丹江大坝，才有了丹江口这个城市。这个巨大的水利工程始建于1958年，1968年蓄水发电。它不仅是根治汉江、开发汉江的关键工程，而且也是南水北调中线水源工程。南水北调二期工程完工后，坝顶高程将增加到175米。

景区有导游带你乘坐环保交通车参观水电站内部设备，解答你对水力发电的疑问，还能登上坝顶，鸟瞰整个丹江口城区和无边的库区，天气好的时候，武当山也隐隐再现。

打车至大坝景区市内都是起步价6元，118路公交也可以到。

🛏 食宿

参观大坝、净乐宫和游船一天就能完

值得一游

玩转丹江口水库

除了武当山的"太极湖游船"（见124页）之外，丹江口市区的沧浪海旅游港（☎507 7777；右岸新城区武当大道1号；游船100元/人起；◎8:00~17:00）也提供在水库里的游船游览，路线和太极湖游船不同，一般是开到接近河南水域的百喜岛，那里水面更加宽广，所以起了些沧浪海或小太平洋之类的名号。工作日一般每天三班船（10:30，14:00，15:00），周末四班船（9:30，10:30，14:00，15:00）。

不过，如果你是自驾至此，沿着环绕库区的公路奔驰一圈是个更好的选择。从丹江口市区出发，路线是丹江口—石鼓镇—习家店—安阳镇—郧阳区—柳陂—长岭—青山—六里坪—丹江口，全程不足三百公里，路况非常好，且与各条高速公路互通。一路起伏伏的山地间，宽阔辽远的水面时隐时现，在春天尤其美丽。如果想要去看最宽广的"小太平洋"部分，从丹江开出第一座库区大桥时右转去凉水河方向几公里就能到达，或者在凉水河镇上右转去百喜岛。石鼓镇的太极峡（☎570 9999；门票90元）除了门票过高，几公里长的峡谷步道倒也算是踏青的好去处。此外，习家店镇和均县镇都有公路直抵水边，均县镇聚集了当年均州城居民的搬迁移民，他们为了丹江口水库和南水北调工程已经不得不搬了两次家。

成，丹江口到武当山和十堰的交通又是非常方便，所以在这里住宿的意义不大。如果来不及回去，距离丹江口汽车站最近的**锦江之星**（☎520 7069；车站路40号；标单159元起；@ P）很适合中转，门口就有去净乐宫的公交车。

丹江口饮食以鱼出名，尤其是翘嘴鲌，市里的饭店都能吃到。汉江右岸老桥旁的**丹江渔村**（☎552 2600；潘家岩路78号；◎11:00~22:00）的清蒸鱼和铁锅江鲢都做得不错，包房的汉江江景也有加分，人均50元左右。

❶ 到达和离开

丹江口有两个汽车站，对游客比较有用的是市中心的**丹江口客运站**（丹江大道030号），又被称为老汽车站，十堰和武当山的车都在这里滚动发车，开往库区北岸的车如石鼓太极峡（16元；1小时）也在这里发。位于新港大道和迎宾路路口的**新港车站**则有发往湖北其他城市和外省的班次。

❶ 当地交通

丹江口公交车每次1.5元，老汽车站和新港车站间可以搭乘101路和104路。出租车则6元起步价，2.5公里后每0.5公里0.8元，能使用滴滴快车。

房县

房县是你从武当山去神农架的必经之路。这个山区县在湖北以黄酒闻名，樱桃等山区水果可口，公路旁青翠的山峡风光令人愉悦。如果你武当山和神农架都计划走路徒步的话，不妨考虑在这儿停留一晚，泡泡知名的房县温泉，解乏并恢复精力。

房县温泉在县城往东约5公里的路上。条件最好的是**天悦温泉酒店**（☎301 1031；标双358元起；温泉票128元；◎温泉营业时间10:00~22:00；@ P），算是四星级标准，温泉房、露天园林温泉区和温泉泳池都不错，购买订房APP的吃住套餐会更划算。它旁边有两三家农家乐水准的温泉，泡汤的价格都在50元左右，也有简单住宿。从房县汽车站有公交车直达温泉（2元；20分钟），超过下午6点就只能在温泉留宿或叫出租车了。

除此之外，如果你是自驾并且时间充裕，房县去神农架路上的野人谷镇有几个小景点可以一看。**野人谷**（☎361 1518；门票50元）和**野人洞**（☎361 1518；门票50元）两个相邻景点以野人为噱头，峡谷风景倒是秀丽，溶洞两层2000米长，规模不小。县医院对面每天早上7点半到下午3点半每两小时左右有一趟去这两个景点的班车，票价15元。

在温泉住宿是最好的选择，不过房县客运站就处在最繁华的中心，步行距离内充斥着价格在100~200元间的宾馆。出客运站右转，步行10分钟后过西河大桥后左转到广场，广场上有房县最热闹的餐饮夜市，家家都有好喝的房县黄酒。

武当山没有到房县的班车。你可以到十堰客运南站乘坐（32元；⊙7:00~17:00滚动发车；2小时），从房县到神农架木鱼只有1班（⊙7:30；52元；3小时），没赶上可以到神农架县城松柏中转（⊙8:00~15:00，共4班；34元；2小时）。

神农架

作为中国在2016年最新晋升世界自然遗产的亚热带原始森林神农架，国人闻其名却是从"野人"传说开始的。在这个不少报告和故事中人们目睹"能直立行走的高级灵长类生物出没"的茫茫林海，不仅是秦巴楚的自然边界，汉水和长江的分水岭，也是整个中国内陆中东部的最高峰，拥有全中国最完好的中纬度亚热带森林生态系统。在起伏的群山之中，有6座山峰超过3000米，这使得它天然与人群聚集的长江和汉水的平原有着本质的差异，在江汉平原已经超过30℃的5月，神农顶的丛林里，还essentially留着3月的白雪，箭竹和珙桐的身后，群兽依然呼啸山林中。

神农架还是全中国独一无二的以"林区"命名的县级行政区，并且直属湖北省管辖，在这个以平原和丘陵为主的省份，它提供着整个华中地区最与众不同的小气候和最丰富的自然景观。春天怒放的高山杜鹃，夏日如幻的离离草原，秋色斑斓的五彩森林，雪压枝头的悬崖古木，都是远离尘器的极致景象。

历史

神农架的蜚声中外，还是20世纪七八十年代的事。正是因为媒体报道了"野人"的发现，也带来了几次大规模的"野人"考察。尽管考察的科学家们并没有机会与"野人"相遇，但在众多的考察活动中，神农架无与伦比的生物宝库本色和地质遗迹被真正认真地发现和挖掘，最终让神农架进入了联合国的"国际人与生物圈保护区网"，并且接连成为世界地质公园和世界自然遗产，在中国首屈一指。

不过并不是只有当代人发现了神农架丰富的生物多样性。1900年，生物学家英国人Ernest Henry Wilson就率队从宜昌穿越神农架抵达巫溪，后来在1910年他又再度进入，采集植物标本万余份，拍照片数百幅，将珙桐和神农架箭竹带到了西方，他也被英美人尊称为"中国的威尔逊"。

虽然在传说中，神农架因炎帝在此采尝百草而得名，但这传说只限于民间流传，从未被正统历史典籍封认，所以没有给这片高山带来像武当山那样络绎不绝的朝拜者。一直

另辟蹊径

穿越十八里长峡到巫溪

在神农架禁止私家车进入大九湖后，自行开车从鄂西北进入重庆巫溪的路几乎就只剩一条，那就是竹溪县最南边与神农架相连的**"十八里长峡"**。可以称得上是湖北最偏远的地方之一。

十八里长峡（📞284 8088）距重庆巫溪7公里，与大宁河小三溪仅一山之隔。北起竹溪县向坝乡岔河，南至竹溪县双桥乡吊楼子，是我国中东部地区切割最深的峡谷，最高峰葱坪海拔2740米，最低海拔570米，相对高差2170米。段段峭壁迫在眉睫，古木藤蔓倒挂，有些路段称为"一线天"也不为过。小沟儿茶是生长在此的濒危植物，珙桐、红豆杉林面积也达数千亩。在清末民初，这里也是穿越秦巴的古盐道之一，盐商们从巫溪大宁盐厂购买食盐，再由人工运往房县、竹山、竹溪等地交易，在长峡的部分崖壁上，还保留着完整的古盐道遗迹。

从武当山到十八里长峡，通常是十房高速转谷竹高速，在竹山县城下高速，经柳林乡到竹溪的向坝乡，这样比到竹溪县城再转更近。路况是很好的柏油路。只有出湖北到巫溪白鹿镇的短短7公里比较狭窄。你也可以到达巫溪白鹿镇后，北上陕西镇坪，从高速经关垭楚长城界开回竹溪，一日完成鄂渝秦三省游。

保护区管理局附近有农家乐可以吃饭。

神农架林区

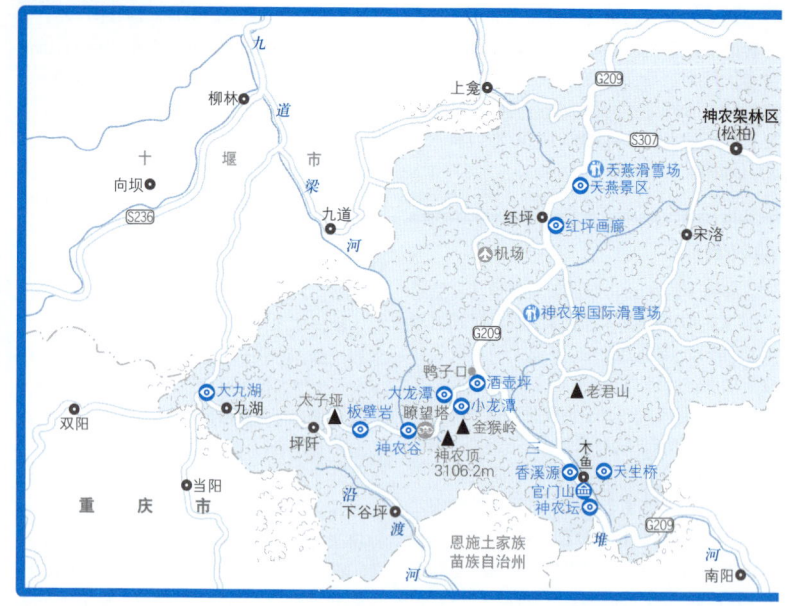

以来，这片隐秘的世外之地，多是逃难者或是密谋者隐居的地方，江汉平原每遇蝗灾水患，神农架就是首当其冲的避难之所。川陕鄂三省的客商、马帮、脚夫也随着古盐道来来往往于此山此水，就像电影《刺客聂隐娘》里的场景那样，总有一些外籍人在大九湖边或是其他山谷里落户，成了隐世的居民。晚清和民国时期，这里兵匪活动频繁，人口锐减，今日荒山之中，兵匪修筑的寨堡，已成为野兽的栖息之地。

即使是"神农架"这个名字，也是同治年间才初见于《兴山县志》。那时这片广阔的林区，还被房县和兴山分而治之。直到1970年5月，国务院批准将房县、兴山、巴东的24个公社和2个药材场、1个农场划为神农架林区的行政区划，神农架作为中国独一无二的县级林区建制，神农架才从那时间开始，成为湖北和华中的绿色心脏一直到今天。

方位

广阔的神农架林区面积超过三千平方公里，林区的行政首府松柏镇位于遥远的东北角，与房县较为接近。游客集中的木鱼镇却位于西南角，与兴山和宜昌接近。这是因为神农架的两个最重要的景点：最高峰神农顶和大九湖湿地公园都在西南部的原因。你能游览的大部分景点也与木鱼镇接近，只有天燕、红坪景区和两个滑雪场位于北部，基本都处在木鱼前往房县的209国道上。

景区的游客中心和景区交通车发车处在209国道的酒壶坪，从木鱼镇北上十几公里即可到达。

◎ 景点

尽管神农架拥有华中最好的原始森林，但事实上，普通游人能参观的地方只是严格挑选出的一部分，保护区的大部分森林是不对游客开放的。好处是成熟的景区风光优美之余，都已经配备好了完好的旅游设施，在你来往这些景点间穿梭的林间公路中，也可以一瞥远处葱葱郁郁的原始森林一角，想象在这儿出没生活的无穷尽的动物世界。

每个景点都可以单独买门票，但除非你只有一天时间，否则我们强烈建议你买通票。神农架景区通票[门票269元(冬季130元)，交通车120元]可以游览神农顶、大九湖、天燕红坪、神农坛、官门山和天生桥六个景点，五日内有效，而神农顶和大九湖两个单独的门票

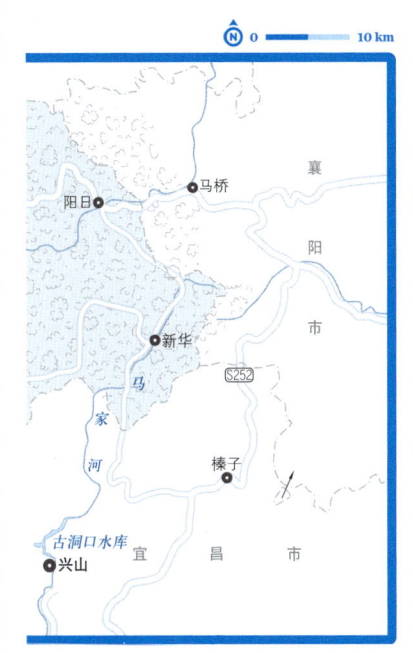

已经是260元了。

从容地游览完这六大景点要三天,如果你只有一两天,优先选神农顶和大九湖两个景区细细游玩都值得花上一天。还有更多时间的话,六大景区之外还有些小景点,但它们的景色大多不过是六大景区特色的重新组合罢了。

六个通票景区中,神农顶和大九湖在一个方向上,也只有它们有景区班车可乘,你可以乘坐木鱼－松柏频繁的班车抵达酒壶坪游客中心转乘。去大九湖所有的车辆都得在坪阡镇停车,换乘景区统一班车游览。其余的景点只能包车或自驾游览。

神农顶   山

(门票140元,交通车90元;⊙7:00~17:30)所谓的华中屋脊就在这里。金字塔般的神农顶高达3105.4米,是大巴山的最高峰,也是华中地区的高极。今天它已经修筑了2999级台阶,毫无登山基础的人,只要多休息并坚持,也能抵达顶峰看苍茫无涯的林海。

从景区入口驰车而入,第一个到达的是**大龙潭**、**金猴岭**和**小龙潭**。大龙潭是动物保护科研基地,平常不大对游客开放,小龙潭则建有茶舍以及"野生动物救护中心",有金丝猴驯养基地,你可以看到金丝猴和其他可爱的野生动物。**金猴岭**原始森林林区才是金丝猴真正出没的地方,不过你很难有运气与它碰面,一般游人都会看过小龙潭的几只金丝猴后直奔神农顶的登山起点。

神农顶的山下(台阶起点)已经超过2000米海拔,高山草甸绵延千里。大约300级台阶后会到一个平台上,这里箭竹林藏在突兀的高山石林中。在夏天时,景区搭建的"野人木屋"还出售啤酒和饮料。继续往上走,冷杉刺破苍天,杜鹃灌木丛随后出现,春夏之交甚至有可能看到杜鹃雪上开的奇景。最顶上立有石碑和观景台,由于海拔过高,大部分时

神农架山花时刻表

作为华中之巅,神农架的春季总是比湖北其他地方来得晚,而且它的海拔从300多米到3000多米,有着典型的立体气候,山脚盛夏山岭春,风霜雨雪同时辰,都是非常常见的景象。

一般来说,神农架的春天是从南部香溪河谷地带开始的,3月你已经可以在这些低海拔的地区看到山坡上的野李子花。当然,赏花的真正主角,还是从1500米到3000米都有分布的高山杜鹃。

最先开放的杜鹃是从高山移栽于海拔1200多米的官门山景区生物多样性实验室。4月中旬时,粉色的花朵已完全盛开。4月底,神农顶景区海拔2200米左右的大龙潭金丝猴研究基地附近区域的杜鹃花也竞相开放,神农谷的杜鹃也开始绽放枝头。至于2500米以上的山顶部分,就一定要等到5月中旬了。每年5月的神农顶至太子垭一线,绵延十余里的杜鹃花海足以让人沉醉不知归。不过,也不要仅仅将目光锁定山上,5月中下旬的大九湖湿地,三万株海棠如火如霞,照亮了整个草原和水面。

候你并不能一望千里，而是被云雾缭绕、时隐时现的森林奇景包围。最好在上午来登高，下午云雾天气的可能非常大。

神农顶上下山需要约两三个小时。不过被划为这个景区的地盘是非常庞大的。继续朝大九湖方向西行，公路在山腰中穿行，一路有神农谷、瞭望塔、板壁岩等景色可观。神农谷是景色秀丽的森林峡谷，有一条长达5000米的步游栈道在此悬空搭建而成，你可以步行在栈道中，尽享神农架重重绝壁峻岭和无穷无尽的原始森林。瞭望塔建在2998米的望农亭上，高40米，其实是护林防火、监测森林病虫害的配套设施。

板壁岩是神农顶景区的又一个亮点，距离瞭望塔五公里，海拔2610米，被神农架箭竹和杜鹃围绕，这里奇石众多，当得起"石林"之誉。有意思的是，这里也是神农架报告有"野人"踪迹最多的地点之一。继续往大九湖方向走，是又一座高山太子垭，和神农顶一样，这里也有漂亮的原始森林和春夏盛开的高山杜鹃。

如果把这一路有完善设施的景点都走一圈，需要整整一个白天。景区班车都是坐满发车，在景区内游客可以多次上下车，发车频率和时间随季节变化较大，以当日景区公告为准。

自驾会更自由得多，不过由于很多路段在2000米海拔之上，云雾出现的频率非常高。我们建议如果下雨最好放弃游览整个神农顶景区，且不说无法登顶，就是路上的各景点也可能被云雾遮蔽，什么都看不见并对驾驶造成威胁。

神农顶阶梯起点有餐厅，价格算是合理。

值得一游

徒步探索老君山

神农架的景区基本集中在林区的西南部，广阔的中部和东部是不便到达的，但实际上这里却拥有更原始的森林风光。木鱼镇以东的老君山海拔2936米，其中有一段10公里的原始森林徒步小道，目前已经成了神农架徒步的基础路线。

一般来说，经典的老君山小环线是这样走的：

➡ **木鱼镇—阿弥陀佛岩—杜鹃林（露营）**

第一天从木鱼镇抵达彩旗保护站后，开始进入原始幽深的神农架原始林区，穿越高山草甸，到达高山杜鹃林带。自阿弥陀佛岩行进到杜鹃林是一路上升，但行程还算轻松惬意。

➡ **杜鹃林—城墙岩—老君山—老君寨—原始森林—老君洞—乌龟峡（露营）**

第二天向老君山山顶爬升，在云雾中穿过草甸、箭竹林和杜鹃林，翻越2936米的老君山山顶后，慢慢下降到1900米的乌龟峡，是穿越强度最大、最为艰苦的一天。

➡ **乌龟峡—蚂蟥沟—木鱼镇彩旗保护站**

第三天基本是全程下坡，从海拔1900米下降到1300米，对膝盖是个考验。回到保护站后就可以搭车回木鱼镇了。

老君山小环线一路有溪水补给。山上的水都比较干净，除了春夏季节水中易有虫卵之外，秋冬季节一般可以直接饮用，不过建议在煮开之后灌装饮用为佳。

在神农架徒步需要聘请当地向导带路（约300元/天，向导一般食宿自理），而且必须在保护站办理进山手续和保险（管理费150元，保险30元），请准备好身份证。

老君山徒步的起点是木鱼镇彩旗村，它已经成了一个专业向导村，你可以在那里找到靠谱的向导，也可以在木鱼镇请客栈、宾馆和户外旅行社代为联系。一般包车来回接送的价格是600元。

除了这条基础线路之外，神农架还有更多丰富、难度也更大的全负重多日扎营路线。譬如千家坪穿越、南天门穿越和长达58公里的神农顶环线徒步等，你可以在木鱼和彩旗找到向导，或者直接参与8624和磨房等专门户外论坛组织的徒步活动，这样更为靠谱。

大九湖
湿地

（门票120元，交通车60元；⊙7:00~17:30）有着梦幻山水景象的大九湖，在电影《刺客聂隐娘》里是唐人侠客归隐的桃花源，在传说中，是唐中宗李显被贬房州（今房县）时练兵的基地。这片风吹草动的高山牧场，似乎天生就是天高皇帝远、云深不知归的隐秘胜地。

它是神农架极其罕见的一块平地，被称为九湖坪，也是华中规模最大的高山湿地。在这一抹17平方公里的平川上，高山重围，芦苇深处，串联着大大小小九个相连的水域，东西长15公里，南北宽1到4公里，水丰草美，牛羊处处。九湖坪四周山高达2800米，森林茂密，雨量充沛，九条溪水似玉带从山谷雾中飘洒而下，流入坪中的九个湖。有意思的是，大九湖没有向外泄流的河道，而是通过盆地西北角大大小小40多个落水孔流入地下暗河，注入汉江和丹江口水库，大巴山高山草原上的水，最后在现代人的巨大工程中居然流去了北京。

大九湖最受游人欢迎的湖泊是面积最大的五号湖。如今水域间基本都修成了完好的栈道，并通往森林深处，行走其间，草原渐渐变作隐秘的森林，梅花鹿在草原上嬉戏，侠隐之地意味十足。梅花鹿场旁边还有一株400多岁的老栎树，本已在20世纪50年代枯死，80年代却爆出新芽，长出新枝，当地人视为大九湖的吉物。

传说中的唐中宗练兵遗迹大多不可寻，只有些不知名的古墓。水边山间，倒是多的是当地人的传统民居。大九湖原住民的房子叫垛壁子，四壁用原木垛成，缝隙封以泥土避风，仅留有几方小窗，房顶用蓝麦草覆盖。

大九湖的大规模开发始于20世纪70年代，修渠排水，建起了牧场和农田，后来才又逐步恢复湿地生态。出于保护湿地和旅游开发的需求，2012年，大九湖开始实施湿地生态移民搬迁，九湖坪的居民已经全部被要求搬迁到20公里外的坪阡镇居住，游客也禁止在此住宿。

湿地区域内不再允许住宿。对那些执着于晨昏色彩的摄影爱好者来说，这不是好消息，唯一的补救方法是在坪阡住宿，每天最早或最晚进出。

目前所有游客必须在坪阡换乘景区班车进入景区，再换乘观光无轨"小火车"游览。小火车每天早上7点半发车，全程设肆字号、巫山路口、落水孔、伍字号、摇钱树、4号湖、3号湖、2号湖八个停靠站点，环湖一周约为一个半小时，可以随上随下。在我们调研期间，小火车最后1班是6点半从终点发出，到达换成大巴的停靠点大约是20多分钟。最后一趟下山的大巴是晚上7点。收班时间随季节变动，一定要先跟司机和工作人员确认清楚。

虽然大九湖与重庆市巫溪县双阳乡及巫山县当阳乡接壤，是林区通向小三峡的必经之地，号称"巴山前哨"。但在我们调研期间，私家车已经很难获得批准穿越大九湖进入巫溪，你只能原路返回到木鱼。坪阡镇尚在大兴土木之中，但已经有不少客栈提供吃饭和住宿。

天燕
山

（门票60元；⊙7:00~17:30）天燕景区主要得名于燕子垭山口。那里海拔2200米，209国道穿崖而过，崖上松杉吐翠，红桦披锦，有着一望无际的山景。

景区修筑了连接燕径与云栈的环行步道，不少路段可以称得上悬崖徒步。走完大约需要1个半小时。两条路径的连接点是被称为云天飞渡的会仙桥，又被称为"**彩虹桥**"，它连接了两座山头，是观赏天燕云海和晚霞的绝佳处。

彩虹桥面对的山谷是个三面环山的集水区，植被丰沛，河谷中众多的落叶阔叶和常绿阔叶树蒸腾的水分凝结成雾气，漂浮在森林的上空，只要雨过天晴，便会形成波澜壮阔的云海，偶尔还能见到佛光。燕子洞是个面积颇大的溶洞，深入其中，可以在黑暗中与叽叽喳喳的燕子相遇；悬崖上精心设计的步道也值得一直走到底，在悬崖上看见大树掩映之下汽车消失于峡谷中的感觉还颇为奇妙。

天燕附近，在红坪镇旁有个叫作"**红坪画廊**"（门票40元）的独立景点。是长约15公里的一个峡谷，以高耸的十八座石峰景观著名，成为不少神农架题材绘画的灵感来源。峡谷里的栈道时宽时窄，还有足足有75度斜坡的铁梯，观景或漫步都宜人。如果有时间可虽然天燕的入口在红坪镇旁的209国道上，但真正抵达景区还有十来公里的山路，景区没有班车，你只能包车往来，从木鱼镇来回300元左右。

官门山
博物馆

（门票120元；⊙7:00~17:30）虽然清丽的峡谷颇为可人，不过官门山最吸引人的还是它建在群山中的几个展馆。山谷沿途上，整面崖壁之上悬挂着众多木制蜂箱，黑压压地装点着石壁，这便是"神农架蜂蜜"的最主要产区。

博物馆区称得上庞大。地质博物馆科普了神农架作为世界地质公园的价值，生物馆则把珍稀绿植都精心保存在透明的玻璃器皿之中，珙桐、红豆杉、叉叶蓝、巴东木莲、银杏、崖白菜、白辛树、连香树、巴山冷杉等都让人大开眼界。动物馆里各种野兽被安置在仿真的森林中。娃娃鱼（大鲵）的标本则在透明的玻璃展柜中被永久地封存。在博物馆之外，还有蛇园、梅花鹿园、锦鸡园值得让那些喜欢动物的人去探访。

景区入口到博物馆区有电瓶车通行，你也可以沿着溪流旁漂亮的栈道漫步回来。景区从木鱼镇出发向东南约2公里便可达到，打车20元即可，但通常会同神农坛和天生桥一起打包游览，半天即可，包车300元左右。

神农坛
祭坛

（门票60元；⊙7:00~17:30）官门山继续往宜昌方向南下三公里即可到达神农坛。这是国内目前最大的祭祀炎帝神农氏的祭坛，依山就势，气势恢宏，但除此之外也并无什么趣味。坛下有一棵树龄1200多年的铁坚杉，旁边的植物园倒是可做科普学习之用，你能见到珙桐、鹅掌楸、银杏和几十种中药植物的活体。

天生桥
峡谷

（门票60元；⊙7:00~17:30）号为天生桥，实际是一条蜿蜒曲折、秀丽婉转的峡谷，与神农坛隔着溪水和窄窄的小山。景区里飞瀑自峭壁倾盆而下，溪边野花绿树，兰草幽香。树上挂着一些竹筒，是喂养鸟儿的食物，所以你在这里很有机会遇见神农架多彩斑斓的200多种鸟类。

香溪源
景区

（门票30元；⊙7:00~17:30）香溪源是距离木鱼最近的一个景点（不在通票之内），位于木鱼去酒壶坪的209国道上，入口可以俯瞰整个木鱼。它是神农架主要河流香溪河的发源地。源头为一水潭，水质清冽，古木参天，沟谷中还有巨大漂石，是古代冰川遗址。

从木鱼打车过去20元即可，也可以在去天燕和神农顶景区的时候顺道前往。

❋❋ 活动

如果你在冬天到访神农架，除了观赏雪景，还能在高山上滑雪。坦率地说，这里的雪场自然条件不如高纬度的东北地区，但作为休闲旅行的项目绰绰有余。

目前神农架有两个营业的滑雪场，分别是**神农架国际滑雪场**（☎187 7976 7816；www.hxcly.com）和**神农架天燕滑雪场**（☎337 2136），简称国际滑雪场和天燕滑雪场，其中国际滑雪场也称为天怡滑雪场。国际滑雪场是南方最大的滑雪场，赛道较多；天燕滑雪场规模要小一些，相对比较平坦。不管是哪家，尽量选非周末时期，否则会被湖北的游客挤爆。

两家滑雪场通常都在12月开始营业，营业时间持续三四个月。三小时票在250元左右，全天票500元左右。滑雪票里面包含基本的滑雪用具（押金300元），滑雪服、手套、眼镜可在场内租赁，教练则是150元/小时。

从木鱼镇去滑雪场必须包车或拼车，往返50元/人。

🛏 住宿

如果不是转车时被迫在松柏镇停留，否则你只应该考虑木鱼镇和坪阡的住宿。自驾的话也可以在209国道上的一些风景好的山上旅店住宿，可以避开木鱼的吵闹。

我们提到的价格都是暑期旺季价格，从国庆节过后一直到次年5月，神农架都算是淡季，住宿价格有很大的调整和议价空间，有时候拦腰斩也不为过。由于神农架清凉的天气，除非是三星级以上酒店，基本都没有空调。

木鱼镇

木鱼镇几乎就是一条被宾馆和饭店填满的街道，但真正具备标准服务品质的少之又少。村民几乎家家做农家乐式的客栈，在旺季时算是实惠的选择。

驴友记国际青年旅舍　　　青年旅舍 ¥

（☎131 2992 2552；香溪街C-1-10；铺99元起；☎）推开窗就是溪水和森林的青年旅舍，6个色彩不同的四人间，每个床位配有带锁储物柜。

隐约咖啡客栈　　　客栈 ¥¥

（☎187 7292 2550；香溪街A8；标双428元起；☎）靠近香溪，床品质量又很好，睡个好觉不成问题，只要你没有喝太多咖啡——它一楼的公共空间是木鱼镇唯一提供质量不错的现磨咖啡的地方。

聚友客栈　　　客栈 ¥

（☎152 7229 5801；迎宾大道64号；标双100元起；☎）朴素却干净的房间，员工热情，能够帮助你安排从拼车到门票的所有事情。

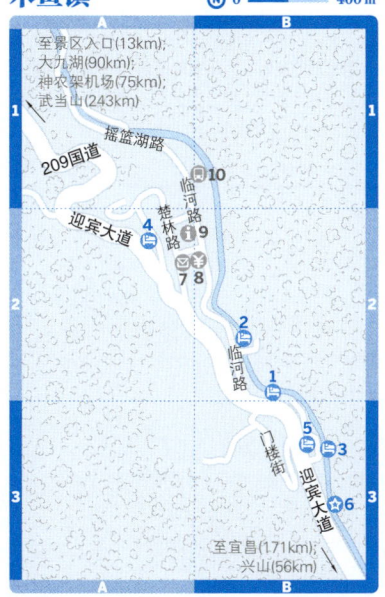

康帝君兰酒店　　　酒店 ¥¥¥

（☎338 8888；木鱼镇偏桥湾；标双988元起；☎@P）镇上唯一的五星级标准酒店，虽然没有冰箱也没有健身房，但宽敞精致的房间和绿荫溪水环绕的格局还是让它在周围老化的竞争对手获胜。

神农架国源宾馆　　　酒店 ¥¥

（☎345 4666；迎宾大道18号；标双360元起；☎@P）老牌的国营宾馆经过重新翻修后，虽然装修依旧老气，但干净又价格合理，下国道即是，很适合自驾游的客人。

坪阡及其他

在我们调研期间，大九湖地区所有经营旅店和饭店的当地人正忙乱地全部转移到坪阡去。坪阡仍是一片道路和房屋都同样狼藉的工地，但已经有部分宾馆营业。由于是集体搬迁，房型几乎一致，所以这些客栈的条件和价格都差不多，2016年暑假旺季时，这些相差无几的客栈标间基本都在120~250元这个区间。

如果因为转车去房县十堰而在松柏镇停留，除了车站门口那密集的60元廉价旅馆外，镇上最好的选择是**盛景怡家酒店**（☎331 0999；中心街6号；标双188元起；☎@P），是那种现代而无粗糙感的经济酒店。

🍴 就餐

木鱼镇满街的餐厅（尤其是南部入城

木鱼镇

🛏 住宿
1 聚友客栈..B2
2 康帝君兰酒店...B2
3 驴友记国际青年旅舍..............................B3
4 神农架国源宾馆.....................................A2
5 隐约咖啡客栈...B3

🎭 娱乐
6 炎帝剧场..B3

ℹ 实用信息
7 邮局..A2
8 中国建设银行...B2
9 中和国旅..A2

🚌 交通
10 木鱼汽车站..B1

处，每家都长得一样包括摆在屋外的菜）都提供着非常类似的菜肴，并没有哪家很特别，记住要问清楚每道菜的价格就是。值得一试的是包括腊蹄子在内的各种神农架腊味、高山冷水鱼、懒豆腐和各色新鲜野菜。由于天气寒凉，当地人特别喜爱火锅，就着一锅加了本地特产土豆的腊蹄子汤锅或鱼火锅，再喝点本地黄酒，的确很惬意。价格略贵但还算合理，三个人吃顿腊蹄子火锅大约200元。

客运站附近有一些主要是本地人的饮食店，早餐牛肉面通常10元，还有两三家烧烤也是本地人的店。

坪阡的就餐更贵，吃饱即可。

饮品和娱乐

除了隐约咖啡客栈，神农架几乎没有地方能提供咖啡和稍微时髦一点儿的酒吧。惠苑国际大酒店左侧的炎帝剧场每周五、周六晚上8点有神农架原生态歌舞表演，票价120元，通过网络代理或客栈买会便宜很多。

❶ 实用信息

四大银行的ATM在木鱼镇的主街上都能找到。部分旅行信息可以从神农架旅游局获取（☎333 5609）。如果需要医院就诊，也可前往木鱼镇上的神农架中医院（☎333 2834）。

❶ 到达和离开

飞机

神农架机场目前有武汉、重庆、上海浦东三条航线。但航班量很少，并不算方便。

长途汽车

木鱼汽车站目前有班车发往**武汉**（7:30；6.5小时；171元）、**宜昌**（6:50~15:40，约1小时1班；3小时；66元）、**十堰**（8:30；5小时；86元）、**武当山**（11:30；4.5小时；100元）和**巴东**（9:50；2小时；56元）。去宜昌也可以搭乘频繁的小巴到**兴山**（25元；1.5小时），再从兴山转车到**宜昌**（32元；3小时），兴山到宜昌最晚是下午6点半。

自驾

神农架是湖北目前少有的不通高速路的县区，你只能从房县和兴山由209国道进入到木鱼镇和景区中心酒壶坪。出于环保考虑，209国道仍无升级高速公路的考虑，政府计划修建神农架东北部至保康的高速公路来解决神农架的高速公路网问题。

❶ 当地交通

抵离机场

木鱼镇中心的"中和国旅"有机场专线（☎345 6333；20元；1小时）开往机场，因航班少，需提前确认时间。

包车

自助游的旅客游览最好的选择仍是包车，通常来说，包一天的费用是400~600元，半天的费用则是300元左右。几乎每间旅馆和酒店都能为你联络拼车对象，相比搭公共交通和景区班车的方式，自由而又不会错过自己想看的景点。

宜昌和三峡

包括 ➡

宜昌市	145
清江画廊	156
清江方山	157
柴埠溪大峡谷	157
昭君故里	158
玉泉寺	158
西陵峡	160
秭归	171
巫峡	174
巴东	175
瞿塘峡	177
奉节	177

最佳餐饮

➡ 夷洞天（见152页）
➡ 放翁酒家（见152页）
➡ 土家宅（见176页）

最佳住宿

➡ 宜昌三毛青年旅舍（见151页）
➡ 秭归百度民俗客栈（见174页）
➡ 悦江山庄（见152页）

快速参考

➡ 人口：宜昌410.45万
➡ 区号：宜昌0717
　　　　巴东0718

为何去

水至此而夷，山至此而陵，人至此而喜。看山看水，心生欢喜，这大概就是来宜昌旅行的理由。这些年来关于三峡工程进展的新闻也无数次进入人们的视线。

沿三峡而上，同时也是一条瑰丽的文学之路。秭归乐平里，从这里走出的屈原写下了浪漫的《离骚》；当阳长坂坡，是《三国演义》中描写过厮杀战场；三游洞前，唐代诗人白居易曾在石壁上题诗以记录与好友的相逢；秋风亭上，宋代名相寇准吟出的"野水无人渡，孤舟尽日横"又是否描述了那时的巫峡风光？而从宜昌南津关到巴东巫峡口，在三峡之外，还有很多溪河奔流于山地之间，切割出或幽深秀丽或曲折迂回的峡谷地带。清江八百里山水如画，神农溪两岸峭壁耸立，柴埠溪谷底奇峰迭起，依然可以体验到古代旅行家写下的文字中初见峡江山水时的那份欣然。

何时去

3月至5月 最适合旅行的季节，从昭君故里到三峡大坝，从清江方山到三峡人家，盛开的油菜花、野桃花和杜鹃花增添缤纷色彩。

6月 屈原故里的端午节活动要持续一个月，游江招魂为前引的龙舟赛格外吸引人。

7月至8月 雨水较多，天气炎热，不宜避暑，适合玩玩漂流、徒步、穿越瀑布等户外活动，但要注意避开雷暴天气。

9月至11月 秋高气爽，旅行黄金季，三峡的红叶又引来第二波旅行大军，记得提前预订位置好的旅馆和农家乐。

12月至次年2月 旅行淡季，江上游轮、快艇几乎没有生意，柴埠溪大峡谷等景区还会暂时闭园。

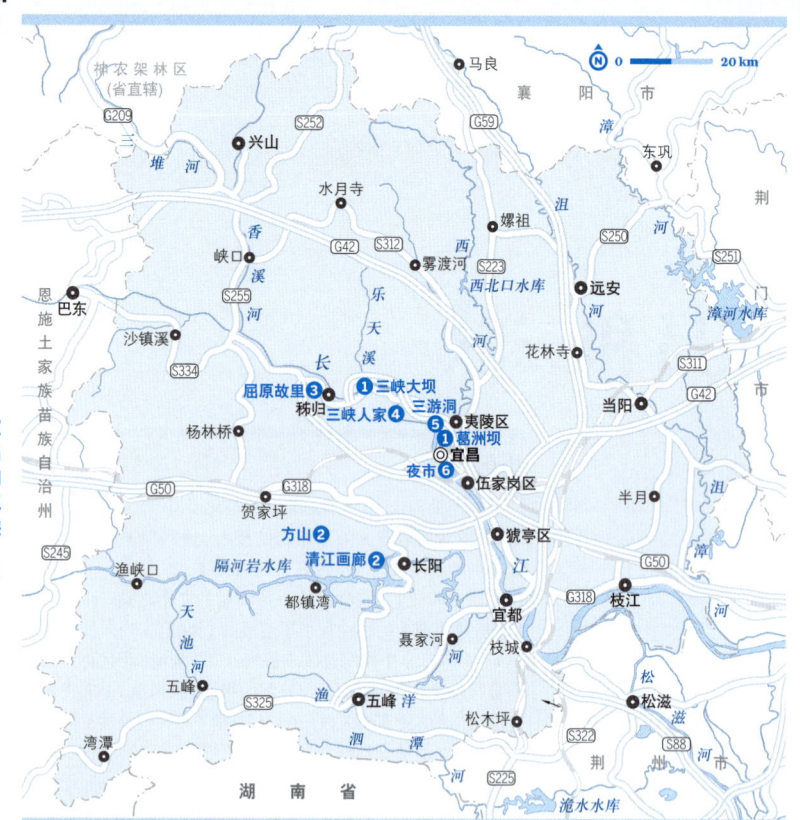

宜昌和三峡亮点

❶ 乘坐**两坝一峡游轮**(见150页)穿过葛洲坝船闸,欣赏原汁原味的"绝版三峡"。

❷ 荡舟清漪江上,攀行绝壁之间,置身于**清江画廊与方山**(见156页)的山水长卷。

❸ 在秭归**屈原故里**(见171页),悲怆的招魂曲让你遇见一个别样的端阳节。

❹ 渡过明月湾,走进理想中的**三峡人家**(见147页),走进记忆中的峡江生活。

❺ 像古代文人那样游一回**三游洞**(见148页),在"三峡起始点"前打个卡。

❻ 去热闹的**夜市**(见152页)品尝长江肥鱼,喝扎冰啤,迅速融入当地人的生活。

宜昌

"上控巴蜀,下引荆襄",宜昌的地位不言而喻,在这片鄂西山区向江汉平原的过渡地带上,山与水相互交融,形成了著名的长江三峡大峡谷。古人显然也中意这片风光绝美之地,早在距今约二十万年前就有"长阳人"在此繁衍生息。交通便利的长江水路,使得宜昌成为"宜于国运昌盛之地",流淌不息的还有文人墨客的歌颂与赞美。屈原故里,昭君家乡,三国故地,唐诗宋词里那些隽永的句子,都为宜昌添上浓墨重彩的一笔。巴楚文化发源地历史悠久,土家民族聚居地风情独特,吸引旅行者的何止这些,三峡大坝的雄伟,库区新城的变迁,同样是宜昌魅力之所在。

宜昌市
历史

宜昌城的历史，要追溯到2400多年以前。《史记卷四十·楚世家第十》中有"二十一年，秦将白起遂拔我郢，烧先王墓夷陵"的描述，这应该是关于宜昌城名字夷陵的最早记载。从秦汉至三国，因其地理位置的重要，夷陵一直是兵家必争之地，争战频发，单是一部《三国演义》，就有37回写到了夷陵。

东晋时朝廷在夷陵西境另置一县，命名"宜昌"，以求宜于国运昌盛。从那以后，这座城市在朝代更迭之中更名无数，从西陵、宜都到峡州、彝陵，最终还是"宜昌"之名深得人心，保留至今。

唐宋年间，宜昌已经是"楚蜀间一大都"，众多文人名士如李白、杜甫、白居易、欧阳修、陆游等，沿长江水路来到宜昌，或游山水，或为官吏，感怀于峡江风光的壮美，写下不少脍炙人口的诗作，也为这座城市带来了延续至今的文学气质。

作为"川盐入鄂"的水上交通枢纽，至明清时期，宜昌商业渐盛。1876年，清政府与英国签订《烟台条约》，宜昌成为通商口岸，次年，宜昌设立海关，正式对外开放。大批商贾云集于此，城市规模也得以扩大，到了民国时期，宜昌已经成为长江中游重要的港口和工商业城市。

遗憾的是繁华未能持续太久，抗日战争爆发之后，长江下游的上海、南京相继失守，从1938年10月24日开始，大批战时物资和政府人员从宜昌上船，逆水而上前往重庆，而日军飞机每天飞临宜昌上空进行狂轰滥炸，1940年宜昌沦陷，城区房屋毁坏殆尽，全城变成一片废墟。1943年5月，15万中国军队在石牌镇与10万日寇展开殊死拼杀，狙击了日寇进犯重庆和大西南的阴谋。以一座城市的牺牲为代价，宜昌为抗战的最终胜利赢得了时间。

20世纪80年代开始，随着三峡工程的推进，宜昌迎来了飞速发展的机会。葛洲坝水利枢纽和三峡大坝的最终建成，使得宜昌有了水电名城的名号，借此契机，宜昌基本形成了"人在城中、城在林中"的城市景观，这座三峡地区美丽的山水园林城市本身也正吸引着更多的旅行者前往。

方位

一条长江穿城而过，把宜昌分为南北两城，北岸繁华远胜江南。西陵区是历史悠久的老城区，有热闹的商业中心、城区公园和众多老牌餐馆、酒店，喜欢舒适和悠闲的旅行者可以首选此地落脚。自从宜昌站从西陵区迁至城东伍家岗区，这里已经成为宜昌的城市交通枢纽，新建成的规划展览馆和博物馆俨然文化新地标，夷陵长江大桥东侧的宜昌港和三峡游客中心是宜昌旅游集散地，长江游轮和景区直通车从这里把旅行者送往各个景区。走过大桥，是城区制高点磨基山，现在变身为一座生态悠闲公园。沿江大道串起和平公园、滨江公园和长约5公里的绿道，一直向西延伸到葛洲坝公园，在这里你可以最近距离地欣赏船过葛洲坝船闸的情景。江中心的西坝上，有著名的长江肥鱼夜市。位于城区西北方向的夷陵区则分布着三峡大瀑布、百里荒、中华鲟园等景点，连相距数十公里的三峡大坝也在它管辖之内。

⊙ 景点

三峡大坝 知名建筑

[📞400 117 5185；www.sxdaba.com；夷陵区三斗坪镇；中国游客（含港、澳、台同胞、海外侨胞）门票免费，外国游客门票105元；⊙9:00～17:00] 1993年动工，2003年开始蓄水，至今仍常常成为热点话题的三峡工程，吸引着中外旅行者来到宜昌，想要亲眼看看这座长2308米、高185米的三峡大坝。三峡大坝景区由坛子岭园区、185观景平台和三峡截流纪念园组成，可在景区游客中心换乘游览车（35元；约15分钟1班，车上配有坝区导游）至各景点。乘坐自动扶梯上到制高点坛子岭，在观景台上可以看到大坝全貌和全球规模最大的双线五级船闸。展览室里等比例制作的三峡工程全貌模型则可以加深你对整个水利工程的印象。这里还有三峡大坝邮亭，不妨写张明信片盖上大坝邮戳寄给朋友。185观景平台位于大坝东侧，不少人在这里拍摄与大坝的合影，还可乘坐观光车（10元/人）沿江边欣赏高峡平

宜昌城区

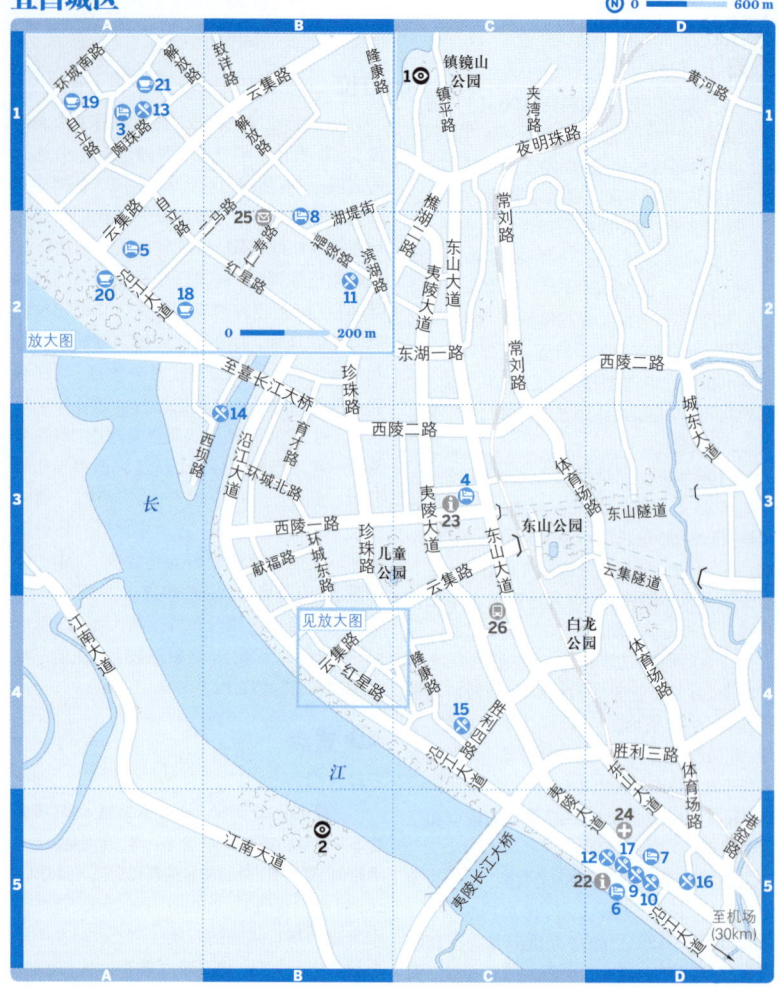

宜昌和三峡 · 宜昌市

湖。三峡截流纪念园位于大坝下游，修建大坝时用过的工程车、巨大的混凝土截流石和机械零件组成的三峡纤夫雕塑分布园内，在这里仰望大坝，更能感受其雄伟壮观的一面。

三峡游客中心有去往三峡大坝的景区直通车(见154页)，也可在宜昌汽车客运中心站乘坐去秭归(18元；6:50~18:50，流水发车)的班车，跟司机说在换乘中心外路口下车。夷陵广场有216三峡大坝专线公交车(10元；7:05，8:45，10:35，12:00，14:00，15:40，逢双休日、节假日、客流高峰日45分钟1班)。

免费 葛洲坝公园 公园

(见本页地图；671 3360；西陵区沿江大道1号；6:00~19:00)1988年竣工的葛洲坝水利枢纽是长江上的第一座大型水电站，也是宜昌人的骄傲。葛洲坝公园位于三号船闸旁边，环境静谧，葛洲坝船闸、冲沙闸近在咫尺，也可以沿着台阶往下走到长江边，欣赏轮船排队过闸的场景。有时间不妨与在园内休闲的当地老人聊聊天，如果你能遇到葛洲坝工程的建设者，听听他们讲述往事也不错。葛洲坝不允许游人进入，要更近距离地欣赏这

宜昌城区

◎ 景点
- **1** 葛洲坝公园 C1
- **2** 磨基山公园 B5

🛏 住宿
- **3** 爱格假日酒店 A1
- **4** 均瑶禧玥酒店 C3
- **5** 途家斯维登服务公寓 A2
- **6** 维也纳3好酒店 D5
- **7** 宜昌三毛青年旅舍 D5
- **8** 宜昌宜豆青年旅舍 B2

🍴 就餐
- **9** 福厨 D5
- **10** 麻麻厨房 D5
- **11** 屈ођ腌菜馆 B2
- **12** 胜利二路夜市 D5
- **13** 陶珠路夜市 A1
- **14** 西坝夜市 B3
- **15** 仙一品包子 C4
- **16** 夷洞天 D5
- **17** 夷陵小吃 D5

☕ 饮品
- **18** 滨江5号功夫茶楼 A2
- **19** 鹿先生的咖啡馆 A1
- **20** 微光巴士咖啡 A2
- **21** 云端之上咖啡馆 A1

ℹ️ 实用信息
- **22** 三峡游客中心 D5
- **23** 夷陵广场旅游信息咨询中心 C3
- **24** 宜昌市中心人民医院 D5
- **25** 邮政支局（福绥路）.................................... B2

🚌 交通
- **26** 宜昌长途客运站 C4

一壮观的水利工程，建议乘坐两坝一峡游船，亲身体验驶过船闸的独特感觉。

去往葛洲坝公园可以在宜昌东站乘坐B9路公交车（2元；5:30~22:00）在终点站下，步行可到。

免费 宜昌博物馆
博物馆

（☎644 5679；伍家岗区共谊村柏临河路；凭有效身份证件免费入场；⏰周二至周日9:00~17:00，周一闭馆）在这座2016年底开馆的新馆中，以前深藏于库房中的3万余件文物终于可以与公众见面。展馆分为历史博物馆、三峡移民博物馆、龙化石博物馆、党史博物馆四大部分，共设有12个展厅。在《远古西陵》《楚巴夷陵》《千载峡州》等基本陈列厅中，通过大量珍贵文物，可以了解宜昌的辉煌历史，《开埠风云》《宜昌抗战》《三峡风情》《水电之都》等展厅，则呈现了宜昌在中国近代史上的重要地位。顶楼的《古城记忆》特展，还复原了镇江阁、吊脚楼等宜昌地标式古建筑，带给观者更加真实的体验。

若有时间建议去相邻的**宜昌规划展览馆**（☎698 6001；凭有效身份证件免费入内；⏰周二至周日9:00~12:00，14:30~17:00，周一闭馆）看看，馆内运用先进的声光电技术，复原了宜昌码头开埠、抗战时期宜昌大会战等历史场景，也模拟了宜昌运河、清江画廊、新城崛起等互动式空间，与博物馆互为补充，可以让你对宜昌的历史和城市发展有个更为直观的感受。

博物馆与规划展览馆距主城区较远，可在宜昌东站公交总站乘坐B37路（2元；5:30~22:30）公交车，在金都批发市场站下然后步行前往。

免费 磨基山公园
森林公园

（见146页地图；☎691 1550；夷陵长江大桥南桥头；⏰6:00~19:00）磨基山曾是古夷陵八景之一，也是宜昌城区制高点，现在这里被辟为城市森林公园，是当地人的休闲去处，对旅行者而言则是欣赏城区全貌和长江风光的最佳观景台。以磨基山为首的6座小山在长江南岸一字排开，沿着登山步道上升又下降，你会看到长江一直在身边流淌，江上船只往来不断，行至高处，视线之内三座长江大桥飞跨江面，北边则是高楼林立的宜昌城区；若是天气晴好，向西极目之处还能看到葛洲坝船闸。傍晚时分，落日铄金，将眼前一切渲染得更美，摄影爱好者不能错过。

可在夷陵广场乘坐B27路公交车（2元；⏰5:50~21:15）过夷陵长江大桥在磨基山站下，也可从胜利三路上桥步行过桥至公园大门。

三峡人家
村落

（☎885 0588；夷陵区石牌镇；门票150元，渡船30元，索道30元，自动扶梯30元；⏰8:00~

没有古迹的城市和宜昌大撤退

当你在博物馆了解到宜昌两千余年建城史的同时,也许会有个疑问:为什么宜昌城区几乎没有保留什么古迹?这与抗战时期宜昌大撤退那段壮烈的往事有关。抗战爆发后,1938年底,上海、南京相继失守,国民党政府迁都重庆,扼川鄂长江水道咽喉的宜昌就成为大撤退的最后一站。大批人员和物资集中于此,日军飞机每天飞临城市上空进行狂轰滥炸。当时的民生公司总经理卢作孚指挥公司所有船只,冒着日军的炮火和飞机轰炸,从1938年10月24日开始,争分夺秒抢运战时物资和人员逆水而上到达重庆,在西南大后方重新建立起一系列军工企业,构成抗战时期中国的工业命脉,成为抗战的坚强后盾,也为中国保存了一大批精英人才。而宜昌城付出的代价却无比惨重,全城被日军炮火夷为平地,约九成房屋被毁,其中就包括无数珍贵的古建筑和历史文物。今天,你在滨江公园里看到的宜昌大撤退纪念碑,就是对那段历史的铭记。

18:00)当你乘船渡过明月湾,呈现在眼前的是一幅迷人的峡江人家图,江边栈道蜿蜒,渔船停泊在岸边,半山上绿树间,吊脚楼隐约可见,石头垒砌的城墙上旌旗飘扬。设计者借助西陵峡这一段绝版三峡风光,以古时巴人历史为依托,在半山之上建造出了一处理想中的"三峡人家"。

上岸后沿石阶向上,经过巴王寨,就能看到著名的"长江第一神牌"石令牌,这块巨石高约32米,宽12米,厚约4米,像是浑然天成的一道令牌。从石令牌左侧继续往上,石径盘旋至高处,有观景台可远眺明月湾全景。长江流经石牌,来了一个110度的急弯向东而去,形成了一处月牙形的明月湾,2003年6月三峡大坝下闸蓄水,这一段水位基本未受影响,你此时所见的明月湾,与古人所赞美的景致并无不同。行至最高处,山顶悬崖突现四块巨石,形似唐僧师徒西天取经,最绝是夕阳西下时,巨石宛如人像剪影,因此被称作灯影石。欣赏罢奇石江景,再前往巴王宫和西寨,你可以在茶马古道上的茶馆里喝一杯清茶,也可以在西寨吊脚楼中品尝当地人手工磨制的豆腐,或者在女书苑门前的广场上看一场土家族歌舞表演。从明月阁码头沿江边栈道向西步行,看过蛤蟆泉后,到达龙进溪,可在这里乘坐小木船聆听船工号子,体验当年峡江渔家的水上生活。

去往三峡人家景区,除有景区直通车(见154页),也可在夷陵广场乘坐10-1路旅游专线公交车(15元;7:05,8:45,10:35,12:00,14:00,15:40,逢双休日、节假日、客流高峰日45分钟1班;从景区返回的最后1班是17:30;约1小时)直达胡金滩码头,再乘坐渡轮过江进入景区。景区内游玩项目较多,注意合理安排时间,建议先登顶欣赏风光。西寨内有店家提供当地小吃,也可先在景区外的石牌镇上解决午饭。

三游洞   古迹

(☎886 2161;南津关下牢溪口;门票65元;⊙3月至10月7:30~17:30,11月至次年2月8:30~17:00)三游洞位于西陵峡口西陵山北峰峭壁之上,下牢溪从其下经过并汇入长江,地势险要,风景秀丽,据称唐代诗人白居易、白行简、元稹三人同游此洞,各赋诗一首,白居易还在洞壁上写了一篇《三游洞序》,三游洞由此得名。

三游洞并无奇石景观,更吸引人的还是洞内洞外石壁上的数十幅诗词碑文石刻,其中包括宋代文学家欧阳修题记的《(后)三游洞序》等珍贵文物。离开三游洞,走过溪边栈道,来到三游洞制高点至喜亭。长江结束惊险的三峡航段,流经此处,向东而去,站在亭上,可以欣赏到大江奔流东去的壮观景象。再往下走,三游洞后山还有津亭、大悲洞、古军垒等古迹。张飞擂鼓处除了有座巨大的张飞塑像之外,那块镌刻着"三峡起始点"的石碑值得拍张"到此一游"照。站在塑像前往下望,可以看到绝壁上刻有陈毅将军的诗句"三峡天下壮,请君乘船游"。

1993年,世界华人画家三峡刻石纪游活动取三峡大坝底江心石刻制印章127枚,如今这些印章的复刻版就放置于三游洞景区之内，漫步绿树花草之间，随处都可欣赏到这些富有文化意蕴的印章石。

三游洞距市区约7公里，在夷陵广场乘坐B34路公交车（2元；◎6:00~22:00）到港虹路（三峡茶城），在站内即可转乘B10路公交车（2元；◎6:43~18:13，约半小时1班，从三游洞返回的最后1班是18:30；车程约15分钟），途经南津关、世外桃源，终点即三游洞。

三峡大瀑布　　　　　　　　　　　瀑布

（☏645 2417；夷陵区黄花乡黄花场村；门票127元；◎8:15~17:15）与著名的黄果树大瀑布相比，三峡大瀑布在气势上绝对不输，它落差近102米，瀑宽近80米，与黄果树大瀑布相差无几，但更为刺激的是人们可以零距离接近瀑布，体验极速湿身效果。景区入口距瀑布约有5公里，前2公里有景区观光车接送（往返20元/人），接下来会经过一些人造景点，例如巴人水车园、莫名其妙的白虎模型拍摄点、摇摇晃晃的吊桥等，沿途植被倒是相当不错，空气也非常清新，能看到形态各异的山间瀑布。当走过第二道长102米的吊桥后，不经意间一抬头，山顶大瀑布已初露峥嵘，耳边传来了巨大的水声。人们纷纷穿上事先备好的雨衣（没带也不要紧，沿途和瀑布前都有人售卖一次性雨衣，2~10元不等）来到瀑布前，一道巨大的水帘从高处跌落，溅起无数水花，哪怕你防水措施做得再到位，一进入水帘背后的小道，几秒之内都会被溅湿一身，而那震耳欲聋的水声也总是能引起人们不由自主的阵阵尖叫。飞奔着穿过这几十米长的小道，一口气登上对面稍高处的观瀑台，再回望大瀑布全景，这时

不 要 错 过

刺激一跳，就在快乐谷

从61米高处纵身一跃，扑向深不可测的水面，需要多大的勇气？宜昌快乐谷三峡蹦极（☏886 2143；230元）号称中国最高的峡谷蹦极，矗立于下牢溪畔，就在三游洞对面。在游过三游洞之后如果有时间有勇气不妨上去挑战一下。与之相比，快乐谷其他游乐项目如飞天滑索、峡谷秋千、大摆锤等就如同小儿科了。

你会觉得，刚才的狼狈不堪完全值回票价。

去三峡大瀑布最便捷的方式就是在三峡游客中心乘坐景区直通车（见154页），此外还可以在夷陵广场乘坐B100路公交车到终点站夷陵客运站下，乘坐去往三峡大瀑布或晓峰景区的小巴车（5元），但耗时更长，并不划算。

车溪民俗旅游风景区　　　　　　村落

（☏788 4167；点军区土城乡车溪村；门票90元；◎8:00~18:00）车溪是土家族自治村，原本就有恬静的田园风光，近年被打造为展示土家民俗文化和风车文化的旅游地。虽然人造景观居多，但旅行者进入景区后，可以亲身参与到土家族的民俗风情、生活日常及民间工艺制作活动中，也是一次不错的旅行体验。在巴楚故土园的包谷酒作坊和古造纸作坊中，可以看到包谷变成酒、竹子变成纸的有趣过程；在毕兹卡坊中，可以欣赏到当地村民的民俗表演（◎9:30，11:00，14:30，16:00）；这里还有中国首家水车博物馆，32种水车讲述了中国2000多年农耕文化的发展史。如果你在1、2月间到来，还能看到幽香沁脾的野生腊梅林。

车溪距宜昌市区约18公里，可在北山坡乘坐海通至车溪的乡村公交车（6元；5:50~19:00；约40分钟），在景区门口下车。回程时可在路边搭乘返回宜昌的长途客车或公交车。

中华鲟园　　　　　　　　　　　展览馆

（☏671 3213；夷陵区黄柏河江心岛中国鲟研究所内；门票48元；◎5月至10月7:00~18:30，11月至次年4月8:00~17:30）中华鲟是一种对故乡特别有感情的鱼类，它在地球上生活了近一亿四千万年，一直是在金沙江流域出生，沿长江进入大海，然后又逆流3000多公里回到金沙江产卵繁殖。葛洲坝建成之后，中华鲟的归乡之路被截断，于是人们在葛洲坝下游设立了中华鲟研究所，进行中华鲟人工繁殖和保护研究。如今我们在中华鲟园中就能看到这项研究工作的成果。鲟鱼馆的水池中，几条中华鲟自在地游来游去，别小看它们的身份，它们可是研究所人工繁殖的中华鲟后代。标本馆中展出了全球约十余种鲟鱼标本。长江鱼类保护科普馆以图表方式详细讲述了长江流域

不要错过

寻找心中的山楂树

张艺谋电影《山楂树之恋》讲述的纯爱故事曾让多少人落泪,而那株寄托着男女主人公情感的山楂树,至今仍在百里荒的山坡上默默矗立。**百里荒**(☎797 1111;夷陵区分乡镇;门票118元)是宜昌地区少见的万亩高山草场,曾被张艺谋选作电影外景地,如今这里被开发为户外旅游基地,适合进行徒步、露营、滑草、骑马等休闲运动,同时还能欣赏到野花盛开成海、风吹草低见牛羊的草原风光。当然你也可以专程去看看那株山楂树。

在夷陵广场坐B100路公交车(2元;5:00~22:00)到终点站夷陵客运站下车,然后转小溪塔到百里荒的乡村客车(8元;9:00, 13:00;约1.5小时),在百里荒下车后距景区还有约5公里,目前尚无景区接驳车,可步行前往或在路口搭顺风车。返程班车最后1班为14:30,游玩时间相对紧张,注意安排游玩时间。

的鱼类资源和中国关于鱼类保护的活动与措施,值得认真看看。

在夷陵广场乘坐B34路公交车(2元;6:10~22:00)在西湖路站下,步行走过集锦桥即到江心岛上的中华鲟园。

活动

游轮

宜昌市区长江三峡短途游轮有两种行程,可根据你的时间安排选择。

两坝一峡   游轮

(☎691 0001;三峡游客中心;180元)用一天时间游览长江上的两座水利工程枢纽葛洲坝和三峡大坝,欣赏两坝之间长约37公里的西陵峡风光。船上行程约3小时,船过葛洲坝船闸之后,上行至三峡大坝,上岸游览三峡大坝景区(见145页),最后乘车返回宜昌市区。或者乘车到三峡大坝,回程坐船顺江而下。

长江夜游   游轮

(☎697 5080;三峡游客中心;118元;⏱19:30~21:30)2个小时的行程,沿长江上行,先后经过三座长江大桥,欣赏镇江阁、滨江公园、磨基山等江岸风光,最后驶过葛洲坝,到达黄柏河码头。对于没有时间乘船游览两坝一峡的旅行者来说,不妨借此体验一回船过葛洲坝船闸的独特感觉。

漂流

宜昌地区水系发达,长江支流纵横,不少峡谷溪流都适合漂流,来宜昌,可以体验不同的漂流感受。提前在网站预订可拿到折扣门票,三峡游客中心还有去往朝天吼的景区直通车,往返非常方便。

朝天吼漂流   漂流

(☎244 6789, 244 6678; www.chaotianhou.com;兴山县水月寺镇高岚村;门票180元;⏱平时11:00~16:00,周末9:30~16:00)"爽就朝天吼,漂流跟我走",朝天吼漂流的宣传口号挺有气势,漂流过程也的确得上惊险刺激,全长6公里的漂程最高落差达到148米,绝对让你爽得大叫;沿途风光也非常漂亮。三峡客中心有发往朝天吼漂流的景区直通车(见154页)。

青龙峡漂流   漂流

(☎648 8737;点军区土城乡青龙峡;门票180元;⏱平时13:30~15:00,周末10:00~16:00)青龙峡漂流主打亲子漂流,河道两侧依"七彩童年"主题设置了愤怒的小鸟、机器猫、植物大战僵尸等卡通形象。全程漂流约需2.5小时。可在北山坡乘坐去往车溪方向的乡村公交车(6元;5:50~19:00;约30分钟),在路边景区指示牌处下车,步行至景区。回程时可在路边搭乘返回宜昌的长途客车或公交车。

住宿

宜昌旅游市场成熟,有太多应对大批团队游客的商务酒店和宾馆,完全不用担心住宿问题。对背包客而言,这里有两三家尚未在YHA挂牌的青年旅舍,基本符合需求。城区住宿集中在三峡游客中心和夷陵广场一带,两地均是旅游集散地,也有各种档次的餐馆,出行便利,就餐方便。如果只是在宜昌中转,宜昌东站周边也有不少快捷连锁酒店可供选择。

★ 宜昌三毛青年旅舍　　　　青年旅舍 ¥

(见146页地图;☏627 8543;夷陵大道南北天城天街2号11楼;铺45元;❋ 🛜)位于居民楼顶楼跃层,阳台与房间都能望到长江一角。楼下有客厅兼书吧,楼上有花园吧,可以享受到公共空间的舒适与自由,老板夫妇会推荐合理的旅行行程,厨艺也不错,提供自助厨房,还可以跟老板搭伙。周边有万达广场、胜利二路大排档等美食聚集地,步行至三峡游客中心只需5分钟。24小时运行的B1路公交车途经此处,在市中心医院站下即可步行到达。

维也纳3好酒店　　　　精品酒店 ¥¥

(见146页地图;☏609 8666;沿江大道142号,宜昌客运港停车场大院内;标单/双 228元起;❋ 🛜 P)酒店位于宜昌港大院内,与长江零距离,精品酒店舒适的房间设施加无敌江景,旺季请提前预订。傍晚可欣赏游轮归港及对岸磨基山夜景。出门就是三峡游客中心,乘坐景区直通车出游非常方便。

途家斯维登服务公寓　　　　酒店式公寓 ¥¥

(见146页地图;☏569 2977;宜昌伍家岗区云集路45号滨江一号A栋A-109;复式标单/双 268/288元起;❋ 🛜 P)高层江景房,复式房间,上下分区,有开放式厨房和洗衣机等设施,适合家庭入住。周边有解放路步行街和陶珠路夜市,步行至滨江公园只需2分钟;酒店对面就是拍过《山楂树之恋》的大众理发室。

爱格假日酒店　　　　快捷酒店 ¥¥

(见146页地图;☏678 8333;解放路步行街38号二楼;标单/双 158/168元;❋ 🛜 P)位于老城区繁华之地,楼下就是酒吧一条街和陶珠路夜市,喜欢热闹不嫌吵闹的可以住这里。房间较大,装修风格适合年轻人。不足是卫浴设施一般。

均瑶禧玥酒店　　　　酒店 ¥¥¥

(见146页地图;☏886 8888;西陵区西陵一路51号;标单/双 375/399元;❋ 🛜 P)性价比不错的五星级酒店,楼层高,可欣赏江景。位于夷陵广场西侧,出门就有宜昌旅游信息咨询中心,可就近乘坐10-1旅游专线车、216路三峡大坝专线车等。周边有宜昌CBD、国贸等商业中心。

另辟蹊径

徒步"三把刀"

宜昌山水俱佳,多数都被圈起来开发为景区,不过,你还是可以用徒步的方式深入野外,探寻不花钱的风景。"三把刀"位于西陵峡段莲沱村,三座山峰并排,形如三把利刃直插云霄,因此被当地人称为"三把刀"。这条徒步线路算是宜昌户外经典路线之一,难度中等,一天可以往返。途中有食物补给,带足饮用水即可。

从宜昌乘坐去秭归的班车(见155页),在莲沱大桥头下,步行至莲沱渡口,坐渡船过江至南沱渡口,这里就是徒步的起点。走过一段不长的公路之后,就能看到上山的小路。沿小路往上,两边都是田地和树林。约1小时后到达半山腰,这里有家农户,主人姓赵,对接待徒步者已经非常有经验,驴友一般都会在这里休整一下,吃点东西。

接下来就是攀登"第一把刀",这一段路难度有所增加,有清楚可见的石阶,也有被杂草盖住的土路,行走时一定要专心看路,有些较为陡峭的地方还需要攀爬而上,通常要花费1~1.5小时才能登顶。说是山顶,其实就是一块不足20平方米的平台,称为望江坪,平台四周没有护栏,最多仅可容纳20余人,如遇人多,请有序上下。站在望江坪上极目四望,对面的天柱山清晰可见,长江化作一根玉带从脚下绕过,雄伟的西陵峡看来就像一盆精致的山水盆景。

下山的路被称为"百步梯",用石块砌成的小径曲折而陡峭,穿行于柑橘林中,风光不错,但一定注意脚下。约2小时下到山脚,回到南沱渡口,踏上返程。

宜昌人爱夜市

宜昌人的夜生活通常都在夜市上。说是夜市,其实从傍晚5点开始,各个摊档就开始忙碌起来,到了凌晨2、3点钟,夜市仍然热闹非凡。要份油焖大虾或者长江烤鱼,再来几扎冰啤,吹着凉爽的江风,你会迅速融入当地人的生活之中。以下就是最受本地人追捧的几处夜市。

胜利二路夜市(见146页地图)就在万达广场旁边,三峡游客中心对面,短短一条小巷子里,全是各种烧烤店、虾城和火锅店。生意最好的是张师傅烧烤和七公疯狂烤翅,光是烤鸡翅就有七八种口味,烤鱼、烤生蚝也是必点。

陶珠路夜市(见146页地图)宜昌最有名的一处大排档夜市,位于西陵区解放路步行街。十余家店一字排开,主打的都是长江鱼、潜江小龙虾、烧烤、干锅、小炒等。一到傍晚就人声鼎沸,比较出名的有蔡妹龙虾城、五七大虾等店。酒足饭饱之后走几步就到了滨江公园,散步消食正好。

西坝夜市(见146页地图)位于长江中心西坝小岛,有长江肥鱼一条街与市区隔江相望,街口的鱼缘肥鱼馆最为出名,在江边搭起了长棚,晚上在这里吹着江风看着江景吃着江鱼,非常惬意。

宜昌宜豆青年旅馆
青年旅舍

(见146页地图;☎622 5733;西陵区福绥路40号;铺50元,单人间118元;❋🛜)位于西陵老城区,周边有解放路步行街、福绥路美食街,适合喜欢热闹的美食爱好者。公共区域很大,上下两层,还有靠窗的舒适位置。稍显不足的是缺乏青旅通常的交流功能,老板对旅行者提供的帮助有限。

悦江山庄
度假村 ¥¥¥

(☎785 5669;西陵区南津关路8号;标双380元,套房2680元;❋🛜🅿)有钱有时间不妨入住这里的悬崖客房,在露台闲坐,看大江东去,过往船只在脚下鸣笛驶过,真正坐拥西陵峡口无敌风光。配套完善的酒吧、茶亭、羽毛球场和露天烧烤区,酒店旁边就是三游洞和快乐谷。

汉庭酒店(火车站店)
快捷连锁酒店 ¥

(☎651 5999;伍家岗区花艳路3号,宜昌汽车客运中心站内;标单/双 149元起;❋🛜🅿)2016年初新开业,房间保持了汉庭简洁舒适的风格。距宜昌东站仅100米,大堂旁边就是宜昌旅游集散中心,适合在宜昌短暂停留和中转的旅行者,火车、长途汽车和公交车出行都极为方便。

🍴 就餐

宜昌位于湖北西部,饮食风味偏接近川渝,偏香辣咸鲜。本地菜主打河鲜与山珍,长江肥鱼、清江野鱼、潜江小龙虾,还有长阳、五峰土家人的腊货熏味野菜等。除了本地饭馆,街头最多的就是川菜馆、湘菜馆和重庆火锅。本地小吃有炕土豆、萝卜饺子、凉虾等,早餐则以红油小面和热干面为主。伍家岗区万达广场、西陵区云集路至解放路、西坝等地都是美食集中地,云集了各种档次、各种口味的餐馆。

夷洞天
中餐 ¥

(见146页地图;☎679 7776;夷陵大道2号;人均45元;⏰6:00~22:00)宜昌的老字号餐馆,糍粑鱼(28元)、地皮菜炒鸡蛋(22元)是点击率非常高的菜品,这里的河鲜也做得很地道,长江肥鱼(128元/斤)、沸腾片片鱼(68元)都是清汤烹制,味道鲜美。店内还提供早餐服务,以香菇炖鸡面(18元)最为出名。

福厨
中餐 ¥

(见146页地图;☎690 6177;万达广场金街西区二楼;人均35元;⏰11:00~22:00)性价比较高的一家餐厅,环境舒适,菜式不算多,做得都很精致,帝王鱼头、粉丝煲和土菜钵最受食客欢迎。这里的菜分量适中,比较适合单身旅行者,点两三个菜吃起来也没什么负担。

放翁酒家
中餐 ¥¥

(☎886 2179;南津关下牢溪桥桥头,三游洞对面；人均60元；⌚11:30~21:00）号称全球九大洞穴餐厅之一，大厅设在岩洞之中，观景阳台则依悬崖而建，在这里吃饭可以俯瞰脚下的下牢溪水。长江肥鱼是主打，还有红烧东坡肉、三游神仙鸡等与三游洞应景的菜式。如果对岸快乐谷有人在玩蹦极，那响彻峡谷的尖叫声倒真是为在这里吃饭增添了别样的感受。

夷陵小吃　　　　　　　　　　小吃 ¥

（见146页地图；夷陵大道，万达广场工贸家电对面；红油小面4元，牛肉包2.5元；⌚24小时）宜昌人最寻常的早点就是一碗红油小面，据说最早从四川传过来，在宜昌站住了脚。宜昌人更喜欢往这碗红油小面里加上黄豆、牛肉、肥肠等浇头，味美价廉。宜昌街头小面馆很多，夷陵小吃店除了红油小面外，还有湖北人热爱的过早之食热干面（4元）、牛肉包等，22元一碗的黑米面和蔬菜面也是其招牌。

麻麻厨房　　　　　　　　　　中餐 ¥

（见146页地图；☎130 8515 9306；万达广场金街西区190-53号；人均35元；⌚11:00~22:00）一家把家常菜做出小清新味的餐厅，装修与器皿走的都是清新路线，菜品也以清爽口味为主，如捞汁冰菜、香拌藕带、双豆牛腩煲、杏鲍菇炒鸭脯等，也有五峰腊蹄火锅、农家走地鸡火锅等本地特色菜。

仙一品包子　　　　　　　　　小吃 ¥

（见146页地图；隆康路24号；一品包子1元/个，米酒2.5元，牛肉包10元；⌚24小时）宜昌最好吃的包子，通常凌晨2、3点还有当地人打车来这里吃夜宵。老板的手艺据说是祖传的，他做的包子比普通包子略小，分为不辣的猪肉馅和辣味的牛肉馅两种，皮薄馅筋道，尤其是牛肉包，咬一口就有辣椒油溢出。一笼包子20个，两人吃没问题，建议配米酒，味道特别爽。

屈妈腌菜馆　　　　　　　　　中餐 ¥

（见146页地图；☎189 7258 6800；福绥路三峡风味美食街；人均35元；⌚11:00~21:00）福绥路上人气较旺的一家本地菜馆，主打鄂西风味，推荐干煸鲜藕、榨广椒炒肥肠、土鸡火锅、风干鸡炖藕、腊味系列等。这条街是当地打造的三峡风味美食街，像瑜儿腊货馆、勺婆炖品、厨嫂当家等饭馆口碑都不错，也有几家川渝风味饭馆。

🍷 饮品

解放路步行街算是宜昌本地咖啡和酒吧集中的地方，在沿江大道滨江公园一带和万达广场也有一些小咖啡馆。宜昌产好茶，闲时找间茶馆坐下来，品一盏当地绿茶也不错。

微光巴士咖啡　　　　　　　咖啡馆 ¥

（见146页地图；沿江道大滨江公园内；咖啡25~28元；⌚11:00~23:00）由一辆报废的公交车改装而成，停在滨江公园内，红色的车身非常醒目，车厢内布置得温馨可爱，提供各式咖啡、红茶和特调冰饮等。傍晚车外空地支几张小桌子，坐下来喝一杯咖啡，还可以看看江上夕阳和江边人来人往。

云端之上咖啡馆　　　　　　咖啡馆 ¥

（见146页地图；☎659 7266；解放路步行

阅读宜昌和三峡

➡ 《**三峡日志**》，颜长江著，从2002年开始走行，以文字和图片记录他自己的三峡。

➡ 《**新三峡**》，7集高清纪录片，杨书华总导演，分别从坝、山、水、人、城、景、梦七个方面，以社会调查的形式表现三峡的变化。

➡ 《**最后的国门**》，电视连续剧，齐星导演，以1938年宜昌大撤退、1940年枣宜会战、1943年石牌保卫战为主线，讲述了抗战期间宜昌军民众志成城的壮烈往事。剧中有不少宜昌老城和长江三峡的镜头。

➡ 《**山楂树之恋**》，张艺谋导演，史上最纯的爱情故事。全剧绝大部分镜头都在宜昌拍摄，不少外景地现在还能找到。

街旋转木马旁；咖啡18~118元；◎12:00~23:00)店里的咖啡品种很多，特调饮品海洋之心也是点单率很高的单品，推荐搭配一份店里自制的Q饼。老板是位艺术青年，店里不少装饰油画都出自他手，周末这里还有亲子艺术公开课堂，教孩子在石头上画画，或者彩绘玻璃瓶。带孩子的旅行者不妨在周末来这里坐坐。

鹿先生的咖啡馆　　　　　　　　　　　咖啡馆 ¥

(见146页地图；📞132 7717 7549；解放路步行街1号楼1115号；咖啡16~28元；◎11:00~23:00)帅哥老板的理想是在城市里造一座森林小屋，咖啡馆用原木和绿植装饰，提供单品咖啡和花式咖啡，还有手作蛋糕和简餐。大量书籍和各式公仔会陪伴你在这里度过一段悠闲时光。

滨江5号功夫茶楼　　　　　　　　　　茶馆 ¥

(见146页地图；📞606 5555，691 5588；沿江大道101号；◎10:00~21:30)茶楼的前身是有着百余年历史的老邮局，这是宜昌为数不多的老建筑之一。穿过四合院餐厅，进入后院就是茶楼。院内环境非常幽静，红砖墙上爬满藤蔓，大厅内陈设雅致，摆满了店家从各地搜来的茶叶和茶具，二楼则另有洞天，适合三五友人小坐品茗。

🛍 购物

宜昌物产丰富，特产众多，像三峡苕酥、清江野鱼等一般在三峡游客中心旅游超市以及夷陵广场国贸超市就能买到。宜昌三峡茶城(港虹路8号)是规模最大的茶叶批发市场，可以选购当地出产的毛尖、绿茶、白茶等。宜昌是318国道全线骑行的重要驿站之一，沿江大道上(宜昌市政府旁边)有几家品牌自行车专卖店，骑行者可以在这里找到良好的售后服务。

ℹ 实用信息

危险和麻烦

宜昌及其周边景点受天气影响较大，尤其是清江流域、峡谷瀑布和漂流项目等，在雨季和汛期会暂时关闭景区，暂停游船、瀑布穿越、漂流等活动，夏季前往时请尽量提前电话咨询景区或三峡游客中心，以免吃了"闭门羹"。

紧急求助

宜昌市旅游投诉电话(📞625 3315)
宜昌市公安局(📞110)

医疗服务

宜昌市中心人民医院(见146页地图；📞648 6947；夷陵大道183号)宜昌地区规模最大的医院，位于万达广场对面，距三峡游客中心约500米。

宜昌景区直通车车次时刻表

景点	车费(元)	发车时间
三峡大坝	30	8:00, 13:30(东站), 14:00
三峡人家	35	8:00, 9:50, 10:30(东站)
三峡大瀑布	30	8:00, 13:30(东站), 14:00
清江画廊	45	8:00, 9:50, 10:30(东站)
清江方山	65	8:30
柴埠溪大峡谷	90	8:00
屈原故里	35	8:30
朝天吼漂流	50	8:30
九畹溪漂流	50	8:00
车溪民俗旅游区	35	8:30
三峡竹海	45	8:30

建议提前一天在三峡游客中心预订或在宜昌交运旅游天猫店购买。此表格内容仅供参考，更多景区直通车实时信息请电询三峡游客中心。

❶ 景区直通车

（☏691 0001；沿江大道142号，三峡游客中心停车场）对于在宜昌做短暂停留的旅行者来说，乘坐景区直通车的确是舒适便捷的选择，线路涵盖市区及周边多数景点，费用合理，且有导游服务和安全保障。

银行

宜昌城区银行网点密布，24小时自助银行随处可见，取款方便。

邮局

邮政支局（福绥路）（见146页地图；☏622 0316；福绥路47号；⊙8:30~17:30）靠近解放路步行街，提供信件、快递等邮政业务。

旅游信息

夷陵广场旅游信息咨询中心（见146页地图；☏673 9000）

宜昌客运中心站旅游信息咨询中心（☏690 5027）

三峡游客中心（见146页地图；☏691 0001；www.sxykzx.cn；沿江大道142号；⊙7:20~20:00）三峡地区最大的旅游集散服务中心，提供旅游咨询、接待、景区直通车、长江游轮等一站式综合服务。每天去往各景区的直通车和长江三峡游轮都在这里始发。

❶ 到达和离开

飞机

宜昌三峡机场[☏653 2114（咨询），653 2650（票务）；www.sanxiaairport.com；猇亭区机场路8号]目前已开通至北京、上海、广州、深圳、青岛、成都、西安、重庆、昆明、三亚、厦门、杭州、贵阳、宁波等17个主要大中型城市的国内航线及香港、台湾地区定期航线，此外还有宜昌至釜山国际航线。

火车

宜昌东站（☏027-9510 5105；伍家岗区城东大道花艳段）2009年建成，宜万铁路、汉宜高速铁路、鸦宜铁路经过此站，属沪汉蓉高速客运专线组成部分，每天经停215趟列车。车站左侧有公交总站、客运中心站和旅游集散中心。市区有B1、B5、B9、B37、B6、84路公交车等可到宜昌东站。

长途汽车

宜昌城区有多个客运站，重要的有长途汽车客运站和宜昌客运中心站。

宜昌客运中心站（☏691 0888；kysp.ycjyjt.com；城东大道花艳路，宜昌东站西）每日有发往全国各地、湖北省内各地及宜昌各地班车和城际公交车。站内有宜昌旅游信息咨询中心，每日有发往三坝大坝、三峡人家、清江画廊、三峡大瀑布等地的景区直通车。

宜昌长途客运站（见146页地图；☏644 5314；东山大道126号）每日有发往全国各地、湖北省内各地及宜昌各地班车。两站客运线路多有重合，同步售票，有中转车往返两站之间（3元，凭当日车票免费；6:30~17:00，半小时1班）。

❶ 当地交通

抵离机场

三峡机场距市区约40公里，机场大巴（20元；约50分钟）往返于机场与市区的葛洲坝宾馆（夷陵大道3号）之间，沿途停靠宜昌东站（客运中心站）、五一广场丽橙酒店、宜昌长途汽车客运站。机场发车根据航班动态运行，航班即到即走。葛洲坝宾馆发车时间为航班起飞前2.5小时。出租车从市区前往机场一般100元，滴滴拼车85元/

❶ 神奇的宜昌旅游年卡

三峡人家门票180元，清江画廊门票158元，三峡大瀑布门票127元……而花100元办张宜昌旅游年卡，你可以在一年内无限制刷卡进入包括上述景区在内的24个景点，它们的门票加起来价值近2000元！这就是超级省钱的宜昌旅游年卡（www.yclynk.gov.cn）。但对途经宜昌的外地旅行者来说，想占这个"便宜"，得满足两个条件。一是需要一份你在宜昌工作或暂住半年以上的书面证明，二是年卡在办理5天之后才会激活，而且不能代办，因为需要录取你本人的指纹作为刷卡验证手续。也就是说，你在宜昌办卡5天之后才能使用这张卡。办还是不办？不妨事先规划一下你在宜昌地区的行程。

宜昌客运中心站车次时刻表

站点	班次	票价(元)	行程(小时)
武汉	9:00, 11:00, 15:00, 17:00	100	4
恩施	9:50, 12:30	110	4
荆州	8:30~17:20, 共8班	43	2
襄阳	8:00, 9:20, 10:40, 12:35, 15:30, 16:30, 17:30	95	3.5
秭归	6:50~18:50, 流水发车	18	1.5
长阳	813路城际公交, 6:20~19:00, 流水发车	17	1
五峰	812路城际公交, 7:20~18:20, 流水发车	45	2
兴山	808城际公交, 7:00~18:00, 流水发车	30	1.5
宜都	821路城际公交, 6:00~19:30, 流水发车	15	1
当阳	7:00~17:40, 每小时1班	23	2
巴东	6:30~18:30, 每小时1班	90	3.5
巫山	8:00, 9:30, 11:30, 13:00, 15:00, 17:30	110	3.5
奉节	7:30, 9:00, 11:00, 13:00, 14:30, 16:30, 17:30, 18:30	120	6

人,约需40分钟。

BRT

宜昌正在全面建设BRT公交线路,目前全线开通的有宜昌东站至葛洲坝的B9线(2元;5:30~22:00),其他线路部分启用了BRT专用站台,主要有从宜昌东站开往儿童乐园的B1线(2元;24小时运行,24:00之后40分钟1班)、从夷陵广场开往夷陵客运站的B100线(2元;5:50~22:50)等。在BRT站台内可免费换乘其他线路。

公交车

普通公交车线路基本覆盖城区,通票2元。开行时间一般为6:00~21:30,部分主城区线路会开行至23:00。

旅游专线

10-1路三峡人家专线(15元;7:05, 8:45, 10:35, 12:00, 14:00, 15:40, 逢双休日、节假日、客流高峰日45分钟1班)夷陵广场发车,途经三峡茶城、三游洞、三峡猴溪等。

216路三峡大坝专线(10元;7:00~19:00, 每40分钟1班)夷陵广场发车,在柳树湾站(换乘中心)下车。

出租车

宜昌市区打车相对容易,起步价6元,2公里后起跳,1.4元/每公里。滴滴出行等打车软件普遍使用。

宜昌市周边

纵横的水系和连绵的群山,为宜昌周边带来诸多风光秀丽、人杰地灵之处:八百里清江发源于恩施,流经长阳,留下最美的三百里山水长卷;五峰柴埠溪大峡谷则与张家界共属武陵山脉喀斯特地貌,拥有同样惊艳的峰林奇石风光;香溪河畔,走出了远赴塞外的美女王昭君;凤凰山麓,迎回了报国无门悲愤投江的诗人屈原;当阳关陵,安葬着被后世尊为武圣的三国关云长。对旅行者而言,从任何一个方向往周边而去,都不会空手而归。

清江画廊

[☎533 5806; www.qjhlw.com; 长阳县龙舟坪镇;门票158元(含游船);◉8:00~17:00, 游船发船9:30, 10:30, 11:30, 13:30]清江,古称"夷水",《水经注》中这样写道,"夷水, 水色清照,十丈分沙石……"当你看到船舷边荡漾的清江水,你就会明白古人的描述朴素而真实。游览清江画廊,必须乘船。船是雕梁画栋的仿古大船,百余座岛屿如翡翠般散落江中,船在江上行,人在画中游,绝对没有辜负清江画廊之美称。

沿清江水往上,依次欣赏清江大佛、倒影峡、仙人寨和武落钟离山几处景点。倒影峡长约5公里，清澈的水面倒映着两岸青山，美似一幅连绵的山水长卷。唯一遗憾的就是船上通常会有导游的扩音喇叭在售卖土家特产并动员游人花钱拍照，请自动屏蔽。仙人寨原是山峰因因地质原因形成的一个巨大的天然洞穴，被古人附会为仙人居所。可以上岸游览洞穴，需时约40分钟。从洞内下望，椭圆形的洞口就像一个天然的画框，框出了一幅秀丽的清江山水小品。

武落钟离山是清江中最大的一个岛屿，岛上有多家饭馆，打的都是土家饭菜招牌，旅行团通常先在此午餐。建议买份小吃炕土豆或几串烤鱼，简单解决午饭就上山，这样才能避开饭后上山的大部队。武落钟离山是古代巴人先祖廪君的出生之地，被视为土家人的圣山，上山途中可看到白虎石亭、廪君殿等纪念巴人祖先的建筑，但多为今人所建。登上山顶，有座向王庙，供奉的就是因为治理清江有功而被土家人尊为向王的廪君。向王庙对面有座突兀而立的小石山，被当地人称为石神台，有狭窄小径绕石而上。登顶可见一座小神殿，殿内供奉着一对鹅卵石，体现了巴人祖先对生殖文化的崇拜。石神台是绝佳的观景台，可360度欣赏清江画廊，两岸峰峦叠嶂，岛屿星罗棋布，随手拍拍就是一张风光明信片。注意，台顶仅容十余人站立，请听从景区人员指挥上下，切勿拥挤或逗留太久。

清江画廊距宜昌约80公里，三峡游客中心和宜昌东站有景区直通车可到[180元；每日8:00, 9:50, 10:30(东站)发车；约2小时]。

清江方山

(☎548 8966；长阳县郑家榜村；门票150元，景区大巴10元，玻璃栈道维护费10元；◉8:30~18:00)在张家界玻璃桥梁开放之前，清江方山的悬崖玻璃栈道已经吸引无数人玩了一回心跳。而它建在绝壁之间、长度超过6公里的悬空栈道更让人体验了一次"云中之旅"。

清江方山属典型的喀斯特地貌，景色类似张家界但更为精巧。进入景区后，沿上山步道步行约半小时就踏上了悬空栈道。宽约1.5米的栈道搭建在海拔约600米的山间，沿着绝壁起伏延伸，脚下是悬崖深渊，偶尔还有薄薄的云雾升腾而起，而眼前的峰林奇石仿佛触手可及。在景色绝美之处，观景台向外伸出数米，完全悬空，站在上面俯瞰和拍照，还真需要一点勇气。一路行去，移步换景，奇峰林立，古木参天，一会儿低头躲过头上垂下的老树古藤，一会儿疾步穿过水花飞溅的山间瀑布，行到山穷处，峭壁突兀出现，几疑无路时，穿过一道"天门"，眼前柳暗花明，正是传说中最为刺激的玻璃栈道。这条长为236米的玻璃栈道名为"云鹊路"，它攀附于一座巨大的外凸绝壁山体，形成一道U字状的长廊，是国内目前最长的绝壁玻璃栈道。多数人踏上去的第一个动作，就是紧紧倚住石壁，然后才敢一点点儿往外伸脚试探。透过玻璃，脚下就是深达166米的谷底，林木葱郁，清晰可见，的确令人心跳。战战兢兢走过玻璃栈道，末端有一座小巧的玻璃桥，已经适应了恐惧心理的人总算可以站在桥上来张纪念照了。下山的路就离开了悬空栈道，曲折的石阶沿着奔腾的龙咏溪一直往下盘旋。这段路虽然不再惊险，但非常陡峭，行走时一定注意脚下石阶。

清江方山景区有两个入口，游玩时一般从东大门上山，下山后从西大门出来，不走回头路，全程需时4~5小时。中途有餐厅和小卖部可以解决午饭。

清江方山距宜昌市区约85公里，可在三峡游客中心乘坐景区直通车[170元(含车费及门票)；每日8:00发车；约2小时]前往，请至少提前一天在游客中心或网站购买。

柴埠溪大峡谷

[☎575 9593；五峰县渔洋关镇曹家坪村；门票100元，索道120元(往返)；◉8:30~17:30]"南有张家界，北有柴埠溪"，与张家界共属武陵山脉、同为喀斯特地貌的柴埠抛出这样的宣传词，倒也无可厚非。事实上，柴埠溪的峡谷峰林景观并不逊色，一条柴埠溪河穿过东西长约34公里的幽深峡谷，两岸山石经亿万年风雨侵蚀、风化和崩落，形成了众多奇峰异石。目前柴埠溪只开发了坛子口景区和大湾口景区，游玩柴埠溪则主要在大湾口景区，辟有三条步道游览线，可根据时间和体力选择线路。

进入景区后，右侧是最短的情人线，沿途经过姊妹峰、情人桥、情人谷等景点，到达对棋台观景点。这里海拔有1330米,可一览柴埠溪峡谷全貌。得乐线则要辛苦得多,首先登上一道陡峭的铁梯"青云梯",然后走过落月桥,就能看到著名的"对嘴石",酷似一对正在亲吻的情侣。这里也是情侣最乐于合影秀恩爱之地。再往前走,两山之间有一座铁桥,名叫得乐桥,经过改建之后桥面铺设了钢化玻璃(当然比起张家界的玻璃栈桥,就是小巫见大巫了),走在桥上,桥身轻微摇晃,透过玻璃桥面可以清晰地看到谷底宛如一条线的柴埠溪。过桥之后,如果时间有限,可以往右走一条环线,欣赏过雀尕石和迎客峰之后回到落月桥,沿青云梯下山。沿左侧步道继续往前就是文房四宝线。依次可以看到"土王别姬""大令牌"等奇石。文房四宝指的是笔、墨、纸、砚,而这些都能在峰林中找到。其中的神笔峰最是惟妙惟肖,高约50米的笔峰顶部灌木丛生,每到春夏有高山杜鹃盛开,像极了传说中的"妙笔生花"。而神笔峰前方正好有"笔架山",下方有"墨池"一方,清水满溢,至于纸,这大峡谷本身就是一幅水墨山水长卷。

柴埠溪大峡谷景点众多,游览步道全长约19公里,全部游览需5~6小时。想节省时间可乘坐索道上下山,省去爬青云梯的辛苦,而且索道全长1600多米,线路跨越三个山峰,你可以在5分钟里体验"一览众山小"的快感。特别提醒,景区受天气原因影响较大,会在雷雨天暂停开放,冬季也会季节性关闭,请提前咨询景区。

三峡游客中心有景区直通车去往柴埠溪大峡谷[车费90元,套餐230元(含门票及索道);每日8:00发车],请至少提前一天在游客中心或官网购买。

昭君故里

(☎252 0023;兴山县昭君镇;门票60元;⊙8:00~17:00)王昭君在中国古代四大美女的传说中美艳了两千多年,她的故乡自然不会错过这个旅游开发的由头。昭君故里古汉文化游览区就在王昭君出生的香溪河畔宝坪村,保留了部分与王昭君相关的遗迹,同时也新建了展示汉代宫廷仕女文化的一些景点。景区依山临水,为仿汉代建筑群落,黛瓦粉墙,回廊长转,有昭君塑像、昭君宅、昭君纪念馆、长廊碑林等。昭君纪念馆中收藏有诸多汉唐文物,其中记载有昭君故事的各种版本的典籍尤为珍贵。这里的自然风光也非常漂亮,春天四周是盛开的油菜花田,秋天柑橘成熟,枝头果实累累。有时间不妨在周边走走,寻访更多与昭君传说有关的胜迹。

昭君故里距宜昌市区约80公里,可在三峡游客中心乘坐景区直通车前往(见156页)。也可在宜昌东站乘坐至兴山的808路城际公交车(30元;7:00~18:00,流水发车;约2小时),在昭君镇下,依景区指示牌步行前往。返程时建议先搭过路车到兴山县城(古夫镇),再从兴山汽车站乘坐808路城际公交车(最晚1班是18:00)返回宜昌,这样你就能欣赏到从昭君镇到古夫镇的这一段中国最美水上公路。

最美水上公路

车过昭君镇,往车窗外看,你会发现,车子仿佛飞驰于水面,碧绿清澈的河水就在你的身边。这就是号称中国最美水上公路的古(夫)昭(君桥)公路。它也是我国首条水上生态环保公路,在筑路时为减少对环境的破坏,放弃了传统的开山打洞方式,而是在香溪河上架起了长约4.4公里的两座水上公路大桥。如果你是自驾经过,可以依路边指示牌将车驶入观景区,停车欣赏这条水上公路。有时间的话,更可以登上公路大桥对面的山坡,极目远眺,水上公路就如一条巨龙,盘旋于青山绿水之间。

玉泉寺

(☎324 0302;当阳市玉泉村玉泉山东麓;免费;⊙7:00~17:30)宜昌为数不多的古迹中,要数玉泉寺名气最大。这座寺院始建于南朝梁大通二年(528年),公元592年,隋文帝赐额"玉泉寺",在唐初与浙江国清寺、山东灵岩寺、江苏栖霞寺并称"天下四绝",明神宗敕赐玉泉寺"荆楚第一丛林"匾额。

穿过新建的山门,沿林中大道步行约5分钟就来到了玉泉寺前。迎面而见是一座仿木构楼阁式铁塔。此塔铸造于北宋嘉祐六年(1061年),通高16.9米,重2.65吨,塔身玲珑,上下铸有2279尊佛像,是我国现存最高、最重、最完好的古铁塔。1993年,当地文物部门对铁塔进行拆卸维修时,发现了塔下地宫,发掘出唐代鎏金菩萨、大石函及宋代小石函、铁锁链等珍贵文物。部分文物现在地宫(10元;◐8:00~17:30)展出,内部复原了当年的发掘现场,还供奉有武则天亲赐的圣物佛舍利。

进得寺内,院中有两座荷池,种有千瓣并蒂莲,据说这千瓣莲已有1300多年栽种历史;殿前有株唐代银杏,也已有1250余年树龄,花与树俱为寺中之宝。寺内建筑有天王殿、毗卢殿、大雄宝殿等。最值得一看的就是大雄宝殿,大雄宝殿始建于隋开皇十三年(593年),为重檐歇山式宫廷式建筑,面阔九部,进深七间,殿中有72根金丝楠木立柱,天花板有彩绘装饰。明清以来虽经多次修葺,仍隐约有唐宋木构遗风。1982年,玉泉寺被列入全国重点文物保护名录,国家文物局聘请专家,历时两年,对大雄宝殿进行了了落架大修。

穿过人殿,后山有新建的金刚和平宝塔和天上天殿。从这里俯瞰可玉泉寺全貌,红墙青瓦隐身于林木之间,庄严万千。

在宜昌客运中心站乘坐去当阳的班车(25元;7:00~17:40,每小时1班;约1小时),跟司机说在玉泉路口下,在此转乘去玉泉寺的面的(5元;约10分钟)。返程可在玉泉路口搭乘返回宜昌的班车,从当阳返回宜昌的班车最晚是18:35。

关陵

(☎322 2263;当阳市关陵路;门票30元;◐8:00~17:00)民间历来有关羽"头枕洛阳,身困当阳,魂归山西"之说,的确,目前我国有三座关羽墓,分别是关羽故里山西解州的衣冠冢,称为关庙;河南洛阳关羽首级埋葬处,称为关林;宜昌当阳埋葬着关羽身躯,有乾隆赐"威震华夏"匾额,按帝皇寝宫规制,级别最高,称为关陵。不过,走进关陵,你可能有些失望,眼前的建筑群并不豪华,按中轴线依次排列,包括"汉室忠良"石牌坊、神道碑亭、拜殿、大殿、寝殿、陵墓等建筑。神道碑为清道光十年(1830年)所立,正面镌刻的"忠义神武灵佑仁勇威显关圣大帝汉前将军汉寿亭侯墓道"是历代皇帝对关羽加封的尊号。除寝陵于1985年落架大修,还保留有古风之外,其他建筑多是20世纪80年代重修。

关陵规模不算大,游玩只需40分钟左右。每年9月下旬,关陵会举行关陵庙会,非常热闹,期间也有各种关羽和三国研讨活动。

在宜昌客运中心站乘坐去当阳的班车(25元;7:00~17:40,每小时1班;车程约1小时),从当阳汽车站打车去关陵一般10元,市区有4路公交车可到关陵景区门口。

三国故地,仅供怀想

宜昌地处川鄂交界,荆楚门户,历来为兵家必争之地。一部打打杀杀的《三国演义》中,有37回写到了宜昌,赵子龙大战长坂坡,猛张飞喝断桥梁水倒流,陆逊火烧连营七百里,关羽败走麦城……三国迷如果想照着书本来宜昌寻找三国遗址,可能会有点失望。除了当阳关陵之外,其他三国遗址多少有些名不副实。

从关陵出来乘坐4路公交车,有一站叫赵子龙雕像站,这里就是当年的长坂坡。然而长坂坡遗址公园里并没有长坂桥,当地人把这里当作日常休闲地,只有门口的一座赵子龙雕像和长坂坡三个大字供人怀想当年的激扬。

宜昌城区也有不少与三国文化有关的遗迹。猇亭古战场风景区(☎658 3666;猇亭区宜昌长江大桥旁;门票40元;◐8:30~18:00)是目前开发较好的一处。当年刘备大军东征伐吴,被孙权率军击败,猇亭(夷陵)之战作为以弱胜强的著名战例而载入史册。不过景区内多数建筑都是新建,有条开凿于悬崖峭壁之间的万里长江古栈道虽与三国故事无关,倒值得走走。市区有B37路公交车可到猇亭古战场风景区。

此外,三游洞景区(见148页)内有蜀刘封城遗址和张飞擂鼓处,都是三国遗址,可以顺道一游。

长江三峡

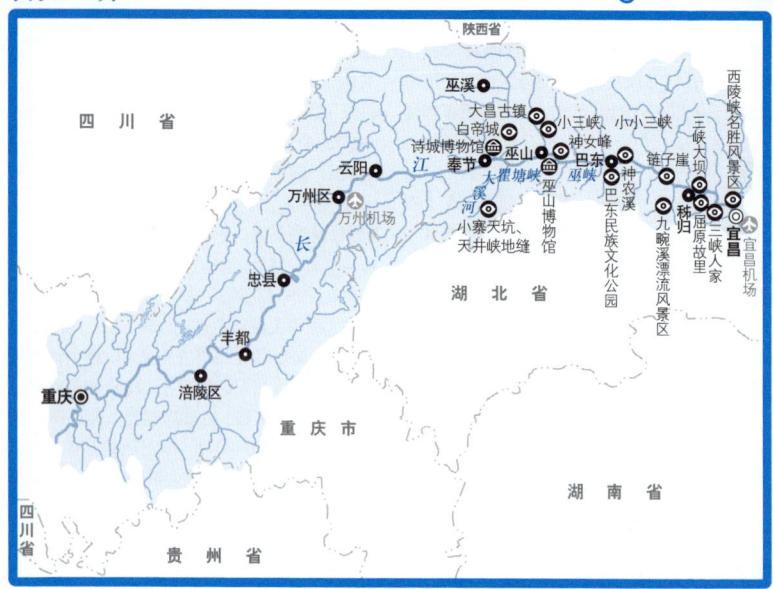

三峡

在中国的历史坐标与疆域版图之上,长江都是一条重要的河流,三峡则是其中最华美的章节。长江三峡西起重庆市奉节县白帝城,东至湖北省宜昌市南津关,全长192公里,由上游往下游依次为瞿塘峡、巫峡、西陵峡,峡谷段总长约90公里,三峡之间分别有大宁河宽谷和香溪宽谷相隔。

三峡风光壮美,历来是文人墨客抒发情感的载体,但随着三峡工程的进程,越来越多的风景被封存于诗词文赋之中,取而代之的是完全陌生的名词:库区、移民、新城、175米蓄水线……但至少到目前为止,三峡仍然是全球旅行者最向往的旅行线路之一,天堑已变通途,两岸又增新景。纤夫拉船逆水而上过险滩的场景不再,游轮"水涨船高"过大坝也是难得的体验;高峡平湖,屈原故里的端午龙舟划得更加热闹,年年秋至,巫山十二峰红叶依然艳似彩霞;秭归、巴东、巫山、奉节,一座座新城矗立大江两岸,它们正和三峡一起经历着改变,而对旅行者来说,消失的风景固然可惜,但亲眼见证改变,也是难得的经历。

新三峡十景

白帝城、夔门、神女峰、西陵险滩……这些名字曾代表了三峡两岸最美的风光,其中夔门还被印在人民币上。但三峡大坝蓄水之后,曾经的美景有了巨大变化。由国务院三峡办和鄂渝两地政府共同发起的"新三峡十大旅游新景观"评选活动在2016年6月有了结果,新三峡十景分别是三峡人家(宜昌)、三峡港湾国际旅游度假区(忠县)、神农溪景区(巴东)、汉丰湖景区(开州)、黄水旅游区(石柱黄水)、丰都鬼城(丰都)、三峡大坝(宜昌)、神女景区(巫山)、平湖万州(万州)、瞿塘峡景区(奉节)。它们是否真能代表三峡新景?你可以在自己的三峡之行中去感受一下。

西陵峡

从宜昌南津关往上游走,就进入长江三峡中的西陵峡。西陵峡全长66公里,曾经是三峡之中最险的水域,(下接内容171页)

湖北建筑

湖北的建筑大多跟水有关，不管是横亘在江面的现代建筑——大桥大坝，还是临水的千年城池——荆州、襄阳、武汉三镇，就是汉水之滨的武当山和江汉平原的古城古村，也与水息息相关。

武汉黄鹤楼与长江大桥

一桥架南北

有水就有桥。对于初到武汉的人，武汉长江大桥（见57页）是必不可错过的地方。毛泽东题"一桥飞架南北，天堑变通途"，说的就是这座连接汉口和汉阳的"万里长江第一桥"。因为有了它，北京发出的火车才能够直达珠江之滨的广州。建造者花了足足两年多的时间才把这座全长1670余米的公路、铁路两用桥修筑成功。半个多世纪以来，武汉长江大桥经历过多次船体擦撞，细心的旅行者仍能在桥墩上寻得一些痕迹，但桥体无恙，坚固如初。它连同1956年建成的江汉桥（见57页）一起，正式把被水分离的武汉三镇串联起来。

也有动人的小桥。在黄梅县，灵润桥（见236页）自元至正十年（1350年）始，伴着脚下的岩泉溪静卧了六百多年，几乎每一个来四祖寺拜谒的人都会被寺外这座小巧灵秀的桥所吸引。这座单孔石桥长仅15米，宽4米，桥体上建有以砖砌八字牌楼为门的凉亭供行人驻足歇脚和躲风避雨。通城县的灵官桥比灵润桥年代还要年长近百岁，桥身已与茂密的绿植融为一体，出资修建此桥的正是黄庭坚第八代孙黄子贤，桥拱上壁的石匾记录着一切。

另一条举世瞩目的大桥矗立在沪渝高速公路段的巴东县野三关镇，以桥下的河水命名为四渡河大桥。作为世界上数一数二高的悬索桥，四渡河大桥从汽车飞驰的桥面到激流奔腾的谷底，垂直高差达560米，足足比帝国大厦还高出一半。站在桥面从上往下望去，宽阔的四渡河已经无法用目力辨识，好像一条白练用力地拨开青山翠岭飘向远方。

从左上角顺时针
1. 恩施四渡河大桥
2. 黄梅灵润桥 3. 武汉元代南桥

2

葛洲坝三号船闸

高峡出平湖

"高峡出平湖",当诗词中的景象变为现实,山河也会易容改颜,千百万三峡子民离开故土家园。滚滚长江水被大坝拦腰截断,一座坝体高 70 米,另一座坝体则高 185 米。葛洲坝(见 146 页)、三峡大坝(见 145 页)都先后号称世界上最大的水利枢纽工程。船过大坝,要花上数小时逐级进出巨大船闸,旅行者可以目睹柔水如此简单地将万吨船体徐徐托起又轻轻放下。

这两座巨大的坝体都在宜昌(见 144 页)境内,相距仅仅 38 公里,也成就了这座城市的古名——夷陵,"水至此而夷,山至此而陵"。不可驯服的江水因为当代人的巨大工程变得平展温顺,荆江边的镇水宝塔——万寿宝塔(见 220 页)功德圆满;始建于东晋、绵延 180 公里的古老荆江大堤(见 221 页方框)再也不用忧心忡忡于汛期的到来。

汉江上也有一座大坝,丹江大坝阻截了长江最大支流并形成了一座亚洲面积最大的人工湖——丹江口水库。碧波浩渺的水库成为举世瞩目的南水北调中线工程的调水源头,由此清流导向北京和天津等地。

从左上角顺时针
1. 三峡大坝 2. 三峡大坝内景
3. 葛洲坝

百观与千佛

《卧虎藏龙》中的玉娇龙曾放下狠话:"踏破峨眉顶,拔去武当峰"。武当山上保存着中国最完整、规模最大也是等级最高的道教建筑群,象征皇权的金顶(见128页)是俯望全山建筑的最佳处之一,为了打造它,工匠们在北京用三万公斤纯铜和几十公斤黄金打造各种构件,经运河至南京再溯长江、汉江至山脚,人力以扛,足见修建时之艰辛与用心。"北建故宫,南建武当",这座高山之上的古典建筑群面积却足足是北京故宫的两倍多。

若非是金庸先生豪情侠义的小说,世人多半未闻全真道人长春子丘处机。始建于元至元二十四年(1287年)的武昌长春观(见62页)是全真教的门徒为了纪念丘处机在元军南下时"一言止杀"济世救民的功德而建的。整个建筑群在城市中占地达4.5万平方米,按传统的中轴对称布局。历史上虽几经损毁又复建,依旧是"道子云集之处,黄冠皈依之所"。

除了皇家道场,湖北也是禅宗祖庭所在之处。四祖禅师道信在黄梅县的双峰山聚徒传法,道场始建于唐武德七年(624年),后被命名为四祖寺(见236页)。几经兵燹,如今仍尚存宋代鲁班亭、清代四祖殿等历史建筑,山上存放四祖真身的毗卢塔是中国现存最早的四门塔之一,建筑风格令人过目难忘。五祖弘忍大师传承道信的衣钵,于黄梅城东建寺继续开坛布法。因此而修建的五祖寺(见236页)至今已有1300多年,从寺前的释迦多宝如来佛塔到东山顶,10平方公里的范围内遍布寺区佛教建筑遗存。

从左上角顺时针
1.武当山 2.武当山雪景
3.武当山紫霄宫 4.武汉长春观

167

1

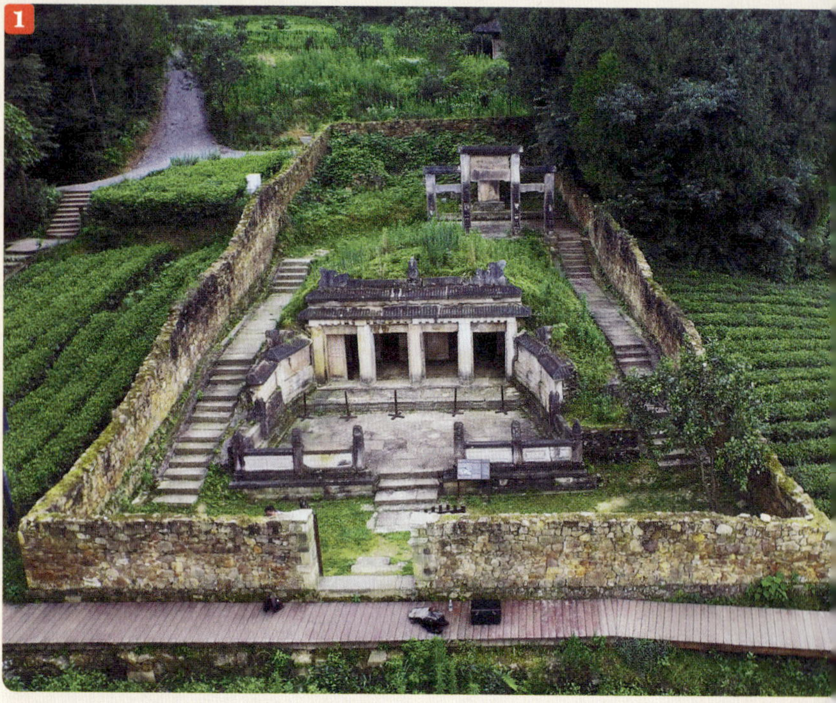

3

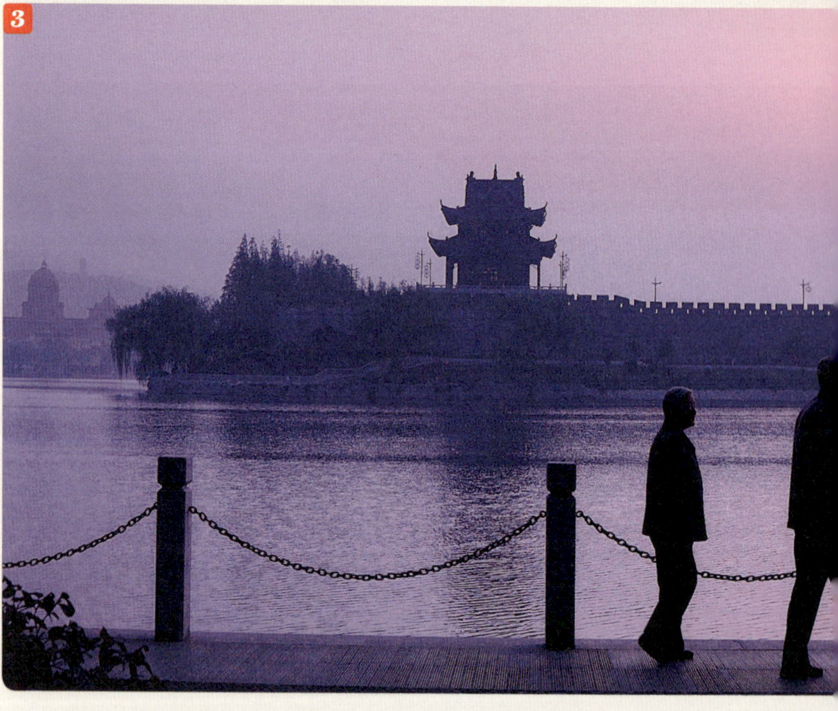

城池和村落

荆州古城（见217页）的古城墙从周厉王时期开始修建，如今已经有2800多年的历史。不过今人所见到的城池已是明清两代所建。整个城墙周长11,281米，有六座城门，城门上原本建有城楼，大部分已经不复存在，如今只剩下大北门城楼（见217页）和今人复建的宾阳楼（见217页）。古城的军事防守作用早已失去价值，若是有得闲情逸致，一定要用脚步丈量一下古人的千年作品，体验一次荆州的四时美景。

2015年刚刚被列入《世界遗产名录》的唐崖土司城（见196页）位于咸丰县唐崖司镇，是一座典型的土家族土司王城。这座始建于元代的建筑在明清已经扩建到1500余亩，现今保存最完整的石牌坊是明天启三年（1623年）修建，在它的正面刻有"荆南雄镇"，反面则刻"楚蜀屏翰"，八个遒劲有力的正楷大字足以谓明在"改土归流"之前，封建领主在少数民族地区治理中的重要作用。

同样在湖北宣恩县两河口村，至今还有许多土苗山寨，明清时期形成的彭家寨时至今日还有山民200多人常年居住，土家族井院杆栏式传统建筑吊脚楼是这里常见的民居。吊脚楼以"借天不借地，天平地不平"为建筑原则，依山就势，就地取材，将屋基"心安理得"地落在平地上，用木柱撑起悬空的部分。不仅充分满足生存所需，还与周围环境和谐地融为一体。

从左上角顺时针
1. 恩施唐崖土司遗址 2. 恩施彭家寨吊脚楼
3. 襄阳古城墙

襄阳古城

屈原家乡人,端阳大过年

秭归是屈原的故乡,秭归的端午节比春节还热闹,秭归人一直都用这个最隆重的节日来怀念这位家乡人,用他们的话来说,那就是"端阳大过年"。秭归人一年要过三个端午节,差不多要持续一个月。如果你有去秭归旅行的计划,不妨尽量安排在端午节期间前往,在这里你将邂逅最热闹的"端阳大过年"。

每年农历五月初五是头端阳,这一天,人们去野外割下艾草,挂在门前,驱虫辟邪;屈原祠会举行隆重的祭祀活动,海内外族人都会回到这里,共同祭典这位先祖。从这一天起,秭归各地的龙舟就开始划起来了。到了五月十五大端阳,龙舟竞赛达到高潮,各镇的龙舟都汇聚到三峡大坝前的徐家冲(见172页地图),与其他地方不同的是,所有参与者会唱起悠长的招魂号子,呼唤诗人魂魄归来,然后所有龙舟绕圈游江,最后才开始一场激烈的水上比拼。

五月二十五是末端阳,在屈原出生的诗意小村乐平里,这一天人们都会聚集到北峰山下的屈原庙。正殿中供奉着屈原像,两旁厢房陈列有与屈原有关的碑刻和书画。一棵高大的黄桷树庇护着庙前的屈原雕像。就在黄桷树下,不管是种地的乡民还是从当地出去的文化人,都可以吟诵自己所写的怀念屈原的诗歌。这一传统至少可追溯自明代以前,保留至今,已经成为秭归人过端午节的重要内容。

(上接内容160页)险滩遍布,古来便有"西陵峡中行节稠,滩滩都是鬼见愁"之说。三峡水库蓄水之后,三峡大坝至秭归县香溪口之间的险滩已经消失,取而代之的是"高峡出平湖"的别样景观。幸运的是三峡大坝到葛洲坝之间长约38公里的西陵峡东段景色依旧,被称为"绝版三峡",陈毅元帅就曾写下"西陵甲三峡,忘返兴犹稠"的诗句来赞美西陵峡,而乘坐**两坝一峡游轮**(见150页)欣赏这一段峡江风光,也向来是旅行者宜昌三峡游的首选活动。

西陵峡风景名胜区 [📞0717-886 2161;www.xlxia.com;门票148元(含三游洞、三峡猴溪、世外桃源、快乐谷、野浪谷,二日内有效);⊙夏秋7:30~17:30,冬春8:30~17:00]包括西陵峡北岸的三游洞(见148页)、三峡猴溪、世外桃源、财神谷、野浪谷等景区,以及快乐谷(见149页)、下牢溪快艇、西陵峡游船等游乐项目,除三游洞外,其实多数景点与西陵峡风光没什么关系,大可根据时间与喜好选择游玩一二。宜昌市区有10路公交车可到景区门口。

秭归

说起秭归,人们总喜欢加上新城两个字。这座三峡库区第一县,其实有着更为悠久的历史。秭归早在西汉就已设县制,其名得自2000多年前诞生于此地的一位世界级名人屈原,《水经注》中就写道,"屈原有贤姊,闻原放逐,亦来归,因名曰姊归",后演变为秭归。屈原写下的《九歌》《天问》,创立了一种浪漫的文学表达形式,秭归人用端午划龙舟来纪念这位悲愤投江的诗人,悠长的招魂曲唱了几千年,在他的出生地乐平里,人们则更喜欢用吟诵诗歌来表达质朴的怀念。

古老的屈原祠已经迁至新城凤凰山上,同时在这里安家的还有24座古建筑,在它们的对面,就是著名的三峡大坝,它是秭归新城的另一张名片。大坝拦出一片高峡平湖,当地人已经习惯在湖边小岛散步、钓鱼,大坝不过是日常生活中的一道背景。而对于旅行者来说,秭归的新与旧,风景与文化,都值得一一探访。

◉ 景点

屈原故里   纪念馆

(见172页地图;📞157 1789 5515;县城东侧凤凰山;门票90元,观光车10元;⊙8:30~17:00)屈原是中国历史上第一位伟大的爱国诗人,在他的身上,寄托着中国文人对于浪漫情怀、爱国情操的诸多追求。在他的家乡秭归,人们建起屈原祠,在端午包节包粽子、划龙舟来怀念他。不过,我们今天看到的屈原祠,已经在三峡工程蓄水之后由原址搬迁至秭归新城凤凰山,同时搬迁过来的还有青滩仁村古民

秭归城区

秭归城区

◎ 景点
- 1 屈原故里 D3

🏠 食宿
- 2 百度民俗客栈 C1
- 3 凤凰楼 D2
- 4 梁记粥铺 D2
- 5 旅游夜市 C3
- 6 众福快捷酒店 C1

ℹ 实用信息
- 7 中国农业银行 C3
- 8 秭归旅游信息咨询中心 C3
- 9 秭归县人民医院 C3
- 10 秭归县邮政局 C3

ℹ 交通
- 11 客运中心站 C2

居、江渎庙等20余处峡江地面文物。

屈原祠面向三峡大坝，依凤凰山而建，穿过高耸的山门，拾阶而上，依次是前殿、乐舞楼、正殿等建筑。两旁有厢房和碑廊，厢房为展览馆，建议游览时从左侧厢房开始，顺次参观屈原生平展、作品展等内容，展厅内还复原了屈原出生地的一些景点，如读书洞、照面井等。至最高处是正殿，内有屈原塑像，两侧巨幅壁画以屈原作品为主题，色彩瑰丽，人物生动。屈原祠旁边另有屈原衣冠冢。

沿步道走过复建的屈原家乡的千善桥，便来到青滩仁村古民居。青滩仁村原位于西陵峡段的新滩，在汉代就已存在，现存建筑多为砖木天井式四合院，是典型的峡江地区民居风格。由于三峡工程蓄水，原有的村子已被淹没，部分结构完整的民居被搬迁至此，拥挤在半山坡上，格局和气派已不复原貌。如今，部分民居被开辟为龙舟博物馆、端午习俗馆等，向游人展示当地的非物质文化遗产。回程可走滨江观景道，在"屈原故里"牌坊下留个影,登上高峡平湖观景台近距离欣赏三峡大坝。

游玩整个景区需2~3小时,如想省时间可乘坐观光车,沿途停靠景点。每年端午节期间,屈原祠都会举行盛大的祭祀活动,祠堂内挂满艾草,清香扑鼻。

城区1路公交车经过屈原故里景区。

九畹溪漂流风景区　　　　　　　　　　　漂流

(📞170 9270 9892;www.jxbaohulu.com;秭归县茅坪西部;门票180元;⏰5月至10月,平时13:00~16:30,周末11:00~17:00)九畹溪是三峡西陵峡段重要的支流之一,九畹溪漂流因此也被冠以"三峡第一漂"。这里是国家体育总局确定的中国漂流训练基地,也是国家旅游局首次以漂流命名的AAAA级旅游区。当然,向游人开放的河段没有那么专业,整个漂流全程约14公里,时间约3小时,分为6.8公里的急流闯滩橡皮艇漂流和7.2公里的平湖行舟休闲观光漂流,沿途可以欣赏到两岸怪石林立、花草茂盛的风光,还能感受落差高达90多米的惊险时刻。

秭归旅游信息咨询中心在旺季有去往九畹溪漂流的轮船一日游(100元,含高峡平湖游船票和中转车票),可提前电话咨询预订。宜昌三峡游客中心也有景区直通车可到这里(见156页)。

链子崖　　　　　　　　　　　　　　　地质公园

(📞0717-622 6389;西陵峡段长江南岸,屈原镇对岸;门票58元;⏰8:00~17:00)链子崖是西陵峡南岸群峰之中的一座悬崖,高约750米,崖体布满大小裂纹70余条,经地质专家勘测,一旦链子崖崖体崩坍,大量巨石倾泻,很可能造成长江堵塞。1995年至1997年,国家花费巨资,采用173根巨型锚索铁链,将整座悬崖牢牢锚住。现在这里已经被开辟为地质公园,供人欣赏铁链锁石的危石治理奇观。

进入景区之后,沿步道一路往上,看过古山川祭台、纪念屈原的归乡寺、巴巫寨、招魂台等景点,经过崖上栈道就来到了链子崖的最高处,粗大的铁链紧紧缠绕着崖体,透过巨大的崖缝和铁链,可以看到脚下奔流东去的长江,以及对岸屈原镇层层叠叠的房屋。这里也是欣赏西陵峡的最佳观景点之一。

链子崖距秭归县城约60公里,没有专车前往,可在秭归客运中心站乘坐到郭家坝和两河方向的班车(10元;约40分钟),跟司机说在链子崖下。返程可在路边搭乘返回秭归的过路班车。

✱✱✱ 节日

屈原故里端午文化节　　　　　　　　　文化节

2009年,中国端午节入选联合国教科文组织"人类非物质文化遗产代表作名录"。作为屈原的故乡,首届"屈原故里端午文化节"于2010年在秭归举行。2013年文化部明确指定,"屈原故里端午文化节"将是唯一的全国性端午节文化节庆活动,秭归则是这一节日的永久举办地。活动在每年端午节期间举行,以秭归"三个端午"为节点,持续约一个月,分别有屈原祠祭祀活动、吃粽子民俗、游江招魂、龙舟竞赛、诗歌朗诵等内容。

> ### ℹ️ 拍出更美的三峡大坝
>
> 三峡大坝是许多旅行者三峡之行的重要一站,要拍好这个庞然大物却不容易。当地摄影达人雷勇为你推荐他喜爱的拍摄点。
>
> 屈原故里滨水观景带靠江一侧春夏有野花盛开,可以此为前景拍摄三峡大坝。登上屈原祠最高处俯拍大坝全景也不错,前景是屈原祠层层叠叠的青瓦屋顶。
>
> 木鱼岛(见172页地图)是从徐家冲延伸出去的一座小岛,位于大坝上游,距离三峡大坝非常近,春天岛上开满油菜花,夏天野草疯长,像铺上了巨大的绿毯。当地人喜欢在这里钓鱼、游泳、放风筝,甚至还有玩滑翔伞的。傍晚时分夕阳从对面照射过来,大坝通体金红,玩耍的人们成为剪影,此时拍摄大坝,能获得富有生活情趣的精彩瞬间。
>
> 想为高达185米的大坝拍张全景照,一定要在大坝下游正对面可从秭归县城打车过去,跟司机说在坝区8路公交车站下,下车后沿小路往山上走,选择合适的拍摄机位。春天的油菜花田最能衬托大坝的雄伟。

🛏 食宿

秭归县城不大,食宿地集中于平湖大道与滨湖路一带。旅行者可首选入住滨江路一带,随时欣赏高峡平湖与三峡大坝风光。**百度民俗客栈**(见172页地图;☏0717-286 6222;山水龙城E区二栋;标单/双128/168元起;❄🛜🅿)2016年年初新开,房间精致,还有直饮水机,部分房间推门而出就是平台,能看见三峡大坝。老板是当地摄影达人,可以告诉你拍三峡大坝的好去处。从客运中心站出来坐1路公交车在山水龙城站下即到。**众福快捷酒店**(见172页地图;☏0717-267 8999;滨湖路龙舟广场前;标双(江景房)128元起;❄🛜🅿)位置极佳,正对端午龙舟竞赛地徐家冲,在江景房就能看到划龙舟的盛况。不过端午期间房价会上涨,最好提前预订。

凤凰楼(见172页地图;☏0717-272 6677;滨湖路客运中心站对面;人均40元;⏰11:00~22:00)是当地人爱去的餐馆,打的是屈原家宴的招牌,推出了多达100余种当地特色小吃和菜品,人多可以去品尝一下。如果是一个人,也可以去旁边的**梁记粥铺**(见172页地图;☏0717-288 7377;滨湖路客运中心站对面;人均25元;⏰10:00~21:00)点份小菜和粥。平湖大道上的**旅游夜市**(见172页地图),有超过50个摊位提供烧烤、小吃、饮品等,一般营业至深夜。

ℹ 实用信息

秭归县人民医院[见172页地图;☏0717-288 4155(急救);长宁大道10号]
中国农业银行(见172页地图;☏0717-288 3260;平湖大道13号;⏰9:00~17:00)
秭归县邮政局(见172页地图;☏0717-288 5279;屈原路7号;⏰9:00~18:00)
秭归旅游信息咨询中心(见172页地图;☏198 8680 9001;平湖大道19号)提供旅游信息咨询,以及各景区门票预订、包车服务。

ℹ 到达和离开

客运中心站(见172页地图;☏0717-288 8586;滨湖路2号)每天有发往省内各地和县乡镇的班车。主要班次有至宜昌(18元;6:50~18:50,流水发车)、巴东(35元;7:30、12:30)、武汉(110元;7:20)和兴山(28元;6:30~16:40,共10班)。

ℹ 当地交通

秭归县城不大,目前城区开通有**1路公交车**(1元;6:30~20:30),穿行全城,途经客运中心站、屈原故里、秭归客运港等地。**出租车**起步价3元,1公里后1.2元/公里;城区打表计费,出城去景区可与司机议价。

巫峡

一过巴东,就进入长江三峡中最长的巫峡,它全长45公里,又名"大峡"。三峡水库蓄水之后,川鄂边界的"楚蜀鸿沟"题刻和江边岩石上的累累牵痕都已没入水中,随之消失的是当年峡谷江行船的艰辛;巫山十二峰依旧迷人,曾经高高在上的神女峰离人间更近;"水涨船高"的还有大宁河中的小三峡和小小三峡,如今它们的名气更大,过往游船都会经停于此,让旅客转船游览。

神女峰宛如少女亭亭立于巫山县城东约15公里的大江北岸,每天第一个迎来朝霞,也被称为"望霞峰"。在青石镇半山腰的农家乐住一晚,登上**神女峰**(门票70元)俯瞰巫峡全貌,乘船进入与神女峰隔江相望的**神女溪**(门票100元,含船票),体会"峰回路转"的感觉,已经成为旅行者游玩巫峡的标配。每到秋天巫山红叶季,这里更是挤满了摄影爱好者,希望收获一张"满山红叶映三峡"的经典大片。

而**巫山**应是三峡沿岸最著名的城市之一,这也许缘于那句代表着坚贞的"曾经沧海难为水,除却巫山不是云"。今天的巫山县城是一座典型的移民城市,重金打造的**巫山博物馆**(☏023-5762 9916;巫山县平湖西路369号;免费;⏰9:00~16:30,周二闭馆)收藏了约4万件文物。**大昌古镇**(门票20元;全天)则是被幸运保存的为数不多的古镇,三峡库区保存最为完整的明末清初古建筑群如今被整体搬迁到旧址6公里以外,成为一座没有原住民的"新古镇",供人参观。

三峡水库水位升高,成就了巫山大宁河风景秀丽的小三峡和小小三峡。**小三峡**位于巫山县长江支流大宁河下游,南起巫山县城,北至大昌古镇,全长约50公里。乘游船进大宁河,依次游览龙门峡、巴雾峡和滴翠峡,过

三峡文物古迹今何在

作为中国历史上最为重要的水路要道和文化通道,三峡地区保留有大量自远古以来的文化遗存。从三峡工程筹备之初,国家就对这一地区进行了多次抢救性考古发掘,大批文物被转移至更好的场所收藏,具有代表性的古建筑被整体迁移至高处,或在异地进行部分复原,秭归屈原故里(见171页)中的屈原祠和青滩仁村就属于这种类型,而无法迁移的古迹、遗址和古建筑,在经过详细测量记录之后,不得不永久沉于水底。

不是所有遗迹都能像白鹤梁[☎023-8568 8882; www.cqbhl.com.cn;重庆市涪陵区滨江大道2段185号;门票淡季11月至次年3月50元/人,旺季4月至10月60元/人(讲解免费);◎9:00~17:00,周一闭馆]这么幸运,它是唯一享受了在原址修建水下博物馆待遇的古迹。这块记载着长江1200多年水文资料和180多幅名人碑刻的巨型礁石,现在被一道巨大的钢筋混凝土罩保护起来,游人要乘坐91米长的隧道式扶梯下到水里,透过环廊道上的玻璃舷窗欣赏它的真容。

更多珍贵的三峡文物现在"长住"于重庆中国三峡博物馆(☎023-6367 9066; www.3gmuseum.cn;重庆市人民路236号;免费;◎8:30~17:00,周一闭馆),其中包括瞿塘峡南岸峭壁上南宋的摩崖碑刻"皇宋中兴圣德颂碑"、忠县境内的国宝级汉阙乌杨阙、龙骨坡遗址出土的古人类下颌骨臼齿化石等。

滴翠峡后换乘乌篷船游**小小三峡**,也就是大宁河支流马渡河下游的三撑峡、秦王峡和七滩峡,途中两岸的树丛中,会突然响起山歌,这是村民统一表演的"助兴"节目。

巴东

位于巫峡东口的巴东,比之巫峡西口的巫山云雨,对旅行者的吸引力就小得多,宰相故里的名气当然也比下游的屈原故里秭归差了好几个级别。但2002年宋代古城遗址发掘表明,这座小城在唐宋时期曾经繁华一时,出土文物中那些精致的砚台、围棋子、骰子和喂鸟的陶罐,都从一个侧面反映出这座江边小城富足安乐的市井生活气息。

遗憾的是,巴东旧县坪遗址连同彼时的盛世都已经淹没于水下,今天我们见到的是一座迁至长江南岸高处的巴东新城。它是一座典型的山城,城区公路以近乎180度的大拐弯盘山而上,绕行于一片片建筑之间,当地人则更习惯走捷径,陡而笔直的人行阶梯上下贯通一条条街道,这一点与重庆非常相似。巴东长江大桥飞架两岸,过桥往北可以进入宜巴高速,这条新建成的公路正为巴东带来更多旅行者,去神农溪玩一回刺激的漂流,吃一吃有名的土家腊味火锅。

◎ 景点

民族文化公园(巴东县博物馆) 博物馆

(☎0718-433 2367;信陵镇云沱小区;◎周二至周五13:00~17:00,周末10:00~17:00,周一闭馆)11幢异地迁移的古民居及历史建筑,与仿建的宋代县衙、博物馆一起组成的巴东民族文化公园,是巴东新城为数不多的思古之处。从半山坡上的秋风亭望出去,对面就是开阔的巫峡东口。

秋风亭又称寇公亭,据称是北宋名相寇准在巴东所建。北宋太平兴国五年(980年),19岁的寇准进士及第,赴巴东任知县三年,在这里他写下了著名的"野水无人渡,孤舟尽日横"(《春日登楼怀归》)。后人为纪念寇准,于宋仁宗皇祐年间(1049~1054年)修建了寇公祠,祠为四合院式单层砖木结构建筑,祠内有汉白玉寇准像,同时展出了寇准诗词文章及相关文物。

仿宋代县衙按照2002年发掘出的旧县坪宋代县衙遗址仿建,分为仪门、正堂、六公房等,正堂内还陈列有北宋巴东县城遗址模型。巴东旧县坪遗址发掘曾被列入2002年中国十大考古发现,在博物馆二楼展厅,可以看到这次发掘的情况,还有宋代钱币、瓷器、瓦当、琉璃建筑构件等诸多珍贵文物。不过博物馆其他展厅内容就乏善可陈。

不要错过

私人收藏的三峡

对三峡文化感兴趣的不妨抽时间去看看一位奉节人的私人收藏，为筹建这座诗城博物馆(☎023-5653 6988, 138 9629 9009；宝塔坪诗城东路136号（白帝城旅游码头）；免费；⊙7:30~17:00]，他曾经从当年移民拆迁时的废墟中收集回来几十车建筑材料和各种物品。博物馆共三层，内容包括三峡地区发现的"巫山人""奉节人"，奉节历史，诗人与三峡，三峡大移民等，实物展中复原了几处老屋，还有体现三峡纤夫文化的纤夫石、纤绳和纤夫褡裢等。

县衙左侧山坡上，错落有致地排列着5幢明清古民居，还有王爷庙和地藏殿两座清代寺庙，以及明代单拱石桥济川桥和清代单拱石桥寅宾桥，这些古建筑都是湖北省级文物保护单位，由各地迁移过来，在此永久保存。

在城区乘坐1路公交车（1元；⊙6:00~21:40），终点站就是民族文化公园。

神农溪 峡谷

[☎0718-433 5245；巴东县城巫峡口北岸；门票150元（含游船）；⊙7:00~15:00]巴东神农溪跟巫山神女溪其实没什么关系，它原名沿渡河，发源于神农架南坡，自北向南在距巫峡口2.5公里的西瀼口破壁注入长江，旅游开发后更名为神农溪——也许沾神农架的光更靠谱一点吧。

游玩神农溪，通常坐船进入，一路欣赏峡谷风光。龙昌峡两岸绝壁对立，抬头可见东岸石壁高处的洞穴中有巴人岩棺。接下来的鹦鹉峡景色更为秀丽，两岸瀑布飞跌，鲜花盛开。约1小时后船到沿渡河镇游客接待中心，在这里换乘观光车前往纤夫驿站，欣赏土家族歌舞表演，然后体验一段神农溪中独特的豌豆角小木船漂流，看船工如何凭多年经验撑篙过滩。

喜欢刺激的朋友可以玩一回神农溪漂流(☎0718-402 2818；小木船漂流180元，橡皮艇漂流180元)，漂流分为两程，一种是乘坐传统的豌豆角小木船沿溪而下，全程约5.8公里；另一种是橡皮艇漂流，相对就要刺激一些，全长约6.5公里，从沿渡河圩口一路漂至神农瀑布，落差较大，险滩较多，不过也是有惊无险。

去神农溪的游船每天有两班，7:30和14:00发船，在信陵镇沿江路神农溪旅游码头乘船。请至少提前一天在码头买票或电话预订。

🛏 食宿

对旅行者来说，巴东新城信陵镇最方便的停留处就是水陆客运中心一带，这里有各种商务酒店和快捷酒店，其中东圣九州国际大酒店(☎0718-502 8888；信陵镇巴东港口水陆客运码头；主楼标双338元起，商务楼标双158元起；❄ 🛜 🅿)是当地条件最好的酒店之一，交通便利，可欣赏临江风景和巴东长江大桥。锦绣中华国际大酒店(☎0718-402 2222；信陵镇沿江路；标双120~140元；❄ 🛜 🅿)就在神农溪旅游码头上，大堂旁有巴东旅游信息咨询中心(☎0718-433 4242)，出行方便。对面是土家宅（江景店）(☎0718-439 6666；⊙11:00~23:00)，招牌菜有腊蹄火锅、土鸡、片片鱼、合渣、炕土豆等土家菜，在包间吃饭还可欣赏江景。沿江大道和朝阳路上有不少打着夜市招牌的小店，夜市其实就是当地的大排档，以腊味小火锅、烧烤、农家小炒为主，通常营业至深夜，比较合适单身旅行者。

ℹ 实用信息

巴东县人民医院(☎0718-422 2324；信陵镇北京大道103号)

中国农业银行（巴东支行）(☎0718-422 2545；信陵镇楚天路22号；⊙9:00~17:00)

巴东县邮政支局(☎0718-422 5938；信陵镇北京大道152号；⊙8:30~18:00)

巴东旅游信息咨询中心(☎0718-433 4242；信陵镇沿江路，神农溪旅游码头；⊙7:00~18:00)主要提供巴东各大景区咨询及门票预订服务。

ℹ 到达和离开

巴东城区有两个客运站，**聚宝盆客运站**(☎0718-422 4999；信陵镇金堂路61号)位于城区上半城，主要车次有至恩施（110元；7:00起滚动发车），至宜昌（90元；7:00~17:00，每小时1班），至巫山（60元；8:30, 8:50, 13:30, 14:00），至重庆（160元；8:30, 10:30），所发车次多数都会经过水陆客运中心站。对旅行者来说，抵离巴东，在**水陆客运中心站**（☏0718-402 555；信陵镇沿江大道132号）乘车更为方便，这里每天有发往宜昌的豪华大巴（90元；6:10~18:10，每小时1班；约3.5小时）；每天有开往宜昌的快艇（70元；8:00），但只到宜昌太平溪港，还需乘坐班车到达宜昌客运中心站。

❶ 当地交通

巴东新城区不大，多数地方步行可至。**1路公交车**（1元；6:00~21:40）线路基本覆盖南岸城区，途经聚宝盆客运中心、巫峡广场、水陆客运中心、博物馆等地。**出租车**起步价3元，1公里起跳，每公里1.8元。

瞿塘峡

瞿塘峡也称为夔峡，是三峡中最短的一段，全长只有8公里。最窄处仅数十米，两岸绝壁耸立，赤甲与白盐两山对峙，岩体粗犷，似一道巨门锁住大江，是为夔门。对古代人来说，夔门如同一道生死之门，门之内是大河缓流，门之外就是凶险莫测的急流险滩。历代文人墨客过奉节，出夔门，无不以诗文抒发自己的情感。这其中又以唐代诗仙李白表达得最为淋漓尽致。李白在晚年曾遭流放夜郎（今贵州境内），行至白帝城时，遇天下大赦，李白当即乘船东返江陵（今荆州），写下了"朝辞白帝彩云间，千里江陵一日还"（《早发白帝城》）这样浪漫而夸张的句子。

三峡水库蓄水之后，瞿塘峡不再凶险，随险滩同时消失的还有瞿塘峡南岸的八阵图、北岸的古栈道和峡口著名的滟滪堆礁石，它们已经已永沉江底。如今游览瞿塘峡也非常容易，你可以在**奉节旅游服务中心**（☏023-5675 6555, 5655 7260；宝塔坪旅游码头）买票（90元/人；9:30, 14:00；2.5~3小时）坐船欣赏夔门风光。

奉节

奉节，位于长江三峡起始点，也是一座著名的"诗城"。据说历史上关于奉节的诗篇就有一万多首，相信其中大多数都与三峡有关——古往今来，文人墨客们总喜欢把抵达三峡和奉节作为一生必经的历练，写写诗抒发情怀也是必然。

水位上升之后，与其他长江沿岸城市一样，奉节也同样逃不了移民和搬迁的命运，不少诗人都写过的白帝城现在已是一座江边"孤岛"，还好，长江南岸还深藏着世界级的喀斯特地貌天坑、地缝，在奉节新城，也仍然能感受到当地人热闹的生活日常。

◉ 景点

白帝城　　　　　　　　　　　　　　古迹

[☏023-8599 1002；门票 旺季3月至10月120元（含古象馆和渡船），淡季11月至次年2月80元，讲解60元；⏲7:00~18:00]昔日雄踞瞿塘峡口的白帝城，如今已成一座水中孤岛，有廊桥与岸边连通，步行约20分钟即到。可以花1个小时看看讲述刘备托孤的托孤堂系列彩塑，以及两处碑林。然后乘船去对岸的**古象馆**，看一看巨大的夔门古象化石修复骨架，展柜里陈列的则是真实的脚骨化石。沿古象馆的一侧沿江而上，来到山顶**古炮台**，这里是观赏瞿塘峡的最佳地点（大可忽略路边指示牌标示的"摄影点"），不妨拿出10元人民币对照观看。天气晴好时，看日落最美。

在奉节客运中心乘坐前往竹柿坪的乡镇班车（5元），在白帝城景区门口下车，此外，途经国平汽车站、去石马的乡镇班车（6元）

另辟蹊径

穿越早夔门

从天坑地缝返回的途中，经过兴隆镇回龙村时，户外爱好者可以去走一走早夔门。两块绝壁相对而立，中间留有一道笔直而狭窄的山口，犹如一扇石门敞开，其"长相"与气势，都与瞿塘峡夔门相似，故被当地人称为"早夔门"。走进峡谷口，一派田园风光，半山腰有一处悬棺，悬棺内仍有尸骨，其来历至今仍是一个谜。穿过早夔门后便可进入3公里长的迷宫河，迷宫河与小寨天坑的地下河道相连，河谷植被茂盛，如果要进入探险，最好请当地人当向导，以免迷路或发生危险。

小寨天坑
喀斯特地貌

(☎023-5678 9228；兴隆镇；门票旺季4月至10月50元，淡季11月至次年3月35元，观光车10元；⏰旺季7:30~17:30，淡季8:00~17:30)这个美丽非凡的绿色大坑，在地理学上叫作"岩溶漏斗地貌"，坑口直径626米，垂直高度662米（相当于200层楼高），坑底宽500多米，从深度和容积两个指标看，小寨天坑都是世界第一大坑。

下到坑底，可走平缓崖壁上那条望不见尽头的"之"字形小道，据说台阶共有2666级，往返需要4小时。中途有一户"天坑人家"，可供旅行者休息落脚。坑底有两条路，一条通向观景平台，另一条通向一个暗河洞穴。在坑底环视仰望，可体验"坐井观天"的感觉。

奉节**国平车站**(☎023-8598 5027；诗城路668号西180米)有发往**三角坝**（兴隆镇）的班车（21元；6:30~16:00，40~50分钟1班；2小时），抵达后可继续包车（约50元）前往小寨天坑，三角坝的回程班车最晚是16:00。如从奉节直接包车前往天坑地缝，当天往返价格约400元。

天井峡地缝
喀斯特地貌

(距小寨天坑15公里；门票旺季4月至10月50元，淡季11月至次年3月35元；⏰旺季7:30~17:30，淡季8:00~17:30)这条地缝全长37公里，最深处达900米，不过旅行者可通行的距离只有其中的3.5公里，这就是名为天井峡的部分。底部两壁陡峭如削，是你能看到的最长的"一线天"景观。越往深走，峡谷越窄，深不可测，谷底都是乱石路，最好穿户外鞋。不走回头路的方案是从入口进去，从罗家坪出口出来，再步行回景区大门，全程约需2个多小时。天井峡地缝距兴隆镇约1.5公里，乘车到达镇上后可步行前往。

🛏 食宿

奉节新城食宿比较便利，若想离景区近点，可选择住在更加安静的宝塔坪。位于新城的**奉节饭店**[☎023-8561 8888；永安镇人和街175号；标单/双358元（含早），豪标单388元（含

坐船游三峡

从宜昌出发，逆流而上游三峡，旅行者可有两种选择。

如果想一日看尽长江三峡美景，可以选择宜昌交运的**长江三峡两日游游轮**(☎0717-691 0001；三峡游客中心；680元)。在宜昌太平溪码头上船，第一天溯江而上，沿途欣赏西陵峡、巫峡和瞿塘峡风光，在巫山会停靠数小时，游览大宁河小三峡，当晚在奉节下船；第二天游览白帝城之后乘车返回宜昌或者前往重庆。这个行程约定时间，而且是在白天过峡，能欣赏到完整的三峡风光。

钱包和时间都宽裕的话，可选择从宜昌港出发到重庆港的涉外豪华游轮，通常是五日游，沿途停靠码头和景点较多，除三峡大坝、三峡、小三峡之外，还包括三峡上游的云阳张飞庙、忠县石宝寨、丰都鬼城等。船票价格通常包含船费、餐费和主要景点门票等。豪华游轮有各种系列，价格也不尽相同，可在网上预订或咨询游轮的官方网站。

早）；❋📶🅿️]是当地最豪华的酒店，房间宽敞，卫浴设施不错，周边就餐方便。要欣赏江景，可选择位于宝塔坪的**夔门大酒店**[☎023-8516 9999；宝塔坪鱼复路518号；标单/双280元（含早）；❋📶🅿️]，大部分的房间都能看见壮观的夔门和白帝城。

奉节最著名的美食莫过于紫阳鸡（盐子鸡），土家人将土鸡和腊猪脚盛装在特制的陶钵内，利用冷热水交换产生的蒸馏水，经数小时炖制而成，味道鲜美无比。在**川东第一锅**(☎023-5655 9599，139 9663 8686；夔州路428号；小锅/中锅/大锅148/198/238元，人均50元；⏰9:00~21:00)就可以品尝到最正宗的紫阳鸡。

ℹ 到达和离开

奉节客运中心(诗城路608号，9号桥)每天有多趟大巴去往重庆（6:30~18:00）。奉节码头**港口站**也有发往宜昌的班车（80元；8:20、11:00、17:00；5~6小时）。

恩 施

包括 ➡
恩施市	182
恩施大峡谷	189
利川	191
腾龙洞	193

最佳食宿
- ➡ 张关合渣（见185页）
- ➡ 汪营土鸭子（见197页）
- ➡ 小五的小屋（见198页）
- ➡ 瑞享酒店（见186页）
- ➡ 新世界国际酒店（见197页）
- ➡ 恩施多山国际青年旅舍（见185页）
- ➡ 利川九宿国际青年旅舍（见197页）

最佳自然景观
- ➡ 恩施大峡谷（见189页）
- ➡ 腾龙洞（见193页）
- ➡ 鹿院坪（见190页）
- ➡ 坪坝营（见196页）

为何去

这里的山山水水有"最野"的一面——大地造型师将最齐全的喀斯特地貌都安排在此，造就一座壮观瑰丽的国家地质公园。在千回百转的盘山公路上，即可眺望那些横亘天际的绝壁、峰柱。纵身下到谷底，则是劈开地表、深入大地的地缝、天坑、溶洞、暗河……不时有一道瀑布从陡立的岩壁冲出，飘飘洒洒飞落潭底，水清亮沁人。恩施大峡谷、清江古河床、鹿院坪的徒步、清江闯滩的漂流、腾龙洞的巡游，都是最亲密的"接触"。

恩施聚居省内最多的少数民族，他们在这方隔绝隐秘的天地里自作苦乐，摆手舞、龙船调、西兰卡普等都是平日解闷的方式。近年才开通的高铁高速已基本消解那些畏途险道，来湖北的"最西部"，就要"野"一回。

何时去

11月至次年3月 山地阴寒，即便是在别处堵塞拥挤的春节大假里，这里也没有过多人流，景区门票还纷纷打折。不过只要天气稍稍暖和一点，这里的峡地深谷里就开始会集各地的旅行者。这一时期天气变化频繁，雨多、雾多的天气会让你败兴而归，山区驾车行脚也是危险重重。

4月至5月 山野田地里都有鲜花盛放，利川苏马荡、咸丰坪坝营的高山杜鹃，随地可见金黄的油菜花田。

7月至8月 旅游热季，山地的高度挡住了平原的燥热，尤其靠近重庆的利川，解救省城人民于火炉。纵横恩施大地的母亲河——清江更是清凉，水流碧蓝透亮，驾船漂流最是快意。

9月至10月 一年中天气最适宜的时节，有染红山崖绝壁的焯焯红叶可看。天气转凉，热烫的各种土家锅子等着你。

玩转恩施

恩施的玩法,多与山林野趣有关。

喜欢登山徒步的,恩施大峡谷、腾龙洞、石门河、清江古河床都是绝佳的户外活动地,既可攀上绝壁悬崖,也可深入地洞深谷。

喜欢玩水的,可乘橡皮艇漂流清江,或乘游览船观景清江。

喜欢探究人文景观的,可去利川周边的大水井、鱼木寨,咸丰周边的唐崖土司城,一路都是青山绿水,绝岭山崖,风光无限。

"年轻"的大族

土家族现有800多万的人口,是仅次于壮、回、满、维、苗、彝的第七大少数民族,群聚在一个相当于浙江省的范围内。对于这个恩施最原初的少数民族,现在基本很难在人群中一眼就把他们给区分出来,偶尔在乡间还可遇见穿着青黑大褂戴着青白头帕的老乡。古老的土家屋居吊脚楼,也只能深入乡间才能看到,这种在山坡河岸上搭建的木头房子,渐渐被水泥砖头房所取代。在年节仪式中出现的土家织锦"西兰卡普",且走且舞的"摆手舞",或许会让你眼目一亮。当然凭着这些种种——建筑、信仰、舞蹈、名称、习俗、神话传说、文物等,可以将土家族圈定在两江两水之间,两江——乌江、清江;两水——酉水、澧水。至于自称"毕兹卡"的土家族族源,存在着多种说法,如土著说,来自当地蛮族的血统;巴人说,从甘肃南部迁徙而来,在武落钟离山落脚,以廪君为首领。但无可争议的是,土家族是"年轻"的民族——1957年1月3日才被国家行文列出。

恩施读本

《武陵土家》 张良皋著,三联书店"乡土中国"系列第一本,尽述武陵地区地理人文。

《乡关何处》 土家野夫著,思享家丛书之一,一个利川人写家乡的故事,其中有"大水井的守望者""瞎子哥"等篇。

《每个人的故乡都在沦陷》 冉云飞著,一位专注自由写作的土家学者,试图将即将消失的"野杂种"的吊脚楼、渝东南人文风俗地图用文字方式保存下来。

《老房子·土家吊脚楼》 张良皋、李玉祥著,用黑白照片记录武陵山区里的老房子,三分之一篇幅介绍了恩施地区。

《1956,潘光旦调查行脚》 张祖道著,作者随潘光旦赴鄂西南走访期间留下近百幅珍贵摄影纪录。

快速参考

人口:406万
区号:0718

恩施最佳游程线路

从恩施或利川任何一地进入,将最著名两大景点——恩施大峡谷、腾龙洞串起来,走一个环线。从以恩施或利川为据点,在周边景点中择一两处前往,这些景点分散,交通不便,一天基本只能来回一个景点。

如果你有

➡ **1天**

到达恩施,即刻赶往恩施大峡谷(见189页),游道上走上一天,回市区住宿。

➡ **2天**

到达恩施市区后,先去恩施州博物馆(见182页)。然后赶往恩施大峡谷,住景区。第2天再趁早好好玩上一天。

➡ **3天**

第3天去利川看天然巨洞——腾龙洞(见193页),大山丛中的大宅院——大水井(见193页),绝壁悬崖上的寨子——鱼木寨(见194页)。

恩施影像

➡ **《刺客聂隐娘》**(2015年),台湾导演侯孝贤执导的古装片,部分场景取景于恩施利川,如聂隐娘行走的山间。

➡ **《1980年代的爱情》**(2015年),由霍建起执导,影片以19世纪80年代为时代背景,讲述了在一个偏远的土家族县城,一对大学生的爱情故事。

恩施亮点

① 深入绝壁、峰柱、深峡、地缝……这些大地凹凸出的各种造型，齐齐汇集在**恩施大峡谷**（见189页）。

② 去**恩施州博物馆**（见182页）追寻这片土地的前世今生。

③ 直面足以让直升机开心"玩耍"的洞口，钻进**腾龙洞**（见193页）平直的肚膛。

④ 寻访恩施群峰间的豪族大院——**大水井**（见193页），在"青莲美荫"的院落里休憩。

⑤ "攻下"峰顶绝岭上的城池——**鱼木寨**（见194页）。

恩施市

恩施市作为州府所在,往往成为旅行者进入恩施地区的第一站,贴心地提供着旅行者吃、住、行的方便。不过,这座旧时的"施王城""蛮王寨"没有留下多少古物,著名的土司城、女儿城都是新建的"古建筑",六角亭已算是最老的街区。

站上五峰山上的连珠塔,能稍稍瞧出恩施市山环水绕的旧城形制。想要更清楚地理解这里的山川地理,气派的恩施州文化中心建筑群倒能给你说个明白。好消息是,景点多是免费的。

历史

恩施之名,是先有"施"字,然后才有"恩"字。究其来历,据《恩施县志》记载:"明设施州卫,雍正六年(1728年)称施县。"清雍正七年(1729年)以"恩赐施县"之意改称恩施。远古以来,这里就是古代巴人的天下,建立巴子国。在战国时则为楚地,元朝实行土司制度,雍正十三年改土归流,置施南府。抗日战争期间,湖北省政府西迁,恩施还曾作过7年湖北临时省会。1949年11月6日,恩施县城解放,湖北省恩施行政区建立。

方位

城中清江上的风雨桥是城市地标,也是城市最中心。恩施老城区分布在清江两岸,城中主干道——航空大道与其平行而走,吃住行在这片区域内聚集。

城市北边的金桂大道两边为新城区,道路平直宽大,是学院和交通枢纽所在的地方——恩施徐家坪机场、火车站都在这边,州里最宏伟的现代建筑——州文化中心也坐落于此,对面就是娱乐购物场所——硒都茶城、新天地。新天地斜对面就是州里最舒适的住宿地——瑞享酒店,以及张关合渣的学院路店也在此。

◉ 景点

恩施城中的景点不多,且基本为新建,并无太多趣味,可在中转停留的时间中,择一两处游玩打发时间。好在这些景点都有公交车通达,来去方便。

★ 免费 恩施州博物馆 博物馆

(见183页地图;☎825 3696、823 1412;www.bwg.org.cn;金桂大道州文化广场;⊙周二至周日9:00~16:00)这里应该是恩施州内最气派的现代建筑,也是最能纵览恩施历史地理人文风俗的地方。想全面了解恩施州,这里无疑是最好的第一堂课。馆内分三层,二层展览为"恩施记忆"和"生态恩施",分别展示了恩施历史和自然。下楼是主题为"恩施足音"的展览,其中以复原的唐崖土司城牌坊石马最为磅礴大气,展厅最后以一座完全尺寸的土家吊脚楼为结尾。三层展馆全部细细看下来,需要1~2小时。

与博物馆同在一个建筑体内还有恩施大剧院、会展中心、城市规划展览馆,它们一起组成了恩施州文化中心,其中规划馆同样也是免费参观的。

公交22路、25路可到达硒都茶城站前,即可到达文化广场。馆内有免费寄存柜,也有轮椅和婴儿推车可租借。

恩施土司城 建筑

(见183页地图;☎898 9888;www.enshitusicheng.com;土司路138号;门票40元,1.2~1.4米儿童半价;⊙7:00~17:00)就在恩施城内,是一座依着山势修建的复古建筑群,也是游人必

扬子古陆——恩施

踏上恩施这片土地,也就登上这艘扬子海上的"挪亚方舟"。到达各个站点——恩施大峡谷、腾龙洞、石门河、清江古河床、鹿院坪,会让你感受得更真切。

很难想象这片峰丛林立绝壁千仞的山地大陆——恩施,在2.3亿年前的二叠纪、三叠纪会是一片波澜壮阔的海洋——扬子海。二叠纪末期,地球的一次大"伸展运动",使沉积在海底的石块露出,这艘"挪亚方舟"由此成为恩施万千生灵足繁衍的土地——扬子古陆。再经过1亿多年的演变,燕山运动为这片土地再次塑身造型——上升、褶皱、风化、剥蚀,终究形成如今你看到的各种模样——峡谷、溶洞、天坑与地缝。

恩施城区

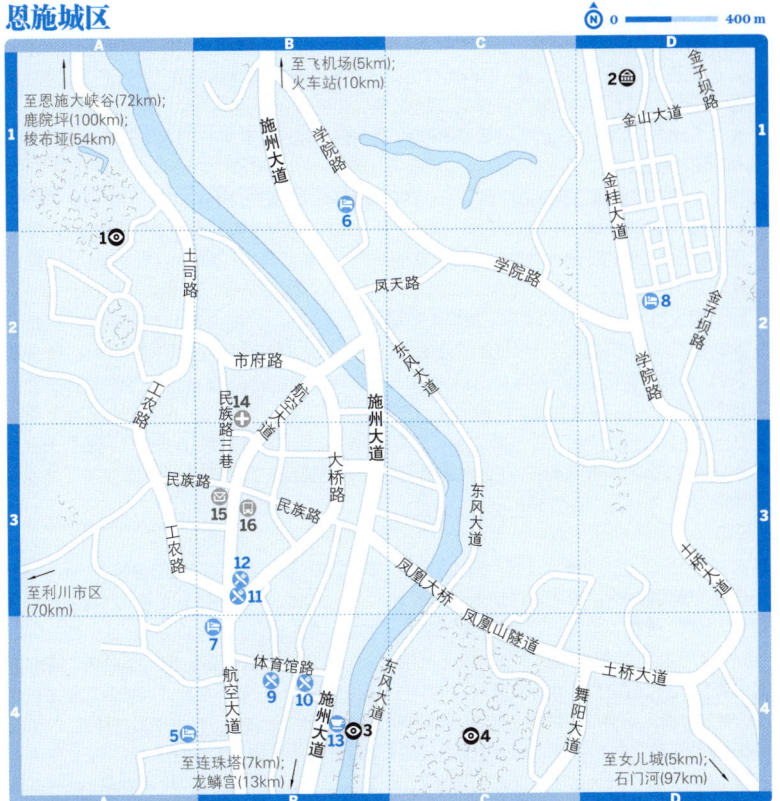

恩施城区

◎ 景点
1 恩施土司城 A2
2 恩施州博物馆 D1
3 风雨桥 B4
4 凤凰山森林公园 C4

🛏 住宿
5 城市便捷酒店 A4
6 恩施国际青年旅舍 B1
7 如家快捷酒店 B4
8 瑞享酒店 D2

✖ 就餐
9 7货虾馆 B4

10 丹阳夜市 B4
11 慕焙滋 B3
12 张关合渣(航空大道店) B3

☕ 饮品
13 半闲咖啡 B4

ⓘ 实用信息
14 恩施市中心医院 B2
15 航空大道邮政支局 B3

ⓘ 交通
16 恩施客运航空大道汽车站 B3

到之地。由大门门楼进入，会依次经过风雨桥、廪君殿、校场、土家民居、九进堂、城墙、钟鼓楼、铁索桥等景点，人是在青山绿水间行走、还很清凉。其中廪君殿是供奉巴人始祖廪君的庙宇，三层三进。九进堂是整个景区最热闹的地方，堂内的戏台定时有土家歌舞表演。整个建筑有九进，从第一进门楼进入，二进是戏楼，楼高三层，飞檐高耸。戏楼

土家"铺盖面子"——西兰卡普

在恩施博物馆、女儿城、恩施大峡谷景区都能见到被当地人称为"铺盖面子"的织物——西兰卡普,这种织物色泽鲜艳,深色的锦线为经,各色的粗丝、棉、毛绒线为纬,摸上去质地厚实。图案多为几何形图案规律排陈。除了展示还可购买,一个小挎包在百元左右,一幅挂毯四五百元。

当地人编织西兰卡普的织机一般就摆在堂屋旁的侧房内,长方形木条做成织机的框架,下面分四脚支撑。织机前高后低,前长后短,高的一端是卷着经线的木轴,上部以木架悬综。人坐在低的一端,绑好绊带,把经线的一端系于腰间,拉紧,脚踏提综,边挑边打,连挑带织。

深入当地农家,老人、妇人、姑娘大多都会织,工时是农闲时或下雨天拼凑而成,锦面费时费工,一整幅常常要一个月才能完成。据说这儿土家姑娘的女红,从小就得学会,待出嫁时,织好的锦就是自己的嫁妆。这种织锦一般是用于铺盖被面,逢年过节,喜庆的日子里也相互赠送,并不随意买卖。

如你去当地打听"西兰卡普",多半会得到人们茫然不知的表情。如果你说铺盖面子,当地人眼里就闪烁出了光芒,在土家语中"西兰"就是铺盖被面的意思,"卡普"为花。汉话用得习惯,本族的语言倒也生疏了。

后面是摆手堂,按天圆地方设计,里面有当地历任容美土司的介绍。再往里进是土司内宅、前堂、书房、绣楼,以及土司寝殿。走到最高处是"白虎堂",这里原本供奉着巴人先祖廪君的牌位,也可俯瞰整个九进堂全貌。出九进堂,顺着对面太阳寨的石阶登上城墙,这里有钟鼓楼等建筑。走上一圈,从风雨桥附近的石阶下城墙,整个景区的游览就基本结束了。逢年过节,这里是市民扎堆散步之地,热闹无比。

城中定时有歌舞表演,地点在九进堂,时间为10点、15点各一场,大概时长有40分钟。

乘坐公交车1路、5路、17路、30路在"土司城"站下。

免费 连珠塔 塔

(五峰山山顶)恩施城里留存的古物不多,连珠塔算是其中之一,也是恩施城的地标之一。塔是清道光年间留存下的七层古塔,矗立在五峰山山顶,从此可俯瞰到周边山头的景色。

如想徒步上山,可乘坐29路公交在"污水处理站"站下,上山的路口就在不远的斜对面。顺着公路而上,约半小时脚程。也可乘坐23路公交车直达,在"连珠塔"站下,7点到19点都有车。

免费 叶挺将军囚居旧址纪念馆 纪念馆

(☎828 4878;叶挺路226号;免费;◉8:30~16:30)纪念馆所在地曾是一处荒野山地,现在已被居民区包围。1942年"皖南事变"后,叶挺与家人在此被囚居两年之久,开荒种地养鸭养兔,过着平民的日子。进小铁门,首先是一栋土木搭建的老式平房,室内布置简单,有照片文字说明。再往前,是一栋两层楼的展厅,里面是关于叶挺的图片展览。顺着台阶登上山,是叶挺将军的铜像。整个纪念馆走下来,一小时足够了。纪念馆就在209国道边,对面就是公交站,乘坐公交3路、29路、30路在"叶挺纪念馆"站下。游人可持身份证免费进入馆中,只需在门卫登记。

风雨桥 桥

(见183页地图;风雨桥广场旁;免费;◉全日开放)清江上的风雨桥,是城中的地标性建筑,夜景尤美。桥并非古桥,而是一座现代民族建筑,廊桥分为上下两层,下桥面是行人过路的通道,晚间会聚集民间艺人吹拉弹唱。二层是"清和园"茶楼,是喝茶赏景妙处。桥西头是施州大道,有半闲咖啡,还有几家本地土产店。出东头跨街是**凤凰山森林公园**(免费;◉全天开放),上台阶进隧道,就能登上高处俯瞰恩施城。可乘坐22路公交车到达。

龙鳞宫
溶洞

(☎851 2345；城西郊麒麟溪源头；门票50元；◉8:00~17:00)距离市中心仅仅8公里的龙鳞宫适合洞穴爱好者探访，需要乘船进入洞中，全长有2公里左右。从市内可搭乘公交3路车到达，景区大门就在路边，途中会路过叶挺将军纪念馆。作者调研时，溶洞正在维修改造。

土家女儿城
市场

(七里坪；免费)当地群众的吃喝玩乐中心，整齐划一的建筑里售卖着大同小异的商品。最为火爆的区域当然是美食街，窄窄的过道总是被人群挤得水泄不通，水池水道里漂浮着食盒塑料袋。当地的恩施油香、土家苞谷粑粑、恩施豆皮、建始大饼、炕洋芋、蒸儿糕等都能找到，成都钵钵鸡、陕西夹肉饼、长沙臭豆腐也都不缺席。吃饱喝足后想过夜，整个建筑群的二、三、四楼都是客栈酒店，房型条件相差无几。晚间有大型表演，足够消磨大段无聊时光。停车场边的大草坪是孩子们放风筝、吹泡泡的场地，再远一点是拥有摩天轮的游乐场。

乘坐公交12路、21路、25路、28路、31路在"华硒生态园"站下车即到。

🏃 活动

清江闯滩漂流
漂流

(☎862 11225；东风大道；150元/人；◉8:00~16:00)每年的5月到10月，不用长途奔袭到山沟里去，在恩施城里就可以把漂流玩起来。沿着清江从城区至浑水河大桥段，全过程将近3小时。漂流很容易弄湿身体，所以最好不要带电子产品上船，也要提前备好上岸后换的干衣服。登船开漂的地点在风雨桥往舞阳坝方向两百米处，2路公交车可直达。

🛏 住宿

恩施市是自治州州府所在，接待着各方来客，各个档次的住宿都有。航空大道上住宿最为方便，这里是城市中心区域——航空大道客运中心站、张关合渣、丹阳夜市都在这里。博物馆附近的瑞享酒店，火车站前的奥山雅阁酒店条件更好，但交通不便。适合背包客的青年旅舍，均不在市中心，位置稍偏，一家在学院区的李家槽，另一家在城边的女儿城。

恩施多山国际青年旅舍
青年旅舍 ¥

(☎896 6628, 189 7189 8828；女儿城文化创意园26栋；铺50元，标间150元；@🛜)2016年

辣椒当盐，合渣过年

合渣，这种小火锅形式的当地美食，虽食材简单，但滋味无穷。在旧时缺盐，辣椒可做替代的年代，合渣是道道正正宗宗的好菜。当地人又把合渣叫懒豆腐，用水泡过的黄豆先倒在石磨上研磨成渣，再支一口小铁锅，把刚磨好的合渣加以青菜萝卜一起熬煮。整个色泽白中带绿，味道也是把豆制品的乳香和蔬菜的清新交杂在一起。要是更讲究一点的做法，就配上猪肉、仔鸡、鸡蛋，架在持续的火焰上，在热辣火烫的劲头下，将豆渣的滋味淋漓尽致地发挥出来。同时佐以各种小碟凉菜，煎、炒、蒸、拌——让味觉可以在品尝合渣的美味间，有个喘息调和的机会。

恩施的合渣以宣恩县张关镇镇上一位黄姓老太调制的合渣最为出名，张关合渣在恩施市内有多家分店。**张关合渣 (航空大道店)** [见183页地图；☎821 3777；www.hezha.net；航空大道118号 (近金三角文娱广场)；人均30元；◉7:00~20:30]店内是恩施最常见的餐厅陈设风格——靠背小椅，四方小桌。这里有最为大名鼎鼎的当地菜，也是最能体现当地菜特色的美食。根据人头原则，自己点一个主菜，店家会配上合渣、油茶汤、炸河虾、青菜、土豆米饭，每人大约消费三五十元。六人以上，才能点两个主菜，配菜也相应增加。除了航空大道这家，还有三家分店分布在城内各处——沿江路店、女儿城店、学院路店。如果住在瑞享酒店，可就近去**学院路店**[☎820 0123；学院路151号 (职院后大门斜对面)；◉7:00~20:30]。

才开张的青年旅舍,一切都是新的。由于在女儿城内,吃喝玩乐都不缺,出门就是。一楼大厅为公共空间,色调清新亮丽,摆置沙发木椅。大厅同时是间咖啡馆,由半闲咖啡的老杨来掌壶。房间既有男女分开的多人间,也有舒适的标间。想新颖一点,loft套房也许更适合你。

恩施国际青年旅舍 　　　　　　　青年旅舍 ¥

[见183页地图;📞829 8411;李家槽47号(宜草堂大药房旁巷子进);铺50元,标间120元;@🛜]优势就是靠近学生云集的学院区,在城中居民区的小巷中,离州博物馆不远。旅舍大厅被重新整饰一新,木桌木椅木马木地板,头上是玻璃屋顶。楼上的多人间有扎实的实木床。登上楼顶平台,这里正计划着天台BBQ,可以吃着烧烤,喝着小酒,因为所处位置靠近飞行航线,头顶不时掠过的飞机为你奏起最响的音乐。

城市便捷酒店 　　　　　　　　　酒店 ¥¥

[见183页地图;📞829 7222;www.dongchenghotels.com;航空大道24号(电力新村路口);标单/双 168/189元;@🛜]由于开办不久,房间设施较新,空间也较一般快捷酒店要大,酒店配备有一自助洗衣房。酒店在城中还有另外三家分店,其中一家就在恩施土司城对面。

如家快捷酒店 　　　　　　　　　酒店 ¥¥

(见183页地图;📞793 8888;www.homeinns.com;航空大道190号;标单/双 132/135元;@🛜)是一个不错的选择,交通方便,出门就是航空大道。如自驾过来,门口并没有停车位,要停在旁边的粮食局院内。

瑞享酒店 　　　　　　　　　　　酒店 ¥¥¥

(见183页地图;📞831 3333;www.movenpick.com/zh-cn;金桂大道6号;标间650元起;@🛜🏊)目前是整个恩施州硬件条件最好的酒店之一,当然价格也是最高的。内部装修格调充满土家元素,房间符合五星级的配置,松软的大床铺,大大的浴缸,窗外是大片良田。

🍴 就餐

　　恩施的吃,是这座城市最值得停留的理由。简单方便一点,街边有万州万县面馆,各种面食摊——建始大饼、炸油香。想吃得奢华一点,就到沿江路去找,在体育馆附近有丹阳夜市美食一条街,张关合渣也在附近。稍远一点有污水厂对面一线的美食店,那些徒

本地人的吃喝玩乐经

杨永海,是土生土长的恩施本地人,大学毕业在大城市闯荡一番后,回到家乡开了几家咖啡馆,他与我们分享了一些当地人的心得。

关于恩施的本地美食,你会推荐哪几样,在哪里能吃到?

　　恩施本地美食无外乎口味丰富的早餐,特色的土家家常菜,晚上出来聚聚的宵夜。推荐的美食有油香——油炸的面粉土豆丝中间包裹着肉类,呈饼状,在沿江路中百超市旁的小巷和施州大道的丹阳夜市有卖;烤大饼——饼里包肉或者饼外涂肉烤,最有名的一家是六角坡顶早上卖完大饼即收摊的老字号;麻辣烫、烤肉筋,是在舞阳坝清江桥下,一对夫妻经营多年的小摊,注意晚上才开摊。早餐,一般大家会去六角亭,那边的各类面条、豆皮都挺美味。

给你十元,怎么安排恩施的当地美食之旅?

　　十元左右可以吃一碗豆皮或面条,外加土家风味的肥肠、红烧肉、牛肉、青椒肉丝的哨子,还可以吃两个油香或两个烤大饼,早餐十元左右都能解决。

外地朋友来恩施,如果不想去常规景点,你会带他们去哪些有趣的地方?

　　恩施盛家坝的小溪村,这里有保存完好的数十栋吊脚楼,市内有班车到盛家坝乡二官寨村小溪组;或驱车去望城坡,纵览恩施城全景,山顶有别墅和宾馆住宿,秋冬可以看云雾日出,夏季住上面也可以避暑,望城坡上山的沿路都有恩施本土菜馆。

一个人也能吃

在恩施吃火锅,有个不成文的规矩——按人头来计算餐费。点一个锅子作为主菜,有几位吃,就收几位的钱。除了火锅本身,老板会按人头配上一定分量的炒菜凉碟,人多的话各样小碟可以摆满一桌,合渣、鸭杂就是其中的"杰出代表"。但如果是一个人去点个锅子,老板常会犯嘀咕——怎么给你配菜呢,不招待见也是常事了。所谓"三人不成席",在恩施是个真理。但如果是独自旅行,又该怎么吃好又便宜呢?

土话中的"油炸粑粑"也就是"油香",也许会是个好选择,这种用米浆裹上土豆丝、鸡蛋、葱等食材再油炸的小吃非常受当地人欢迎。在丹阳夜市、女儿城、六角亭老街都能找到,3~5元一个。7元一碗的豆皮也是美味又饱满的主食,许多小吃店都能找到。

"食肉动物"们会格外喜欢格格儿,这可不是清朝可爱的小公主,而是一种当地美食。"格格儿"用迷你蒸笼盛着,放在锅里持续加热。主料是各种肉类——牛肉、羊肉、猪肉,也有肥肠格格儿等,混杂着辣椒玉米粉等食材,酥软可口。一般在早餐时才有。州中心医院中医部旁的万州面馆许格格儿,8元/份。

炕土豆是高寒地区最踏实的食物。小个土豆在冷水中煮熟,然后用菜油煎炸。据说湖北民院大门对面的炕洋芋是最好吃的,5元/份。

步上连珠塔的苦行者,可以下来美餐一顿。富有探寻精神的美食家,可钻进六角亭老街里去尝尝那些即将消失的最地道的恩施味道。

小锅小灶羊杂馆 恩施菜 ¥¥

(☎189 8686 1399; 施州大道392号; 人均50元; ⓒ10:30~22:00)周围是老式居民区,门前是宽敞的高台,即使行在路边也不易发现。饭点时,小店里不断涌入当地食客,来晚了就只能慢慢等位。菜品主打的是羊杂火锅,羊肚被火锅的热烫整得嚼劲十足,香软无比,照常会配上若干小碟,送上一份杂粮包,同样是按人头来算。老鸭汤,也是店内的名菜之一,汤汁非常浓郁。出租车是便捷的交通到达方式,万一师傅不知道具体位置,就说去农科院。

7货虾馆 湖北菜 ¥¥

(见183页地图; ☎845 6671; 体育馆路40号; 人均60元; ⓒ17:00至次日3:00)深受当地年轻人的喜爱,全都是辣霍霍的菜——小龙虾、辣子鸡、辣鸭头、辣凤爪,当然少不了解辣的蹄花汤和冰粉。门口挂着本地媒体所评出的"最佳口味奖"。店家同时支持外卖,可直送到你面前。适合多人来聚餐,龙虾137元/份。

让鸭脑壳飞 小吃 ¥

[☎896 5555, 151 7194 1111; 东风大道(官坡污水处理厂); 人均10元; ⓒ9:00至次日3:00]如果爬五峰山累了,下山就可在此填饱你的辘辘饥肠。这家店就在上五峰山连珠塔的路口右侧几米处,我们调研时才开业不久。特色老卤是这里的特色美味——鸭脑壳(6元/个)、兔脑壳(7元/个)、鸭脚(2元/个)、卤猪脚(22元/个),而且还能外卖带走,回住处慢慢啃,省得暴露你双手并用的馋相(虽然当地人并不在乎)。

丹阳夜市 夜市 ¥

(见183页地图; 州民族体育馆旁; 人均30元; ⓒ14:00~23:00)当地美食的大杂烩,一大片区域云集着数十家当地美食店,生意最为火爆的是靠路边的几家——佳兴夜市、崔姐夜市等。热闹基本从下午五六点开始,各家门前的铁架子上嗞嗞地烤着肉,远远就能闻见香气。也有卖土家烧饼的推车,即买即吃。夜市就在体育馆旁,风雨桥跨街过去就是。

慕焙滋 西点 ¥

(见183页地图; ☎301 3777; 航空大道金三角广场A-3号; 人均45元; ⓒ7:30~22:30)绿色的门脸、明亮的玻璃大窗、时尚的室内空间、暖色的灯光。这些都可以让你进店点份咖啡和点心,坐下来稍稍歇息会儿。

🍷 饮品

半闲咖啡 咖啡馆 ¥

[见183页地图; ☎180 7133 2517; 施州大道

恩施客运站主要车次时刻表

站点	发车时间/班次	票价（元）	行程（小时）
利川	7:00~18:00，每25分钟1班	40	1
咸丰	6:30~18:00，每30分钟1班	45	2
恩施大峡谷	6:30~17:30，每30分钟1班	25	2
板桥	6:30~17:30，每1小时1班	30	3

49号风雨桥广场二楼（紫夜网吧旁）；人均45元；◉9:30~23:00]就在风雨桥头，但不好找——没有招牌。来的都是熟客，冲着这里宽大舒适的空间、不错的咖啡和牛气的主人——老杨而来。如果没碰见老杨，他的粉笔大头照就绘在黑板上。女儿城国际青年旅舍里有分店，走累了可去歇脚喝一杯。

医疗服务

恩施的几家大医院都在航空大道上，包括**恩施市中心医院**（见183页地图；☏822 3261；www.essyy.com；航空大道234号）航空大道客运站过天桥走上一站路就是，乘坐2路、5路、6路、1B路、22路、29路、30路在"市中心医院"站下车即到。

邮局

航空大道邮政支局（见183页地图；龙头路102号；◉8:00~17:30）这家邮局就在航空大道客运站的对面，天桥旁边。

🛈 到达和离开

飞机

恩施许家坪机场（☏841 0753；www.esairport.cn；许家坪路38号）恩施的机场比火车站还要离市中心近一点。以至于在城中转悠，不时就有飞机从头顶上低空路过。目前与武汉、北京、上海、宜昌、广州等地有航班相通，但班次较少。

长途汽车

恩施客运站（见183页地图；☏822 6164；航空大道163号；◉6:00~22:10）是恩施城中的中心客运站，有发往恩施周边各县市的班车，也有前往恩施大峡谷的班车。购票，除了车站窗口购买外，也可通过**中国公路客票网**（☏400 998 4365；www.bus365.com），以及**畅途网**（☏400 600 8080；www.changtu.com）购票。从火车站到达，可乘公交车6路、22路到客运站。

另外在火车站广场上也停有发往恩施州各处的班车，如来凤、宣恩等。不过这些班车为私人营运，发车时间不定，一切事项都需要跟客车师傅确认。

火车

恩施火车站（☏824 2602）贯通鄂西大山的宜万铁路也是我国铁路史上修建难度最大、公里造价最高、历时最长的山区铁路，让如今的旅行者能够乘着动车轻松抵达山区。动车到达周边各大城市只要2~4个小时，如到重庆、宜昌各2小时，到武汉4个小时。恩施火车站在市郊，离城区有10公里，比飞机场还远一点。可搭乘公交6路、11路、22路、30路、双层巴士观光专线到达。公交车站就在出站口马路对面，步行几分钟即到。

🛈 当地交通

抵离机场

从城区乘坐出租车到机场，车费一般在20元左右。也可乘1路、6路、7路公交车到许家坪机场路口下车。

公交车

乘坐恩施市内公交基本能到达各个景点，比如州文化中心、土司城、叶挺纪念馆等。调研时有33条线路，票价为2元，无人售票，自己投币。市内具体公交线路信息，可在恩施公交车官网（www.esbus.net.cn）中查找到。

出租车

恩施的出租车5元起步，两公里后每公里2元，夜间（晚上11点至次日6点）起步价为6元。从火车站到航空大道车费基本在30元左右。

租车

凯旋租车在火车站广场出口处就停有一辆大巴车，作为临时办事处（☏153 3580 4222）接待游客。租车价格从每天260元到550元不等，比如道客为400元。

恩施大峡谷

恩施大峡谷[☎854 2333, 400 0718 126; www.esdaxiagu.com; 恩施大峡谷; 门票170元, 交通车30元(含往返); ⓘ8:30~19:00]是恩施最著名的景点, 开发成熟设施完备, 吃喝玩乐一应俱全。如果时间不是很赶的话, 可在恩施大峡谷附近的酒店客栈留宿一晚, 看看大型文艺表演, 不至于来往交通与游玩登山加在一起过于疲惫劳累。最好是下午到达, 住酒店、看表演, 养足精神, 第二天再行进入峡谷登山。

常说靠山吃山, 靠水吃水, 恩施就是靠着这重重大山中的峡谷峰林来吃定全天下游客的。峡谷, 即云龙河峡谷——地缝为云龙河冲刷侵蚀而成, 地缝两边飞瀑流泉, 怪石嶙峋。峰林, 以小龙门景区为主, 在大小龙门景区6平方公里的范围内有独峰百座, 其中200米以上的独立石峰就有30余座。这里是最典型的喀斯特地貌的呈现——地缝、绝壁、峰柱、洞穴、暗河等, 但如果遇上雨雾的天气, 景色就会大大减色。

游览整个大峡谷的游程, 基本是首先乘景区交通车到云龙河地缝景区, 大约有5分钟车程。据考证, 这条地缝本是一段伏流以暗河的形式存在, 后因云龙河水流在地下冲刷淘洗, 地表不断受到剥蚀下切, 致使暗河顶部坍塌, 地缝才露出地表。下到谷底, 能看到陡峭的崖壁, 岩壁上有暗河冒出的水流飞降而下。如果天气晴好, 阳光从缝中泻下, 遇见高空降落的水流, 会形成道道彩虹。走上一段, 会发现云龙河地缝两壁直上云天, 缝隙上下宽窄基本一致, 不同于一般的地缝。全程走下来, 基本需要一个小时的时间。作者调研时, 出口处一座垂直上下的观光电梯正在修建中, 被人称为"小蛮腰"。

从地缝出来, 有两条路线可选择。一种选择是在出口处直接坐索道(票价110元), 跨越深谷到达小楼门"龙门石浪"附近, 然后走漫天游栈道、中楼门、一炷香、大楼门。另一种选择是乘坐景区大巴到"倒灌水"入口, 10分钟车程, 然后开始徒步登山, 大约用时1小时可到达"小楼门"。从"小楼门"一路走来, 边走边玩, 到达"大楼门", 基本需要四五个小时。其中漫天游栈道是在悬崖绝壁上硬生生地搭建出一条悬空水泥游道, 绵延足有半公里之长, 人仿佛是在半空中行走的。一炷香, 则是上镜率最高的"明星"标志物, 孤零零的一座峰柱, 高达150米。一路上都有景区设置的指示

恩施大峡谷

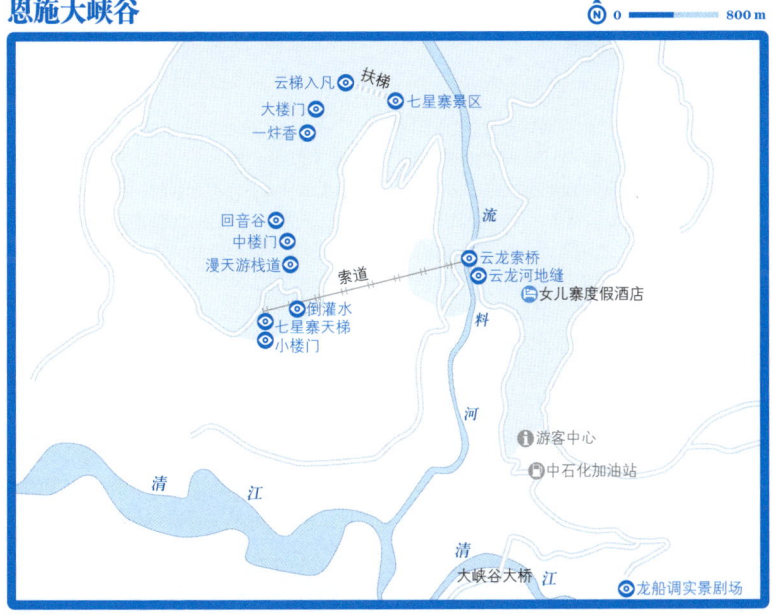

牌，上面标有所在位置海拔以及所走步数。在终点处大楼门服务中心下云梯，然后乘坐扶梯（票价20元）或者步行下山。下到"甘堰塘"返程中心，再坐景区大巴，返回景区游客中心。这是全程的走法，如果体力不支时间不够，可以走一段就返回，仍然从索道下山。

食宿

如果计划安排在大峡谷住宿，晚上去看大型峡谷实景演音乐剧《龙船调》。在景区不多的星级宾馆中，女儿寨度假酒店（见189页地图；☎881 9688；www.nverzhai.com.cn；恩施大峡谷游客中心旁；标单/双 340/370元；@🛜）是其中最好的一家，开业才两年。房间设施较新，屋内是藤木家具，土家风格的装饰。推开窗就能见到恩施大峡谷的山景，呼吸山里的清新空气。沿着景区公路，路边一线都是各种农家客栈，条件相差无几，价格稍便宜一点，适合自驾来此的游客，沿路挑选。

餐饮，遵循住在哪吃在哪，农家客栈一楼基本改建成餐厅。在这里客栈周边，很少能发现专门的餐馆。进入景区最好随身带上干粮，毕竟要徒步几个小时，可随时填饱肚子保持体力。

❶ 实用信息

在游客中心天街二楼，有可取现金的CRS机，对面就是土苗族文化邮局。如果想寄存包袋，可上三楼寄存处，每件10元。万一需要临时给手机充电，这一层还有手机充电处。

❶ 到达和离开

在恩施航空大道客运站有定时班车可乘坐，车次较多（具体信息请见188页）。自驾前往的话，可顺着新建的旅游公路上山，整个路面较好，山区时常有雨雾，小心驾驶。

也可从利川前往，不过在利川火车站客运站每天只有早上8点1班车，下午返回，票价20元，行程2小时左右。自驾的话，先从市区到团堡镇，然后盘旋上山，经马南坡、卡门、七渡河大峡谷大桥，个别路段在整修，整个路面情况不如恩施这边，大约2小时路程。

鹿院坪

据说前人是被山鹿引进了这片巨型的条状天坑，发展成现今院坪中的裴、李、朱、侯姓20多户人家。鹿院坪的四面被悬崖峭壁围合，平均海拔1700米，平均落差在500米。其中深涧河的水头，从崖壁的溶洞中涌出，形

值 得 一 游

石门河

如果你是一个峡谷爱好者，这里有足够多的、让人流连忘返的线路供旅行者来满足旅行者挑剔的眼光。位于恩施州建始县高坪镇的石门河（☎341 5666；www.shimengf.com；门票150元；⏰8:30～19:00）就深藏在深深的山谷裂缝中，顺着今人在崖壁上修建的绵延5.8公里长的游道，旅行者时而在谷底水边，时而在半空峰顶，一览整个峡谷的壮观景色。这里植被丰富，流水激荡，空气沁人心脾，时不时出现的人工痕迹也不妨碍游览的好心情。你可以从镇上的游客中心购票乘车出发，大约有十多分钟的路程，到达景区入口。从入口检票进入峡谷中，首先是一段下降的台阶，沿途可看见横亘在峡谷的大桥，纵览整个峡谷景观，这段路程风景比较壮观大气，也叫问心谷。走到洗心谷，这里接近奔腾的水流，调研期间考虑到安全问题，下到水边的路都封闭着。沿着奔腾的水流一直往前，头顶不断有岩壁间的小瀑布飘下，水漫过游道。走到景区的舒心谷，从此台阶开始不断上升，几乎上到岩壁的顶端。这段路程与水的亲密度大大提高，提前准备好雨伞、雨衣或者防水鞋是个不错的主意，不然从头到脚都会被水淋得透心凉。交通票是必买的，因为景区的游玩是从一头进另一头出，不走回头路。交通车30元，最后1班返程车的时间为冬季17:30，夏季19:00。

去往石门河景区，可在恩施市航空大道客运站搭乘班车到达高坪镇，全程高速，班车从6:00到15:00滚动发班，行程大约1小时，票价40元。游客中心就在镇上，可步行前往，过小桥就是。

成玉带飘摇的大小瀑布，碧潭深落的大小水潭——女儿潭、鹿饮潭。鹿院坪是板桥镇唯一一个不通公路的村落，全靠徒步进入。

近年来，这里成为众多户外爱好者的健步拉练之地。一般路线为从新田村的山上桥湾垭口进入，走四十二道拐下山，这些拐共有1520级台阶，差不多一公里路。下到底部，这里有座简易的木桥，横跨小河。从桥向上望，左方几百米的山崖处有水流喷涌而出。玉笔锋与鹿角峰遥遥相对，鹿角峰下是坪院的精华景点——五级瀑布。

过桥不远就是村子，村中有多家农家乐，山谷中的吃住都不是问题。各家在主要路口都有指示牌，这几家比较有名：**桃源仙居**（☎159 9779 5499；新田村；铺50元）在新田村下鹿院坪的路口，**朱大哥尚宾农家乐**（☎151 7198 4511；鹿院坪；铺30元）和**幺妹农家乐**（☎850 9937，136 3575 6731；鹿院坪；铺30）。这些农家乐吃饭大多按照人数计算，按菜品从30元到60元不等，价格不贵但是绝对可以让每一个来到这里的人吃饱了再出发。

从恩施市区到达鹿院坪，可先到航空大道客运站搭乘到板桥镇的班车，每小时1班，票价30元，行程3个小时。再在板桥镇转车到新田村鹿院坪路口，然后下山进入。如果多人结队前往，最好是包车接送。注意：下雨天慎行，因为峡谷崖壁滑湿，存在一定的危险因素。

清江画廊

（☎827 7436，827 7727；汾水河码头；门票180元；⊙9:30~15:00）是当地的传统旅游项目之一，大多是团队游客，乘坐容纳一两百人的大游船，游览"八百里清江，八百里画廊"。游程从恩施的汾水河码头到蝴蝶崖，一路下去有80多公里，沿岸景点有红花淌石林、千瀑峡、清江石屏、蝴蝶崖。其中最为著名是蝴蝶崖，适逢雨季，一股水柱从半空中的岩洞中喷出，远远望去，甚是壮观。一般游人都是报团，由旅行社组织前去。也可以在**东乡车站**（☎822 3152；⊙7:00~18:00）乘坐直达客运汽车，到终点站汾水河站下车后，过汾水河大桥右转步行十分钟就到达汾水河旅游码头。如果自驾过去，可以沿恩鹤公路前往，38公里的山路需要1个小时左右的时间。去之前最好提前电话询问，尤其是淡季，如果人数少，船是不开的。午餐最好是自带，这样适合自己的口味，而且也便宜。

恩施母亲河——清江

在恩施，"母亲河"清江可以说是如影相随，恩施利川城内的清江、腾龙洞前的落水洞暗河，徒步清江古河床遇见的黑洞出水口以及观彩峡的伏流，都是这条江水所在。当然，也有专门的清江之旅——恩施的清江画廊游，建始的野三河乘船游。

要追寻清江之名，是来源于《水经注》："水色清照，十丈分沙石。蜀人见其澄清，因名清江也。"这条清灵的江水是长江中游湖北省境内仅次于汉江的第二大支流，发源于利川东北的齐岳山，由西向东流经恩施、宣恩、建始、巴东、长阳等七县市，于宜都城北汇入长江。

梭布垭石林

（☎641 9189；太阳河乡；门票90元；⊙8:00~18:00）就是一个平均高度在十米左右的"石头阵"，这些高耸的石林经专家考证为奥陶纪灰岩层，形成于4.6亿年前。景区将这些石林阵规划成青龙寺、六步关、莲花寨、宝塔岩、磨子沟、锦绣谷、梨子坪几大景区，其中岩层中的"溶纹""戴冠"现象最为奇特，据说这里是全国最大的戴冠石林。整个景区转下来，也有两个小时左右的时间。

去往景区，可乘坐景区专线车，在清江桥头的挂榜岩客运站乘坐，30分钟1班，行程一个半小时。另一处乘车点就是在火车站前的旅游接待中心牌坊处，也就是在奥山世纪城前。了解其他具体事项，可以电话联系（☎135 9775 9662，134 7721 0699）。当然也可在挂榜岩客运站乘坐去往太阳河乡的班车，在中途下，车票25元。

利川

利川，就像一个谜等你解开。大山中为何有一座豪族大院，云端峭壁上为何有一座土家村寨。这座鄂渝边境的小城，假如没有这些谜一样的建筑，它只是一个交通中转地美食补给站。如不想翻山越岭地辛苦奔波，城边就有大名鼎鼎的巨洞——腾龙洞，2016年的迷笛音乐节就把帐篷支在洞口。巨洞旁有一处户外爱好者会想留下足印的地方——清江古河床，河床里巨石嶙峋，暗河奔流，大洞连着小洞。一天奔波下来，用当地美味犒劳下自己，汪营鸭杂、牛灿皮、根靶凉粉、柏杨豆干、包面……

方位

利川火车站也许是踏进利川的第一步，出站左转就是发往各乡镇的腾龙旅游

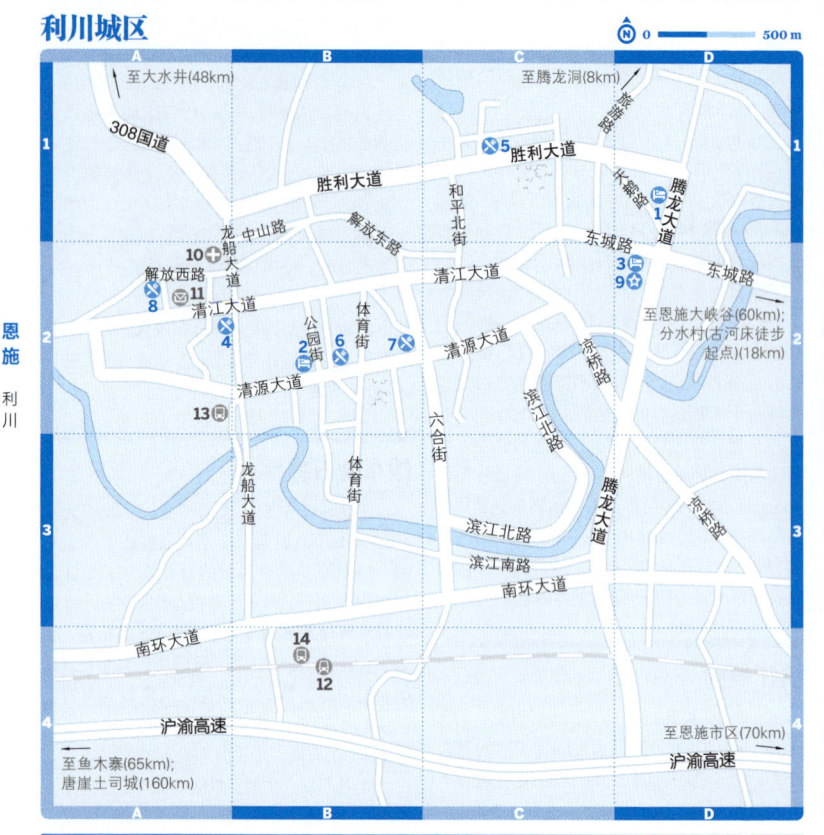

利川城区

住宿
1 利川九宿国际青年旅舍 D1
2 七天连锁酒店 B2
3 新世界国际酒店 D2

就餐
4 大半碗 A2
5 腊味鲜 C1
6 钱汤圆 B2
7 谭记铁板烤鱼 B2
8 汪营土鸭子 A2

娱乐
9 小五的小屋 D2

实用信息
10 利川人民医院 A2
11 邮政支局 A2

交通
12 利川火车站 B4
13 利川南方客运站 A2
14 腾龙旅游客运站 B4

客运站。沿着站前的路一线铺开的就是新利川——聚居着新开楼盘以及商业中心,包括那座貌似重庆的双子塔。从龙船大道往里走,过南门客运站,会到达老城区,也是城市中心,大多本地美食也聚集在这儿。这里道路狭窄,人流汹涌。行车要特别注意,也无法找到停车位。两条横向的大道——清江大道、清源大道,是主城区最重要的街道。

◉ 景点

◎ 利川市

腾龙洞 洞穴

(📞726 2455, 726 6755; 利川市城区6公里处; www.tenglongdong.net; 门票180元; ⊙8:30~17:30) 曾经一度有飞行高手驾驶贝尔206直升机,在腾龙洞洞口以及洞中孔雀迎宾大厅里杂耍一般——旋停、侧飞、倒飞等,闪转腾挪,进退自如,如此敞大的洞口在国内是很难见到的。这个离利川城只有一二十分钟车程的武陵巨洞,是利川最近的景点,也是最著名的景点。这个城边不远的洞穴,在世界已探明最长洞穴中排名第七,被《中国国家地理》杂志评为中国最美洞穴之一。

从景区入口进去,会沿着洞前的清江水流走一段,沿着水泥步道经过水跌落成的瀑布,水流冲击在巨大的岩石上,耳边是闷雷般的轰鸣声,巨大水流钻进深邃暗黑的落水洞变成伏流。这壮观的景致,被当地人称为"卧龙吞江"。据说,20世纪80年代曾有人乘橡皮船进洞探险,洞中又是另一番世界,有阳光通透的天窗,有宽大平静的湖泊,有玲珑剔透的钟乳石。

走上十分钟的步道就可到达巨大的洞口,高度有二十层楼。进入后,一边是供人行的步道,一边是供车行的车道。相比那些起伏上下几层的洞穴,腾龙洞相对平坦,更像充满着怪石嶙峋的隧道,并不需要攀爬升降。在洞的中段是《夷水丽川》土家风情歌舞表演场,分11:00、16:30上下午两场,节假日还会加演,表演会持续一小时左右。剧场下就是电瓶车停靠点,随到随走。电瓶车的终点就是洞最深处的激光水幕秀场入口,

右边上山的小路是去激光秀场,并没有指示牌指引。左边小道是去后洞景区,后洞从景观上有更多的变化——钟乳石、钙化池、硝坑、灶孔等,游人也相对少至。后洞景区和激光秀是一个环路,走哪边都可以不走回头路,从这边进那边出。激光秀所用的是水幕,由此坐在最前的位置,飞溅的水会让你湿身。

整个洞穴全程走下来,除去看表演的停留时间,也会花上两三个小时。如果你想节省些时间或者脚力,可花10元乘电瓶游览车进洞。车是循环运行的,其间会在歌舞表演场上下客。别扔了票根,这是再次乘车的凭证。

从利川火车站出站右拐,就有去往腾龙洞的交通车,从早上8点到下午5点循环发班,票价5元,二十分钟就可到。

◎ 利川市周边

大水井 历史建筑

(📞634 7888, 726 4688; 白杨坝镇水井村; 门票65元; ⊙8:00~17:30) 大山丛中的一座旧时宅院祠堂,里面有着旧时家族家居祠堂的格局,有着旧时家族的人情故事。从南门进入,随着农舍田间的石板路走上十多分钟,才能看到黑瓦白墙立在高处的建筑——李氏庄园。大门口上写着"青莲美荫"的匾额,是整个景区出镜最多,也是最能让回想当年殷实大家的物件。进入里面,前厅、中堂及后堂为中西合璧式的建筑,摆置着些瓶瓶罐罐木桌木椅。墙壁上涂鸦房间里随意丢弃的杂物,显得这里疏于打理。整个建筑的框架还在,木柱木梁,青石院坝。据说西南后角的木屋为原主人黄姓土家人的老宅,始建于明代晚期。其余的中西式房子都是后来者湖南人李廷龙、李廷凤所建,砖木结构。

别错过了李氏宗祠,这里能发现"大水井"的来源,以及森严壁垒的城墙宗祠。从李氏庄园小门出,随着石板路走上两三分钟就能到李氏宗祠。这里会被要求再次出示门票,防止有人抄近从田间小路上来,所以保存好门票。

整个祠堂有几处不可错过的地方,一是

祠堂本身。中轴线上依次排列着三座大殿，门柱楹联上的家训忠言清晰可见，有一对楹联就直接刻在木柱上。梁架托木上的雕花木板，都有些残破，依稀能见到渔樵耕读的情景。讲理堂过廊间有一整块巨石，石上有模糊的太极风云纹，四角有蝙蝠纹样。这块巨石被称为过失桥，是当年李氏族长执行家法和审理案件的地方。

二是祠堂尽头的大水井，没有标示牌指示，很容易错过。沿着祠堂前的护坎，走到尽头穿过小门，就能看见高大厚实的岩石墙。何为厚实——方桌大小的石块被切削齐整，垒成高达十几米的墙壁。顺着直下的72级石阶，才是一方小小的水井。别小看这一小方水井，它曾是整个祠堂家族的命脉，在民国时有一段因水源被切断受制于川军的不堪历史。

三是环绕着宗祠一周，巨大石头所垒砌城的护墙。从祠堂大门口旁的房间中木梯上去，可走到石墙。护墙上有石梯，每梯皆为整块巨石。护墙四角有炮楼，护墙上布设着枪眼、炮孔。从高处也可俯瞰到整个李氏宗祠，硬山式屋顶，层层叠叠。护墙左右有二石门供人进出，西边这座为"望华门"，门侧建牢房，又名"生门"；东为"承恩门"，直通天然刑场——龙桥，又名"死门"。有兴趣，可沿着城墙走一圈下来。据说不远处的龙桥是一座天然岩桥，横跨于天堑之上，桥头绝壁如削。

在火车站站前车站乘坐班车，利川至柏杨，柏杨镇再在镇上转村村通的绿色小面包车（10元/人）。大水井原来归属重庆奉节，经过景区的唯一一班车就是从恩施发往奉节的。

鱼木寨　　　　　　　　　　　　　历史建筑

（鱼木寨；门票40元）用著名土家学者张良皋老人的话说，这里"以其豪华型的墓葬成为武陵一绝"，寨内现有清代精雕石碑墓10座，碑高一般都在5米以上。这些墓多散布在田间地头，隐匿在荒草树丛中。其中规模最大一间是建于清同治五年（1866年）的成永高夫

不要错过

清江古河床徒步

位于利川城区不远的深山河谷中的一条路，从黄泥坡分水村三组到笔架山村四组，全程有八九公里之长。人始终在谷中行走，途中会经过清江、陡坡、草甸、农家、河床巨石堆、崖洞、地下河、绝壁、地缝等。从体力技术上，并无特别的要求，只是下雨最好慎行，崖壁山石泥地滑湿。

如果不是特别爱在山中住宿的话，基本都会在5~6个小时内穿越整个路线，返回利川城区。一些户外俱乐部会在中途生火做饭过上一夜，当然也会背负帐篷睡袋等装备。基本行走路线为**黄泥坡分水村—黑洞—草甸农家—古河床—独家寨—三龙门—二龙门——龙门—大草坪—交椅台（农家客栈）—垭口—竹林—腾龙洞后洞—一线天—笔架山村。**

分水村—黑洞（腾龙洞清江出水口），45分钟

从分水村公路尽头京兆山庄开始徒步，从田间小路穿行几分钟，开始从崖顶下降，一路多是泥地，有垒砌的石头可落脚，下到山腰有一农家，有狂吠的犬。走农家左边的小路，一段泥地后是石块台阶，逐级快速下降，陡直下到谷底。谷底是片小草坪，旁边是几个黑黑的洞口，洞里有人进入的足迹，但不宜深入探险。这些黑洞下面流淌的水流，就是腾空洞的出水口。

清江河源头（谷底）—古河床巨石堆，40分钟

下到底顺左边的小路前行，是山谷田间的泥路，途中有废弃的农家，也有作者调研碰见农家正在搭建供游人歇息的小屋。路径并不难找，碰见分岔路，留心有之前户外俱乐部留下的标记，如一段彩带布巾。不要下到河边，那里没有路径可走。穿过一段坡地灌木林，就能到古河床巨石堆前。

妇墓，此墓还有一个非常别致的名字——"双寿居"，墓就建在村中的民宅旁，不难寻。此外还有向梓夫人墓、向母墓，这些墓葬的石雕都值得一观，充分体现了古时民间艺术的精美。

据说这座寨子得名于易守难攻，犹如缘木求鱼。确实这座立在悬崖峭壁上的寨子，只有一条狭窄的石道通向寨内，石道旁是绝壁深谷。这条石道，就是当地所谓的"寨颈"，可一夫当关。石道尽头横亘着写有"鱼木寨"血红大字的寨楼，楼建在当地人唤之"金扁担"的山脊之上。进入寨内，这里却是别有一番天地——虽四周险要，寨子却坐落在山顶的平地之上。现在寨中有年头的老房子已不多，且散布于寨中各处。"六吉堂"是其中一座保存较好的老屋，有上百年的历史，格局为四合院。院内地面用齐整块石铺就，堂正中是飞檐翘角的阁子，两边是略显残破的木楼。

如果想体验一下寨子的险要，可去找亮梯子。这段梯子始建于明，建在寨东绝壁之上，共28级，只是一块石板硬生生地插进岩壁中，凭此踏步而上，手只能扒在崖壁空穴上助力。梯子外就是深谷，安全第一。梯子并不在寨子中，而在寨边半山腰的绝壁上。路程长，来回需要一小时左右。不好找，路径在田间荒地，最好有当地人的带领，或者边走边问。如果不是特别有挑战的兴趣，最好放弃。

如果当天无法返回利川，可在寨子中的农家乐留宿，条件一般。用餐，可住在哪吃在哪，让主人家给你做。住宿与用餐加在一起，也就每人五六十元。

由于寨子地处318国道线利川至万县途中的谋道乡，交通不便，来此的游人寥寥无几。不过作者调研时利万高速谋道连接线正在修建，建成后就不用翻越齐岳山到谋道镇，路程时间会大大缩短。现可在火车站站前车站乘坐利川至谋道的班车（6:40~18:00，每20分钟1班；行程1小时；12元），然后再在谋道转车到大兴乡（发车时间分别是10:30，12:30，15:30；车程1小时；12元）。大兴到寨门还有3公里的路程，徒步需要1小时左右。利川直达大兴只有每天下午3点一班车，大兴回

恩施

利川

古河床巨石堆—独家寨，1小时

巨石堆并没有明显路径，靠自己在巨石间寻找攀越。尽量避免走有青苔滑湿的石面，尤其是下雨后。不是独行的话，同伴之间最好能相互援手照应。途中会经过一个崖洞，穿洞继续在巨石间前行。到达独家寨，碰见一个岩壁上的洞口，洞口有一扇小木门，门后是一小山谷。谷中居住一对老夫妇，他们的故事常被编成"神仙伴侣"的典范，他们也不常开门。这家人，也是独家寨寨名的来历。

独家寨—一龙门，1小时

从独家寨出发，遇见岔路走右边的路，是去三龙门的路径。然后就是连穿三个洞口，也就是说三、二、一龙门。二龙门是绝佳的宿营地，有平敞的空地，附近也有水源。常能遇见大小帐篷各色男女，有幸还能碰见他们的烧烤盛宴。一龙门并没有足够的光线，需要有灯光，记得带上头灯手电，当然手机灯光也是可用的。

一龙门—笔架山村，2小时

出一龙门，就是一片宽敞的大草坪，也是一天然的宿营地。从草坪可仰望高高的好汉坡，坡度有四五十度，长度两三百米。爬上坡顶，跟着下山，途中会经过一片竹林，然后是小树林。下到底，山崖左边有一洞口，据说是腾龙洞的后洞入口，里面已经有人工修整的台阶，路尽头有铁门封住，走不过去，还得原路返回。右边是去一线天的路，窄窄的一山壁间的小道，尽头是当地人竖起垂直九十度的长梯子。从此上去就是终点笔架山村，从这里可以到达腾龙洞景区的正门口。

穴居岩屋

其实与鱼木寨隔河相望有一座古寨——支罗船头寨,同样是地势险要,四面悬崖,也有关卡墓葬,同时还保存着最原始的居住形式——穴居岩屋。这种原始穴居形式利用天然的洞穴作为栖身的掩蔽所,洞口开敞,洞内干燥,利用岩洞的凹陷部分起房架屋。这样屋居一方面节约建材,岩壁可作为天然瓦顶和后墙;另一方面可遮风挡雨,坚固耐用。据住在里面的老人说这岩屋冬暖夏凉,作为口粮的红苕久放不烂,屋旁的泉水也常年不干。鱼木寨、船头寨是鄂西南清江流域保存穴居遗迹最多、最为典型的地区之一,在鱼木寨周围崖壁上的穴居有43个之多。

利川的班车发车时间为6:30。大兴回谋道,在7:00、7:30、12:00有班车。

水杉王 自然景观

(谋道镇;免费)就在谋道镇的中心位置,与穿镇而过的318国道几步之遥。乍看,高高挺立的大树,光秃秃的树干,树冠上支着个马蜂窝。据说,这棵水杉王六百岁高龄,有着魁梧的身材——身高35米,胸围2.48米,是世界上年龄最大、胸径最粗的水杉母树。

唐崖土司城 遗址

(咸丰县尖山乡;门票100元;⊙8:30~16:00)唐崖河边的这座土司城始建于明洪武年代,前后历经381年十八位土司,至改土归流结束,曾有三街十八巷的规模格局,现在只存留下大致轮廓以及零星古物。2015年7月,与湖南永顺老司城、贵州遵义海龙屯土司遗址一并列入《世界遗产名录》,它们分别是各地土司制度鼎盛时期的遗存。

从大门进去,有电瓶车接送游客至景区。下车游览,唐崖河边的山石间都铺有木制栈道,顺着它可到达各个景点,各个路口都有标牌指示方向。整个景区可看点不多,最著名的景点为"荆南雄镇"牌坊和张飞庙石人石门,相距不远,顺着游道上下十分钟的路程。这些景点旁都有相关展牌介绍,读懂它们并不是难事。牌坊旁有间小小的展览馆,里面有视频图片文字的相关介绍,可全面了解到土司城的过去。馆外有并排一列的三个直饮水龙头,提供游人方便。高处山顶还有一墓葬,院墙围合着两座墓,一座是土司覃鼎墓,另一座是土司夫人田氏墓,前有石牌坊一座。在整个景区行进途中,大致能看出整个城的轮廓,因为筑城的石头基础都还在,地面的建筑倒是荡然无存了,其中有衙署、帅府、书院、营房、御花园与万兽园等。景区还有若干农家未迁出,做一些简单的生意——卖个茶叶蛋,提供个茶水,当地人都还友善。

土司城距咸丰县城30公里,来往班车从7:20到18:00都有,每一小时1班,票价8元,行程为一个小时左右。道路为新铺的柏油路,路感极好,只是有若干个急弯上下坡,自驾要小心。其实去尖山、茅坝等地的班车,都会经过土司城路口,司机会把你放在桥头,左边去土司城,步行十多分钟就可到。右边的道路是去茅坝黄金洞等地的,道路一般。黄金洞与腾龙洞不同,是水洞,夏季有漂流项目可玩。这里的漂流号称地心第一漂,其中有4公里闯滩漂,2公里地心穿洞漂。

坪坝营 森林公园

(☎683 1018, 681 1885;咸丰城区50公里处;门票100元;⊙8:30~17:00)大山顶上的丝丝凉爽,森林富含的氧离子浓度,都让这个曾经的湖北省第二大林场不再是单纯的木材砍伐场,取而代之的是游人的避暑度假地。附近一座温泉度假小镇正在兴建,即使阴冷的冬季,也可上山来泡澡。至于所在的北纬30°有啥秘密,可能只有你亲身体会过才知道。景区主要有两条线路,一条是鸡公山,由索道上山,脚下是茫茫林海,行程10分钟,索道来回票价60元。走到山顶,可俯瞰整个林区。一条是四洞峡,顾名思义,是一条两公里长的峡谷,其中要从四座大山的山体洞穴中穿过,全程走完需要2个多小时。从峡谷一头进,另一头出,不走回头路,出口有交通车接送到游客中心。景区内有交通车代步,从游客中心送游客到达两条线路的起点,票价20元。

坪坝营的住宿区主要集中在景区门口游客中心附近,高中低档都有。**森林树上宾馆** (☎682 9988;标间560元)环抱在森林中,相对于高昂的房价来说,对于完全拼成的木头小屋有各种说辞——潮湿、设施老旧，但空调、电热毯，还有B区的地暖，能为你解决部分的问题。**田野牧歌酒店**（☎400 693 9892；标间700元）就在景区门口，中式设计，古香古色。**归隐老街客栈**（☎679 9898；标间200元）就在田野牧歌酒店旁边，这里的价格更亲民一点。吃的问题，可在景区门口的小饭馆里解决，可点当季的山鲜野味。

在咸丰客运站有直达坪坝营的班车（时间分别为8:00，13:40，17:00；行程2个多小时）。如果赶不上班车，可先去甲马池镇（10元；行程1小时），再从甲马池镇转车到坪坝营（1小时1班；票价8元；行程1小时）。公共交通来回周折，这里来的更多是情侣朋友携家带口的自驾客。

住宿

在利川，可选择在腾龙大道与东城路附近住宿，这一带既有适合背包客的国际青旅，也有更舒适一点的星级宾馆。腾龙大道，也是去往景点腾龙洞的必经之路，在大牌坊前搭车。

利川九宿国际青年旅舍　　青年旅舍 ¥

（见192页地图；☎728 1429；腾龙大道6号；床位40~50元，标间127元；@🛜）在路边就能瞧见小巷中醒目的国际青年旅舍招牌，门旁是大同药房。上楼是前台大厅，中间一个大大的天井。超大的房间，超大的卫生间，有别于一般青年旅舍的空间局促。掌柜是位土生土长的本地女生，熟知当地吃喝玩乐的信息。作者调研期间，附属的酒吧以及公共空间正在装修中。

七天连锁酒店　　连锁酒店 ¥

（见192页地图；☎701 1111；www.7daysinn.cn；公园路66号；标单/双134/144元；@🛜）酒店位置优越——位于城市中心，在清源大道和公园路的交叉路口。酒店周边到处是各式饭馆烧烤店，公园路上就有两家鼎罐饭、钱汤圆等食店，不远就是六合街夜市，吃喝玩乐一应俱全。

新世界国际酒店　　酒店 ¥¥¥

（见192页地图；☎725 9999；东城路88号；标单/双350元起；@🛜）现今利川最好的酒店，

开业不久，设施较新。房间在高层，虽然面临着街道，也不吵闹。酒店前行左转就是去往腾龙洞的腾龙大道，右转是利川长途客运站（基本发省际长途车，对于旅行者的中转无多大用处）。楼下有肯德基，不远的红绿灯路口旁有大半碗。唯一闹心的是，楼中有各家娱乐单位驻扎，上下电梯一到晚间便人满为患。

就餐

利川人的吃，着重于早、晚两餐。早餐有豆皮、格格儿、各种面条，格格儿一般数量有限，起晚就没了。晚餐，是当地人文地理的充分体现，高寒——需要热腾的火锅来抵御，热情——需要大伙一围屋坐着吃，共同分担整锅的美味。单身旅行者可以去大半碗、钱汤圆、鼎锅饭这样快餐店，当地风味，自由搭配，丰俭由己。在六合街、七天连锁酒店附近的清源大道上有多家夜市，比如花姐夜市、何老二夜市，都是晚间消夏喝冰啤的好地方。

★ 汪营土鸭子　　恩施菜 ¥

（见192页地图；☎134 7787 5078；前进街1号；人均40~55元；⏱11:00~22:30）从前进街口进去，一路会经过若干家鸭杂店。在路中段左边，会发现汪营土鸭子的招牌。汪营鸭杂放在菜单的第一位，鸭杂就是满锅的鸭胗，并无鸭肠、鸭肝等物。如果不想从头到尾嚼着鸭杂，可以多尝试多选择其他菜品——魔芋鸭、南坪鳝鱼、酸菜牛灿皮、剁椒羊肾等，都是外界难以吃到的本地美味。

> **鸭杂一条街**
>
> 一条街意味着扎堆群聚着鸭杂店，同时也说明着当地人民是多么喜欢鸭杂，这条街就是城市中心的前进街。街口有铭雨利莱酒店的指引牌，走进去会发现路边排列着若干家鸭杂店——伟伟鸭杂、万利鸭杂、建华鸭杂等，门面或大或小，生意或好或坏。这些店的菜式基本雷同，都是小火锅的形式，餐费按人头来算。店内永远有当地人聚餐，围着一个暖暖的火炉，小火锅就放在火炉上，慢慢热着慢慢吃。

腊味鲜

恩施菜 ¥¥

(见192页地图;📞726 2755;金龙小区;人均50元;⏰11:00~20:30)在居民小区内,一栋白色的楼房,有三四层楼高。饭点时,这里常常爆满,是当地人聚餐的去处。主营各种乡间腊味,竹鸡、包面也值得一尝,当然也可让老板为你推荐。

谭记铁板烤鱼

恩施菜

(见192页地图;📞186 7181 3735;六合街;人均30元;⏰12:00~23:00)这条夜市街上的美食明星,深受当地人的爱戴。等位等上菜的时间同样漫长,幸好这里有免费的Wi-Fi。主菜通常是一条三四斤的鱼,用一个大铁盘放在火上持续加温,鱼和里面的各种配料会被热油慢慢烫熟,小心热油溅出。如需要特别的配菜,还需另点,有些难熟的可早放,如土豆、魔芋等。

大半碗

恩施菜

(见192页地图;📞729 7577;锦联华百货一楼;人均10元;⏰7:00~18:00)当地的一家老店,现在已从路边小店发展成本地连锁店,恩施人都知道它。有豆皮、面、饭,适合一个人快餐速食。如果想偷懒,也可叫外卖送餐。在新世界酒店旁也有一家分店(📞729 4816;金龙南路麦乐汇旁;人均10元;⏰7:00~18:00)。

钱汤圆

恩施菜 ¥

(见192页地图;📞701 1115;六合街;人均10元;⏰7:00~21:00)同样有豆皮、各种面、饭,重要的是还有格格儿。店面也是西式快餐店的打扮,塑料桌椅,明亮的灯光。据说这是一家由当地钱氏家族四代经营,从挑担子沿街叫卖到现在的品牌连锁。在大众广场还有家分店(📞701 1115;龙船大道55号;人均10元;⏰7:00~21:00)。

☆ 娱乐

★ 小五的小屋

酒吧 ¥

(见192页地图;📞159 9775 5115;东方城商业步行街1-1-18#;人均30元;⏰13:30~24:00)转到新世界酒店的后面,这里一方音乐小天地——小五的小屋。主人当然得是小五,可以说是利川好声音。时而也能碰到四方朋友来捧场助阵,都是音乐玩家。当然你足够自信,也可来一曲,小五为你弹琴敲鼓。

ℹ️ 实用信息

医疗服务

利川人民医院(见192页地图;📞728 2450;www.lcsrmyy.com;龙船大道12号)医院门前是利川城中的大众广场。

邮局

邮政支局(见192页地图;📞728 1258;清江大道153号;⏰8:00~18:00)这家邮局就在利川最主要的街道清江大道上。

ℹ️ 到达和离开

长途汽车

利川有沪渝高速(G50)通达,东去恩施,西至重庆,交通方便。城中主要有**利川南方客运站**(见192页地图;📞728 2254;龙船大道;⏰6:00~22:10)就在龙船大道,这里汇集了发往周边县镇的班车,即使从火车站客运站发出的班车,也会经过此车站上客。大门口有一溜前往恩施的出租车,40元/人,凑足一车人出发。也可通过**中国公路客票网**(📞400 998 4365;www.bus365.com),以及**畅途网**(📞400 600 8080;www.changtu.com)购票。在腾龙大道有长途客运站,主要运营省际长途客车。

对于乘坐火车来利川的旅行者,转车较为方便的是火车站**腾龙旅游客运站**,出站左转走到尽

利川南方客运站主要车次时刻表

站点	发车时间/班次	票价(元)	行程(小时)
恩施	6:30~18:30,每10分钟1班	40	1
奉节	7:00、12:00、15:00	60	2
柏杨	6:30~18:30,每20分钟1班	8	3
谋道	6:30~18:30,每20分钟1班	10	3.5

头就是，站外挂着一溜的班车信息广告。站内简陋，主要是发往周边乡镇的班车，如团堡、谋道、柏杨等地。乡镇班车班次较多，可直接跟司机核对相关信息，保证行程的顺利。去恩施大峡谷的班车，却只有7:30唯一一班，票价20元。

火车

利川火车站（见192页地图；☏728 2254）火车站也是2011年才开通使用，距离市区约3公里，有公交车6路、10路、4路、4B路与市区相通。火车站旁就有发往周边乡镇的客运站，出站左转看到各种客运信息招牌就是。

❶ 当地交通

公交车

利川的公交线路并不多，只有9条线路，其中经常能用到的是6路公交车，会途经火车站、南方车站、腾龙大道等站点。时间从早6点到晚7:40都有班车，票价1元。

出租车

出租车起步价为4元，基本在市内转悠超不过10元。

鄂中

包括 ➡

襄阳	201
春秋寨	210
钟祥	210
荆州	216
洪湖风景区	223
随州	224

最佳就餐

- ➡ 西园面馆（见222页）
- ➡ 待君美食城（见215页）
- ➡ 邓家牛腩面庄（见208页）
- ➡ 农家小院（见225页方框）

最佳景点

- ➡ 明显陵（见211页）
- ➡ 荆州博物馆（见218页）
- ➡ 夫人城（见204页）
- ➡ 春秋寨（见210页）

为何去

古老的云梦泽早已消逝，长江和汉江浩荡东流，"鱼米之乡"物产丰饶——这里所说的湖北中部，包括江汉平原和北侧的大洪山、西侧的荆山等区域，占地广袤。北上河洛、东下大江、西通巴蜀、南连湘粤，这里在乱世是兵家必争的战略重地；"湖广熟，天下足"，这里在治世又是安居乐业的富足之乡。

虽然不是热门的旅游区域，但是这里在汉末三国时期为逐鹿天下的群雄所偏爱，《三国演义》里大智大勇的故事，在古隆中、荆州城轮番上映。金庸围绕着襄阳城洋洋洒洒，好几百万字的武侠小说，又为清澈的汉江水增添了几分浪漫风采。优良的耕种条件让这里早在先秦时期，就孕育出楚国、随国的"青铜文明"，编钟、漆器、丝帛等国宝相继出土，历史的荣光未褪。嘉靖皇帝出身于钟祥的藩王府，这里在明朝后半叶又成为"龙兴之地"，风水形胜俱佳的明显陵，代表了帝王陵寝的另一个巅峰。大部分旅行者在前往武当山、三峡的路途上与之擦肩而过，顶多也只会顺路"到此一游"。其实几千年来沉淀的历史文化，值得多花上几天深入探究。

何时去

3月至5月 春暖花开，重回山清水秀之貌。沙洋的油菜花铺展百里，钟祥的"三月三"庙会拜皇帝。

6月至9月 在屈子故乡，端午赛龙舟盛况非常，拉开了夏季的帷幕。小龙虾越发肥美，新鲜莲藕上市。夏季天气炎热，可躲进大洪山、荆山避暑小住，去洪湖、沧水赏荷行船。

10月至11月 天气逐渐转凉。大洪山的银杏树一片金黄，吸引了"长枪短炮"。

12月至次年2月 冬季绝对温度不算很低，但是湿度较大，又无集中供暖，不比北方暖和。

襄阳

人口：561.40万/区号：0710

历史上的襄阳是一个备受宠爱的地方。三国的各路英雄为了这里争得头破血流，唐朝的诗人留下了"山色有无中"的风景诗和"往来成古今"的人文诗，近代的武侠小说家为这里编写出郭靖、黄蓉、杨过、郭襄的故事。如今襄阳坐稳了湖北省的"榜眼"位置，当地人引以为傲的历史古迹则吸引着"一日游"的旅行者。

历史

襄阳的历史和荆襄古道密不可分。古道串起了汉江畔的襄阳和长江畔的荆州，当中国古代定都在关中、河洛之地时，是中央去华南、东南的水陆要道。

这里最早可以追溯到"平步窥周疆"的楚国要塞——北津戍。东汉末年，随着北方的黄巾起义和诸侯战乱，襄阳迎来了历史上最辉煌的时期。

东汉初平元年（190年），刘表继任荆州刺史，将州府从江陵（今荆州）迁到襄阳。爱民养士的治理方针使荆州成为乱世宁州，北方流民迁入者达十万余户，流寓的名士千余人。诸葛亮的叔父诸葛玄就是在此时带着家眷子侄来到荆州的。后来发生在襄阳一带的马跃檀溪、三顾茅庐、水淹七军等故事，更是早已随着《三国演义》家喻户晓。

唐朝是襄阳另一个高峰期，山南（东）道的治所就设在襄阳城中。作为一方都会的襄阳可谓人杰地灵，孟浩然、推翻武则天统治的张柬之都是襄阳人，张九龄、王维、李白、杜甫、白居易等大诗人都用笔墨表达了对襄阳的念念之情。

宋朝开始，随着帝都东移，襄阳的辉煌逐渐消退。不过这里仍是兵家必争之地，元灭南宋、明末农民起义、抗日战争……襄阳地区都发生了惨烈的战斗，可歌可泣的故事流传至今。

1950年，襄阳和汉江对岸的另一座历史文化名城樊城合并成为襄樊市；一甲子后，襄阳复名。

襄阳市

汉江北岸的樊城有襄阳火车站和汽车客运中心，还有全市最热闹的商业区。而在南岸乍一看，不太"古"的襄阳古城有点让人失望，古隆中的清代建筑又实在与三国故事相隔太久。不过古城墙尚在，历史名城的框架、骨气和活力仍在。

◉ 景点

◉ 襄阳古城

襄阳古城墙   历史建筑

和均高8.5米、全长7公里多的明清古城墙相比，襄阳古城霸气的护城河体系更让人惊叹。东、南、西三面都是人工挖成的河道，

另辟蹊径

免费的古城墙

大北门：附近是荆州古治所在地，有仿古街。这里的瓮城保存完好，可以登顶。更难得的是紧临汉江（不像小北门那样隔着一条公路），出门即是青石板铺就的老码头。

东门：由此上城墙，墙外垂柳、樱花、水杉成林，护城河和古塔在望。向南步行至城墙东南角，有复建的**仲宣楼**，以纪念"建安七子"之一的王粲（字仲宣）在此著《登楼赋》。

西门：由此至城墙东北角的一段，最适合远眺岘山。可从小北门内向西，至西北角上城墙，一路向南步行。视野中湖光山色秀丽，行人不多，最适合静下来发呆。

老龙堤：这段汉江南岸、长约5公里的石砌堤防工程，历史可追溯到南北朝。出大北门，沿老龙堤向东，过了汉江水文检测站后，便能看到一根清代石柱，刻字记载了"寡妇捐建"的故事，因此这一段又叫寡妇堤。继续向东，过了一桥头是大门紧锁的长门，已是襄阳城墙的东北角。

鄂中亮点

❶ 寻找**明显陵**（见211页）比明十三陵更早列入"世遗"的原因。

❷ 在**荆州古城墙**（见217页）上慢跑。

❸ 拜访**荆州博物馆**（见218页）的"遂先生"，为楚人的漆器之美赞叹。

❹ 穿越**黄仙洞**（见214页），抵达水磨坪村。

❺ 登上悬崖峭壁，在**春秋寨**（见210页）威风凛凛。

❻ 在**荆门博物馆**（见210页）看看郭店楚简，感受战国时期的儒道之学。

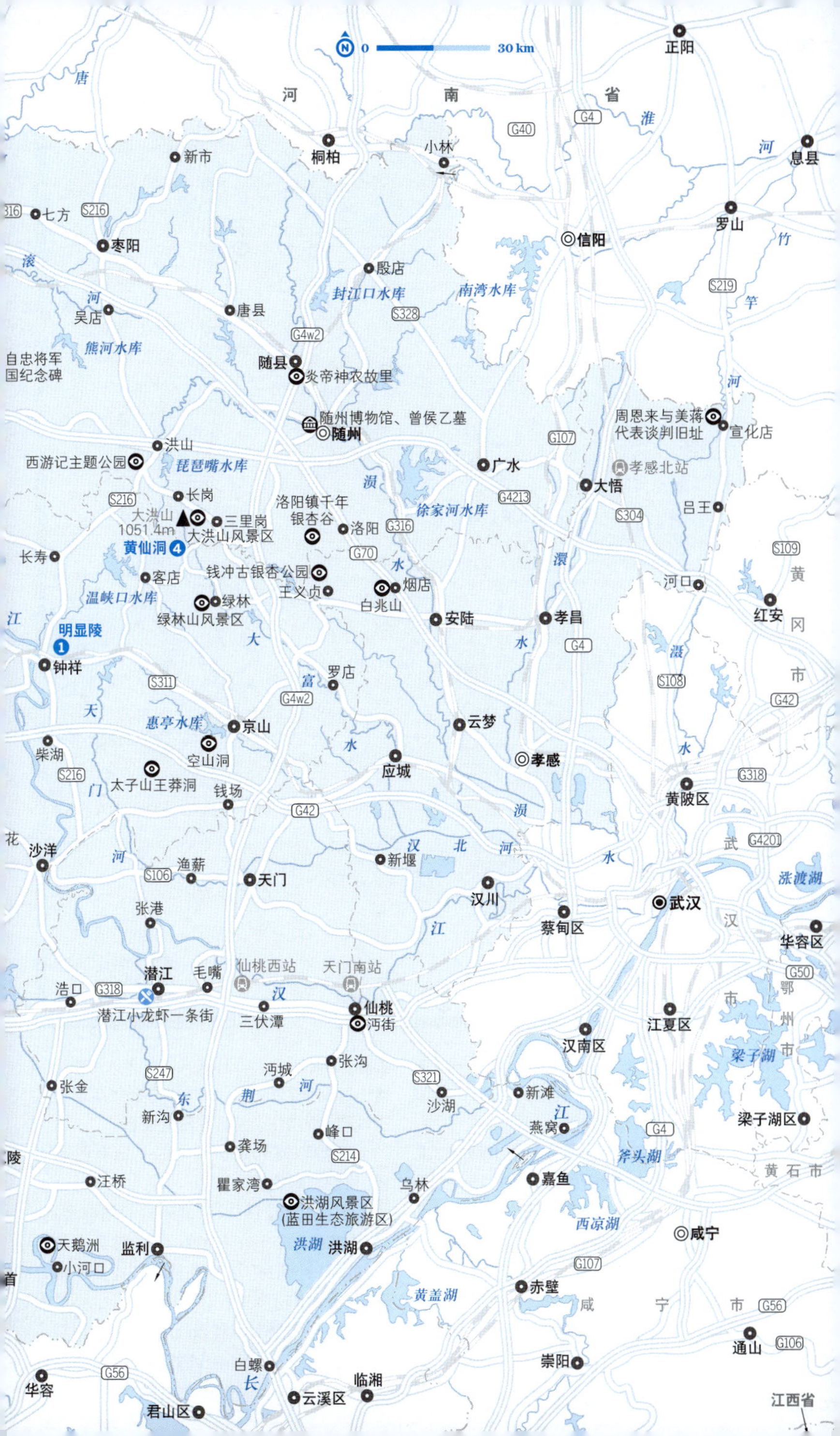

0
30 km
正阳
唐
河
南
省
G4
淮
G40
桐柏
小林
河
息县
新市
316
七方
S216
罗山
枣阳
信阳
竹
滚
殷店
河
封江口水库
南湾水库
S219
吴店
唐县
S328
竿
熊河水库
G4w2
自忠将军
国纪念碑
随县
炎帝神农故里
河
随州博物馆、曾侯乙墓
随州
周恩来与美蒋
代表谈判旧址
宣化店
洪山
G107
西游记主题公园
琵琶嘴水库
广水
孝感北站
涢
大悟
长岗
S216
洛阳镇千年
银杏谷
G4213
大洪山
1051.4m
三里岗
徐家河水库
S304
吕王
大洪山风景区
洛阳
G316
黄仙洞
4
G70
S109
长寿
客店
钱冲古银杏公园
水
澴
黄
河口
温峡口水库
王义贞
烟店
红安
绿林
白兆山
绿林山风景区
安陆
孝昌
冈
江
明显陵
1
大
水
G4
滠
钟祥
罗店
S311
富
S108
市
天
G4w2
G42
惠亭水库
京山
云梦
柴湖
空山洞
水
水
S216
太子山王莽洞
应城
孝感
G318
门
钱场
黄陂区
G42
涢
花
沙洋
河
汉
北
河
武
G4201
渔薪
新堰
水
涨渡湖
S106
天门
汉川
武汉
江
张港
蔡甸区
汉
华容区
仙桃西站
天门南站
潜江
毛嘴
G50
浩口
G318
汉
鄂
潜江小龙虾一条街
三伏潭
仙桃
市
沔街
州
汉南区
江夏区
张沟
市
梁子湖
S247
沔城
S321
张金
东
荆
河
新滩
沙湖
江
新沟
燕窝
梁子湖区
峰口
G4
斧头湖
陵
龚场
S214
黄石市
汪桥
瞿家湾
乌林
嘉鱼
洪湖风景区
(蓝田生态旅游区)
西凉湖
天鹅洲
监利
洪湖
洪湖
咸宁
小河口
首
G107
赤壁
黄盖湖
咸
宁
市
G56
通山
G106
白螺
崇阳
华容
G56
长
临湘
云溪区
江西省
君山区

襄阳古城

最宽处竟有250米；北面更是汉江之水——固若金汤的水陆防御体系，赢得了"铁打的襄阳城""华夏第一城池"等美名。

小北门朝南的门匾书着"北门锁钥"，北面则书"临汉门"，附近的小北门广场一到傍晚就很热闹，适合闲坐看街舞、练武、广场舞，还可以下到江边打一场台球。

夫人城（门票5元；⊙8:00~17:30）可由小北门旁的登楼口前往，是襄阳城唯一开发成景区的，沿着汉江的风景格外迷人。最西端的亭子里立有一个女侠的雕像——她可不是黄蓉，而是历史上确有其人的韩夫人。她是东晋中郎将朱序的母亲，率领着妇女增筑了这道城墙，抵挡住了前秦军队的突袭。

东护城河和西护城河的北端有游船出租，可划着船欣赏古城墙。

前往小北门可以从襄阳火车站乘坐1、13、512路公交车在十字街下车，然后沿北街步行10分钟即到。更有意思的方式是从米公祠码头乘坐轮渡过江，登岸即到。也可以乘坐1、512路公交车到襄阳公园下车，北行至江边，由长门经大北门徒步15分钟即到。

襄阳古城

◎ 重要景点
- **1** 夫人城 B3

◎ 景点
- **2** 长门 C1
- **3** 大北门 C2
- **4** 老龙堤 C2
- **5** 绿影壁 C4
- **6** 马跃檀溪遗址 A5
- **7** 米公祠 B1
- **8** 谯楼 C4
- **9** 岘山 B5
- **10** 襄阳博物馆 C3
- **11** 小北门(临汉门) B2
- **12** 仲宣楼 D4

◎ 住宿
- **13** 南湖宾馆 C5
- **14** 王府盛和精品酒店 C4
- **15** 遇见花园公寓 D4
- **16** 悦林主题酒店 A1

◎ 餐饮
- **17** 北街 B3
- **18** 邓家牛腩面庄 C1
- **19** 伽蓝咖啡 B3
- **20** 童年味道山庄 B5
- **21** 王府干炒鸡 C4
- **22** 王府面馆 C4
- **23** 夏记快餐 C3

❶ 交通
- **24** 龙子口码头 B1
- **25** 米公祠码头 B2
- **26** 襄城汽车客运站 A5
- **27** 小北门码头 B2

襄阳博物馆
博物馆

(☎351 3330;襄城区北街1号昭明台;免费;⊙周二至周日9:00~17:00)博物馆所在的昭明台是古城最高的仿古建筑,为纪念南梁昭明太子萧统而建。博物馆共有两层展厅,可惜设施偏老、容量偏小——好在位于城南胜利街的襄阳博物馆新馆在我们调研时已经开建。参观完博物馆,可继续攀到顶楼,那里可以俯瞰北街,视野还不错。

从襄阳火车站乘坐1、13、512路公交车在十字街下车,向北步行3分钟即到。

历史上的襄阳保卫战

2012年,襄阳欲在小北门广场树立郭靖、黄蓉塑像,引起社会舆论的强烈关注,最后突然叫停。支持者举出丹麦为童话人物小美人鱼立像的例子,反对者则声称不尊重历史,纯粹是旅游商业的炒作。

郭靖、黄蓉守襄阳的武侠故事,原型即南宋末年的"襄阳保卫战"。公元1259年,蒙哥汗在重庆的钓鱼城被宋军的火炮击伤后死亡(杨过用石子击毙蒙哥汗的历史原型),在鄂东强渡长江的忽必烈返回草原争夺汗位。1267年,忽必烈率大军卷土重来,经过六年的围攻终于攻克襄阳城。此后元灭南宋,再也没有遇到有力的抵抗。

绿影壁
历史建筑

(襄城区绿影壁巷东;门票25元)这块影壁因为大量使用了绿色砂岩而得名。明末,闯王擒杀了末代襄王,更一把火将藩王府烧掉,幸好这座宝贵的影壁保存至今——主画面为"二龙戏珠",左右两堵各镌刻巨龙舞于"海水流云"之间,汉白玉镶边则有54条姿态各异的小龙。壁后还有新建的王府大殿等仿古建筑。

从襄阳火车站乘坐1、13路公交车在清真寺站下车,向东沿绿影壁巷步行到底即至。绿影壁巷西端,隔着南街能看到清代的双层重檐硬山式古建筑——谯楼。

◎ 其他区域

古隆中
历史建筑

(见202页地图;☎377 3333;www.lzfjq.com;襄城区隆中路6号;门票 旺季2月至12月80元,淡季60元;⊙8:00~17:30)初来此地总要一探古隆中。尽管诸葛亮躬耕陇亩之地尚有争论,但这里的古隆中似乎名气更大。

进入大门直行不远,便来到了清代所立的**古隆中石牌坊**。往前遇到池塘右行,沿着香樟石板路上行,两旁有隆中书院、明碑亭、草庐碑等,至顶即是**武侯祠**。这座武侯祠始建于唐,现存为明清的四进三院层台式建筑。

武侯祠继续向前有三顾堂，楼后的六角井是唯一从1800年前流传至今的古物。井旁的台阶路可以登上最高处的腾龙阁远眺，步行往返约1小时。三顾堂右邻是按照东汉风格设计的草庐，有一间房屋里循环播放央视版《三国演义》三顾茅庐的剧集。穿过竹林，至诸葛琴堂和老龙洞，就可沿着另一边的大路返回大门。也可以继续走盘山路向上到卧龙岗，然后由樱花园下山返回大门，或从卧龙岗景区（隆中植物园）的大门出去。

襄阳火车站、古城十字街乘坐512路公交可到隆中景区大门，火车站上车约50分钟到达，从古城出发则需要30分钟。543路公交可在二桥头坐到，途经隆中景区大门，终点隆中植物园大门。

诸葛亮的岳父黄承彦和妻子黄月英的故乡——黄家湾（见202页地图；门票40元）位于几道山峦之外。景区更像当地人周末郊游的公园，可从古城南门外的南湖广场乘坐548路公交到达，班次较少。

广德寺　　　　　　　　　　　　　　　　寺庙

（见202页地图；襄城区隆中大道；门票10元）最值得看的是明朝弘治年间的多宝佛塔，平面八角形的塔座上另有四方小塔，环绕着一座喇嘛塔——这样的"五星塔"建筑风格为中国独一。旁边的"护法尊"古银杏需四人合抱，金秋落叶如同"金砖铺地"，美不胜收。

前往隆中的公交512、543路都设有广德寺站，再往前3站即隆中景区。

米公祠　　　　　　　　　　　　　　　历史建筑

（樊城区沿江大道2号；门票25元；◎8:00~18:00）这里保留有清代的三进院落，藏有"米襄阳"米芾和同他齐名的"苏黄蔡"三人的书法石刻。祠内另有一处"石苑"，能看到各地收集来的有趣碑刻；还有一方清幽的小型园林，适合闲坐片刻。

襄阳火车站乘2路公交，车桥厂下车，步行5分钟即到。从襄阳古城过来，可以在小北门外的码头乘坐摆渡船，登岸即到。

陈老巷　　　　　　　　　　　　　　　　街区

（樊城区汉江一桥头东）清末民国至今，樊城是整个襄阳市的商业中心。夹在瓷器街和沿江大道（原中山前街）之间的这条老巷子，曾是樊城最热闹的街巷，如今也是整个襄阳保存最完好的一条老街。巷子长约200米，狭窄逼仄，青石板路的两旁，坐落着鳞次栉比的旧屋老铺，一些老住户尚在，一些则变成了清吧和咖啡厅。

乘1路在水星台下车后，步行至汉江边，再东行约3分钟，就能看到襄阳书画艺术馆，一旁就是陈老巷的入口。也可从米公祠向东，沿江步行约15分钟。

鱼梁洲　　　　　　　　　　　　　　　　岛

（樊城区鱼梁洲）"凤雏"庞统的叔父、名士庞德公曾隐居于此，孟浩然写过"水落鱼梁浅"的诗句。如今，这座江心洲靠近市区的一端已是房地产开发商的乐园。不过在鱼梁洲大桥的桥头处有天然的"水上公园"，可以在汉江水面上划船——这里的江面宽达1300

另辟蹊径

江山留胜迹，我辈复登临

如果你在襄阳有空闲的半天时间，不妨登上古城南郊的岘山，重温孟浩然《与诸子登岘山》。黄祖射杀孙坚的风林关，刘备的卢马跃过的檀溪，纪念羊祜的堕泪碑（羊公碑），祭奠张柬之的张公祠……都在岘山一带。纵然古迹湮没、时人难寻，不过山邻城池，这山仍是市民踏青的好地方。

乘坐公交14或530路至终点站下车，往回步行3分钟至马跃檀溪遗址和《李曾伯纪功铭》摩崖；然后拐入岘山森林公园的大门，沿路直行，至路口处继续走右边的道路；约40分钟到虎头山，有观景平台眺望襄阳全景，可以感受到孟诗的气概。接着沿另一侧的石阶下山，到山坳后，向左沿路可返回市区；也可以继续直行，翻过另一座小山后，再一路北去烈士陵园，或者东行南下至南麓的习家池。

米,汉江水又总是一片澄碧,坐在船上、遥望对岸的古城墙颇有意境。不过为了安全,可不要往货船往来的江心深处划去。

襄阳火车站乘坐2路、古城十字街乘坐8路以及19、20路等都能到达鱼梁洲。

襄阳唐城
影视城

(见202页地图;📞230 1884; www.chinatangcheng.com;襄城区胜利街;门票90元;⊙8:00~17:30)唐朝的襄阳是和长安、洛阳、扬州并称的四大城市,如今的"襄阳唐城"则是中国规模最大的唐风古城。总体而言,这里的仿唐建筑保持了较高的水准,青龙寺、东市等处尤为上相。和其他影视城一样,唐城也有提供古装出租的店家,还有各种演出——只不过和华东的几个知名影视城相比,这里冷清许多。建议自备食物,唐城有餐饮摊点,但是选择不多,价格也是景区水准。

南湖广场乘66路,古城东门外乘305、505路,襄城客运站乘534、546路,都可到襄阳唐城站。下车后可乘坐电瓶车(5元)前往唐城入口,也可以步行15分钟穿过外围的仿唐商业街后到达。

免费 习家池
公园

(见202页地图;襄城区岘首山南麓;⊙7:30~19:30)习家池是中国现存历史最悠久的园林建筑之一,也是襄阳同类型公园中最棒的一个。引自白马泉水的观鱼池,据说从东汉初建时期就有了。古香古色的建筑加上油菜田、桃花林和翠竹园,已成为襄阳市民首选的郊游地。习家池路口有一些露天小吃摊,汉江畔则有吃鱼的餐厅。

南湖广场有直达习家池的66路。更建议乘班次更多的305、505、546路,到习家池站下车后,穿过铁路涵洞即到。习家池外的国道临山滨江,为古风林关所在的地段。江边有新建的观音寺,可眺望湛蓝的汉江。

鹿门山
公园

(见202页地图;襄州区东津镇鹿门大道;门票27元)庞德公、孟浩然(别称"鹿门孟处士")、皮日休曾在此结庐居住。重建的**鹿门寺**是核心景点,沿着寺后的小径登山,可远眺汉江如曲、岘山隐约。沿着鹿门寺山门外的小路向南,有**孟浩然墓**可以寻访。

襄阳东站每逢整点有发往鹿门寺的公交52路(2元;50分钟)。车过鹿门山森林公园大门时,会有景区工作人员上来售票。返回襄阳东站的公交车每逢半点发出,末班17点30分。

🛏 住宿

襄阳市的酒店很多,七天、如家等快捷连锁通常100元左右就能住到标间。

★遇见花园公寓
客栈 ¥¥

(📞311 3131;襄城区陈侯巷31号;大床/套房128/148元; 🛜❄)公寓坐落在襄阳的创意园区中,和谜食概念餐厅同属一家,登记入住需到餐厅前台办理。房间位于两栋可爱的小红楼中,庭院里种植着一小片茂密的竹林,早上会被鸟儿的鸣叫声唤醒。房间面积较为宽敞,落地窗,家具风格明快。推荐套房,比大床房贵20元钱,但是性价比要高出很多。唯一不足之处是楼梯为木质的,每逢有人上下会有些吵。公寓附近有各种小吃店,去仲宣楼登城墙也很方便。

悦林主题酒店
酒店 ¥¥

(📞308 6999;樊城区长虹路7号;标单/双158/138元起;🛜❄)悦林位于二桥樊城桥头的物流技术研究所内,晚上很安静;前往隆中、古城都有公交直达,步行至米公祠约20分钟。房间装修富有中式传统风格,茶几、水盆、壁灯、衣柜……都很有特色。卫生间面积较小,靠北的一排房间窗外视野狭窄。每晚会有免费的小吃赠送到房间里。

王府盛和精品酒店
酒店 ¥¥

(📞354 1777;襄城区陈侯巷4号;标单/双198/208元起;🛜❄)酒店高绿影壁很近,房间是标准的商务酒店风,设施齐全,服务尚好。建议挑选较高的楼层,以免噪声打扰。

南湖宾馆
宾馆 ¥¥¥

(📞360 0088;襄城区胜利街2号;标间318元起;❄)宾馆坐落于古城南护城河畔,绿化很好,整体环境就像一个公园,是襄阳的"国宾馆"。开业已有些年头,有些设施陈旧,但新近又进行了一次升级装修。

✕ 餐饮

襄阳最有名的美食是牛肉面（又叫牛油面），吃面时要就着一碗黄酒（类似于米酒），降一降红油和碱面带来的火气。樊城的食肆最为丰富，老街小巷、滨江马路藏着当地人常去的美食排档，比如夏天火爆的宜城大虾；可惜这些年来随着拆迁，很多老店已不复存在。当地还常能见到骆记馋鸭、骆记板栗、桥头排骨、巴黎香等不错的连锁食品店。

★ 邓家牛腩面庄 小吃 ¥

（樊城区汉江一桥头；人均14元；◎5:30~13:30, 17:30至次日1:30）在襄阳满城的牛肉面"食界"之中，一桥樊城桥头是一个经典的存在。这里有几家回民的牛肉面馆，更有被誉为襄阳牛肉面"鼻祖"的邓家。牛油和牛骨熬制而成的汤底味道醇厚，面条劲道，牛腩块大肉烂，来此吃面的当地人络绎不绝。牛腩面13元，黄酒1元。隔壁还开了一家牛腩御锅宴，可当作大餐来吃。

王府面馆 小吃 ¥

（襄城区绿影壁巷近南街；人均13元；◎周日至周四17:00至次日10:40, 周五、六17:00至次日11:00）王府是襄阳牛肉面的另一家老字号，多年来味道保持得不错，是在襄阳古城品尝牛肉面、豆腐面、黄酒等特色美食的首选。牛肉面1/2两11/12元。

夏记快餐 小吃 ¥

（襄城区东街襄阳四中对面；人均8元；◎6:00~20:30）最初是一个只卖豆皮、热干面等小吃的摊点；随着经营扩大已发展成两层楼的店铺。由于位于襄阳四中正对门，饭点儿总被学生挤得水泄不通。味道中规中矩，胜在种类很多：豆皮、热干面、包子、蒸菜、小炒……都能吃到。

王府干炒鸡 湖北菜 ¥¥

（襄城区绿影壁巷；人均45元；◎11:00~14:30, 17:00~21:00）这家也是绿影壁巷的老字号，店面装修一新。干炒鸡（78元）类似于干锅鸡，吃的时候需要时不时用锅铲炒几下，以防烧煳；也可以另加蔬菜，一份5元。味道偏咸辣，很下饭。

北街 美食街 ¥

（襄城区北街）这条仿古商业街是从古城中心的十字街前往汉江的必经之路。800余米的街道两旁，一家家店面以美食铺为主，既有奶茶、炸串、鸡排、烤馍片等适合外带到江边的小吃，也有入座点餐的米线、炒菜、火锅、麻辣香锅等。

童年味道山庄 湖北菜 ¥¥

（☎355 3083；襄城区内环路53号八一军招所院内；人均50元；◎9:00~14:30, 16:30~20:30）保康是襄阳西南的一个山区县，毗邻神农架。襄阳有很多打着"保康农家菜"招牌的饭馆，这家就是其中之一，能吃到不错的农家土菜。环境的确很"土"，桌椅摆放在平房围起的院子中，厨房的大锅支在户外，小黑板上写着今天供应的菜式。这里还能喝到自酿的黄酒，甘甜清洌。

伽蓝咖啡 咖啡厅 ¥¥

（☎361 1862；襄城区内环路小北门西侧；人均25元；◎13:30~21:30）这家可爱的咖啡厅位于夫人城登城口的隔壁，和城墙的青砖做伴的是玻璃顶下的座椅，绿植相伴、猫咪穿行。咖啡20元起，茶25元起，也供应甜点、比萨和酒水等。

拐角咖啡 咖啡厅 ¥¥

（樊城区陈老巷18号；人均30元；◎14:30~22:00）这家咖啡厅可能是襄阳最好的由旧屋改造的店铺了。推开木板门，在吧台和几个促狭的座位之后，由天井登上二层楼，虽不算宽敞，但也别有洞天。有个房间还能望到隔壁民居丛中的一座牌坊。

ⓘ 到达和离开

飞机

襄阳刘集机场（☎323 6737, 售票3812124；www.hbxyairport.com；襄州区机场路）有发往北京、上海、武汉、西安、广州、深圳等地的航班。

长途汽车

襄阳汽车客运中心站（☎322 3768；樊城区中原路9号）是襄阳最大、最正规的汽车客运站。出火车站后沿对面的大马路直行，步行约10分钟即到。站内有Bus365的自动售票机，可用支付宝买票。

襄阳旅游长途汽车客运站（樊城区前进路67号）

襄阳汽车客运中心站时刻表

站点	发车时间/班次	票价(元)	行程(小时)	备注
十堰	7:00~18:00,流水发车	65	3	途经武当山镇(55元;2小时)
神农架(木鱼)	8:00, 10:10	124	7	另有5:30的车前往松柏(95元;5小时)
钟祥	6:20~17:50,约每30分钟1班	41	3	途经宜城
荆州	7:00~15:00,约每小时1班,16:30, 17:30	85	3	终点沙市
宜昌	7:00~17:00,约每1.5小时1班	94	3	
随州	7:50~16:00,约每小时1班	42	2.5	途经枣阳、随县(历山)
南阳	5:50~18:35,约每30分钟1班	41	2.5	
南漳	6:30~18:00,流水发车	17	1	

位于火车站斜对面,有发往武当山(10:20, 11:10, 12:30, 14:30)、三里岗(途经随州大洪山,13:30)等地的班车。

襄城汽车客运站(☏368 0158;襄城区长虹南路22号)位于汉江二桥南桥头向南的尽头,再朝南就是岘山了。这里的停靠车辆大都是客运中心站开往南漳、保康、神农架、宜城、荆门等地的过路班车,也有发往谷城的班车。28、530、534路可到襄城客运站,更多公交车停靠的名人城市酒店站也很近。

火车

襄阳站 位于樊城,停靠有襄阳的始发列车,包括前往武昌、汉口的动车;以及焦柳铁路上的过路车,可去南阳、荆门、宜昌、洛阳(关林)等地;也有前往武当山、十堰、西安、重庆、成都的多趟列车停靠。襄阳站对面的广场是一个很大的公交车场,前往襄阳古城的1、13路以及去古隆中的512路都从这里始发。

襄阳东站 位于城东,属襄州区。十堰往返于武汉的动车经停此站。一些经由汉丹铁路运行的列车不进襄阳市区,会在东站停靠办客。襄阳火车站乘23路可到东站,古城十字街可坐24路。

🛈 当地交通

抵离机场

襄阳火车站公交广场有发往机场的602路公交车(2元),发车6:50, 9:00~14:00每逢整点,16:10, 17:10;机场发车8:00~13:00每逢整点,15:10, 16:10, 17:30。也有**机场巴士**(☏咨询139 9579 1176),火车站公交广场机场巴士售票亭旁发车,时间7:20, 8:30, 11:00, 14:00(周一、三、五、日),16:30(周二、四、六),18:00(周一、三、六), 19:00, 20:00;返回市区根据航班落地时间调整。

古城到机场25公里,出租车一般不打表,大约40分钟,车资60元。

出租车

襄阳出租车起步价5元含2公里,单价每公里1.4元,23点后会加收30%车费。车站常能碰到不打表、直接开价的司机,建议坐公交或走上一个路口再拦车。

公交车

襄阳公交(☏咨询345 8377)空调车2元,普通车1元。从火车站分别走一、二桥前往古城的1、13路末班车到23点多。更晚还有通宵车。

轮渡

小北门有往返于米公祠的汉江摆渡船(2元),每15~30分钟1班,夏天末班晚9点,遇大雾、大风可能停航。

米公祠码头向东200米处的**龙子口码头**(☏308 2155, 187 7157 7557),每年3月21日至10月31日晚8点有游船发出(38元;50分钟),东至鱼梁洲,西至卧龙大桥(汉江三桥)。

枣宜会战

早在1923年,军事理论家蒋百里就预言日本将发动侵华战争。他还说:"国防应以三阳为据点,即洛阳、襄阳、衡阳。"

历史如他预言。1944年的衡阳保卫战号称"东方的莫斯科保卫战",洛阳保卫战也是惨烈一时。而早在1940年,日军步步紧逼西迁重庆的国民政府,入川要道上的襄阳、宜昌地区发生了著名的枣宜会战,国军上将张自忠壮烈殉国。

在他遇难的襄阳、宜城交界处的长山,立有**张自忠将军殉国纪念碑**。宜城市区则有**张自忠将军纪念馆**(襄沙大道55号;免费)。**老河口市博物馆**(北京路66号;免费)设在国民政府第五战区李宗仁长官司令部旧址,枣宜地区属于李宗仁的第五战区。

春秋寨

(见202页地图;☏551 5672;南漳县东巩镇陆坪村;门票65元,索道单程/双程40/75元,游船40元;⊙8:30~17:30)"南漳古山寨"被《中国国家地理》杂志誉为"2006年的重大发现"。南漳大部分县域都是荆山余脉的低山丘陵,一座座山头上共坐落有400多个山寨。这是因为南漳坐控荆襄古道的西侧,每逢天下大乱时总有流寇和乱军经过;村民们为了自保,就用石头砌筑了居高临下的村寨。古寨大都山路偏僻,如今唯一经过旅游开发的春秋寨就成了体验南漳古山寨的最佳选择。

春秋寨本名陆坪寨,相传关羽曾在此扎营、夜读《春秋》。景区的旅游开发颇具水准,旅行者必须乘坐索道、游船,才能将所有景点看全;而且全程视野高低错落,又不需要花多大力气徒步,3个小时的游览对于大多数人而言正好。景区包括**春秋寨**和**忠义寨**,之间隔着茅坪河谷,通过索道或游船连接。

乘坐上行索道,在风中颤巍巍地俯瞰茅坪河谷。到山顶后有演武场、忠义寨,以及新建的春秋楼和且停亭,观赏对岸山脊上的春秋寨视野最佳。绕过关公巨像便可下到河边,再换有马达引擎的竹排。登岸后有小路登春秋寨,石寨保存完好,能看到寨门、营房、将军楼、蓄水池、粮仓、私塾等遗址。穿过春秋寨即可回到景区大门附近。

推荐摄影爱好者选择乘坐双程索道,这样子会有两次机会在索道上从另一个角度拍摄春秋寨。

🛏 食宿

景区外的村子有**祥龙山庄**(☏139 7207 5853)、**涧桥山庄**(☏139 8631 0698)等好几家农家宾馆,平日标间80~100元。景区经营有**古寨客栈**(☏551 5068;标间1088元;❄),就在停车场旁,很有特色。

ℹ 到达和离开

襄阳前往春秋寨需在南漳中转。襄阳汽车客运中心发往南漳的班车,坐不满的话都会在襄城汽车站停靠,继续上客。到**南漳汽车站**(☏523 2782;水镜大道近徐庶路)换乘经由双坪、前往东巩的班车6:00~14:20每40~90分钟一班,票价15元,约2小时到达春秋寨景区。东巩返回南漳的末班车在15:10~15:30之间从春秋寨景区外经过,南漳返回襄阳的末班车在18:30从汽车站门口发出。

南漳县城有相传为司马徽隐居的**水镜庄**(☏523 2754;情侣路;门票50元)和**徐庶庙**(徐庶路近玉印路),看点都不大,资深三国迷可顺路一游。

荆门

人口:289.63万/区号:0724

"荆楚门户"的荆门市位于荆襄古道的咽喉位置,游人少至。如果有一两个小时的中转时间,可去**荆门博物馆**(☏234 5328;东宝区象山大道19号;免费;⊙周二至周日9:00~17:00,节假日照常开放)看看中国保存最早的一具湿尸——战国女尸,在**荆门汽车客运中心**(☏233 8443;东宝区白云大道30号)、**荆门火车站**乘坐公交1路外环可到。

钟祥

明朝中叶,以藩王身份登上帝位的嘉靖皇帝,将故乡安陆州(和今天的安陆无关)升为承天府，和顺天府（北京）、应天府（南京）并列，又取"钟聚祥瑞"之意，设县钟祥。明朝后期的百余年间，钟祥盛极一时。可惜漂亮的古城在后世屡遭破坏，如今仅存几处不大的古建筑可以探访；好在城东北的明显陵保存完好，早已被列入《世界文化遗产名录》。

⦿ 景点

★ 明显陵　　　　　　　　　　　陵墓

（见202页地图；🖉 421 7387；www.zgmxl.com；市区东北5公里纯德山；门票65元，讲解60元；⊙8:30~18:00，17:00停止售票）明显陵是许多旅行者来钟祥的唯一理由。景区售票处旁有**敕谕碑**。购票后前往陵区，左侧有外明塘，右侧有**下马碑**，过新红门即外罗城。再往前过御河桥，穿过旧红门即进入内罗城。

前方高潮迭起，先能看到**睿功圣德碑亭**，碑文由嘉靖皇帝亲笔撰写。之后有两列**石像生**，有狮子、獬豸、骆驼、大象、麒麟和文臣武将。尽头处是**棂星门**，因额枋上饰有云头及火焰宝珠，又称"火焰牌坊"。

龙形神道是另一处代表性景致。神道中间铺筑石板，谓之"龙脊"；两侧以鹅卵石填充，谓之"龙鳞"；整体形状如同一条弯曲的神龙。之后的内明塘西侧有**纯德山祭告文碑**，东侧文管所的展览能了解到显陵和其他明帝陵的比较。

再往前进入内城（方城），**棂恩门**两侧精美的**双龙琉璃影壁**虽已破损，但是精美程度仍可一窥。**棂恩殿**仅存遗址，台基上的**全浮雕散水龙头**造型可爱。

穿过**明楼**下的门洞，进入茔城（宝城）。明楼内有**圣号碑**，嘉靖手书的"恭睿献皇帝之陵"苍劲有力。城墙内，即有名的"一陵两冢"格局。

除了黄金周和农历三月三的庙会，显陵的参观者不多，商业气息也不重。建议清晨或者下午3点以后进入，游人最少，能更好地感

另辟蹊径

荆山深处

襄阳西南方向，群山连绵起伏。这片山脉是神农架的延伸，叫作荆山，相传楚人的祖先最早就生活在这里。南方的大山深处总有清凉的山水风景，荆山也不例外。不过比起更高、更大、更深的神农架，这里的风光可能并不惊艳，山村生活的贴近自然更让人印象深刻。这些景区都适合自驾或包车前往。也可从各自所在的县城搭乘农公班车，不过可能每天只有1班（好在景区附近都有农家乐可以过夜），或是到终点后还需步行好几公里才能到景区。有的旅行者也采用搭车的方式前往，但是还需注意安全。强降雨天气，盘山路很有可能常有塌方、落石，危险勿往。

香水河（见202页地图；南漳县薛坪镇东4公里；门票50元）以瀑布景观为主，需要步行游览，逛完约3小时。

南河小三峡（见202页地图；谷城县南河镇西南3公里；门票40元）需乘坐游船（10人以内每船260元）游览，往返约3小时。

薤山（见202页地图；谷城县薤山林场；门票40元）的竹海松林中曾有传教士建造的别墅，如今新建有木屋度假村。另一侧的山下就是南河小三峡。

五道峡（见202页地图；保康县后坪镇南2公里；门票100元）位于距神农架林区较近的大山深处，山水更加立体。一定要走到最深处的第五道峡，风景最美。

尧治河（见202页地图；保康县马桥镇尧治河村；门票120元）位于保康、神农架、房县交界处。曾经的贫困村靠磷矿缔造了传奇，如今转型旅游业。深邃的峡谷、溶洞、溪滩……美不胜收。这里的住宿条件不错，附近的黄龙观同样值得一游。

九路寨（见202页地图；保康县歇马镇白竹村）同样是大山大水、人烟稀少之地，有驴友来此徒步穿越。调研期间已有旅游公司进驻，开发在即。

钟祥城区

钟祥城区

◎ 景点
1. 莫愁湖..D1
2. 文峰塔..C4
3. 兴王府..B2
4. 元佑宫..B4

🏠 住宿
5. 新中京旅游宾馆..................................C2
6. 阳春大酒店..B3

❌ 就餐
7. 矮子馅饼..B3
8. 待君美食城..B4
9. 刘平烧烤店..B3
10. 三品聚蟠龙菜商务礼品基地...............C4
    知音粉堡店....................................(见8)

ℹ️ 交通
11. 钟祥长途汽车站................................B1
12. 钟祥中心汽车站................................B3

受帝陵的肃穆沧桑。另外,景区只在售票处旁的停车场以及内明塘附近有厕所。

钟祥6路公交车终点站为明显陵,票价1元,约10分钟1班,明显陵末班车18点发车。在城区的行驶路线为石城西路—王府大道—承天东路。从钟祥火车站或长途汽车站过来,可乘2路至体育馆站下车,步行至莫愁湖南岸的公交站牌等候6路。城区打车需15元。

莫愁湖 湖泊

(莫愁湖路)这里流传着和楚国舞女莫愁相关的古老故事。如今这个周长6公里的小湖泊,一泓碧水波光粼粼,是当地人出游、街跑的好去处。6路沿莫愁湖南岸和东岸行使,2路的体育馆站下车也很方便。

钟祥博物馆 博物馆

(☎422 2904;莫愁湖路28号;免费;⊙淡季8:30~11:30,14:30~17:30,旺季8:00~11:30,

14:00~17:30）博物馆又称"明代帝王文化博物馆"，势头不小，精心设计的平面结构参考了古代印章上的"明"字。这里面朝莫愁湖，门口所立的是明朝少司马牌坊。馆藏有不少出自明朝郢靖王墓的精品文物，也有和长寿之乡、"阳春白雪"楚文化有关的展览。6路途经钟祥博物馆。

元佑宫　　　　　　　　　　　　　道观

（www.zxsyyg.com；元佑路5号；免费）尽管在明末战争同样遭受战火，嘉靖皇帝敕建的元佑宫至今还保存有几处明朝遗构，门外的琉璃琼华照壁、宫门拱券上的严嵩题字、御敕碑以及宫门、大殿、钟鼓楼都不失精彩。农历三月三、九月九，元佑宫都有传统庙会。

仅存一座凤翔宫的兴王府（王府大道二中隔壁）是另一处明朝遗存，可路过时顺道一望。

1路在东方红广场下车，路东能看到"三楚巨观"的指示牌，步行2分钟即到。1路沿莫愁大道—石城中路—阳春大街运行。

文峰塔　　　　　　　　　　　　　塔

（锁龙堤街；门票5元；⏲8:00~11:30，14:30~17:30）这座圆形实心砖砌喇嘛塔建于明朝洪武年间，为递缩八边形的二十一层白塔，高21.5米，上有铜铸的宝盖和刹顶，刹顶嵌有三个"元"字，象征"三元及第"。

当地知识

超越十三陵

1521年，明朝正德皇帝无嗣而崩。他没有亲兄弟，太后和群臣只能从湖北兴藩王府迎来了他的堂弟，即嘉靖皇帝。围绕着嘉靖生父——兴献王的身份，轰轰烈烈的"大礼议"拉开序幕，并持续多年。僵持、妥协、威胁、哭请、停俸、廷杖……各种戏码轮番上演。最终羽翼丰满的嘉靖为生父加尊号为"献皇帝"，多年后又上庙号"睿宗"，大礼议的胜利终归皇帝。

从藩王坟升为帝王陵的明显陵，正是那段历史的最好见证。为了彰显自己继位的合法性以及孝道，嘉靖皇帝对显陵的扩建和改造投入了巨大的精力。

当这里还是兴献王坟，内罗城已经是墓园的界限了。升级为帝陵后，外围加了一圈"金瓶"状的黄琉璃瓦红墙，即外罗城。在此之前，明十三陵的前七陵并无单独的外罗城，显陵首开此例，并为后世沿用。

"一陵两冢"的双茔城格局更为特殊。前宝城是兴献王辞世时营建的坟冢。19年后（即1538年），嘉靖生母、曾经的兴献王妃、当时的皇太后在北京驾崩。前宝城的地宫已经进水，嘉靖便下令新建后宝城，并且修筑瑶台连接两座宝城。兴献王的棺椁从瑶台下方的通道运往后宝城地宫，和妻子重逢。

明塘是风水学"明堂"在帝陵的表现，有藏风聚气之意。明帝陵在外罗城之外都有外明塘，显陵更独特地在内城（方城）外挖出了内明塘，风水更佳，又能集聚地下水，减轻地下水对地宫的侵蚀。

作为陵区的排水河沟，九曲御河"弯曲有形"，完美地描绘出帝陵风水的设想。御河穿过内明塘和整个陵区，并最终在外罗城的宝瓶口处，倒水进入外明塘。这样巧妙的设计，最终也被之后的几座明帝陵承袭。

其实嘉靖皇帝早有将父亲陵寝迁往北京天寿山的想法，母亲辞世后这种意愿更为强烈。不过当时他回到钟祥，拜谒显陵，认为纯德山风水完美，便将太后梓宫南袝显陵。显陵成为中南地区唯一一座帝王陵，独处一方的显陵占地、建筑面积更超过了明孝陵和十三陵中的任何一座，是明帝陵单体面积最大的一座。

也许正因如此，从未当过一天皇帝的兴献王（明睿宗），他的明显陵和清东陵、清西陵以"明清皇家陵寝"的名义，在2000年就被选入《世界文化遗产名录》。4年后，北京明十三陵和南京明孝陵，才作为扩展项目被列入了世遗名单。

乘2路在青泥湾站下车,向东在路北有一条小路,步行过去2分钟,能在右手边看到一条小巷,拐进去即到文峰塔入口。

★ 黄仙洞 溶洞

(见202页地图;☏438 2222;www.zxhxd.com;客店镇赵泉河村;门票78元,保险5元;⊙8:00~17:30)穿过溶洞,攀上天梯,推开铁门,豁然开朗……《桃花源记》中的景致,在湖北也有。黄仙洞位于大洪山南麓,相传授予张良兵书的黄石公曾在此隐居。这个长约2.5公里的溶洞具有喀斯特地貌的典型景观,最让人印象深刻的是"洞中有山"的奇景:面积达30,000平方米的一处大厅,落差高达128米,在洞中前行就需要爬山。另外,黄仙洞是无导游陪伴、自由参观的。

溶洞末端有一条高高的铁梯,称为天梯。登顶出洞,就来到了群山怀抱的水磨坪村。小村格外恬静,古老的石屋飘出袅袅炊烟,田野间跑着散养的山羊。正因为天然的自然环境和淳朴的生活习俗,水磨坪成为"世界长寿之乡"钟祥的一个代表村落。水磨坪还被戏称为"人口不变村",相传几百年来村子人口始终维持在80人左右的规模。

从水磨坪村返回黄仙洞景区的入口,指定路线是走翻山的石阶路。途经最高处的娘娘寨门,可眺望郁郁葱葱的大洪山风光。

另辟蹊径
沙洋油菜花

沙洋县是江汉平原上著名的油菜种植基地,每逢3月下旬和4月上旬有"油菜花旅游节"。

油菜花最为集中的"景观大道"是沙洋县城到五里的"五洋线"县道,长约40公里。钟祥中心车站有发往沙洋的频繁班车(20元;1.5小时),终点为沙洋县的平湖车站,可换乘发往曾集、五里的中巴、小巴。荆门客运中心有前往曾集的班车,途经五里。想要玩得高兴,还是自驾为佳,二广高速(G55)就在五里设有出入口。而从钟祥过来,即将进入沙洋县城时路过汉江大桥,还能看到一江清水、两岸黄花的景致。

可在水磨坪村住一晚,有一口塘农庄(☏152 7209 8758;标双120元,普双80元)、水墨人家(☏158 7297 8636;标双80)等农家宾馆,都打理得干净整洁,还提供好吃的柴火饭。景区大门外的赵泉河村也有农家乐,停车场旁还有新建的旅游宾馆。

钟祥中心汽车站有直达黄仙洞的班车(7:30;17元;1小时45分钟),返程15:00。其他时间可先乘车到客店镇,再包车前往。

🛏 住宿

钟祥住宿不贵,30~50元一晚的小旅馆不少,旅游、快捷类型的酒店在百元左右。

★ 莫愁湖国际大酒店 酒店 ¥¥

(☏496 8999;莫愁湖东岸;山景/湖景标间248/338元起;🛜❄)这个现代化的大酒店是钟祥最好的酒店,一线湖景和亲水平台尤其让人称赞。网上预订常有特惠房,有时百元就能入住。不便之处是离市区较远,打的白天10元,晚上15~20元。除了在酒店吃饭,也可以沿湖向南步行15~25分钟,有一排饭馆。

新中京旅游宾馆 酒店

(☏423 0999;承天东路80号;标间99元起;🛜❄)门外的马路就跑着前往明显陵的6路公交车,步行去莫愁湖也只要15分钟。房间面积较大,尤其是卫生间十分宽敞。桌子上有钟祥旅游的宣传册,前台也能解答一些旅游相关的问题。附近吃饭选择不多,建议打车去中亚商城、龟鹤池一带。

阳春大酒店 酒店 ¥

(☏422 7777;阳春大街17号;标间98元起;🛜❄)酒店装修略显老式,但是位置很棒,处于市区最繁华的地段,钟祥唯一一家肯德基就在旁边,各种老字号饭馆也在附近,前往中心汽车站步行即可。

🍴 就餐

钟祥最有名的特色美食是蟠龙菜。位于公交1路城南市场站附近的三品酒楼,被许多当地人认为有做得最好的蟠龙菜;如今老板不再经营饭店,将店面改造成三品聚蟠龙菜商务礼品基地(☏422 2947,139 7288 4247;阳春大街72号),仍然出售蟠龙菜(25元),可以

钟祥长途汽车站时刻表

站点	发车时间/班次	票价(元)	行程(小时)	备注
荆门	6:00~17:00,流水发车	15	1	
武汉	7:40、8:05、12:10、13:00	90	3	
襄阳	6:20~16:40,约每30分钟1班	40	3	途经宜城
荆州	5:40~14:00,约每40分钟1班	48	3	终点沙市
随州	5:50、8:40、12:00、14:00	39	3	途经洪山镇
宜昌	6:30、8:10、9:30、12:40	55	4	途经当阳

买一根带到小饭馆付一些人工费,让他们加热、切片、摆盘。

待君美食城(493 1177;阳春大街近金福祥大道;人均40元;10:00~14:30、17:00~21:30)也是很棒的选择,能吃到蟠龙菜(28元)、干锅鹅翅(小/大锅38/80元)。一旁的**知音粉堡店**(阳春大街近金福祥大道;人均12元;5:30~13:30)同样是开了多年的老店,早餐能吃到钟祥特色的各种粉煲。

刘平烧烤店(码头街近莫愁大道;人均40元;15:30至次日3:00)是钟祥烧烤界的老字号,除了各种烧烤也有炒粉、粉煲等小吃。不远处的**矮子馅饼**(码头街近莫愁大道;人均10元;7:00~19:00)是源自于荆门的传统点心,生意极好。

❶ 到达和离开

钟祥长途汽车站(426 7320;王府大道近安陆府东路)又称**新车站**,位于城区北端。有2、3、5路抵达。

钟祥中心汽车站(莫愁大道近文峰路)又称**老车站**,前往沙洋、客店、黄仙洞可在此乘车。可乘1、3路到皇廷酒店下车,向南步行5分钟。

钟祥站 位于城区东部,是长荆铁路上的一个车站。这里有前往武汉、荆门、宜昌、恩施、重庆、广州、杭州等地的火车。去武汉的乘客较多,建议留足取票时间。公交2路终点为火车站,可在中亚商城(阳春大街近码头街)、新车站、莫愁湖西南岸边的体育馆候车。

❶ 当地交通

钟祥出租车起步价4元含1.3公里,城内司机都愿意打表。去城外需要议价,火车站、莫愁湖10元,明显陵15元。

公交票价1元,有多条线路,2路和6路分别前往火车站、明显陵。

京山

绿林山风景区(见202页地图;748 8888;www.lulinshan.com;绿林镇)位于大洪山南麓,主要包括3个游览区。**美人谷**(门票73元,竹排25元;8:00~17:00)的入口就在镇子上,长约2公里的河谷绿水银瀑,风景柔美;竹排游程很快,并不推荐。**鸳鸯溪**(漂流188元;5月至10月13:00~14:30开漂)为皮划艇漂流,最长可漂3个小时,网上订票会有很大优惠。**绿林古兵寨**(门票88元;8:00~17:00)相传为西汉末年绿林起义的发生地,山顶草甸上的古兵寨翻新痕迹明显。

京山还有两处溶洞,适合自驾或包车前往。**空山洞**(见202页地图;门票50元;8:00~17:00)距县城有13公里,洞长约1.5公里,有号称"天然编钟"的一组钟乳石。离县城40公里路程的**太子山王莽洞**(见202页地图;门票60元;8:00~17:00)更具野趣,能体验钻洞的乐趣,建议穿一身耐脏的衣服进入。

🍴 食宿

建议住在山清水秀的绿林镇。镇上到处都是商住两用楼,底层餐厅,可吃农家菜;楼上作宾馆,条件尚可。平日住宿一晚80~100元,节假日和暑假周末会有上涨,并且最好提前在网上预订。镇上有中国邮储和农村信合的取款机。

❶ 到达和当地交通

京山客运中心(732 1177;新阳大道近新市大

道)有班车前往汉口金家墩、武昌傅家坡(20~60分钟1班,末班17:20; 62/65元; 3小时)。

京杨客运站(人民大道近绿林路,仁和医院隔壁)有发往绿林镇(厂河)的班车(9元; 7:30~11:30,每小时1班, 13:00~17:00,每小时1班; 50分钟),其中8:30、10:20、14:00、17:00的班车终点在六房或祁家,途经鸳鸯溪漂流起点。厂河回京山上午逢半点发车,下午逢正点发车,末班16点半。厂河前往6公里外的古兵寨需要包车或自驾,镇子上的黑车会坐地起价。

京山火车站 位于县城北面,和汉口、武昌每天有几趟火车往来。火车站和客运中心离得很近,步行10分钟即到。

前往京杨客运站可在客运中心十字路口南侧乘坐公交9路到仁和医院。从火车站打车5元。

荆州

人口: 570.59万/区号: 0716

"闻听三国事,每欲到荆州"——名士辈出的三国时期,精彩故事围绕着荆州发生,三大战役中的赤壁、夷陵之战就都是为了争夺荆州而起。这座国家第一批历史文化名城,也恰到好处地保留有中国南方最完整的古城墙。这里还是江汉平原的核心地区,先秦时代的云梦泽"沧海桑田",肥沃的稻田畦河道纵横,"湖广熟,天下足"的民谚从明朝起传唱已久。直到今天,传统的农耕经济仍在这片"鱼米之乡"占据着重要的地位。

历史

"九州"之一的荆州地理范围巨大,包括今天的湖北、湖南和交界的黔、桂、粤等省的一部分,可以说是上古中国的"华南"地区。"荆楚"二字常常合用或彼此不分,楚国郢都就在今荆州城北的纪南城。

和荆襄古道北端的襄阳一样,南端的荆州也在东汉三国时成为天下焦点。彼时的荆州刺史部包括"荆襄九郡";而除去刘表曾将荆州首治迁到襄阳郡,历史上的荆州首府基本上都设在南郡,也就是江陵城、今天的荆州古城一带。作为长江中游的经济、文化中心,荆州曾有东晋、南齐、南梁短暂迁都于此,又有小国西梁以此为都,存世33年,五代十国还有南平国定都近40年。

元、明、清定都北京,荆襄古道的地位遽然下降;元代始设的湖广行省,武昌已成省会。长江又已改道南移,荆州城不再滨江,反倒是城东十余里的沙市镇未受影响。这个在盛唐时已初具规模的码头小镇,终于成为江汉平原上新的水路要冲。熟读三国的日本人深知荆州一带的战略意义,《马关条约》将荆州府沙市与重庆府、苏州府、杭州府一道列为通商口岸。沙市迅速发展成号称"小汉口"的商业重镇,并在共和国计划经济时代成为重点建设的轻工业城市,"活力28,沙市日化"的广告曾传遍全国。

1994年,荆州和沙市合并为"荆沙市",

另辟蹊径

免费的古城墙

除了几处收费景点,荆州古城墙的其他地段均可随意登临。登墙的小路很好找,市民们散步、谈恋爱……日常生活就这样和古城墙有了联系。

西门北侧至大北门西侧: 长1.5公里,行人较少,砖路失修,裸土在外,两旁的杉树和野草茂盛,走在城墙上甚至有在森林公园里穿梭的感觉。途中会经过"荆州三山"的掷甲山。

大北门东侧至小北门西侧: 长1.5公里,途经新北门,可俯瞰城门洞的车水马龙。也可从新北门东侧登上这段城墙,此处的小土坡为"荆州三山"的松甲山。

城墙根: 更能融入当地人的生活。南门一带,可以体验鱼龙混杂的市井气息。而在古城东面城墙的外侧,有重点打造的公园绿地;其中新东门向南的400多米有漂亮的滨水平台,背倚巍巍城墙,面揽护城河,风光最好。

城墙根散步之时,你肯定能注意到墙体开裂、墙上生树等不良状况,荆州古城墙的保护形势仍然紧迫。

楚国郢都在哪里?

全国第一批重点文物保护单位、位于荆州古城北7公里的楚郢南故城,距考证就是楚国郢都。按照史书记载,自丹阳(今河南淅川,也有说枝江或秭归)迁都于此开始,直到白起拔郢,楚国都郢长达411年。

上古时期,地名有时会随人迁徙;"郢"作为楚国都的专用地名,也在几百年间随着国运兴衰有过变迁。比如襄阳宜城市南郊的郑集镇有一座楚皇城,被称为"鄢郢",楚国最后两座都城陈都、寿春又被唤作"陈郢""寿郢"。

纪南城四周分布有许多楚墓,再加上后世的两汉、唐宋、明清墓葬,据估计共有10万余座,是中国古墓最密集、盗墓活动最猖獗的区域之一。纪南城向西的八岭山,古墓最集中,厚葬有18位楚王、南平国5王和明朝11个藩王。再往北有**楚王车马阵景区**(见202页地图;**☏**888 6999;荆州区川店镇张场村;门票100元,讲解100元;**⏰**9:00~17:30,16:00停止售票),即**熊家冢国家考古遗址公园**。这里有中国迄今为止考古发掘的等级最高、规模最大、分布最完整的真车、真马殉葬遗址,号称"北有兵马俑,南有车马阵"——不过不请导游的话,很可能看得云里雾里,车马阵的气势也远不如秦兵马俑那么震撼。

荆州客运枢纽站乘坐发往草埠湖(草卜湖)的班车,逢整点发出,75分钟可到熊家冢路口下车,步行过去5分钟;也可在荆州火车站广场正对的荆楚大道公交站等候此车。返回荆州最好回到张场村拦车,大约是每逢整点过40分经过,末班15点40分。

两年后回归了古老的荆州之名。只可惜同样具有深厚文化底蕴的江陵之名,并没有留给荆州古城使用,而是甩给了郊区的郝穴镇,是为新的江陵县。

荆州市

荆州市区包括荆州区和沙市区。前者的核心为荆州古城,即历史上的江陵县城。沙市区是商业中心,虽然缺乏旅游热点,但是市井小吃和夜间娱乐要比古城丰富多了——其实两地离得很近,交通又十分方便,怀古悼今的同时也不要忘了人间烟火的乐趣。

◎ 景点

◎ 荆州古城

荆州古城墙 历史建筑

荆州古城墙和西安、兴城、平遥城墙并称中国保存最完好的四座古城墙。现存城墙为明清荆州府的治所——江陵县的城墙,合抱一周,仍为"完璧"。城墙全长约11公里,通高9米,内垣用土夯筑,外用青砖加石灰糯米浆砌筑;再加上外围的水城(护城河),构筑了冷兵器时代的完美防御体系。

大东门(门票35元;⏰夏季8:30~19:00,冬季8:30~17:30)又称寅宾门,即**荆州古城历史文化游览区**。城楼叫**宾阳楼**,向南步行,沿途可俯瞰东护城河;转到东南拐角处,向南能望到立起高大塑像的二圣庙。别忘了留意一些烧制有文字的青砖。城墙上没有厕所,登城口对面有一个公厕。

南门(门票6元;⏰8:00~17:30)又称南纪门,城楼已毁。如今南门外是一片市井混杂的老街区,瓮城内外有流动商贩,颇具江湖气息。传说大禹治水所用的息壤取于荆州南门附近。

西门(门票6元;⏰8:00~17:30)又叫安澜门,只存瓮城和台基。西门是荆州有瓮城的几个老城门中,唯一仍作为交通干道使用的。

大北门(门票8元;⏰8:00~17:30)亦名拱极门,保存有清代双层歇山顶的门楼——朝宗楼。

小北门(门票8元;⏰8:00~17:30)即远安门。这里还有一段明朝成化年间夯筑的石灰糯米浆城墙,如今辟为**荆州城墙博物馆**——记得问售票处要钥匙,入内参观。

荆州火车站乘15、21路,或沙市乘坐101、19路到碑苑站下车,即到大东门;再向前乘2站到钟鼓楼站下车,前行10分钟到南门;荆州天桥站下车,沿屈原路北行7分钟到小北门;五医院站下车后,沿三义街北行10分钟可到

荆州古城

荆州古城

◉ 重要景点
1 荆州博物馆..B2

◉ 景点
2 大北门..C1
3 大东门(荆州古城历史文化游览区)......F2
4 得胜桥..C1
5 二圣庙..F3
6 公安门..F3
7 刮骨疗毒地..C2
8 关公馆..D2
9 关羽祠..B3
10 九老仙都..D1
11 开元观..B2
12 南门..D2
13 三义街..C1
14 太晖观..A1
15 铁女寺..C1
16 西门..A2
17 洗马池..C1
18 小北门..E1
19 玄妙观..D1
20 张飞一担土..F3
21 张居正故居..F3

🛏 住宿
22 云泷上房园林式酒店................................E3

🍴 餐饮
23 荆州老菜..B2
24 新南门卢记锅块..B2
25 瘾大..F3

大北门，沿荆州中路向前步行10分钟可到西门，也可乘1、19路直达西门。

可在大东门搭乘**观光电瓶车**(☎416 9040；全程票价40元；⊙8:00~17:00，每15分钟1班)游览，沿途可在各城门下车参观，司机还会讲一些逸闻趣事。新东门南侧、荆州博物馆门口另有自行车出租，10元/小时，一些地段可以将自行车推到城墙上骑。

★ **荆州博物馆**　　　　　　　　　　　　博物馆

(☎849 4187；www.jzmsm.org；荆州区荆州中路134号；免费，讲解150元，语音导览租赁20元；⊙周二至周日9:00~16:30，节假日照常开放) 1994年，荆州博物馆被国家文物局的专家评为了中国地市级"十佳博物馆之首"，如今已有免费Wi-Fi和二维码讲解。

楚地诞生了不少绝世漆器。荆州是中国出土古代漆器最多的地方，荆州博物馆正是古代漆器收藏最一流的博物馆。**漆羽人**、**凤鸟莲花豆**、**双头镇墓兽**出土于天星观1、2号墓，不可错过；在湖北多地都能见到各种复制品的**虎座鸟架鼓**更是楚文化的图腾之一。

楚汉织绣品展也是国内一绝。这里陈列有出土于"丝绸宝库"马山1号楚墓和凤凰山167号汉墓的丝绣品。**龙凤虎纹绣罗**是考古史上发现的唯一一件战国时期的罗衣，质地稀疏，薄如蝉翼，用比头发丝还要细许多的蚕丝编织。据说这种"罗"的编织技术已经失传千年，后来将原物拿到苏州进行复制，最终还是只能用绢来代替。

博物馆还设有鲁家山出土女尸专题展（门票10元），陈列有一具清代的女干尸。西侧的**开元观**是"荆州三观"之一，古色古香的明清建筑也可以顺路一访。

博物馆离古城西门很近，可乘101、19路在西门站下车，或乘15、21路在五医院站下车后向西步行。

张居正故居　　　　　　　　　　纪念馆

（☎846 7287；荆州区荆州南路2号；门票20元；⊙8:00~18:00）故居是近年来按照明朝风格原址重建的，内有张居正塑像、生平简介和复原的室内陈列，也许叫"张居正纪念堂"更合适。这里也是江陵碑苑所在处，能看到一些碑刻。

荆州火车站乘坐15、21路，或沙市乘坐101、19路至碑苑站即到。

关公馆　　　　　　　　　　　　寺庙

（荆州区迎宾路近爱民路；门票20元；⊙8:00~17:30）这里曾是关羽督荆州时的府邸，明初始建为庙。如今除了两棵高大的古银杏树，其余都为1987年新建的仿古建筑。

关公馆对面就是南门，可乘101、15、19、21路到钟鼓楼站下车，向西步行10分钟到达。

关羽祠　　　　　　　　　　　　寺庙

（荆州区内环南路99号；门票27元；⊙9:00~18:00）关羽祠位于新南门东侧的古城墙上。这段城墙位于卸甲山上；卸甲山其实只是一个土堆，相传关羽得胜归来，曾于此卸甲。明初这里就建有关羽祠，后来在抗日战争

另辟蹊径

三国迷在荆州

除了供奉关公的庙祠、城墙上的"荆州三山",古城还有许多和三国故事有关的遗址。

公安门:又称小东门,曾是水门。相传刘备迎娶孙夫人于此,吕蒙也经由此门破荆州。

得胜桥:大北门外护城河上的桥梁。相传赤壁之战后,刘备军队由此进入荆州城。

三义街:大北门向内的这条老街,名字自然是为了纪念桃园三结义。

洗马池:大北门内,沿城墙根东行3分钟可到,池塘前立有赤兔马的塑像。

刮骨疗毒地:位于荆州中心医院门诊大楼后,相传这里是关羽镇守荆州时的中军帐。如今立有再现当年情形的一组雕塑。

张飞一担土:站到古城东南角,隔着护城河能看到斜对面的公园,里面有一处土岗。相传关羽筑荆州城,张飞担土前来帮忙。

中被彻底毁灭。新建的关羽祠仍然突出了城墙上建庙的特色,高低错落,还可以在新南门上俯瞰车水马龙。

乘15、21路到新南门站下车即可,荆州博物馆步行至此约10分钟。

九老仙都 _{公园}

(荆州区荆州北路近人民路;门票65元;⊙8:30~17:30)"九老仙都"的名字很梦幻,门票不便宜,看点却不多。景区包括湘东苑和**玄妙观**,前者是一片仿古园林,后者是全国重点文物保护单位的"荆州三观"之一,现存建筑为明万历年间作品。

景区有好几个入口。比较方便到达的有新北门内的湘东苑门,以及荆州北路上的玄妙观门,可分别乘16、32路或18、25路到达。也可从花台或荆州天桥步行10分钟。

铁女寺 _{寺庙}

(荆州区三义街铁女寺巷;门票2元)小巷深处的这座小庙香火旺盛。殿内供奉有两座铁女的铁铸像:铁女寺的源起,就是这两个舍身救父的唐朝孝女。

乘坐101、15、19、21路在五医院站下车,沿三义街向北步行5分钟即可看到铁女寺巷,拐进即到。

太晖观 _{道观}

(荆州区西环路;门票5元)"荆州三观"中如今仍行使宗教功能的,就是这座位于古城西北郊外的太晖观。明初,朱元璋第十二子朱柏受封湘王于江陵,修建了这座道观,号称"雄甲荆楚"。登上32级石阶来到"小金顶",红色围墙和殿堂廊宇上的浮雕值得慢慢欣赏。

路口前往太晖观的途中,能看到两排石像生。石像尽头是明湘献王墓,并不对外开放,驮碑的赑屃则是神道上唯一的古物。

在西门、荆州天桥等站乘26路,至太晖观站下车后向东步行5分钟即到。

◎ 沙市

万寿园 _{公园}

(沙市区荆江大堤;免费;⊙9:00~17:00)荆州缺乏滨江绿地,好在这里弥补了不能沿江漫步的遗憾。公园得名于明朝嘉靖年间造的**万寿宝塔**(登塔13元;⊙9:00~16:30)。这座八角七级砖石结构楼阁式塔高40余米,塔基已比荆江大堤低。宝塔是袭藩江陵的辽王朱宪㸅奉其母毛太妃之命,为嘉靖皇帝祈福祀寿而建。因此塔身外壁嵌有94龛汉白玉雕佛像,沿着狭窄的台阶登塔时,也常与浮雕佛像砖擦肩而过。

塔外的**观音矶**号称"万里长江第一矶"。这里瞭望荆江,浩浩汤汤,荆州长江大桥如一道白虹,横跨两岸。观音矶是防范荆江洪峰、保卫江汉平原的重点险工,立有抗洪纪念亭,碑文上铭记着1998年长江特大洪水中牺牲的烈士们。

在沙市天然气大厦站乘坐4、56路,或在中央大道站乘坐5、37、52路,在兰特商贸站下车后,往南步行至荆江大堤即见。

张居正墓 _{陵墓}

(沙市区首辅路16号;免费;⊙周二至周日9:00~17:00,节假日照常开放)在荆州凭吊"元辅良臣",首选此处。虽和古城内的张居正故居一样，墓园里的亭台楼阁大都为新建，但是**大明上柱国太师张文忠公之墓**的土冢是毫无疑问的古物。

在荆州的碑苑站、沙市的中央大道站分别乘坐51、10路可直达张居正墓园。也可乘坐12、18、19、24、39路在七一一厂站下车，向北步行10分钟抵达。

章华寺　　　　　　　　　　　　　　寺庙

（沙市区太师渊路；门票5元）章华寺和武汉归元寺、当阳玉泉寺并称"湖北三大丛林"。这里香火旺盛，梵宫琳宇遍布，仿明清风格的各大殿堂重檐飞挑、彩绘艳丽。玉佛殿有佛教图书馆，"三古"沉香井、楚梅和唐杏都有立碑保护。

乘101、12、18、101路在红门路站下车，向北步行5分钟即到章华寺。

🛏 住宿

荆州住宿以商务酒店、小宾馆和所谓的主题酒店为主，常见休闲麻将房和情侣圆床房。古城内可选择**云泷上房园林式酒店**（☎8106789；荆州区荆州南路17号；标间128元起；☎※），位于市文化宫院内，建筑有仿古风格；这里还有无空调的特价房（99元），春秋两季住着也挺舒服。其他30~50元的招待所、小旅社和100元左右的快捷类型宾馆，在古城内很容易找到。

沙市的**港威商务酒店**（沙市区沿江路47号；标间108元，江景标间138元；☎※）是当地少有的江景酒店，设施稍显陈旧，前台服务不错；由于楼上有一家火锅店，电梯里总有火锅味，好在走出电梯来到酒店所在的楼层和房间，并不受异味的影响。酒店离沙市最热闹的便河、北京中路（中央大道）很近，步行10分钟即到。

🍴 餐饮

江汉平原腹地的美食更让人印象深刻，现烙的锅盔（又称锅块）和"过早"的早堂面不可错过。**小胡鸭**是当地有名的鸭子品牌。鱼糕也是荆州特色，除了在餐厅品尝，还可以去**罗湖鱼糕**（📞138 8659 6473；沙市区航空路1号）买上几袋带回家；冬天真空包装的鱼糕可以保存5~7天，其他季节2~3天。滨江城市的河鲜也很美味。可以考虑去荆州亭到荆州港旅游码头之间的荆江大堤上，有几家不错的吃鱼饭馆，环境一般，但鱼很新鲜；另有一家开在游轮上。

汪涵锅盔　　　　　　　　　　　　小吃 ¥

（沙市区文化坊；人均5元；⏰8:00~20:00）

万里长江，险在荆江

2015年6月1日，"东方之星"号邮轮在荆州市监利县的长江江面上沉没，442人遇难，举国哀痛。出事的这段江面，就是号称长江最险江段的荆江。

荆江指的是从宜昌市枝江市到洞庭湖口城陵矶的420余公里长江段，江汉平原上一派"极目楚天阔"的风光。其中从公安县藕池口向下到城陵矶的这段又叫下荆江：直线距离约85公里，长江居然在这个区间绕了16个大弯、走了240公里。

这段典型的蜿蜒型河道又称九曲荆江，过多、过急的弯道给航行带来了威胁。同时，平缓的江汉平原上，长江流速缓慢，上游裹挟而来的泥沙在此慢慢沉淀。这种现象在下荆江尤为严重，形成了众多浅滩，大大增加了航行难度。

"万里长江长，险段在荆江。"除了行船，水患之险更直接威胁着两岸百姓。泥沙的堆积，让荆江一些河段成了地上河，因此每逢长江水灾，荆州一带总是重点防范区。早在东晋，荆江大堤已开始有计划地兴建了；明朝连成一线，称万城大堤。共和国成立后，为了进一步防治水害，荆江大堤翻修巩固，并对河道进行了截弯取直，还在荆州对岸的公安县建造了荆江分洪区——当上游来水超过洪峰流量时，就会开闸放水，淹没这一地区，从而达到蓄水分洪的目标。自1954年建成以来，荆江分洪区曾经3次投入使用，几十万公安人民临时撤离，为保卫江汉平原做出了巨大的贡献。今天在沙市的荆江大堤上，仍然矗立着一座**荆江分洪工程纪念碑**，可乘5、17、52路至荆江亭站下车，也可从万寿园向南步行10分钟到达。

这里曾上过电视台，很有名气。老板长得有几分像湖南台的同名主持人，故而自娱自乐名如此。地方不太好找，从北京中路美佳华商场下方的通道穿过，沿着巷子一直向前，能在左手边的一个楼门过道中找到，光头的形象就是找对与否的判断标准。锅盔有猪肉、牛肉、榨菜、豆豉、五香、白糖等口味，一个3~5元不等，推荐再花1元钱加一份芝麻。

新南门卢记锅块　　　　　　　　　小吃 ¥

（☎159 2784 9804；荆州区新南门内郢都路；人均5元；⏰8:30~21:00）在荆州古城首推这家锅盔店。小店位于关羽祠向北的一排小吃特色铺之中，有猪肉（3元）、莲藕（3元）、梅菜扣肉（4元）等味道。

西园面馆　　　　　　　　　　　　面条 ¥

（☎822 8204；沙市区工农路近碧波路；人均8元；⏰6:00~13:00）荆州人"过早"，早堂面是主角，有些老年人会起个大早去吃头锅鲜汤下的面条。西园是老字号的面馆，上午10~11点去很可能也要等位，门外满是坐在小凳上、把碗放在高凳上吃面的食客。可以来1两早堂面（4元），味鲜浓厚、油重面劲。也可以来份"大餐"——大连面（15元），"连"是"套"的意思，大连面就是早堂面的升级版，肉片、鸡丝、炸鳝鱼丝等配料十分丰富，除此还有中连面、小连面。

大赛巷　　　　　　　　　　　　美食街 ¥

（沙市区大赛巷）若问荆州人去哪里吃？十有八九推荐大赛巷。和其他城市的美食街一样，这里除了能吃到本地美食，也有来自五湖四海的各地风味。大赛巷附近是沙市的老城区，北京中路北的文化坊一带也有许多美味小店。

荆州老菜　　　　　　　　　　　湖北菜 ¥

（☎843 9156；荆州区荆州中路124号；人均50元；⏰10:00~14:00, 16:30~21:00）这家饭馆离荆州博物馆很近，出炉的荆州家常菜都很地道，炸鱼尾、炒财鱼、蒸鱼糕、排骨藕汤……各有特色。

Family Music　　　　　　　　酒吧 ¥¥

（☎136 2729 3356；沙市区便河西路楚天明珠商业广场北侧；人均30元；⏰18:00~23:40）

整个荆州市最有文艺氛围的地方是这家小酒吧。老板北漂归来，热爱音乐，晚上8点半常有现场音乐表演。啤酒20元起，也有咖啡、奶茶、洋酒等。

瘾大　　　　　　　　　　　　　酒吧 ¥¥

（☎186 7255 8660；荆州区张居正街15号；人均30元；⏰13:30~23:00）在荆州古城找到一家比较像样的咖啡厅或酒吧，还是比较困难的。瘾大位于大东门内的石板街上，有各种酒品和咖啡（25元起）、茶（15元）、果汁（20元）等，口味和环境尚可。

❶ 到达和离开

长途汽车

荆州客运枢纽站（☎430 3219；荆州区站前路）位于荆州火车站旁。站内有Bus365、畅途网的自助取票售票机，可用支付宝、微信付款。本站和沙市长途站、红门路客运站同属先行集团，可致电（☎808 5000）订这三站的票。

沙市长途汽车客运站（☎821 3786；沙市区塔桥路近公园路）有发往武汉、宜昌、襄阳、松滋、洪湖等地的班车。101、104、13路等都可到此站。

红门路客运站（☎821 8434；沙市区北京中路近红门路）有前往武汉、宜昌、天门、石首、洪湖、岳阳等地的班车。101、13路的红门站离此站很近。

江津客运站（☎821 7703；沙市区江津中路近江汉北路）有发往武汉、宜昌、襄阳、松滋、常德等地的班车。3、7路等可到此站。

火车

荆州站 位于荆州古城北郊，是沪汉蓉客专汉宜段的一个大站，主要停靠动车。由此乘动车1.5小时可到汉口，0.5小时可到宜昌东，45分钟可到天门南。古城乘15、21路，沙市乘104路可到火车站。

❶ 当地交通

荆州出租车起步价5.5元含2公里，单价1.5~2元/公里。从荆州古城打车到沙市，12~20元不等。

荆州公交车票价1元，夏季2元。连接荆州古城和沙市的101路公交车末班在晚上11点多，很方便。

荆州客运枢纽站时刻表

站点	发车时间／班次	票价（元）	行程（小时）	备注
武汉	8:10, 9:00, 10:10, 11:10, 12:10, 13:30, 14:40	70	3	
襄阳	7:30~15:30, 每1小时1班, 17:00, 18:00	85	3	
钟祥	7:35, 8:45, 9:40, 11:40, 12:35, 13:00, 13:30, 14:00, 15:20, 16:05	48	3	
宜昌	7:50, 8:20, 9:40~17:40, 每1小时1班	43	2.5	
当阳	7:30, 9:00, 10:00, 11:10, 12:50, 13:20, 14:00, 14:40, 15:00, 15:50, 16:50, 18:00	32	2	
草埠湖	7:00~17:00, 每1小时1班	14	1.5	途经熊家冢楚王车马阵景区
松滋	7:00~17:30, 流水发车	25	1小时40分钟	
洪湖	7:00, 7:30, 9:40, 10:50, 12:10, 13:30, 16:00	75	3	
常德	7:20, 8:40, 9:40, 11:30, 13:00, 14:15, 15:20	70	4	

洈水风景区

（见202页地图；☎659 1608；松滋市洈水镇大岩咀；门票含往返船票100元；⏰7:00~18:00）这里号称"楚南千岛湖"，是南方常见的丘陵地带修建水库而形成的人工湖，风景秀美，只不过配套的旅游设施仍在继续完善中。这里还有两个单独收费的溶洞景区——颜将军洞（门票50元）和新神洞（门票38元），前者更好玩一些，划船沿暗河进、步行出，约1小时。

大岩咀是洈水风景区的食宿中心，能找到不少农家宾馆，房价在100~160元，条件尚可；吃饭有新鲜的湖鱼和农家菜为特色。最好的酒店是洈水假日酒店（☎669 0888；大岩咀洈水大道8号；标间425元，含双早；🅿️❄️），按四星级标准修建，常会推出和景区门票一起的优惠套餐。

ℹ️ 到达和离开

荆州客运枢纽站、沙市长途车站和红门路客运站都有发往松滋市区（新江口镇）的流水班车（20分钟1班；25元；1小时40分钟）。到**松滋客运站**（☎622 2501；乐乡大道87号）后，换乘前往洈水镇（西斋）的班车（15分钟1班；10元；45分钟）；这里距洈水风景区（大岩咀）还有5公里，坐麻木过去每人3元，一些班车也会直接开过去。包麻木走陆路前往颜将军洞往返约需150元。

松滋客运站前往宜昌的班车也很多，40~60分钟1班，末班17:20发车。松滋火车站位于距市区16公里的张家畈镇，不建议搭乘火车。

洪湖风景区

（见202页地图；洪湖市西南部）"千湖之省"的湖泊虽多，却没有面积特大的。仅仅在中国淡水湖面积排名小七的洪湖，是湖北省的最大湖泊，一首《洪湖水浪打浪》更将其美景传唱到远方。

蓝田生态旅游区（见202页地图；☎274 2799；洪湖市瞿家湾镇；门票80元，往返船票40元；⏰6:00~20:00）是洪湖旅游开发最成熟的景区。购买门票后需乘坐半个多小时的游船，才能进入景区，欣赏以荷田为主的湖区风光，还有《洪湖赤卫队》的表演助兴。不过这里也是洪湖一隅，想要深入一望无尽的湖面，需要另行包船。**瞿家湾小镇**也可一逛，有明清古街和湘鄂西革命旧址群。

洪湖市区（新堤镇）附近也可一探湖景。在新车站乘公交6路至终点站湖滨，离洪湖东岸就不远了。也可在一桥荷花广场（乌林大道近沿河西路）、新车站乘坐2、4路到终点岸边城（新堤大桥），附近的八卦洲码头、排水闸码头都可包船前往洪湖小岛——**茶坛岛**，快艇300~400元。

洪湖最美的主角是荷花。5~6月能看到"小荷才露尖尖角"，7~8月有"接天莲叶

白鳍豚、麋鹿和天鹅洲

由于自然或人工的原因，荆江河道多年来截弯取直，最终形成了一个个地理学上的牛轭湖，即故道上、下口淤塞后，和长江水道脱离而形成的封闭湖汊。故道水深、流速平缓，又没有往来船舶的打搅；河滩是典型的河流冲积物沉积而成的洲滩平原，水草丰美——以芦苇沼泽为主的湿地生态系统，让长江故道成为野生动物的乐园。

石首的**天鹅洲**最具代表，建有国家级的麋鹿保护区和白鳍豚保护区，还是黑鹳、东方大白鹳、天鹅、大鸨等禽鸟的主要栖息地。麋鹿的保护卓有成效，投放于此的64头麋鹿，后代数量已经过千；还有一些趁着1998年洪水泛水"外逃"，在长江南岸、洞庭湖一带繁衍生息，最终成了完全野化的种群。相比而言，白鳍豚、江豚等长江豚类的保护困难重重，水体污染、人类活动过多、修建水利工程等都威胁着它们的生存。白鳍豚已被宣布"功能性灭绝"，天鹅洲如今最宝贵的保护对象是江豚，据称2015年底已有60余头。

天鹅洲自然保护区并不对外开放，不过湿地生态旅游区的项目已在规划中。旅游经济和生态保护的博弈，任重道远。

无穷碧"，9月下旬就只能"留得残荷听雨声"了。

瞿家湾有农家宾馆可供食宿，标间100元左右。洪湖市区选择更多，傍晚还可以去长江大堤吹吹江风。城内打车5元即可。

❶ 到达和离开

荆州客运枢纽站、沙市长途车站等都有发往洪湖的班车（75元；2小时40分钟），走高速到仙桃下，再走省道到洪湖。可在峰口镇下车，搭乘前往瞿家湾的过路班车。

汉口的金家墩、武昌的宏基都有发往洪湖的高速大巴（73/66元；2~2.5小时）。

洪湖客运站 即**新车站**（☏220 3248；文泉路近州陵大道）。这里有发往瞿市（瞿家湾）的流水班车，票价14元，途经峰口镇；发往武昌、汉口、荆州、仙桃的末班车分别是17:10、17:30、16:30、17:00；另有发往赤壁市（蒲圻）、咸宁的班车，摆渡过江后即到**三国赤壁古战场**（见242页），时间7:40、8:40、10:20、12:30、13:50、14:20。

一桥荷花广场附近的长江大堤上有前往湖南省临湘市江南镇（谷花）的摆渡船，时间9:00、10:30、14:30、16:00。

随州

区号：0722

随州是湖北最年轻的地级市，又是文物出土最丰富的地区。这里南有大洪山，北有桐柏山，被称为"汉襄咽喉""随枣走廊"。周王朝为了监控荆楚，在汉水流域分封了不少姬姓诸侯国，"汉阳诸姬"中最为强大的就是随国（曾国）。而自从擂鼓墩上的曾侯乙墓出土了大量国宝之后，随州的考古惊喜就一发不可收拾，近些年来更有叶家山西周曾侯墓、文峰塔东周曾侯墓、羊子山西周鄂侯墓等重大发现。

随州市

这里行政上叫曾都区。涢水二桥西侧的擂鼓墩古墓群，有藏品丰富的市博物馆和原址呈现的曾侯乙墓室，半日即可看完，不妨在武汉前往武当山的途中顺路一游。

◉ 景点

随州博物馆　　　　　　　　　　博物馆

（曾都区擂鼓墩大道98号；免费，讲解100元；⏲周二至周日9:00~16:00，节假日照常开放）曾侯乙编钟早已坐落在省博物馆，不过在曾侯故都——随州的这个市级博物馆，仍然收罗了曾国墓葬的一些精品。博物馆毗邻擂鼓墩古墓群，常设展厅有5个。一楼的**曾侯乙墓出土文物展**和二楼的**擂鼓墩二号墓出土文物展**能看到陪葬的青铜器、金玉器和漆器等，其中**二号墓编钟**共36件，因其音色、律律均与曾侯乙编钟相通而被称为"姊妹钟"。展厅还有编钟互动区，可用木槌敲击复制品奏乐。

另一件"镇馆之宝"是**菱形勾连云纹铜**

敦,被称为中国最精美的铜敦之一。不要错过的还有安居羊子山4号墓的出土文物,扉棱提梁铜卣和西周噩侯方彝都是青铜器中的精品,它们的来历和扑朔迷离的古老鄂国有关。

博物馆设有编钟演奏厅,每天有10点半和15点半两场演出(满10人开演,40元/人)。

随州火车站乘坐公交216路,至客运中心换乘206、310路可到博物馆。

曾侯乙墓
陵墓

(☎381 7227;曾都区擂鼓墩巷;门票40元,讲解30元;⊙8:00~17:00)1978年,震惊世界的曾侯乙墓发现于此。文物早已移到博物馆收藏,原址只剩下阴森森的墓室和文物复制品。

随州博物馆出西门(后门),按照路标指示,步行10分钟即到。当年曾侯乙墓是擂鼓墩所驻军队开山炸石时意外发现的,如今墓地的周边仍是一个军械厂。

炎帝神农故里
公园

(见202页地图;☎333 9333;www.ydsn.gov.cn;随县神农大道;门票78元;⊙8:00~17:30)炎帝神农氏的故里在哪里?湖南炎陵、陕西宝鸡、山西高平和湖北随县乃至湖南会同、河南商丘都有宣称。随县的神农故里围绕着神农洞、神农碑等古迹,修建有炎帝神农巨像、谒祖广场等景点,已成为大型的寻根文化主题公园。

在圣宫饭店(烈山大道近解放路)乘坐发往历山(随县县城)的503路公交(3元)可到景区附近。

❶ 到达和当地交通

随州火车站 是汉丹铁路上的大站,距市区约5公里。往来市区,出租车习惯直接开价15元。也可在老车站(双龙广场)乘坐216路前往,票价2元。

随州客运中心(曾都区解放路近舜井大道)距老车站(双龙广场)只有200多米。这里前往武汉班车半小时1班,末班17:30;襄阳40分钟1班,末班17:00;信阳40分钟1班,末班16:00;荆州8:50,13:30;钟祥6:30,9:45,12:10,13:50;京山7:10,12:10,13:50;安陆9:30,13:40。站内有自动售票机,可用支付宝购票。

市内公交车票价1元,开空调的季节2元。

大洪山风景区

(见202页地图;☎483 2353;www.dhs.gov.cn;随州长岗镇;门票含景区交通车费170元;⊙旺季4月1日至11月15日8:00~17:00,淡季8:30~17:00)绵亘在鄂省中部的大洪山,横跨多个县市。南麓有钟祥的黄仙洞(见214页)和京山(见215页)的绿林山,东麓有安陆的钱冲古银杏公园(见227页)和随州的洛阳镇千年银杏谷(见226页),北麓则有以山而名的大洪山风景区。

这里可以登临海拔1055米的主峰——宝珠峰,坐落在金顶铜殿,"楚北第一峰"遥望千山俯首,观赏日落最佳。洪山禅寺下院有一株千年古银杏,附近的剑口可看瀑布乱石。筱泉洞和继续步行1小时可到的两王洞是两处对外开放的溶洞,规模都不大。精力充足,可以走一下茂林中的千佛古道。

景区内游览,主要是乘坐观光车到一个

沔阳三蒸

武汉前往荆州、宜昌的动车上,湖北省直辖的三个县级市:仙桃、天门、潜江擦肩而过。三地各有乐趣。潜江小龙虾席卷湖北,当地有**小龙虾一条街**(东方路近潜阳东路,潜江火车站乘17路可到),每年还会举办"小龙虾节"。天门为茶圣陆羽的故里,城区东、西两湖相映,"蒸菜之乡"的这里流传着"天门九蒸"。

汉江南岸的仙桃,古为沔阳、沔州,这里的"沔阳三蒸"是湖北蒸菜的代表。三蒸指的是蒸肉、蒸鱼虾、蒸蔬菜,仙桃家家户户都做,平常也喜欢吃。仙桃市区南部有一条**沔街**,是近年来政府大力建造的沔阳文化街区。**农家小院**(☎0728-332 2877;沔街特1号;人均40元;⊙9:00~14:00,16:00~21:00)位于沔街的西端,是当地一家有名餐馆,能吃到沔阳三蒸(42元)、毛嘴卤鸡(28元)等当地特色。

前往仙桃最快的交通方式是乘坐动车在**天门南站**下车。出站后乘坐前往仙桃市区的中巴或公交105路(3元),半小时后在东桥下车,再换乘7路可到农家小院。打车约30元。

个景点相邻的停车场,然后步行或再换乘另收费的电瓶车前往。一日游能玩遍主要景点;但若是搭乘公共交通往返景区大门的话,需要至少在景区或附近的长岗镇住上一晚。网上订票会有较大优惠。

🛏 食宿

距景区大门2公里的长岗镇有许多中小宾馆,条件还算不错。**大洪山宾馆**(☎483 3888;随县长岗镇宝珠街29号;标间100元;🛜❄)位于镇中心,房间干净整洁,老板娘很热心。景区内的**筱泉湾度假村**(☎157 2722 6668;随县大洪山筱泉洞旁;标间338元;🛜❄)环境优美,庭院有一些禅意元素。当地吃饭以农家菜为主。

❶ 到达和离开

随州客运中心有发往长岗的班车(5:20、11:00、13:30、16:40;17元;2.5小时),除了13:30那班,其他3班都会路过大洪山景区的大门口。长岗直接返回随州的班车都在上午发车;也可以在景区门口或长岗镇上,搭乘洪山镇与三里岗之间往来的班车(平均每小时1班),洪山镇、三里岗在15点30分前有频繁的班车返回随州市区。

洪山镇温泉村的**玉龙温泉**如今被打造为**西游记主题公园**(见202页地图;☎482 8888;门票99元,含温泉199元;⏰9:00至次日1:00),温泉也改名为"女儿国温泉"。这里还有省委大院改造的宾馆(标间210元起),一排排青砖黛瓦式平房是20世纪60年代为了战备需要而修建的大洪山湖北省委战备后方基地。

洛阳镇千年银杏谷

(见202页地图;☎480 7808;曾都区洛阳镇永兴村;门票78元)这里有世界上四大最古老的银杏群落之一,其中千岁古树达308棵。以胡家河村和永兴村为代表,几乎每一个村落都由古朴的银杏树把守村头。相传西晋末年"永嘉南渡",由国都洛阳南下避乱的百姓,躲进大洪山下的这片山谷中耕读传家。他们带来了故乡的名字,并且种下一棵棵蕴含着传承等文化意味的银杏树。古树仍在,岁岁枯荣;先辈褴褛,斯人已逝——银杏树就这样和家族传承互相见证了。

每到11月上、中旬(具体日期可电询景区,或关注相关网站)叶转金黄,这里迎来了一年一度的旅游季节。大部分游客都是一日游。也可住在银杏谷中,永兴村、胡家河村都有农家提供食宿。住宿60~100元,条件普通,但在古树下住一晚的感觉也不错。如今一些农家已不如几年前那样淳朴,记得多比价,同时做好其他行程的准备。

❶ 到达和离开

黄叶期的景区会在10公里外设置临时大门,需在此换乘临时借调的景交车(15元),前往景区核心永兴村。

可先从随州客运中心乘坐发往洛阳镇的班车,车次频繁,2小时可到。黄叶期班车可能会直接开到临时大门,也可在洛阳镇拼车、包麻木前往。

自驾游可将大洪山景区或钱冲古银杏公园和这里安排为一日行程。近年来时有新路修通,因此路标指示的可能比网络导航的路线更短。

孝感

区号:0712

孝感之名来源于卖身葬父、"孝感动天"的董永。有名的孝感米酒、麻糖在武汉乃至全国的各大超市都能买到;值得一游的两处景点都坐落在县级市安陆,从武汉前往同样便捷——因此少有旅行者前往孝感市区。值得注意的是京广高铁上的**孝感北站**,该站坐落在大悟县,距孝感市区有90多公里。

白兆山

(见202页地图;☎581 5555;www.bzs-qc.com;安陆市烟店镇;门票75元;⏰8:00~17:00)26岁的李白在当"游侠"的第二年,在安陆和当地人、高宗朝宰相许圉师的孙女结婚,当起了"上门女婿"。以白兆山为据点,李白出游四方、诗酒会友。那首著名的《黄鹤楼送孟浩然之广陵》就是他听闻孟浩然要东去扬州,赶赴武昌送别所作。

一进景区大门有**李白纪念馆**(⏰周二至周日9:00~16:00),之后沿台阶路攀登,一路穿梭在树林中,30分钟左右即到山顶。这里有祖师殿、三清殿等道教建筑,还有相传为李白手植的古银杏树。再往前就来到了自带避雷针的李白巨像下，一旁的两座小山头上分别坐落着钟、鼓楼，眺望层峦叠翠和平原沃野，会发现这座小山还是有几分姿色的。附近还能找到桃花岩和白云泉等小景点，都是和李白有关的历史遗址。从大门登顶游玩，往返约需2小时。

景区内有白兆山宾馆（☎581 5999；标间120元起；@※），坐落在水库旁，风景不错。山下也有农家乐提供食宿。返回安陆市区的食宿选择更多，性价比也更高。

❶ 到达和离开

安陆长途客运站（☎525 4645；碧涢路近太白大道）即**新车站**，发往孛畈（bèi fàn）、三里的班车途经烟店，车次频繁。半小时后到烟店镇，向西步行1.5公里即到白兆山。新车站和武汉、孝感之间的班车都很多。

安陆火车站 位于汉丹铁路上，有多班列车前往武汉、随州、襄阳、武当山等地。出站后向左至第一个路口，左拐继续前行1公里可到新车站，也可搭乘公交车（1元）或打的（5元）。

钱冲古银杏公园

（见202页地图；☎522 6989；www.bzs-qc.com；安陆市王义贞镇钱冲村；门票10月至12月 80元，1月至9月 60元）和随州的**洛阳镇千年银杏谷**（见226页）只隔几道小山峦、直线距离5公里开外的钱冲村，拥有大洪山另一处大型的古银杏群落。这里的千年古树有48株，最年长的银杏树王已有3000多载的春秋了。每逢深秋11月，钱冲村黄盖遮天、金叶满地，往来游人如织。这时景区会提供环线观光车（15元），也可以徒步走上一圈（10公里）、慢慢游完所有景点。景区内有农家提供食宿，住宿60~100元。

❶ 到达和离开

安陆短途客运站（碧涢路中百仓储后）即**老车站**，可乘坐发往毛河的班车（6:40, 8:30, 10:40, 12:40, 15:40；10元；1.5小时），到终点后离景区大门还有3公里。也可以乘发往王义贞镇的班车，镇子上能找到摩托车或麻木前往9公里外的景区；黄叶期一些班车会继续向前开往景区。

安陆火车站离老车站很近，出站后左右至第一个路口右拐即到。安陆长途客运站距老车站1公里，沿碧涢路向西步行即到，也可搭乘任何一趟发往中百仓储的公交车。

自驾游还可从王义贞镇前往12公里外的**太平寨**，也有银杏群落，还有一些梯田可看。太平寨继续向前，可以南下白兆山，或北上洛阳镇。

鄂 东

包括 ➡

鄂州	230
黄冈	232
罗田	235
黄梅	236
黄石	237
咸宁	239

最佳人文景点

- ➡ 东坡赤壁（见232页）
- ➡ 四祖寺（见236页）
- ➡ 西山（见230页）
- ➡ 黄石国家矿山公园（见237页）

最佳自然景点

- ➡ 天堂寨（见235页）
- ➡ 隐水洞（见242页）

快速参考

人口/区号

鄂州：105.95万/0711
黄冈：629.10万/0713
黄石：245.80万/0714
咸宁：250.70万/0715

为何去

这里的鄂东，指的是鄂州、黄冈、黄石和咸宁四个地级市。湖北中部平坦的江汉平原至此结束，山地丘陵重占上风。这里北有大别山，南有幕阜山，长江拍浪朝东；沿江的平原水网密布，自古即为"鱼米之乡"；两侧的广袤山地曾是革命根据地，民风依旧淳朴。

鄂东离"大武汉"太近，不过作为沟通长江中游和下游的要道，鄂东有着属于自己的辉煌。滨江的黄州、鄂州曾在古代各有精彩的历史往事，黄石则在中国近代工业史上不可不说。和长江大动脉若即若离的黄梅，则在"进则兼善天下，退则独善其身"的山岭深处，顿悟出"菩提本无树，明镜亦非台"的偈语，孕育出中国本土化的佛教主流——禅宗。

告别长江，深入两岸的大山，鄂东的自然景观同样可圈可点。天堂寨的风光秀丽，溶洞、漂流的玩法多种多样，杜鹃花、红叶四季变幻，轮番吸引着"长枪短炮"。

何时去

3月至4月 春雨霏霏，"西塞山前白鹭飞"。万物正复苏，樱花、桃花、杜鹃花相继盛开。龟峰山的杜鹃花尤其值得期待。

5月至6月 农历四月初八佛诞日，去黄梅参加法会；农历五月初五端午节，去西塞山看神舟会。

7月至8月 酷暑难耐，正适合去天堂寨、九宫山避暑、玩漂流。泛舟仙岛湖，探访隐水洞。

9月至10月 梁子湖的大闸蟹黄汁肥，食客纷至沓来。这时还会有一年一度的梁子湖捕鱼节。

11月至次年2月 天气转冷，背上"长枪短炮"，去九资河拍红叶。咸宁泡温泉的旺季来了，遇上隆冬落雪最佳，还可去九宫山滑雪。

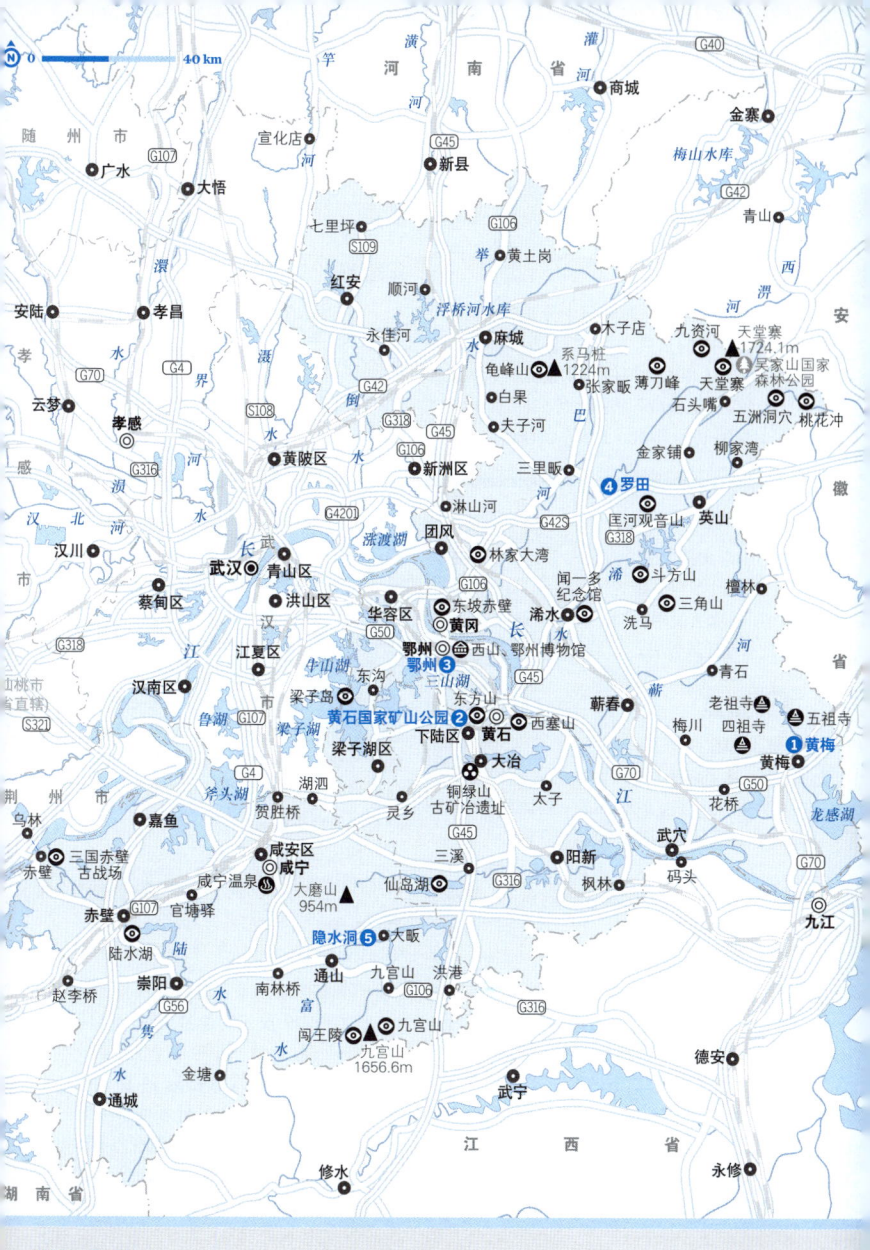

鄂东亮点

❶ **黄梅**（见236页）问禅，耳畔放着黄梅戏，脚下踏着禅宗遗迹。

❷ 在**黄石国家矿山公园**（见237页），震惊于巨大矿坑底部的矿车如同玩具车般渺小。

❸ 登西山、照铜镜、望大江东去，在**鄂州**（见230页）一日游。

❹ 在**罗田**（见235页）问鼎天堂寨，用吊锅板栗烧鸡犒赏辛苦的自己。

❺ 在**隐水洞**（见242页）步行、乘船再坐小火车，以这样有趣的方式探洞。

鄂州

这座小城顶着湖北省的简称，自然有不一般的历史。最辉煌的时候，它叫"**武昌**"，乃东吴大帝孙权建国的地方；而在更古老的春秋时期，这里还存在过鄂国。也许"鄂"和"武昌"这两个名字太好，后来都被今天的武昌用过。

尽管三国吴都的辉煌十分短暂，但也足以让这里挖掘东吴文化、打造相关景点。而在对岸当黄州团练副使的东坡先生，不仅泛舟江上"东望武昌"，更喜欢没事儿就摆渡过来爬爬山，也为鄂州留下了许多佳话。

鄂州市

"古武昌"在民国彻底丢掉了武昌的名字，曾用过多年"鄂城"的名字。如今的鄂州市区，行政上又叫鄂城区，和隔壁的黄石市同样是一座让人惊喜的小城市。

◉ 景点

免费 西山　　　　　　　　　　　　公园

（寒溪路西）鄂州西山的人文底蕴十分深厚；步行于此，就如同品一杯陈酿，回味深远，更何况还有四季不同的花开做伴。

建议从武昌大道上的盘山公路入口进入，这里的景区大门有详细的地图。前行至**九曲亭**，历史可追溯到三国。苏轼因"乌台诗案"贬谪黄州，他时常泛舟渡江，登西山观松寻梅，还寻得了九曲亭旧址，复建此亭。东坡先生来西山问禅，奔着的是"净土宗"发源地之一的**古灵泉寺**。山坳中的幽静小庙为清代同治年间所建，寺前有苏轼泡茶的菩萨泉和黄庭坚洗砚的洗墨池。从青龙桥上走过，沿台阶爬山，不一会儿即到**秀园**。之后前往汉代风格的仿古建筑群——**吴王避暑宫**，最高处的**武昌楼**格外雄壮，可惜内部并不开放。再沿步行道前往石门开арт景点，无甚新奇；不过附近有绝佳的观景平台，远眺长江，气势恢宏。这里还能看到一条小河汇入长江：小河古名樊川，周瑜曾率水师逆流而上，到梁子湖操练；河口名**樊口**，赤壁之战前孙刘联军即在此集结。之后前往**试剑石**和**比剑石**，都和孙权有关。**松风阁**曾有黄庭坚吟诗挥毫，他的《松风阁诗帖》是行书精品。再往前下坡，可回到古灵泉寺，穿过复建的层层殿堂，下山来到寒溪路上。

鄂州火车站乘公交8路可至武昌大道上的西山公园站；也可乘车到西山汽车站后步行前往。

免费 鄂州博物馆　　　　　　　　博物馆

（📞325 7887；www.ezbwg.com；寒溪路7号；⏰周二至周日9:00~17:00，16:00停止入馆，节假日照常开放）一进门能看到一幅大型浮雕，展示的是鄂州作为吴都的风采。左侧展厅的主题为三国吴都，能看到东吴的兵器部件，和一处"孙将军墓"出土的陪葬器皿。右侧的鄂楚历史文化陈列厅，能了解到"鄂"和"武昌"这两个地名的曲折变迁史，还能看到六朝青瓷、辛亥革命首功证等精品文物。

二楼的**铜镜文化陈列厅**珍宝最多。鄂州在汉末三国时期是中国的产铜中心之一，孙权定都于此除了军事地理的考衡，也为了控制铜、铁等战略资源。鄂州称为"铜镜之乡"，博物馆收藏的青铜镜，数量、质量在中国首屈一指。这里还能看到感人的"破镜重圆"和神奇的透光铜镜。铜镜厅对面的民俗文化展厅也很好看。博物馆每天9:30和14:30提供两场1小时长的免费讲解。

博物馆斜对面是滨江公园的最西端，也可从西山汽车站向北步行700米或乘3、21路公交。

滨江公园　　　　　　　　　　　公园

（沿江大道）1.6公里的滨江公园精彩连连。登上西端的**吴王钓鱼台**，正看百舸争流；往前过吴王散花滩、殊异，有全国重点文物保护单位的《**怡亭铭摩崖石刻**》。路过前往黄州的渡口，广场上高大的**孙权像**检阅着过往车辆和广场舞，记得观察塑像有没有"方颐大口，碧眼紫髯"的模样。前行有新建的三国文化景观，不过真正夺人眼目的是江面上的**观音阁**，可惜调研期间并无可靠的驳船前往。再向前有鄂州历史名人的浮雕墙，终到**武昌门**，虽为新建，但这里确是三国吴王城所在地。吴大帝登基时的春风得意，正如江风扑面而来。

鄂州火车站乘公交5、10路可到孙权广场。

另辟蹊径

武昌鱼的故乡

旅行者到了湖北，总要吃一条红烧或清蒸武昌鱼才算圆满。而学名为团头鲂的武昌鱼，名字中的武昌其实指的是古武昌——鄂州。

梁子湖横跨鄂州市梁子湖区和武汉市江夏区，是湖北省第二大湖。这里的静水环境适合武昌鱼生存，团头鲂这一物种的发现和命名就是和梁子湖有关。

梁子岛（248 0107；梁子湖区梁子镇；门票30元）是湖中的一个小岛，走一圈不到5公里，风景也谈不上秀丽。来此主要就是吃鱼、螃蟹，每到上市季节更是热闹。岛上遍布各种渔家餐厅，价格不算很便宜，但胜在新鲜。许多餐厅楼上提供住宿，环境一般。

鄂州西山客运站乘坐前往太和（梁子湖区）的班车，在长岭下车（9元；45分钟）可至摆渡码头。客船20元/人，满20人开；也可包小快艇（200元）上岛。武昌傅家坡也有发往太和的班车，约每半小时1班，途经长岭。

也可从武汉江夏区那边乘船。光谷广场乘915路至终点武昌职业学院，换920路到终点，可在北咀码头乘船前往梁子岛和梁子湖高尔夫俱乐部。北咀码头附近有**梁子湖龙湾度假村**（027-8797 5670；标单/双348/378元；☎✦），是梁子湖区最好的酒店之一。

鄂东

鄂州市

北伐军二十军军部旧址　历史建筑

（大北门街；免费）1927年，贺龙率部参加北伐战争时，曾将师部设在此处。如今这栋小楼有关于鄂州近代革命的一些展览。沿旧址外的小路南行，至路口右拐直行不远，能看到**庾亮楼**（古楼街11号），纪念庾亮这位"丰年美玉"般的东晋名士。

滨江公园孙权广场对面，能看到"贺龙军部旧址"的指示牌。

洋澜湖　湖泊

位于鄂城南部的洋澜湖又称南湖、南浦，滨湖西路、滨湖桥、南浦虹桥、凤凰广场都有不错的湖景。最好从西往东看，否则湖西的工厂烟囱会破坏画面感。湖东南岸有**莲花山**（凤凰路76号；免费；⊙24小时），内有新建的亭台楼阁和收费的动物园、游乐设施等，也可一游。

鄂州火车站乘5、10路可到滨湖西路、滨湖桥，乘8路可到莲花山、凤凰广场。西山汽车站乘13路可到南浦虹桥、凤凰广场、莲花山。孙权广场乘22路可到滨湖桥、南浦虹桥。武昌门乘23路可到滨湖桥、凤凰广场、莲花山。

🛏 食宿

鄂州可以轻松地安排一日游程。如需住宿，还是如家、城市便捷、速8等百元出头

的快捷连锁酒店最方便。**凤凰山庄**（383 8000；凤凰路56号；标间170元；☎✦）是当地一家老牌四星级酒店，房间设施有些偏老，但是环境很好，位于洋澜湖的一个小岛上（有桥相通），湖景房310元起。

雅惠茶餐厅（武昌大道店）（325 3866；南浦路65号；人均40元；⊙10:00至次日3:00）是老字号雅惠的总店。一楼有外卖鸭脖、鸭掌、烧烤等的窗口；楼内有四层，摆满了餐桌，供点菜、正餐使用。能吃到清蒸/红烧武昌鱼（26元）、风味豆豉武昌鱼（25元）、炒虾球（42元）、梁湖大钵烧土鸡（42元）等，也可以再来点卤鸭掌（12元）、卤藕（6元）、鄂州煎饼（6元）、烤鸡爪（3元）等小食做伴。雅惠的鸭脖、鸭掌可以说是鄂州的"周黑鸭"，不妨带一些回去。

ℹ️ 到达和当地交通

西山客运站（武昌大道303号）发往武昌傅家坡（5:00～18:00；27元；1小时40分钟）、黄石（5:30～17:40；14元；1小时）的班车最多。前往梁子湖区（太和）的班车要在一旁的停车场乘坐。客运站向西150米可到西山公园公路入口，向北600米可到市博物馆和滨江公园西端。

鄂州火车站（江碧路近吴城大道）位于市中心向南5公里处。结构很有趣：武（汉）黄（石）城际铁路和武（汉）九（江）铁路在此十字交叉，站台也分上下两层。越过站前广场到大马路上，有5、8、10路

> **ℹ 鄂州往来黄州**
>
> 鄂州和黄州的城际公交107路（末班19:30；5元）从鄂州的西山客运站外发出，经武昌大道一路向东，出市区后上鄂黄长江大桥，下桥后走黄州大道向西，终点**黄商购物中心**（黄冈市黄州区黄州大道近东门路）。
>
> 鄂州和黄州之间也有长江轮渡（夏季18:00前、冬季17:30前每40分钟1班；2元），大风天气可能取消。鄂州这边的码头在孙权广场向西不远处，黄州码头位于市中心东南方向的长江岸边，可在遗爱湖、老车站乘9路至博爱医院，向南来到江边。

等公交可乘；前往西山客运站可乘10路至小西门后步行前往。

鄂州公交车费1.5元，末班多在晚上七八点。最有用的是5、10路两条环线，路线相同，运行方向相反。

出租车起步3元含1.5公里，超出部分单价1～2元；夜间有所上涨。不打表、拼车等现象严重，市区前往火车站10～15元，夜间可能要25元。

黄冈

黄冈的东北部是海拔并不高却总也绕不出去的大别山脉。横跨鄂豫皖的这道天然屏障因为西隔武汉、东视南京的地理位置，在战争时期发挥了重要的军事价值。山区中的红安、麻城、罗田、英山等地都有大量的革命遗址和"红色"景点，著名的如"黄麻起义"和传奇"将军县"红安。不过，大别山这个标签除了"红"也意味着景色秀丽，大别山在湖北境内的主峰天堂寨，比起安徽境内的白马尖更加险峻俏丽。

大别山脉还孕育出六条水系，分别叫举水、倒水、巴水、浠水、蕲水和华阳河，它们是浠水县和蕲春县名字的来历，也自北向南地串起了一系列古镇、湖泊和漂流项目。有水的地方就有文明和文化，东坡留名的赤壁仍然风流，孕育禅宗和黄梅戏的黄梅韵味依旧。这里还是毕昇、李时珍、李四光的家乡，中共"一大"的13名代表中有3人都是黄冈人呢。

黄州

著名的东坡赤壁就在黄冈市区——黄州。对于历经了高考的人们来说，黄州还有另一个不可忽视的存在——黄冈中学。学校无甚好玩，但懂的人自有体会——那些年难倒我们的神卷。近年来大笔投资建成的遗爱公园是市区内散步的好去处，不要小瞧它，走完差不多要2～3小时。夜晚的江堤是另一个散步的好去处，可以遥望对岸的鄂州。

● 景点

东坡赤壁 古迹

（☎835 8454；公园路11号；40元；◐7:30～18:00）湖北有文、武赤壁之说。"武赤壁"即三国赤壁古战场（见242页），黄州的"文赤壁"因苏东坡留下赤壁二赋和《念奴娇·赤壁怀古》而闻名。景区并不大，山水亭楼均有，适合静赏石刻书法。景区正门外有一小段古城墙，竟然有人在上面收费且可以还价。公交8路到东坡赤壁站。

免费 遗爱湖 公园

（东坡大道62号）黄州中心一片湿地打造而成的东坡文化主题公园，面积极大。环湖分为12个片区，有苏东坡纪念馆等6大展馆。想要全面游玩，最好租个自行车或者乘坐公园游览车。如今这里已是黄州市民的活动中心，夜景也是美美的。整个公园有多个入口，可坐23、6、9路等到达。

🛏 食宿

遗爱湖边的**眉州东坡酒楼**（☎855 0777；东坡大道东坡外滩美食餐饮街内；人均60元；◐10:00～14:00，17:00～22:00）有古色古香的装修，东坡烤鸭非常受欢迎。想要吃正宗的东坡肉，在黄州随便哪家馆子喊一句"老板，东坡肉"，味道都不会太差。

当地人非常喜欢的**十八坡姐妹酸菜鱼**（☎134 0995 6788；考棚街十八坡贾家街2号；人均25元；◐16:30至次日2:00）是一家暗黑料理，躲在巷子里，环境也很抱歉，但是便宜又好吃的酸菜鱼值回了一路寻找的艰辛，同样有诚意的还有干煸藕丝。

黄冈还有许多粑粑饼饼的特色小吃，比

如罗田的印子粑，又白又糍；红安的绿豆粑，外焦内软；武穴的酥糖，又名桂花董糖，香气宜人；浠水的藕粉圆子，晶莹剔透；团风的狗脚，名字虽俗，口感松脆。大多在街道小摊或特产超市里就能买到。

黄州选择连锁酒店性价比较高，比如7天、桔子精品酒店。带孩子的话可以选择近遗爱湖的黄冈纽宾凯瓦尔登酒店（☎635 3333；黄州大道99号；标双400元；☎✱Ⓟ☐），绝对物超所值。艳阳天新荆楚酒店（☎639 9999；西湖一路83号；标300元；☎✱Ⓟ）湖景房风景亦好。

❶ 到达和当地交通

长途汽车

黄州有两个车站。**东华客运站**（☎839 1592；明珠大道98号）当地人称为新车站，更多市民于此坐车；**黄州客运站**（☎835 6981；宝塔大道90号）为老车站，更靠近江边。

火车

黄冈西站（禹王镇）在黄州区，每天有4列城铁到武汉，武汉至黄冈西站的城铁为6列，票价18元。公交1、6、7路抵达。

黄冈站（☎210 5771；路口镇）位置在西站和东站之间。乘9、15、19等路公交车，刚出城即到。

黄冈东站（陶店乡）距市区更远，为武冈城际铁路上规模最大的站，有往返武汉的城铁，也有利川、襄阳、恩施方向的动车。公交26、105路到。

❶ 当地交通

公交车上车投币1.5元。出租车起步价5元含2公里。沿江大道上的**黄冈轮渡码头**（见232页方框），有船往来于鄂州。黄州客运站到团风汽车站

当地知识

传奇神校——黄冈中学

黄冈中学，当地人习惯简称"黄高"。这个偏居湖北北部的中学名字，在中国参加高考的学生和家长中如雷贯耳。这是因为黄冈中学高考一直保持98%以上的升学率和75%左右的重点大学录取率，"高考状元""保送清华北大""国际数、理、化奥林匹克竞赛金牌"在黄冈中学不是什么新鲜事。尽管这所高考制度下的"传奇神校"校园里并没有什么看头，但是许多来到黄州的人依旧会在校门口合影以示"参拜"。需要提醒的是，在校园参观的时候请保持安静，不要干扰学校正常教学活动。我们也采访了一位黄冈中学的毕业生，崔恒。

外界常被"黄冈密卷"的难度给吓倒，你们自己做感觉如何？

在校期间没做过黄冈密卷，平时做的试卷都是老师自己根据学生情况汇编的，针对性应该比黄冈密卷强，按老师的说法他们出的比黄冈密卷要难。黄冈密卷其实是一位黄冈籍的教授出版的，跟黄冈中学没关系，很多人对这个有误解。

能否按照时间介绍一下读书期间正常一天的作息？

6:50~7:30早自习一节，早饭半小时；8:00开始上4节课；12:00~14:00午休，然后开始下午三节课；19:00晚自习到21:00。高三周六中午放假，周末晚上测验考试，每周都考。

在这个日程中，你觉得最快乐的时刻或者活动是什么？什么是你最不愿意面对的？

最快乐的应该是早饭时间，小伙伴一起走10分钟到校外吃热干面，然后压着铃声回教室。活动的话，经常下午吃完饭打篮球，如果老师不来检查就会打一整个晚自习，高三被老师扎破好几个球。最不愿意面对的是周末晚上的数学或理综考试，刚放松两天就要回来面对很难很只钻的题目。

外面的人可以进到学校里参观吗？你觉得除了黄冈中学，黄州最好玩的地方是哪里？有没有一家现在还在的美食值得推荐？

可以，并没有对旅行者有限制。最好玩的地方应该是遗爱湖公园，现在开发得挺好，有人文气息，景色也不错。美食的话东坡肉，几乎每家店都能吃到。

黄州客运站车次时刻表

目的地	发车时间/班次	票价（元/人）	行程（小时）
武昌	流水发车	35	1.5
罗田	6:30~17:00，约每40分钟1班	26	1.5
英山	6:30~16:40，约每1小时1班	40	2.5
浠水	7:40~18:00，约每半小时1班	18	1
黄梅	6:00~16:40，约每50分钟1班	40	3
麻城	6:00~14:00，约每1小时1班	30	2.5

有城际公交106路（5:30~19:00，每10分钟1班；5元）。

龟峰山

（☎288 0001；麻城市龟山镇；门票100元；◎7:00~17:00）发挥想象力，就可以理解龟峰山名字的由来，当地人习惯简称为龟山。最大的看点是漫山遍野的野生杜鹃，"人间四月天，麻城看杜鹃"的口号在湖北及周边省市都喊得响亮。因此一定要选对季节，4月中下旬是盛开期。花开期间，山里常常人满为患，上山的缆车要排队许久，也可花2小时步行上山。山顶有一个翘首向天的巨石，游人爱攀上以示胆量。从武汉出发可坐动车到麻城北，转8路公交车到市区麻城商场斜对面的老汽车站换乘景区专车，全程大约2小时。

红安天台山

（☎832 0868；www.ha-tts.com；门票55元；◎7:00~21:00）"山不在高，有仙则灵。"对于红安天台山来说，这个"仙"便是天台寺的禅乐。由于方丈悟乐法师毕业于武汉音乐学院，所以该寺僧尼们组成的禅乐艺术团在佛教界颇有影响。景区东北部的九焰山是一片人迹罕至的原始林区，半山腰上还残存着古寨墙和石头废墟。东面绝壁上的石洞传说是高僧闭关之处，名曰止止洞。夏天，落差近150米、全长近2小时的对天河漂流（220元/人；◎5月底至9月初视水量情况9:00开漂）会吸引很多人。在湖北的诸多漂流中，只有这条漂流线路能看见青石板的河床。购买漂流票可免全景区门票。

汉口新荣和武昌宏基每天有频繁的班车发往红安。约2个小时后抵达红安汽车站，可直接换乘到七里坪的公交车（7元；30~40分钟）。七里坪桥头再换乘上天台山的客用面包车，约30分钟即到天台寺，票价10元；下午可能需要包车（50~70元）。

林家大湾

（☎616 7208；团风县回龙山镇；门票50元；◎8:00~17:30）小小回龙山，诞生了地质学家

红色将军县

"黄麻起义"指的是1927年在黄安（今红安）和麻城发生的农民起义。这片大别山区诞生了鄂豫皖革命根据地和红四方面军，仅次于井冈山、延安的革命老区。

当地流传的一首民谣"小小红安，真不简单，铜锣一响，四十八万"，四十八万就是红安的全部人口。这个小县城有14万人成为烈士，走出了两代国家主席和200多位将军，风靡一时的电视剧《亮剑》中主角李云龙的原型就是号称"王疯子"的红安将军王近山。而走进红安，一切都是"红色"的：红安烈士陵园、董必武纪念馆、李先念故居纪念馆、七里坪革命遗址群、红军洞……以至于县城的名字"黄安"也被改成了"红安"。

隔壁的麻城，麻城烈士纪念园在我们调研期间正在维修，并不对外开放。纪念园旁的麻城博物馆，陈列着不多的文物，大都和革命相关。博物馆对面有孔庙，将来可能会开放。

李四光,也是林彪、林育南、林育英的家乡。和中国许多古镇一样,回龙山空余老少,但镇中心还完整地保留了一座古戏台。距离镇中心有些距离的林家大湾反而常有豪车出入,每年接待大量游客,其中许多人从东北、华北、港澳等地远道而来,为了看一看林彪故居。故居由群众自发集资修缮,因陋就简但保存尚好,2013年新建了林家大湾军事展览馆。后山有一个八斗湾,湾里有个小庙,据说是董必武秘密活动过的地方。黄州汽车站乘坐发往淋山河、方高坪、贾庙方向的小巴,都经过林家大湾。

浠水

浠水县因穿城而过的那条浠河而得名。浠河与大多的河流不同,自东向西注入长江,苏东坡在被贬黄州之后作词咏志,提笔写道:"谁道人生无再少? 门前流水尚能西!休将白发唱黄鸡。"

今日的浠水县城又叫清泉镇,县城面积不太大,如果你对近现代史有些兴趣的话,不妨去看看闻一多纪念馆(☎421 5603;www.wenyiduo.net;红烛路1号;免费;◉8:00~17:00,16:30停止入馆)。浠水是诗人闻一多的家乡,不过他十岁就外出负笈求学。这个纪念馆陈列并无特别,但由于坐落在清泉寺的遗址上,聚集了许多风雅之处。比如展馆正门外的闻一多铜像下的羲之墨沼以及不远处的陆羽茶泉,均在"浠川八景"之列。在"文革"中被毁的清泉寺,现在只能在后山坡上找到一块白色大理石寺名匾额。在浠水县城(清泉镇)乘坐3路公交到闻一多纪念馆,1元。

离县政府不远的浠水博物馆(☎422 8068;www.xsbwg.com.cn;新华正街349号;免费;◉周二至周日8:30~11:30,14:30~17:00,16:30以后停止入馆)又叫文庙,这里不仅保存着很多珍贵文物,而且本身就是一座湖北省重点文物保护单位的明清古建筑群。博物馆以碑廊和大量的古籍线装书为特色,明万历的《古今禅藻集》《华阳县志》等都是难得的珍品。正在修建的浠水新博物馆则位于北城新区文博园内,独特的建筑外观被设计成极具浠水特色的三角山和太阳的形象。

斗方山(☎482 6344;白莲镇斗方山村;门票30元;◉24小时)位于浠水县城东北郊外。这里因山形如斗而得名,坐落着佛教名刹斗方寺,山东侧的舍利宝塔是山中不多的得以幸存的古物,形态小巧玲珑。山脚下2公里处紧连着白莲河水库,周遭有大王庙,还有位于悬崖上的白莲寺和下马寺。在浠水县汽车站乘坐到长岭—斗方山的巴士,行程50分钟,13元/人。

浠水县城住宿环境普通,多是7天之类的连锁酒店。江北可住在红烛路上,离景点和车站都很近,比如茉莉花开连锁酒店(☎489 3999;红烛路406号;标间108元起;@☎✳P)。江南住宿则多在闻一多大道两侧,尚一特连锁酒店(☎510 5555;闻一多大道101号;标间128元起;@☎✳P)的房间用色非常大胆,出行也便利。从浠水县汽车客运总站(☎0713-428 5888;www.xscz.com;浠水县清泉镇丽文大道277号)前往黄州的发车时间是5:00~18:30,行程约1小时。

罗田

大别山下的罗田县与东部的安徽省金寨县接壤,两个地区依山而界。大别山的主峰天堂寨(☎170 9270 9892;www.tiantangzai.com;门票120元(2天有效,含景区交通车);◉7:00~18:00)就位于两县交界处,主峰南边属于湖北,北边则属于安徽,但购买一边的门票并不能通玩。罗田境内景色以山林险峻为特色,六安境内的则相对灵秀,银瀑层叠。天堂寨景区非常大,安排2天时间方可徐徐游览。若想节省体力,可凭借索道攀上主峰(上/下山/往返70/60/100元)。景区内食宿的选择较多,如果你想住得惬意一些,白云山庄(☎188 7007 6243;天堂寨白云山庄国家森林公园老寺庙旁;标双280元;☎✳P)是不错的选择。切记,若旅行者选择第一天晚住在景区以外,要在门口登记,如此可省去多交一次门票钱。当地的特色饮食为吊锅,可以吊锅一切,比如竹笋、山鸡等,最有名的还是板栗烧鸡。以当地山泉水酿造的小吊酒也可一尝。武昌付家坡长途汽车站每天6:00有直达天堂寨的旅游专线车。或在汉口新荣汽车站乘长途巴士到罗田汽车站,路程约2小时,转乘3路公交车去城东汽车站,再换去天堂寨的班车,发车时间9:00~17:00,每班车间隔15分钟,票价19元,行程约2小时。

九资河镇离天堂寨景区仅3公里,去往天堂寨的旅行者不妨先在这里驻足观赏。对于摄影爱好者而言,徐风冲衬秋天的红叶是最吸引人的。好古者可能会喜欢九资河古镇本身,这是千年前的"古鸠兹邑","九资"的名字便来自"鸠兹"的变音,至今当地仍存有古鸠兹国留下的石刻。实际上,整个九资河景区是面积广大的一片区域,包含了30多个村庄,最好自驾游玩。去往天堂寨的班车也会在九资河镇停靠,从城东汽车站出发车程大约一个半小时。

英山

紧挨罗田的英山县是湖北省的东缘,在大别山的滋养下,这里是喜欢亲近自然的旅行者的好去处。**桃花冲**(☎772 2859;草盘地镇;门票80元;⊙9:00~17:00)是当地人避暑的地方,登上山顶的长城可以一览众山小。这里的**桃花溪漂流**(☎400 0718565;www.taohuachongpiaoliu.com;200元/人;⊙6月初至9月初9:00~16:00开漂)也颇受人们欢迎,提前网上预订价格会更亲民。上山的道路不太好走,沿途补给也不多,自驾记得带水。春天是桃花冲最美的时候,沿途山花烂漫,冬季有时会因雪封山。武汉傅家坡或宏基汽车站乘大巴至英山客运站(2.5小时;72元),再转乘到城关至桃花冲景区的巴士。

吴家山国家森林公园(☎798 8888;门票100元;⊙24小时)在天堂寨的南部,这里的河谷风景值得看看。龙潭河谷步行栈道幽静美丽,沿途有多个瀑布和深潭。往上走,在**大别山主峰风景区**,看见云海的概率还是挺高的。通往**南武当景区**需要爬一段长长的阶梯,要穿舒服的鞋。整个景区游完需要1天时间,景区的餐饮住宿条件并不太好,建议留宿英山县城。若非自驾,只能从英山县城包车直达景区。

英山的温泉资源十分丰富,所以晚上不妨回到县城找个温泉旅馆留宿。县城里许多居民家和宾馆都接了温泉水,出水温度高达80摄氏度以上,住宿客人可以免费使用,非住宿仅泡澡的话单次也只要20~30元。温泉宾馆集中于金石路和温泉路两侧,比较推荐老牌的**洪广毕晟大酒店**(☎779 9999;温泉镇温泉北路特一号(近温泉镇政府);标间240元起;@🌐❄☀P)和相对更家庭化的**英山润禾农业自然居酒店**(☎777 0266;温泉镇温泉路99号;标间99元起;@🌐❄☀P)。

黄梅

黄梅不仅是黄梅戏的诞生地,也是佛教禅宗的主要发源地。四祖道信、五祖弘忍、六祖惠能都和黄梅有着深厚的法源,青山秀水中坐落着一座座古寺名刹。即便你不是一名禅宗信众,也很可能会为黄梅遍布的丛林而惊叹。随着禅宗远传海外,小小黄梅连路牌都是中英韩三语指示。

在黄梅,**五祖寺**(☎378 1073;五祖镇东山上;门票10元;⊙5:30~17:00)是香火最旺的一个,也是唯一收取门票的。这里是禅宗第五代祖师弘忍亲手创建的道场,也是六祖慧能得法受衣钵之地,因此被御赐为"天下祖庭"。大殿黄墙灰瓦气氛庄严,其中最有古意的是真身殿,所奉佛像之后嵌有一木格窗棂,五祖真身便藏在其后。后山上,竹林深深,古迹若干。登"通天路"略需要一点体力,穿鞋要舒适。从武昌傅家坡汽车站坐车(84元;2.5小时)可直达黄梅县;到黄梅后坐扬招小巴可到13公里外的五祖寺,车头贴着东山或五祖的车就能上,行程半小时。黄州客运站6:00至15:40亦有车发往黄梅县,票价34元。

四祖寺[☎316 6309;四祖冲双峰山(西山)上;免费;⊙6:00~18:30]与五祖寺几乎平行而立,四祖守西,五祖守东。四祖寺是中国禅宗真正的第一所寺院,距今已有1300多年的历史,在国际拥有巨大影响。其整体规模比五祖寺还大,却没有那么多人,自有一派威仪。停车场处就能看到古朴俏丽的廊桥**灵润桥**,若沿着道路上行,山门分为两脉;正对处为寺庙宫殿主体,规整有序,倚山体逐层错落而立。我们调研时,最深处正在建造一座尺寸令人瞠目的**大金塔**,紧邻**静安寺**。参拜宫殿后返身出来,千万不要被西侧**慈云塔**后看似无穷无尽的石阶吓倒：沿其向上，一路风光值得你付出体力。途经的**毗卢塔**是四祖的真身舍利塔，颇有神韵。抵达**传法洞**后若继续沿侧路再向上走约1公里，掩藏在群山之中的**芦花庵**（免费；◉6:30~18:30）绝对超乎你的想象。黄梅县城到15公里外的四祖寺有往返专线车（春冬6:30~18:30，夏秋5:00~19:00），返程在四祖寺停车场站牌下等候。若想参观至芦花庵沿线，又不想爬山，可联系四祖寺前西山饭店夏师傅订车（☏150 7168 0496）。

在黄梅诸寺中，**老祖寺**（苦竹乡紫云山莲花峰下；免费；◉7:00~18:30）风景最为秀丽，也最为清静。每一个有幸来此的人无不惊叹于这美妙的选址，然而要亲身体验却并不容易。班车稀少，路途绵长，就在大别山里绕得七荤八素时，面前突然出现一个巨大的湖泊，老祖寺到了。创建此寺的印度高僧千岁宝掌和尚乃佛门第一寿星，据说在世1072岁。他来中国的时间比禅宗初祖达摩还早300多年，不可谓老祖。黄梅县城到老祖寺一天只有两班车，夏季9:00，冬季9:30，下午都是13:30。老祖寺返回黄梅夏季7:00，冬季7:30，下午都是13:30。因为都是山路，若遇下雪浓雾等天气情况，班车可能取消，车程1~1.5小时。可提前与班车司机联系（☏136 3583 2038）。

想要住得条件好点，就住在县城，**世纪锦园大酒店**（黄梅大道777号）是当地条件最好的一家酒店；如若不然，四祖寺和五祖寺山脚下的村落都有大量农家住宿，标间价格多在百元以下，且可以还价。虽然条件简单，但还算干净。老祖寺较远，若赶不及下山，山上有几家刚刚修造的民宿，比如**君临山庄**（☏152 7158 7496），提供餐饮和住宿。

黄石

黄石的名字透露了它的玄机。因"石色皆黄"，故名黄石。这些黄色的石头下面全是宝贝：黄石的铜矿保有储量占湖北省的九成；金矿占八成；铁矿产量湖北第一；其他各种矿产60多种，是中国著名的工矿城市，也是华夏青铜文化的发祥地之一。

因此黄石的旅游充满金属味道：从3000年前的铜绿山古矿冶遗址到近代大炼钢铁挖出的"亚洲第一坑"，木铲和金属巨擘一样震撼人心。你很难把这样的矿冶黄石和国家园林城市挂钩起来，然而当你骑行在市区里的磁湖边，行车于翠色的东方山上，青山绿水间的金属怪力才最叫人称绝。

黄石市

黄石市区包括下陆区、黄石港区、西塞山区和铁山区，均在长江南岸，与黄冈隔江相望。黄石大道中段和市府路、交通路和天津路一带是最为繁华的商业街。如果只在城区中心游走，会有山水园林城的舒适感，但一旦靠近比邻大冶市的铁山区就能逐渐嗅出金属的味道，工厂比肩而立。

◉ 景点

免费 磁湖　　　　　　　　　　　湖泊

位于市区的磁湖是打破你对这座矿冶之城铁汉印象的第一击，打得温婉缠绵，柔情蜜意。这片面积广大的城中湖，地位堪比西湖之于杭州，且少了许多游客，多了几分清静。绕湖骑行是欣赏这座湖泊的最佳方式，最大的租车点在**团城山公园** 免费 门口。公园也是步行观赏磁湖的好地方，它隔开了磁湖南北，内有一座**天主教堂**，春天还有几处面积广大的赏樱区和桃园。团城山公园码头可乘船游湖。8、11、12、13、18等多路公交车到团城山公园站下。5路为环磁湖观光线路。

免费 黄石博物馆　　　　　　　博物馆

（☏306 6376；www.hssbwg.com；团城山开发区广场路12号；◉周二至周日9:00~17:00，16:00停止发票）通过黄石博物馆就可以系统地了解两大主题——矿冶文化和乒乓球成就。其中矿冶文化的展品多数来自于铜绿山古矿冶遗址的发掘成果，乒乓球成就则展示了黄石作为中国第一个国家级乒乓球训练基地的风采。博物馆就在磁湖畔，离团城山公园仅4站，乘多路公交车到人民广场站。

★ 黄石国家矿山公园（亚洲第一坑）　公园

（☏381 3816；铁山区；门票40元；◉8:00~17:00）公园的大门与众不同，用两辆大型吊铲车合肩而成，使人不免想起"变形金刚"。进入大门后，不久就会遭遇一个脑洞大开的**铁城1890文化艺术园**，露天陈列有各种用废弃的铁砂、铁桶和废铁打造出的艺术品,可以拍出各种好玩的照片。在前往主力景点"亚洲第一坑"的路上,你会发现,花坛是用废弃轮胎做成的,景色是用废弃矿车塑成的:一切都与工业和铁紧不可分,却并没有冷冰冰不易亲近的感觉,而是和绿色融为一体,有种奇妙的金属吸引力。就连可以参与的项目 井下探幽(20元)和滑草(20元)也和矿区融为一体。

不要错过和 黄石国家矿山公园主碑 合影,它可是这里的标志。再往前走,矿业博览园(10元)和 日军碉堡遗址 就在你的左右,正前方的 日出东方广场 有世界最大的一尊毛泽东石雕像,然而真正令人震撼的景象在他身后——落差444米的世界第一高陡边坡正在眼前,仔细找找坑底的矿车吧,视觉上如同mini玩具车一般。如果你够仔细,会发现在观景楼脚下踩着的那些镶嵌在地面的彩色细细的石棍绝非什么装饰品,而是打钻取出的石矿样本。人们并非只知挖掘索要,公园另一侧有亚洲最大的一片硬岩复垦森林,每年4月下旬至5月初会举办黄石国家矿山公园槐花旅游节。

如果打算参加所有项目,建议购买通票70元,包含了滑草、井下探幽和博物馆,可以节省20元。市区坐6路或11路公交车到检测站下,此站位于106国道上,距离公园尚要步行一小段。向上步行至北纬30度广场,沿着广场走一小段美丽的观景道就是公园大门了。

东方山 山

(📞533 0538;下陆区;门票10元;⊙8:30~17:00)东方山是黄石市内最大的一片林区,范围很广,适合自驾游览。这里平时是黄石市民漫步吸氧的好地方,也是信众们前往以弘化禅寺为首的许多寺庙拜佛的去处。相传西汉文学家东方朔曾在此读书修道,故而得名东方山。主峰有三个,分别是曼倩垴、揽胜垴和走马坪。在走马坪下方有一座被唤作东方天池的水库,景色优美,此处临近风景区的西门。在我们调研时,风景区正在修建熊家境国家登山漫步道,从修造计划和目前的进展来看,会成为数条风景迷人的漫步线路。乘6、11、29路公交车到东方山站下。

西塞山 山

[📞641 2369;黄石大道654号附近(湖北大冶钢厂内);门票10元;⊙7:30~17:00)"西塞山前白鹭飞",唐代的词人一定不会想到,当今黄石和湖州正在为谁是词中的西塞山而争破头。黄石这座西塞山奇葩地位于一座冶金钢厂内,不要被它的外表欺骗。进入厂区,爬到山顶,还是能看见陡峭山崖直插江中,望见长江水曲的壮丽全景。山内有元真子钓台,桃花古洞一线峡也颇为险峻。公交4路、10路、15路到二棪站下。

西塞山所在的西山区拥有一项世界非物质文化遗产——西塞神舟会,它和湖北秭归、湖南汨罗以及江苏苏州的端午习俗共同组成"中国端午节"世界遗产项目。农历五月十五到十八是神舟会的正式会期,期间有扎神州、巡游、下水登项目。

🍴 食宿

到了黄石一定要尝尝 黄石港饼,或者再带一些作为伴手礼送人。另外,闻名全国的 中国劲酒 家乡是黄石,是滋补保健酒的代表。

不 要 错 过

铜绿山古铜矿遗址

3000年前,先人曾在此大兴炉冶,延续一千余年,留下了世界闻名的 铜绿山古矿冶遗址(📞804 2168, 804 1198;大冶市金湖街办泉塘村熊家湾100号;门票40元;⊙8:00~17:00)。它的发现填补了我国矿冶史上铜矿开采冶炼的历史空白,揭开了博物馆中那些精美青铜器的原料来源和冶炼方式之谜。今天在这片遗址上,通过高高的楼梯,就能近距离接触周的采矿遗址,了解先人们如何以惊人的技术在地下搭建出井巷,怎样在铜草和孔雀石的暗示下找到深埋地下的矿床。景区后门外有一处正在开采中的现代矿坑,虽然规模远比不上黄石国家矿山公园中的"亚洲第一坑",但也足以让第一次见此地表巨坑的人惊掉下巴。后门平时锁住,要从外围道路绕过去。有一个观景台可以清楚看到整个大坑。

城铁大冶北站乘坐公交车16路到终点古铜矿遗址,该车早6点到晚6点对开发车。

建议住在磁湖周围。**磁湖山庄**（☎635 3333；湖锦路1号；标400元；🕿❄🅿）是黄石的老牌酒店，硬件和环境都很好。不过因为位置在湖心岛上，打车和觅食稍显不便。同样风景优美的还有团城山开发区的**托尼洛·兰博基尼酒店**（☎639 9999；下陆区团城山开发区广场路18号；标420元；🕿❄🅿）湖景房风景非常好，还有漫步道和泳池。

快捷酒店推荐**城市便捷酒店**（☎625 0118；黄石大道242号；标/单间178/119元；🕿❄），2015年最新装修，离武商和步行街都很近。

❶ 到达和当地交通

火车
黄石站（☎307 8008；大冶市罗桥街李家坊）是目前黄石最主要的火车站，停靠武黄城铁、动车组和普通列车。22路、大冶11路可到。

黄石北站（☎400 666 5511；下陆区团城山肖铺）也有城铁和动车组停靠。13路、23路和37路可到。

公交车
黄石公交空调车2元，非空调车投币1元。开往大冶的7路、18路等票价为2~3元的梯形票价，22路上车3元，是"轻工大厦到黄石火车站"的专线。301路为铁山微循环。19路部分线路在江北的浠水县散花镇境内。

出租车
出租车起步价5元含1.5公里，超出部分单价1.4元，每500米调价一次，每次0.7元。

轮渡
上窑轮渡码头（沿江路49号）开往江北散花轮渡码头，票价2元。最晚1班17点。

仙岛湖风景区

（☎771 3333；阳新县王英镇码头路；门票100元，船票40元；⏰7:30~17:00）和所有的"千岛湖"或"仙岛湖"一样，这里原是20世纪70年代大兴水利建成的水库，水质又很棒。景区需乘船游览。其中东线约3小时，包含**恐龙岛**、**观音洞**和**野人岛**。在野人岛上有当地人扮演的"野人"表演并不整齐的歌舞，另一些"野人"则埋伏在路边的茅草屋里伸手讨要东西或单纯只为吓唬你；岛上还有滑草、骑马等收费项目。相比而言，耗时4小时的西线有更动人的自然山水，主要景点是**仙福山**、**仙龙岛**和**仙湖画廊**。在我们调研时，凑满13人才发一船，不过管理人员告诉我们，9月以后可能改成固定时间发船。保险起见，请赶在下午3点之前抵达码头，再晚就要包船游览。后山的**揽胜亭**可欣赏到仙岛湖的全景。

景区内外有许多农家乐，住宿条件一般，标间价格在100~150元。

仙岛湖距离阳新县城48公里。从黄石市出发需要先乘坐大巴到阳新县汽车站，再转到王英的车，停车处距离码头200米。武汉到阳新首选乘普通火车（硬座23.5元；2~3小时）或动车（二等座38.5元；约1小时10分钟）。

咸宁

位于鄂东南的咸宁是武汉市乃至湖北省的南大门。长江就是咸宁地级市西侧的天然边界线，幕阜山等丘陵则控扼着南部鄂、湘、赣三省的交界地带。江面上曾爆发过著名的赤壁之战，陆路上则有北伐战争贺胜桥、汀泗桥战役的胜利，大山深处还埋葬着席卷华夏的闯王李自成。山回水转处，常能看到一座座村落的祠堂，"汝南世家"等门匾在上，见证了中国历史上一轮轮南下避难的家族往事。

咸宁市

咸宁市区又叫咸安。城区南部的潜山淦（gàn）河一带，温泉资源丰富，水温可达50℃，早在宋朝已经闻名四方。这里直接冠以"温泉"的地名，是咸宁市的重点发展区域，如今已和咸安老城区连成了一片。

◉ 景点和活动

咸宁温泉　　　　　　　　　　　　　　温泉
一号桥是温泉度假区的核心地带，度假酒店、商场、步行街等各种配套如同雨后春笋般萌发。11月天气转寒后，咸宁温泉迎来旺季，开放的池子也要比夏季多不少。最有名的温泉如下：

三江森林温泉（☎821 8666; www.xnsjwq.com; 月亮湾路1号; 票价198元; ⊙9:00~24:00）名气最大，水质最好，曾接待过国家领导人。如今这里有70多个汤池，周末游人最多，"下饺子"不可避免。

万豪温泉谷（☎819 9999; 月亮湾路特1号; 票价188元; ⊙10:00~24:00, 周末及节假日9:00至次日1:00）有80多个汤池，分为养生温泉、鄂南文化、南洋风情、东洋秘境和室内温泉共5个区域。

碧桂园温泉（☎881 9888; 龙潭大道1号; 票价188元; ⊙9:00~24:00）有咖啡汤、牛奶汤、金钱草汤等四十余种温泉泡汤。这里温泉酒店的硬件设施是当地最好的，还有高尔夫球场。注意只有咸安碧桂园，两者相距甚远。

太乙温泉（☎851 6666; 太乙村八组; 票价168元; ⊙10:00~24:00）离一号桥有6公里路程。这里水质也很好，四周丘陵起伏，自然环境秀美，还有一个湖泊作为水上乐园。

温泉门外的街道上，能从小商店、黄牛拿到5~7折的优惠票，和网上订票差不多。常有温泉帐篷节等各种活动，可随时关注。

武汉至咸宁泡温泉，首选搭乘武咸城际铁路，终点咸宁南站距一号桥只有4公里路程。出城铁站后向北来到长安大道上，可乘2、6、8、9路前往温泉第一街，即中心花坛。这里离三江、万豪所在的一号桥还有1公里，可乘K4路前往；一号桥向西2公里可到碧桂园。城铁站附近的出租可能不打表，来到长安大道上拦车就好很多。

中心花坛早8点至晚6点，每半小时有一趟前往太乙温泉的班车（3元）。自驾更方便，还可继续向南13公里去花纹乡的**星星竹海**一游。太乙温泉旁还有**太乙洞**（门票60元），溶洞景观可当作泡温泉的插曲。

京广高铁的咸宁北站乘1路可到一号桥。京广铁路的咸宁火车站乘8路可到中心花坛。温泉汽车站乘6、9路可到中心花坛。城铁咸宁东站也可乘6路。

潜山 公园

（月亮湾路11号; 免费; ⊙24小时）潜山脚下的温泉早已是外来游客的天下，绿竹葱茏的潜山仍旧是当地人的乐园。泡温泉之余，不妨加入他们晨练、晚练的队伍，去这座青翠小山享受自然乐趣和桂花飘香。公园的入口就在万豪温泉谷对面。

🛏 食宿

各大温泉酒店300元到上千元的房间都有。也可去中心花坛，有7天、城市便捷等连锁酒店，房价100~130元起。住得再远点也不妨，咸宁南站附近的**阳光365酒店**（☎889 1365; 长安大道65号; 标间108元; ☎✹），朝南的房间还能听着蛙声入眠; 门口有2路公交车前往中心花坛，末班车到晚上10点。

中心花坛的咸宁购物公园、中商百货……就可以满足泡汤者餐饮、购物的各种需求。别忘了品尝赤壁肉糕、贺胜桥鸡汤、簰洲湾鱼丸等当地特色。

ℹ 到达和当地交通

咸宁市中心客运站（☎813 7708; 贺胜路近咸宁大道）是咸宁最大的汽车站; 由于离温泉较近，因此会用"温泉车站"指代。这里有发往武昌傅家坡（末班18:00; 26元; 2小时）、通山（末班18:00; 13元; 70分钟）、蒲圻（末班17:45; 18元; 1.5小时）、洪湖（8:50, 13:00; 44元; 3小时）等地的班车。6、9路可到。从温泉前往通山没必要在温泉车站坐车，当地人习惯在温泉路口（马柏大道近温泉路）候车。

咸宁火车站 是京广铁路上的车站，停靠各种普通火车。前往武昌站约1小时，硬座12.5元，车次很多，不过晚点概率较高。1、5、8、K1路车可到。

咸宁北站 是京广高铁上的车站，停靠G字头列车。前往武汉站25分钟，二等座39.5元。1、5路公交车终点在此。

咸宁南站 是武咸城际铁路的终点站，停靠C字头列车。前往武昌站45分钟至1.5小时，二等座30元。比起普通火车和高铁，城际车次不多，周末最好提前购票。2、6、7、8、9路至黄畈小学，再步行400米即到。武昌站持C字头车票可从东广场进站候车。

咸宁东站 是武咸城际铁路的一个车站，停靠少量C字头列车。6路车终点在此。

咸宁公交车费1.5元。出租车起步价5元含2公里，超出部分每500米1~1.5元; 晚11点后上浮40%。

九宫山

（www.jiugongshan.gov.cn；通山县九宫山镇南30公里；门票旺季77元，淡季62元；⊙24小时）

除了东侧的庐山，幕阜山脉并没有太多惊艳的风景，算是一座稀松平常的南方山岭。然而1000余米的海拔却带来了凉爽的气候，在素有"火炉"之称的长江中游，就摇身一变成为了避暑胜地。不过庐山的牯岭街由19世纪末期的西方传教士开发，各国风格的老别墅惹人怜爱；九宫山上则是湖北省各大机关单位的疗养地，20世纪80年代建成的楼房铺着当时很洋气的白瓷砖，努力地和山山水水映衬得体。

云中湖 海拔1230米，围绕着街道房屋。近观云中湖并无特别之处，更像一个普通的公园池塘。湖岸的 **瑞庆宫**（门票10元）是一座道观，里面的真君石殿是南宋遗物；站在最高层大殿前，回望云中湖倒有不错的视野。若想看到"群山捧湖"的美景，西南方向的山丘上有绝佳的观景台。可以从云中湖大坝走地质景观区前往，一路松涛阵阵，半小时可到观景台；也可沿着南岸的公路一直上山，过揽月山庄后到管委会，右手有穿湖而过的登山石阶，再爬10分钟即到。

从观景台继续沿山路爬上，半小时即到山顶 **铜鼓包**。这里海拔1583米，华中最大的风力发电厂建于此，呼呼啦啦的大风车延伸远方。这里是看日出、日落的好地方，不过由于是风口，风势很大，要格外做好防风御寒的准备。除了步行，铜鼓包也可开车前往，从云中湖过来有5公里盘山公路。铜鼓包继续向前的盘山路可到金鸡谷（24公里）、闯王陵（29公里），不过路况很糟，年久失修，基本已废弃。

云中湖大坝一旁可乘索道下到 **石龙峡**（门票55元，往返索道票122元）。这条峡谷是近年来九宫山大力开发的景点，丰水期水瀑清澈，可以玩上半天。网购优惠套票更划算。

十八潭（门票30元）指的是过山脚下的景区大门售票处后，竹林中的一组碧滩景观，附近还有清朝民居 **周家大屋**（门票20元）。之后公路开始盘山，在竹海中来回穿梭。快到云中湖时有 **无量寿禅寺**，也可一游。

每到夏天，九宫山景区大门附近有银河

另辟蹊径

九宫山下闯王陵

掀翻大明帝国的闯王李自成在兵败山海关后节节败退，最终在九宫山失踪。尽管关于他最终下落的说法颇多，但正史中还是明确记载，他在九宫山遇难。

闯王陵（通山县九宫山西麓闯王镇高湖村；门票30元）的相关建筑多为共和国成立后所建，只有土冢为古物。大山深处宁静淳朴的自然风光更具吸引力，继续沿路前行5公里则是九宫山金鸡谷景区，真正的游人罕至。

建议自驾前往。通山客运东站12:30、14:30有发往高湖的班车，不过第二天上午才返回。也可从横石包车，单程27公里。

谷漂流（票价195元，漂流时长2小时），冬天山上有滑雪场（2小时滑雪加雪具使用费平日160元，周末258元）可玩——滑完雪再去咸宁泡温泉，是很受自驾一族欢迎的玩法。

🛏 食宿

云中湖是食宿中心。离湖较近的各大疗养中心、宾馆建造年代较早，设施有些老化，价格却不便宜；不过调研期间，一些已在拆除重建。山上如今新建有几处度假楼盘，因此会有一些房间当作"公寓式酒店"对外营业，也可考虑入住。

住宿价格和季节紧密相连。夏季周末要300~500元/晚，到了秋冬100多元就够（滑雪季除外）；不过淡季很多酒店也会歇业，很可能到"五一"期间才会重新开门。

云中湖有多家餐厅供应农家菜，素菜20元左右，荤菜40元左右。

❶ 实用信息

云中湖虽有中国邮政储蓄银行的ATM，但不一定能用。还是带足现金上山最为保险。自驾者也请在山下加好油，山上的加油站早已停用。

❶ 到达和离开

通山中心客运站（青山路近九宫大道）有往返于武昌宏基客运站、咸宁中心客运站（温泉）的班车。通山返回武昌（39元；2.5小时）、温泉（13元；70分钟）的末班分别是17:20和18:00，前往蒲圻（31元；2.5小时）的时间为8:10、12:10。出通山中心客运站，打车（10元）或乘坐公交1、2路（1.5元）可到客运东站。

通山客运东站（九宫大道27号）有发往九宫山（云中湖）的班车（16元；1.5小时），旺季7:50、8:40、9:30、11:30、13:30、15:30；淡季只有7:50、13:30两班，下山8:30、13:00——不过这些车辆可能并不靠谱，若有团队包车会提前发车。错过直达班车，可先从东站坐班车到横石（18:00前每半小时1班；9元；30分钟），即山下的九宫山镇，再包车上山。横石包车上山不超过100元，司机可能有办法帮你逃过门票。从通山县城包车上山约200元。

3月底至10月初，九宫山景区会安排武汉发往九宫山云中湖的大巴。汉口循礼门武汉剧场门口7:00发车，途经武昌徐东老房子（7:20）、洪山广场丽江饭店门口（7:40）、咸宁暖山艺术大酒店（9:30），11点到达云中湖；下午3点半返程。当日往返车资120元，非当日往返190元。需提前1天在网上预订。

游客可以自驾上山，最后15公里的"发卡"路颇具驾驶乐趣。

隐水洞

（☎275 0888；www.hbysd.net；通山县大畈镇隐水村；门票130元；◎8:30~16:30，周末和节假日延长）全长约5公里的溶洞听起来会走得很累，老人儿童不宜——不过别担心，1.5小时的游览过程有导游带队，1/3主要在坐船，1/3乘坐小火车，需要走路的只有不到2公里——当然，门票也就理所应当地达到了三位数。

好的钟乳石、石笋、石幔、石幕、石瀑、石田等溶洞景观的确不错，灯光设计、景点起名又都颇具水准，各种交通方式更增添了许多乐趣。总体而言，隐水洞还是很适合周末休闲游的，尤其对于没怎么见过喀斯特溶洞的旅行者而言——另外还请在进洞前上好厕所，洞内可没有方便场所。不过当看到铁轨上方为避让小火车而被敲断的钟乳石，还是让人不禁思考旅游开发的利弊。

隐水洞景区入口附近有许多农家乐提供食宿。一般而言无须在此住宿。

❶ 到达和离开

通山客运西站（青山路近白云路）位于通山中心客运站北侧的市场内，每半小时有1班发往大畈的班车，票买到板桥（6元），25分钟可到；之后离隐水洞入口还有2公里出头，只有靠步行了。出洞后绕过隐水山庄，700米可回到县道上拦车。

隐水洞入口距县城有16公里，坐出租车约40元；返程常能拦到空驶的出租车，大胆说出你心中的价位吧。

隐水洞的出口和入口相距5公里，自驾游客可乘坐景区中巴车（5元/人）返回入口取车。自驾前往隐水洞不一定经过通山县城，G56（杭瑞高速）就有出入口。

三国赤壁

（☎578 8789；赤壁市赤壁镇武侯巷6号；门票150元；◎8:30~18:00）晚唐的杜牧尚能在"武赤壁"拾得"折戟沉沙铁未销"，今天的旅行者在这里只能看到缺乏生气的仿古建筑、人物群雕。花半个小时穿过这些当代作品，再下到江边看一眼传为周瑜"隔岸观火"时即兴所刻、实为唐朝人留下的**赤壁摩崖石刻**，听一听惊涛拍岸和汽笛鸣鸣，150元门票就这样没了。除了摩崖石刻，景区内还能称得

赤壁—乌林汽渡

赤壁长江大桥项目已于2016年启动。不过在大桥通车前，**赤壁—乌林汽渡**仍是两岸车辆往来的重要方式。

汽渡约40分钟一趟。船行大江，接近赤壁码头之际，往北可以遥望到赤壁摩崖石刻。而在大江东岸的赤壁、西岸的乌林之间切换，正是重走草船借箭、蒋干盗书、黄盖诈降等故事的旧路。

咸宁往返于洪湖，蒲圻往返于仙桃、洪湖的班车都会经由赤壁—乌林汽渡过江。也可以步行上船渡江，5元/人。蒲圻到赤壁镇的班车终点，向西1.3公里可到赤壁渡口；乌林渡口向北3公里可到省道，那里能拦到前往洪湖市的班车。赤壁镇、乌林渡口和省道路口都能找到麻木（当地一种三轮摩托车）代步。

上古迹的是晚清所建的凤雏庵和庙前的一棵千年古银杏。

赤壁市原名蒲圻(qí)，在当地提到赤壁市区，常会用蒲圻的老名字。

❶ 到达和当地交通

赤壁市客运中心（☎533 7180；河北大道391号）有发往赤壁镇的班车（9元；40分钟），班次频繁；到终点站后向北步行10分钟即到景区入口。赤壁镇返回蒲圻18:20末班。车有可能开到城西停车场就不走了，那里可乘公交6路前往陆水湖；乘6路至众城国际、新街口可换1路前往高铁站；或者向东步行700米至金三角，乘2、4路前往火车站，2路还途经客运中心。客运中心返回武昌宏基（40元；2小时）、咸宁温泉（18元；1.5小时）末班车为17:30，前往通山的车为8:10（29元；2.5小时）。

赤壁火车站 是京广铁路上的车站，步行至客运中心只需10分钟，也可乘公交2路。

赤壁北站 是京广高铁上的车站。可乘1路在人民政府下车，再换2路可到客运中心。

蒲圻公交车费1.5元。

陆水湖

（☎536 7199；赤壁市陆水湖大道646号；门票旺季3月至11月100元，淡季80元；⊙8:30~17:00）相传东吴都督陆逊曾在此训练水师，这里因此冠上了"陆"的姓氏。如今陆水湖是另一个号称"湖北千岛湖"的地方，需乘游船（50元/人，旺季9:00、10:00、11:00、13:00、14:00，淡季9:00、10:00、11:00、13:00）展开4小时的游程，也可包快艇（360元/艇，限乘5人）游湖。船行途中会登岛烧香，注意有假和尚骗捐；还会在规模不大的水浒影视城一游，夏天还会安排游客在神龙岛看蛇。

想俯瞰"千岛湖"景观不需进入景区，可去南岸的雪峰山 **免费**。蒲圻客运中心前往崇阳、通城、通山的班车会经过雪峰山路口。

陆水湖景区大门旁还有**三峡试验坝主题公园**（☎522 2223；门票15元）。公园所在的陆水水利枢纽于1958年开建，曾担任着为三峡等大型水利枢纽设计和运营进行试验的任务。其中8号副坝曾号称"亚洲最长土坝"，坝上的湖景不错。枢纽如今仍有工人作业，参观时要格外注意安全。

赤壁公交6路的终点站即为陆水湖景区大门。赤壁北站过来可乘1路在众城国际、新街口换乘6路。赤壁火车站和客运中心可乘2路在怡景花园换乘6路。

记事本

了解湖北

今日湖北 246
"九头鸟"似乎被惊醒了。从省会武汉令人叫苦不迭的经年"满城挖",再到省内高速公路和长江水道的大建设,今日的湖北"每天不一样"。

历史 249
"九省通衢"的地利引来四方征战,也塑造了一个地处南方极盛的思想国,禅宗道骨在此地发轫铺枝天下。汉口开埠、武昌首义……荆楚的历史深深影响了中国进程。

湖北人 260
湖北人有《离骚》般的忠直,天性里又有孟浩然诗歌中的浪漫;性格中有"亡秦必楚"的骁勇刚烈,也有码头上闯出来的江湖仗义,再加点"惟楚有材"的聪明劲儿,真让人又爱又怕。

文化与艺术 266
盛极一时的楚文化是华夏文明的南支代表,世人熟悉的三国故事在此演绎最多。大江东去浪淘尽,留下精美绝伦的青铜器皿和多彩的民间艺术。

饮食 273
从新生代嗜好的小龙虾到老湖北人念念不忘的一吊排骨藕汤;从毛泽东口中的武昌鱼到百姓桌上的菜薹泥蒿,从清晨"过早"到夜幕下的宵夜,咸鲜的美食最叫人难忘。

环境 278
巴山楚水,云梦千泽,湖北的环境总也绕不开水。鄂西的神农架是万千物种的乐园。然而,当大江遭遇大坝,千湖之省已凑不齐"千湖",山灵水秀的湖北也面对着重重的环境问题。

今日湖北

尽管经历了一阵默默无闻的日子,今日的湖北似乎正在"U"字形的上行阶段前行。九省通衢的湖北,正在努力把区位优势转换成经济发动机。武汉城市圈和鄂西生态文化旅游圈——"两圈"的建设分立东西,中间用长江经济带挑起,从城市到乡村都在进行一场深刻的大建设:公路又长了,城市"环数"又多了。惊醒的"九头鸟"啼鸣召唤着返乡的人潮,将来的美好似乎正站在纷乱的工地中招手,人们都在问:"东方芝加哥"的旧梦今朝会成真吗?

最佳歌曲

《龙船调》作为清江绝唱,登过春晚、上过殿堂,借助无数著名民歌手的翻唱,广为人们熟悉。这首欢快的民歌是利川人过年时划龙船戏花灯时唱的小曲,一呼一应非常有趣。你可以试着学,并不难,且在任何一个环境唱起来都很能带动气氛。

《纤夫的爱》你一定还记得尹相杰和于文华,以及这首20世纪90年代红透大江南北的歌。词曲都是湖北作者,歌词讲的是三峡纤夫和峡江妹子的爱情。

《山路十八弯》一路高音十八弯,曲风中似乎真能看到鄂西土家族的水和山、金银寨,放排的汉子和多情的妹子。

《南方》曾经是中国最有前景的内地摇滚乐队达达留下的歌曲,歌里的老街石板、小雨长巷是北漂的孩子们记忆中的温暖南方——武汉。

《汉阳门花园》比较小众的一首民谣,由一位20世纪60年代的医生兼驻唱歌手创作。听过的人都会被歌中那个宁静的武汉感动。飙泪指数高,纸巾请备好。

城建:每天不一样

武汉的城建规模和速度正在不断刷新全国乃至亚洲新纪录。陆地上,率先闯入"高铁时代"的湖北已经成为全国快速客运网的中心。省内各主要城市之间的铁路交通基本都在2小时内;以武汉为圆心,4小时东可至上海,北可到石家庄,西能抵成都,南可达香港,1000公里的半径,覆盖面可达全国大半个中国的人口和90%的经济总量。这样的便利对于旅行者无疑是福音。

天空中,从天河国际机场出发,到北京、上海、广州、深圳、成都各个方位主要城市的飞行时间都在2小时内。旅客如果每隔一段时间从武汉天河国际机场进入湖北,除了感觉机场周遭一直在施工外,视觉感受每次也在变化。不久前机场二期工程建成运营,现在三期建设工程也在加快实施中。待三期建成后,旅客吞吐量和货邮吞吐量都将位居中部省份前列。

但比起"惊天"的变化,更让人震撼的是省府武汉的"地下工程"。从前偌大的武汉没有地铁,日日以艺高胆大的公交车穿梭于三镇之间,市区内去任何目的地1小时+的路程虽说本地人觉得稀松平常,却常令初入的外地人叫苦不迭;随着远城区的并入,大武汉更大,再加上天然水系的障碍,地铁的动工已是当务之急。虽然相比其他城市武汉的地铁来得相对较晚,但不修则已,修起来简直如同一轮"补偿性报复",仅2016年就有14条地铁同时在建。配合地面上无数的建筑工地,大挖大建的现状被武汉市民打趣为"满城挖"。如今环状地铁已将城市从地下打通,主城区快速路网基本形成"三环八射"。根据计划,未来还要再增加5条放射线,到2020年主城区将形成"三环十三射"快速路网结构体系。那句"紧走慢走,三天走不出汉口"的老话已成为历史。

经济：新一轮关键期

错过了东南沿海改革开放的"春风"，也凑不上"西部大开发"的机遇，中部省份在一轮又一轮的经济浪潮中似乎一直只能看急瞪眼。但是，"中部崛起""长江经济带"和"一带一路"的概念把湖北推上了新棋局。占据着长江主干线里程三分之一的湖北正在努力强化水陆空无缝链接的物流产业优势。某种程度上，支起"长江水道"的计划确实可以使湖北成为名副其实的"黄金水道"。

2015年，湖北生产总值逼近3万亿元，位列中部省份第二，正在向中部领头羊的位置迈进。抛开增长的数据，更应看到背后是艰难的结构调整。炼钢和纺织是湖北的传统优势产业，也是产能严重过剩的产业。2016年武钢五万人大裁员的新闻轰动全国，成为钢铁产业"去产能化"的标志性新闻。然而仅仅是关厂减产，结构升级并不能完成。湖北的化学制药、光纤光缆、金融等产业已经接过棒来，"武汉·中国光谷"代表了中国电子科研和生产的一流水平，"湖北制造"已不仅仅是一句宣传标语，也意味着从传统的制造模式向智能制造的高新技术产业升级换代，令人刮目相看。

与此同时，支撑经济发展的人力资源也在快速回流。根据腾讯网站发布的大数据《2016全国城市年轻指数报告》，武汉的年轻人口净增率超过北上广等一线城市，位居二线城市榜首。这些流入的年轻人与当地本就数量首屈一指的在校大学生一并构成了城市最活跃的创业分子。另一方面，根据湖北2015年的经济年报，农民工流入比上年增加了三万人，流出则比上年减少了七万人。"用脚投票"也许能够真正说明问题。

旅游：长袖还需善舞

"武大樱花登陆日本"是2016年春天爆红网络的一条新闻。提起武汉的景点，除了黄鹤楼和长江大桥，顶多再加上近年来的新名片"武大樱花"，大多数人对这个大城市并不熟悉。放眼至湖北，同样的情景也会出现：武当山、神农架……还有什么？三峡快被上游的重庆抢去风头。亏得2015年侯孝贤一发《刺客聂隐娘》，才令影迷们开始对镜头下仙气十足的湖北兴趣盎然。

其实湖北颇得造化的钟爱，自然风光方面，荆山楚水常相伴。神农架与神龙溪和大九湖，恩施大峡谷与清江，三峡群峰与旖旎长江，武当山与汉水……自然资源方面，生物多样性非常突出。由于全省海拔高度悬殊，气候温润，造就了丰富的森林植被资源以及金丝猴、中华鲟、白鳍豚等珍稀动物。人文历史方面，从古远楚文化、三国文化再到首义文化；从屈原的家乡再到巴土苗

快速参考

人口（2015年）：**5851.5万**

面积：**18.59万平方公里**

国民生产总值GDP（2015年）：
29550.19亿元

GDP同比上年增长率：**增长8.9%**

全年入境游客（2015年）：
311.76万人次

全省国内旅游人数（2015年）：
5.07亿人次

中国高校数量最多的城市

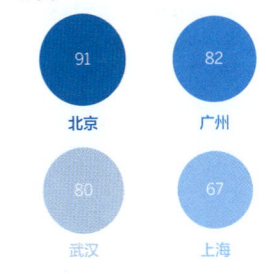

- 北京 91
- 广州 82
- 武汉 80
- 上海 67

每100个湖北少数民族人口中

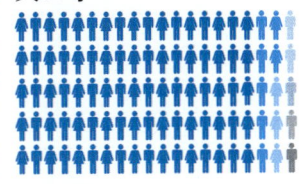

85个土家族
7个苗族
3个回族
2个侗族
1个满族
1个壮族
1个蒙古族

最佳影片

《浮城谜事》（2012年）娄烨偏爱江边的城，浮城谜事的取景全部在武汉。飞过城市的鸽子、潮水退去的江滩，镜头里是一个迷蒙的江城。

《万箭穿心》（2012年）根据当地作家方方的小说改编，取汉正街实景，且用武汉话来表现。女演员颜丙燕在片中表演一位汉正街的"女扁担"，演技令人拍手称赞。

《刺客聂隐娘》（2015年）斩获台湾金马奖最佳摄影等五项大奖。片中那美得令人屏息的湖水与远山，就取自神农架大九湖。片中大量美景取自湖北武当山、神农架、利川等地，一个字，仙！

《洪湖赤卫队》（1961年）尽管是20世纪的作品，但绝对是影响了一代人的经典。主题曲《洪湖水浪打浪》你敢说你不会唱？快把电影温习一下，再把音乐下给爷爷当手机铃声，他一定会喜欢的。

寨的民间文化，五方杂处的居中之地可谓地杰人也灵。

但为什么在人们眼中湖北从来不是旅游强省？对于自助旅行者而言，首先感觉到的是价格普遍偏高的景区门票。虽说这是中国景区的通病，但鄂省尤重。另外，各景点的宣传和经营不善等问题导致游客不足，进而连锁导致交通班次不足等旅游配套问题，这对自助游客来说尤为不便。要么相对偏僻的好景点不为人知，要么已经大红大紫的景区商业过度，导致旅游者的总体感受不佳。因为这些"人为"因素导致的旅游乏力令灵秀的湖北遭遇"长袖却不善舞"的尴尬。前不久湖北省旅游局对京山国际温泉景区4A资质进行摘牌处理，也是对旅游市场加大治理的一个开始。

可是，改变也正在发生。武汉标志性的建筑江汉关在近百年来第一次让渡为老百姓的博物馆。同样，如果你在省城玩一圈下来会发现绝大多数主要景点都是免费的，且都配备了免费Wi-Fi、APP导览。在汉口租界区，一栋栋老房子正在被修缮，并加以利用，吴佩孚的官邸如今可以喝茶，在法租界的巷子里举办着当代艺术展。乡村里，道路越来越平。越来越美，一场以花为媒的乡村联动正在展开，荆门油菜花、麻城杜鹃花、枣阳玫瑰花……各式的旅游项目吸引着南来北往的客人。CCTV里，"灵秀湖北"的公益宣传也滚动播放。如果发力得当且有持续，"留住乡愁"并不会只是一句空喊的口号。

历 史

商周之际，楚人崛起于江汉之间，楚文化盛极一时，成为华夏文明的南支代表。三国时期，湖北是四战之地；唐代，禅宗从湖北开枝散叶；明清时期，湖北是"天下粮仓"。清末，湖北成为洋务运动的中心，随后，武昌起义又在这片土地上爆发，推动整个中国进入了急剧转变的时代。当代湖北曾一度失落，但随着中国经济的增长极向中西部的转移，湖北挟地处华中的地理优势，正在快速回到时代发展的前沿。

神农在湖北

湖北是神农传说的发祥地，"华中屋脊"神农架即是因神农而得名，随州市厉山镇则被认为是神农故里。在传说中，神农不但创造了农业，还发明了医药，制定了历法。他就像一道曙光，照耀着华夏先民进入了文明时代。

与传说相对应，考古人员在湖北境内先后发现了数百处新石器时代的遗址。以京山屈家岭遗址为例，考古人员曾在这里发现了密结成层的稻草茎和稻谷壳遗迹，这说明在距今约五千年的时候，江汉平原上的稻作农业已有相当大的规模。

但以中原视角看来，一直到商周之际，湖北依然位于华夏文明的边缘地带。如《诗经·商颂·殷武》称湖北地区为"南乡"，即蛮族居住的地方。

> 在武汉市黄陂区盘龙湖畔，有一座商代古城址——盘龙城遗址。这是中国在20世纪最重大的100项考古发现之一，证明商朝势力已达长江。

楚人的创业路

先秦时期，楚人的崛起是中国历史上的一个奇迹，让湖北这个地方第一次令世人刮目相看。

商代末期，一支芈姓部落从中原南迁到江汉地区，他们形成了上层楚人，即楚公族；原本就居住在江汉地区的三苗遗部，则构成了楚人下层民众的主体。

大事年表	约 80 万年前	约 6000 年前	公元前 11 世纪
	晚期猿人"郧县猿人"活动在江汉一带。	三苗先民活动在江汉一带。	周王朝封楚人首领熊绎以"子"爵，楚人立国。

湖北的楚国遗迹

荆州纪南城遗址

宜城市楚皇城遗址

潜江市楚章华宫遗址

铜绿山古铜矿遗址

西周初年,楚人立国。一开始,楚国是个不起眼的小国,方圆不过五十里,在列国中的地位也很低,连参加诸侯盟会的资格都没有,但楚人并不气馁,在草莽之中开辟了一片天地,成语"筚路蓝缕"就是这样出现的,形容楚人创业之艰辛。

东周初年,楚国已经成为一个方圆千里的大国,具有了争霸中原的实力。

公元前613年,楚庄王即位,史载他不理朝政,整日在后宫厮混。这样过了三年,大夫伍举进见,给庄王讲了一个谜语:"有鸟在于阜,三年不飞不鸣,是何鸟也?"楚庄王听了,答道:"三年不飞,飞将冲天;三年不鸣,鸣将惊人。"尔后,楚庄王任贤去佞,又北上争锋,开地三千里,成为"春秋五霸"之一。

公元前475年,中国进入战国时期,楚国一度衰落。楚悼王任用吴起厉行变法求强,北进中原,西向伐秦。《战国策·楚策》载:"楚,天下之强国也……地方五千里,带甲百万,车千乘,骑万匹。"这时的楚国,从面积上来说不但是东方第一大国,而且在西方的亚历山大帝国昙花一现后,也是世界第一大国。

楚人还创造了绚烂的楚文化。以楚辞为例,这种诗歌题材充满瑰丽的想象,是先秦诗歌创作中的一个高峰。由此可以说,这是一片流淌着诗意的土地。

博物馆里的"楚声"

在湖北省博物馆,你可以欣赏到编钟演出。这座博物馆收藏着曾侯乙编钟,它是迄今所发现的规模最大、保存最好、铸造最为精美的一套编钟。

1978年,这套编钟出土于随州市擂鼓墩1号墓,墓主是曾侯乙。周代,江汉地区除了楚国外,还有为数众多的诸侯小国,它们大都为楚国所灭,但曾国或许是因为保护过楚昭王的原因,有恩于楚国,因此一直到战国时代,仍然存在于楚国的腹地。曾侯乙生活在战国初期,和楚国关系密切,深受楚文化影响。

尚钟之风,于楚为烈。有周一代,当中原各国以鼎为重器时,楚国的重器却是钟。中原各国交兵,以夺走敌国的宝鼎为取胜标志,但在公元前506年,吴国击败楚国,却以破坏楚国的编钟为取胜标志。

公元前642年	公元前614年	公元前597年	公元前506年
郑文公朝楚成王。	楚穆王病逝,太子熊旅继位,是为楚庄王。	晋楚争霸,楚军大胜,饮马黄河,中原各国大多都尊楚庄王为霸主,楚国实现了称霸愿望。	吴师伐楚,伍子胥为谋主,孙武为军师,破郢都。

秦汉烽火

战国时代,在兼并战争中,秦和楚是两个都有可能胜出的强国,然而到了战国末年,由于楚国未能像秦国那样实施彻底而成功的变法,胜利的天平倒向了秦国一边。公元前221年,大一统的秦朝诞生,但短短十余年后又亡于楚人。

1975年至1978年,考古人员在湖北省云梦县睡虎地秦墓发现了大量秦简,其中有两封家信,反映出了秦政之苛暴。写信者是名叫"黑夫"和"惊"的两兄弟,戍守淮阳的他们催促家人尽快寄衣服和钱,不然"即死矣"。

江汉一带作为楚国故地,因楚亡而元气大伤。大批楚人离开了故土,迁往长江下游地区,那些地方是楚国在战国时开辟的新区。

当时有民谣曰:"楚虽三户,亡秦必楚。"这一方面反映了楚人对秦人特别仇恨,另一方面反映了楚人有亡秦的实力。秦始皇死后不到一年,陈胜、吴广点燃了反秦烽火。公元前207年,项羽在巨鹿之战中消灭了秦军主力。公元前206年,刘邦入咸阳,秦亡。

陈胜、吴广以及刘邦、项羽虽然没有生长在江汉地区,但他们都是楚人,其中项羽是楚国名将项燕之后。

公元前202年,西汉诞生。在两汉将近四百年的时间里,由于政治和经济中心在北方,今湖北地区失去了往日作为楚国中心区域的荣光,长期沉寂,同样的情形也出现在曾为吴越故地的浙江和江苏一带。一直到东汉末年,今湖北一带才重新登上政治舞台。

四战之地

湖北素有"九省通衢"之称,人们从这里沿长江可上通巴蜀,下达吴越,过洞庭南达湘桂,溯汉江北至豫陕。这个特殊的地理位置,在和平时代有利于湖北的商贸发展,在战争时期则很容易使这里成为各方争夺的"四战之地"。

东汉末年,战乱频仍,大批北人南下避难,荆州吸引了许多中原移民。当时荆州在刘表治下,他在荆州设学校,置学官,数以千计的中原学人聚集在荆州,令荆州一举取代洛阳,成为全国性的文化中心。

公元208年,刘表去世,曹操大军压境,刘表之子刘琮求降。曹操兵不血刃,进驻襄阳,完成了南下战略的第一步。当时刘备驻守在与襄阳只有一水之隔的樊城,因为兵力不敌曹操。曹军追击,刘备节节败退到夏口(今武昌)。曹操认为,只要他顺江而下,占领江东也指日可待。

秦汉时,人们在提到楚地时常常提到"云梦泽",那是江汉平原上一个巨大的湖泊群。后来,云梦泽不断淤积,如今遗留了约800个百亩以上的湖泊,使湖北得名"千湖之省"。

公元前 318 年	公元前 278 年	公元前 221 年	公元前 202 年
六国合纵伐秦,楚怀王为纵长。	秦师攻破郢都,三闾大夫屈原流亡至汨罗,投江殉国。	秦朝诞生,在六国故地实施郡县制,今日湖北的大部分地区属南郡。	西汉诞生。朝廷在今湖北地区实行封国和郡县并行的制度,使南郡、江夏郡和临江国互相牵制。

赤壁古战场位于今赤壁市西北约40公里处的长江南岸,是为"武赤壁"。黄冈市公园路还有一个"文赤壁",苏轼在那里写下《念奴娇·赤壁怀古》《前赤壁赋》和《后赤壁赋》。

重压之下,孙权、刘备联合抗曹,赤壁之战爆发,但他们实力远远弱于曹操。历史在那一刻发生了奇迹,时值隆冬,天气忽然转暖,江面上刮起了强劲的东南风,驻守在长江南岸的孙权、刘备两军得以火攻曹军。曹操大败,狼狈不堪地率残部退回北方。

那时的湖北,堪称是中国古代史的枢纽地带。赤壁之战造就了三国鼎立的局面,中国历史也走到了一个新的十字路口,秦汉以来四百年的大一统时代结束了,中国迎来了另一个长达四百年的南北分裂时代。

佛国往事

佛教在东汉初年传入中国,至南北朝时期而大盛,荆州成为当时的佛教重镇之一。

在《高僧传》《续高僧传》中,共出现东晋佛寺52所,其中位于今湖北境内者有13所,约占两传所载佛寺总数的四分之一。

成书于公元6世纪的《荆楚岁时记》记载了大量因佛教流行而形成的荆楚风俗:"二月八日,释氏下生之日,迦文成道之时。信舍之家,建八关斋戒,车轮宝盖,七变八会之灯。平旦执香花绕城一匝,谓之行城。"

至唐代,今湖北一带更是一跃而为全国性的佛教中心,揭开了禅宗历史上划时代的一页。

大约在公元620年,禅宗四祖道信在黄梅双峰山创道场,这个地方位于大别山麓,南临长江,利于静修,而且交通便利,学道者纷至沓来。道信提倡作(劳作)、坐(坐禅)并重,改变了以往僧众居无定所、四方乞食的生活方式。双峰山形成了一个世外桃源,在那里,僧人们过着农禅并重的恬淡生活。黄梅禅系出现了,自此禅宗有了固定的宗教组织和祖庭。

禅宗五祖弘忍生于黄梅,他继承和发扬了道信提倡的农禅并重的禅风,又在双峰山东面的冯茂山创建了东山寺,开创了"东山法门",使黄梅一带禅风更盛。当时黄梅民间流传这样一句话:"砖瓦东山行,无路不逢僧。"

在道信和弘忍之后,黄梅禅系分布的范围更加广大,其传人慧能和神秀分别创立了南宗禅和北宗禅。从此后,禅风不但盛行于中国,而且还远播到朝鲜半岛、日本、东南亚乃至欧美。

道家春秋

唐以后,道教在荆楚一带兴盛起来。

公元前33年	22年	208年	219年
楚地女子昭君出塞,远嫁匈奴。	刘秀在今湖北枣阳一带起兵,反王莽。	赤壁之战爆发,孙、刘联军以弱胜强,大败曹操。	刘备失荆州。

这一格局的形成有两方面的原因，从本土环境来说，楚地本来就是道家思想的发源地，早在先秦时期即有南道北儒的文化格局，邹鲁出儒家，楚地出道家。从大环境而言，唐皇室尊崇道教，推动了道教的发展。

唐时，许多道士活跃在荆楚一带，如司马承祯、鱼玄机、胡紫阳等。自称为"楚狂人"的李白也因倾心道家思想，在荆楚一带游历了十年以上，交游了不少道士。如李白曾特意到随州拜访胡紫阳，并自述道："入神农之故乡，得胡公之精术。"在江陵，李白遇到了司马承祯，后者赞扬李白："有仙风道骨，可与神游八极之表。"

也是在唐代，武当山上始有道教建筑，开武当山之为道教名山之先河。相传，"药王"孙思邈和"八仙之一"的吕洞宾都曾在武当山修道。

到了宋代，道教将武当山尊为真武大帝的出生地和飞升处，形成了以崇奉真武为主要特征的武当道教。

明初，全真道张三丰来到武当山，倡导全真道的性命双修，以内丹学为本，并住持五龙宫祭奉真武大帝，得到明成祖朱棣的全力支持。

当时，朱棣编造了一个自己为真武神转世的神话，得到帝位后，他做的第一件事就是遣使祭拜真武，并决定将武当山作为皇家道场。他举全国之力，历时13年，在武当山修建了一个包括八宫、二观、三十六庵堂、七十二岩庙、三十九桥梁和十二亭台的庞大宫观建筑群。工程之大，耗费之巨，几乎不亚于北京紫禁城的修建。

湖北人爱去的佛寺道观
- 宝通禅寺
- 归元寺
- 四祖寺
- 五祖寺
- 长春观
- 荆州三观

历史 道家春秋

茶圣陆羽

唐代的山水文化极为兴盛，襄阳人孟浩然一生所作多为山水诗。稍晚于孟浩然，另外一个湖北人也成了推动山水文化发展的标志性人物，那就是陆羽，他的作品是茶与茶道。

公元733年的一天，复州竟陵（今天门市）龙盖寺的主持智积禅师在一处水滨发现了一名弃儿。这弃儿无名无姓，在寺院里长大后，他以《周易》为自己卜卦，卜得蹇卦，又演为渐卦，卦辞为："鸿渐于陆，其羽可用为仪。"他就为自己取姓为陆，取名为羽。

陆羽没有如智积禅师所望，成为一名僧人，反而走出寺院，以茶事为业，做了一名漫游四方的自由人。一生致力于茶道研习的他，把平生所得著成了一部《茶经》。后世之人，尊陆羽为"茶圣"。

在陆羽之前，茶在社会生活中的地位并不显著，人们一般把茶当作一种药品，煮茶之法一如煮中药。在陆羽之后，茶事成为一种生活的艺术。饮茶之风，从此遍及中国，又流传海外。如今，茶是全球20多亿人的日常饮品。

221年	280年	345年	365年
孙权称王，定都武昌。	晋军攻破江陵，浮江东下，吴国灭亡。	桓温出镇荆州，今湖北一带成为东晋的北伐基地。	道安大师率徒众400余人来到襄阳，四方学士，竞往师之，襄阳成为佛教中心。

1994年，武当山古建筑群被列入《世界文化遗产名录》。

武汉三镇的崛起

自宋元至明清，今湖北一带的区域中心，经历了一个自西部襄阳、荆州向东部武汉转移的过程。

荆州是楚文化的发祥地，位于江汉平原腹地，自先秦时代起，就是荆楚一带的政治、经济和文化中心。襄阳在荆州之北，为荆楚之屏障，自古为兵家必争之地。汉末，曹操为消灭孙刘，大军南下后的第一步就是进占襄阳；北宋初年，赵匡胤发起统一战争，也是首先在襄阳会合兵力。南宋末年，襄阳又成为抗击元军的前线。

元朝建立后，实施行省制度，今湖北一带在当时分属湖广行省、河南江北行省和四川行省，其中，湖广行省的省治在武昌。

在武昌成为今湖北一带的政治和文化中心后，江北的汉口也开始崛起。

汉口，顾名思义即汉水之口，为汉江入长江之处。在明中期以前，这里尚是一片芦苇丛生的荒洲。明成化年间（1465~1487年），汉水改道，由现

> 北宋初年，朝廷在今湖北一带置荆湖北路，简称湖北路，这是"湖北"这个概念第一次出现在历史上。

守襄阳的真的是郭靖和黄蓉吗？

提起襄阳，70后、80后的第一印象，恐怕就是郭靖、黄蓉夫妇守襄阳的武侠故事了。金庸笔下这段可歌可泣的故事，历史原型即宋元更迭的关键一战——襄阳之战。

1264年，忽必烈改年号为至元，开始了对南宋的大举进攻。1267年，元军进攻襄阳。这里是南宋防御蒙古军队南下的战略要地，也是元军南下之路的关键障碍。战役前期，宋军依靠着水军的优势与横扫欧亚大陆的蒙古军队周旋；后来又被围城5年之久，在一步步弹尽粮绝的困境中顽强抵抗，守城主将为吕文德、吕文焕兄弟。

小说中的吕氏兄弟贪生怕死，历史上的他们虽然品德有亏，但在守襄阳城的事情上却是功绩卓越。武侠故事自然不能当真，同样地，襄阳城外杨过用石子打死蒙古大汗蒙哥，其实也是金庸将1259年，重庆钓鱼城宋军流矢击毙蒙哥的史实，移花接木过来的。杨过为郭襄准备的生日礼物中，"南阳大火"换作"樊城大火"才更符合常识——襄阳人怎么能看到115公里外南阳的大火呢？

而襄阳最终的陷落，正是从樊城失陷开始。1273年初，为了切断襄阳守军的外援，元军大举进攻与襄阳隔江相望的樊城，并烧毁了樊城与襄阳之间的水上浮桥。樊城失陷后，元军从樊城进攻襄阳，攻下了孤立无援的襄阳。3年后，元军攻占临安。

592年	约620年	672年	689年
天台宗创始人智顗回到故乡荆州，讲法玉泉寺。	禅宗四祖道信来到黄梅双峰山，创道场，黄梅禅系由此形成。	慧能至黄梅，问佛法于禅宗五祖弘忍。	孟浩然出生于襄阳。

今河道入长江，原先的那个荒洲淤积出大片旱地，百姓聚集成市。

得益于依长江、傍汉水的地理优势，以及明清时期商品经济的大发展，汉口很快崛起，成为"天下四聚"之一，与河南朱仙镇、江西景德镇和广东佛山镇并列为全国四大市镇。

至此，汉口、武昌，再加上原本就有的汉阳府，共同构成了"武汉三镇"的格局。今湖北一带的政治、经济和文化中心转移到了武汉。

湖广熟，天下足

宋元时，人们形容一个地方的农业生产水平，所用的民谚为"苏湖熟，天下足"。到了明清时期，这一民谚变成了"湖广熟，天下足"。

江汉地区沃野千里，但是要让这片土地的生产潜力发挥出来，就需要有相应的水利设施。明代，江汉水利得到了系统化的建设和整修，著名的荆江大堤就是在这一时期完成了修筑，同时，用于灌溉的陂塘堰坝等水利设施发展很快。

发达的农业刺激了米粮的商品化，而汉口则是米粮转运中心。湖北的粮食输往江苏、浙江、安徽、福建、广东、广西、贵州、河南、山西、陕西、山东、直隶等多个地方，其中，以输往江浙者为最多，这使明清时期的湖北成了"天下粮仓"。

汉口开埠

今天在武汉的沿江大道中段，你可以看到许多面江而立的欧式建筑，哥特式、洛可式和巴洛克式一应俱全。它们都是汉口租界的遗存。

1842年，中英签订《南京条约》，但英国商人还想在中国内地增开商埠。这一年，英国海军舰长柯林逊率舰由吴淞江上行到汉口，沿途进行侦测。1858年，《天津条约》确定汉口为新增的11个通商口岸之一。1861年，汉口正式成为通商口岸。此后，根据《烟台条约》和《马关条约》，宜昌、沙市也相继辟为通商口岸。

在汉口，列强在设立领事馆的同时，还开辟了租界。最早设立的是英租界，其范围南起今江汉路，北抵合作路，西北至今中山大道，东南临长江。此外，汉口还有俄、法、德、日等国的租界。到1907年，汉口五国租界的面积达到2.3平方公里，成为仅次于上海和天津的第三大租界区。

租界有"国中之国"之称。民国成立后，中国方面相继收回了汉口各个租界。最早收回的是德租界。1917年，中国对德绝交，收回汉口德租界。

> 1664年，清廷在湖广地区实施分省，设立湖北、湖南两个省级行政区。这时的湖北共有10府60县，范围与今日湖北基本一致。

> 1862年1月1日，江汉关正式建立，其所在地江汉关大楼位于汉口江汉路和沿江大道交会处，为武汉市标志性建筑之一。

878年	974年	1012年	1107年
王仙芝战死于黄梅回旆岭。	宋军从江陵出发，顺江而下，平定江南。	占城稻传入湖北。	襄阳人米芾去世。其为一代书画大家，世人称其画作为"米氏云山"。

1945年，中国在抗战胜利后收回日租界和法租界。自此，租界在汉口成为历史陈迹。

洋务重地

清末，洋务派掀起了"师夷长技以自强"的洋务运动，湖北成为洋务运动的重地。在这一时期，张之洞是一个重要人物。

张之洞，号香涛，人称"香帅"。1889年，张之洞出任湖广总督，在湖北先后创办了汉阳铁厂、大冶铁矿、湖北枪炮厂等多家近代企业，并推动了卢汉铁路和粤汉铁路的建设，这使武汉三镇很快就赶上了上海，一跃而为洋务运动后期的中心，近代湖北工业和铁路交通的基本格局也由此奠定。

同时，张之洞还在湖北编练新军，开办学堂，大举派遣留学生。清末十余年间，湖北留日学生和官员的总数超过了两千人。

1907年，张之洞离任湖广总督，这时的湖北从物到人，都已风气大开。

虽然张之洞力推各项新政的目的是稳固清朝的统治，但客观上却推动了变革力量的增长。四年后，武昌起义爆发，打响了辛亥革命的第一枪。后来，孙中山这样评价张之洞："不言革命之大革命家。"

武昌首义

1911年，武昌城中风传革命党人将要举事，像元末的汉人那样联合起来"中秋节杀鞑子"。不过，并没有什么事情在中秋节那天发生，湖广总督瑞澂喘了口气。

10月9日，一颗炸弹在汉口俄国租界炸响，原来是革命党人检验炸药不慎引发爆炸。该来的事情还是来了，瑞澂下令连夜搜捕革命党人，次日一早，瑞澂向北京报捷，说已查获武昌革命党人名单，逮捕革命党32人，其中，已"即行正法"3人，余者尚在审理中，对于胁从者可准予"自新"。

也许瑞澂这样做的本意是为了息事宁人，但查获革命党人名册一事，却已在新军营中引起普遍的恐慌，甚至有谣言说官员们正在编制包括所有汉族士兵的花名册，并以革命党罪名逮捕所有汉族士兵。

10月10日晚上八点半，武昌起义在人心动荡中爆发了，瑞澂仓皇出逃。不到12小时，武昌即宣告光复，汉阳、汉口也相继光复。

随后，在一个多月的时间里，全国各省大半光复，清王朝轰然倒下。1912年1月1日，孙中山在南京宣誓就任中华民国临时大总统，亚洲历史上第一个民主共和国诞生了。

武昌起义军政府旧址位于武昌蛇山南麓的阅马场北端，现保存完好，因主体建筑为红色楼房，人称"红楼"。

1134 年	1267 年	1364 年	1402 年
岳飞从武昌挥戈北上，收复随州、襄阳。	襄阳之战爆发。元军围城六年，始破襄阳，随后，元军浮江汉东下，南宋灭亡。	朱元璋率水陆大军攻破武昌，设湖广行中书省。	朱棣即位，在武当山大建宫观。

北伐战争在湖北

在北伐战争时期,武汉曾一度成为首都。1926年8月,北伐军进入湖北境内,并在当月底连克汀泗桥、贺胜桥。10月,北伐军攻下武汉。

当时的武汉是中国仅次于上海的工商业城市,北伐军占领了武汉,就等于北伐成功了一大半,既可以北上中原,也可以沿长江顺流而下,攻取九江、安庆、南京和上海。

1926年年底,国民党中央执行委员和国民政府委员召开临时联席会议,议决自次年元旦起,国民政府正式开始在武汉办公,并发布命令:"确定国都,以武昌、汉口、汉阳三城为一大区域作为'京兆区'。"

在中国历史上,这是武汉第一次成为首都,也是唯一的一次。就在这个时候,国民政府内部发生了分裂,时为北伐军总司令的蒋介石不赞成定都武汉,而要另立中央,之后成立了南京国民政府,这样就形成了武汉国民政府和南京国民政府两ράς并立的局面。

力主武汉为首都者为当时国民政府的苏联顾问鲍罗廷,他这样做的目的是牵制蒋介石,但随着宁汉合流的发生,鲍罗廷被国民政府解除了顾问职务,武汉也失去了短暂的首都地位。

> 武汉国民政府旧址位于汉口中山大道南洋大楼,为全国重点文物保护单位。

抗战中枢

全面抗战爆发一年后,重心为"保卫大武汉"。

1937年7月7日,卢沟桥事件爆发,短短数月间,北平、天津、上海和南京等地相继沦陷。这一年11月,国民政府的部分机构从南京迁至武汉,武汉成了事实上的战时首都。

随着日军的步步紧逼,"保卫大武汉"的歌声响彻三镇,"粉碎敌人的进攻,巩固抗日的战线,用我们无穷的威力,保卫大武汉"!

1938年6月11日,武汉会战爆发,这是抗战史上规模最大的一次会战。中国军队在长江两岸、大别山麓等武汉外围地区和日军殊死搏杀,以伤亡40万人的代价,造成日军近10万人的伤亡,但武汉还是陷入了日军包围之中。为了保存力量,蒋介石决定退出武汉,10月26日、27日,武汉三镇陆续沦陷,历时四个半月的武汉会战至此结束。

日军虽然侵占了武汉,但是并没有达到消灭中国军队主力的目标。中国军队的主力在武汉会战后撤往了大西南,抗战进入了战略相持阶段。

武汉作为抗战中枢,还为中国保存了长期抗战的物力。在武汉会战之前,442家工厂经水陆联运,从武汉迁往重庆、陕西、贵州等大后方,其中

> 中山舰博物馆位于武汉市江夏区金口镇,展出曾在武汉会战中遭日机炸沉的中山舰舰体和300多件文物。

1645年 — 李自成战死于通山县九宫山。

1664年 — 清廷分析湖广,湖北、湖南分省。

1861年 — 汉口开埠。

1889年 — 张之洞出任湖广总督,湖北成为洋务运动的中心区域。

包括汉阳铁厂、兵工厂等战略性工厂。这是一次史诗般的工业内迁,中国近现代工业的精华得以保存,而且强有力地推动了大后方的工业发展。

一条"U形线"

1949年,中华人民共和国成立,湖北进入新时期。这一个多甲子的湖北当代史,可以说是一条"U形线"。

20世纪50年代,武汉钢铁公司、武汉重型机床厂以及武汉长江大桥等重点项目的建成,使武汉在全国城市中继续保持了领先地位。1959年,武汉的工业总产值仅次于上海、北京和天津,位居全国第四位。

但是,到了20世纪80年代,随着沿海开放战略的推进,地处中部的武汉逐渐落后了,被珠三角、长三角和环渤海地区的多个城市超越。

武汉所经历的这个失落的过程,也是整个湖北当代史的缩影。这种状况在文学作品里也有表现,比如人们在方方以20世纪90年代的武汉为背景创作的小说《万箭穿心》里,就可以读到"下岗"等因素给一个普通家庭带来的冲击、困惑和无奈。

一直到21世纪初,属于湖北的东风才回归到这片土地。随着"中部崛起"等战略的推进,武汉经济技术开发区成为全球最重要的汽车产业基地之一,有"中国车都"之称。与此同时,位于武汉的"中国光谷"已成为全国创新活力最强,经济增长最快的高新区之一。

> 20世纪二三十年代,宫殿式建筑曾盛行于中国。作为这一建筑样式的典范之作,2001年,武汉大学早期建筑群列入全国重点文物保护单位。

战火中的摇篮

全面抗战爆发后,成千上万的中国孩子成了孤儿。1500万难民从华北、华东等沦陷区向内地迁徙,其中有急需救助的难童约十万。

为了救助这些孩子们,1938年3月10日,中国战时儿童保育会在汉口成立,推选宋美龄为理事长,邓颖超为常务理事。16000多名难童先后进入保育会在汉口设立的保育院,然后分为28批,先转移到宜昌,再换小船经三峡到重庆,在那里又转往四川各地的保育院。

在全国范围内,中国战时儿童保育会先后成立了20余个分会及数十所保育院,救助28900多名难童度过了抗战烽火。这些难童,从此也有了一个共同的身份——保育生。

多年以后,许多难忘那段岁月的保育生仍不时相聚。一名叫吕晓山的保育生曾这样回忆:他在武汉会战之前,和二哥一同从河南开封的家乡逃难到汉口,在那里进入了保育院,之后又撤退到重庆,一路上都有他们称为"妈妈"的年轻老师陪伴他们这些难童。战争结束后,二哥返回家乡,而吕晓山一直留在了重庆大足。

1911年	1926年	1927年	1938年
武昌起义爆发。	北伐军进入湖北。	武汉在中国历史上第一次成为首都。	武汉会战爆发。

中国经济增长极向中西部的转移，使得湖北承东启西、连南接北的地理优势再次大幅度表现了出来。这个省份还有着极为丰富的人才储备，全省有武汉大学、华中科技大学等一百多所高校，其中多数集中在武汉，在校大学生人数超过百万。这种地理和人才叠加的优势，未来应该可以让湖北取得一个比当下更重要的位置。

1957年	1994年	2014年	2016年
武汉长江大桥建成并通车。	三峡大坝动工兴建，位于宜昌境内三斗坪。	宜万铁路开通，以武汉为"心脏"，中国高铁形成"米字型"网络。	14条地铁同时建设，武汉迎来"地铁年"。

湖北人

从"亡秦必楚"的楚汉之争到赤壁之战的"三分天下",从辛亥革命的一声枪响再到大别山里的刘邓大军,数千年来,荆楚大地上的硝烟滚滚造就了湖北人刚烈、勇敢甚至好斗的性格。然而,《离骚》里的忠直,李白、孟浩然诗歌里的浪漫,又给湖北抹上一片水漾的柔情。街头巷尾的市井气息和现代化的都市相映成趣,系在裤腰上的江湖仗义和"九头鸟"般的聪明让人又怕又爱,如果你非要给他们下一个定义,也许就如同武当的太极一般,玄!

天上九头鸟,地上湖北佬

提起湖北人,人们第一反应多是"天上九头鸟,地上湖北佬"。事实上,这个说法出自春秋战国时期,说楚人很厉害,如同天上的九头鸟。从来源考证,"九头鸟"本意并非是指聪明或者精明,而是因为在华夏文明尊龙的主流文化里,楚人自古便有尊凤崇凤的传统。传说楚人的先祖是祝融,他是凤鸟的化身。所以楚民族崇拜凤,对凤怀有深厚感情。

> 《白虎通义·五行篇》说祝融"其精为鸟,离为鸾","鸾"便是凤。

但这里的"楚人"其实不止囊括湖北人。在楚国八百多年的历史里,先后统治过的地域范围大约包括今湖北、湖南、安徽、江西、江苏、浙江六个省的全部,以及陕西、河南、山东、广东、广西、贵州等省区的部分地区。

不过随着时间推移,"九头鸟"的称呼独落在今天湖北人的头上,并且演变成专指湖北人聪明或者精明。其中褒贬争论不休,一说与张居正整顿吏治有关,一说则偏于"狡诈"之意。其实,在湖北人自己眼里,民间也有关于"聪明"的一杆秤。俗谚"奸黄陂,狡孝感,又奸又狡是汉川""十个棉谷佬比不上一个天门苕"表达了一些偏狭的看法,可笑看而过。

> 关于"九头鸟"的文章和书籍
> 朱介凡《九头鸟传说》
> 熊召政《张居正》

南腔北调的湖北话

湖北坐拥"九省通衢"的地理位置,经济的流通也带来了语言系统的庞杂。由于位处江汉及汉淮之间,秦、晋、徽、湘、粤、赣等地商帮大量移民迁来,形成"本乡人少异乡多""十家八九是苏扬,更有长沙与益阳"的五方杂处的商业环境。湖北话与北方的华夏语、西方的藏缅语、南方的苗瑶语和东南的壮侗语都有接触和交流,自然吸收了多种语言成分而形成词汇丰

"不服周"

湖北方言中有"不服周"的说法,它源自春秋时期楚人对周王朝的反抗——早期的楚国虽弱但叛逆十足,敢为天下先,楚国君王熊渠敢僭越给三个儿子封王,形成了湖北省最早的雏形,"不服周"这个词也因此流传了下来。

作为"桥梁"的楚语

春秋以后,随着各地经济文化联系的加强,楚国成为南方各族的融合中心,在语言上,楚人也起着沟通夏夷、消除隔阂的作用。在扬雄所著《方言》中,楚与魏、卫、宋、郑、韩、吴、齐、巴、秦之中的某一地区共有的方言词汇约70个,其中与吴共有者占了一半以上,反映楚、吴方言比较接近。

富、音声别具一格的方言。

发展到现代,湖北语言大体上由西南官话、中原官话、江汉方言、湘语、浙赣语言分支等组成,虽同属湖北人,但大家南腔北调,不同区域的完全听不懂对方也并不为奇。从区域来看,湖北大部分都操西南官话,是与成都、重庆、贵阳、昆明、桂林相近的汉语方言。因此这几个地方的人交流起来障碍不大,常能互相听懂对方所言。

省府的武汉话听起来"凶悍",实则因为表现力太强,它主要由黄陂、孝感方言与江汉方言相融合,尾音拖起,重音突出,带着明显的唱腔,即便是语气平平的一句话,外地人听起来都感觉似有挑衅在其中。

武汉以西的长江流域,荆州方言比较接近武汉话,它保留有湖北地区的古语,是更为纯正的湖北话。天门、洪湖、仙桃、潜江、汉川等江汉平原的方言与荆州话接近,发音更平,恐怕是湖北最好懂的方言。宜昌毗邻重庆,宜昌话更接近于重庆、四川一带,带有明显的儿话音。湖北西南边陲的恩施土家族苗族自治州语言更为复杂,除当地土语外,还夹杂了一些四川、湖南口音。湖北北部十堰、神农架林区、襄阳、随州方言则与河南话极为接近。

湖北最难懂的方言当属东南咸宁地区方言,东南部与江西省界界的8个县——通城、蒲圻、崇阳、通山、阳新、咸宁、嘉鱼、大冶主要是赣语的范围,外省人(包括湖北其他地区的人)几乎听不懂。造成湖北东南区域独特语系的原因还是移民运动。明清时期,移民迁入鄂东,其后鄂东北逐渐发展为江淮官话区,鄂东南则成为赣语的通行区。

多民族多信仰

湖北是个多民族的省份,全省共有53个少数民族,人口过万的少数民族有土家族、苗族、回族、侗族、满族和蒙古族。同时,湖北也是全国既有自治州又有自治县,还有民族乡镇的8个省份之一。少数民族聚居地尤以恩施为典型,仅恩施就聚居了土家族、苗族、侗族等26个少数民族。

土家族是55个少数民族中少有身居内陆腹地的民族之一。清江是土家族人的母亲河,它逶迤八百里,造就恩施经典的山水,土司城遗址也见证了恩施几百年"化外之地,司内之民"的历史。土家族人几乎无处不歌,上山唱山歌,田间劳作唱田歌,抬石唱号子歌,出嫁唱嫁歌,还有放牛歌、赶场歌、砍柴歌等,成就了恩施为"龙船调"的故乡。

湖北还是一个多宗教的省份,佛教、道教、伊斯兰教、天主教和基督教在这里均有分布。各教信教群众、宗教活动场所、宗教院校数量众多,有宗教信仰的游客在湖北省内总可以找到可参观祭拜的名胜。这其中,尤以在道教和佛教的传播发展中的作用为显。

湖北是道家的发源地,除了著名的武当山外,九宫山道教的声名远播

湖北人 多民族多信仰

想体味纯正武汉话,可以听听电视剧《士兵突击》里的老团长讲的方言。

只要提及湖北武汉,似乎就不能避开"九省通衢",意思是说地理位置是连接东西南北的交通要塞,交通十分便利。这里的"九"并非一个确数,而是泛指。实际上,九省通衢并不是湖北武汉独有的称号,江苏淮安清江浦、山东滕州历史上都有此称号。

湖北省著名道教场所

十堰武当山

武汉长春观

武汉木兰山

咸宁太乙观

仙桃玄妙观

巫文化

楚文化"崇火尚凤、亲鬼好巫",讲究的是天人合一的境界,具有浓郁的浪漫主义气息,这与中原文化崇土尚龙、敬鬼远神,讲究天人相分的等级制、崇尚现实主义的儒家文化形成鲜明对比。

据记载,先秦时期的楚人就"信巫鬼,好淫祀",桓谭的《新论》中讲楚灵王非常信奉"巫祝之道",当时吴国已经在攻打楚国,非常危急,而楚灵王听着鼓乐欣赏歌舞,神态自若地说"寡人方祭上帝,乐明神,当蒙福佑焉,不敢赴救"。崇巫之盛可见一斑。

时至今日,湖北的祭神祀鬼的文化传统众多,元日服却鬼丸,正月十五祭紫姑神,社日祭田神、行傩礼,清明祭亡灵,三月三辟邪祭鬼,四月八浴佛,五月五祭神驱疫,七月十五祀鬼,九月九登高辟邪,腊日大祭逐疫,小年祀灶王,除夕祭祖。在祭祀仪式中,人们注重饮食,讲究符咒、方位还有利忌行为,祈祷盼望祖先神灵保佑自己。众多的祭祀活动给人留下湖北人"楚俗尚鬼"的印象。

整体而言,和中原文化偏重礼法不同,楚文化偏重情感,更为真挚和热烈,尚巫就是这种文化的表现之一。这种文化背景传承下来,沉淀成今天湖北人侠义、直爽又不失浪漫的性格。

其实更早于武当山。旅客们在武汉市区内最能接近的道场要属武昌大东门的长春观,它是道教著名的十方丛林之一,也因美味的素食声振三镇。

湖北的黄梅,可以说是禅宗兴起的地方。由于四祖道信,五祖弘忍皆在黄梅立宗传法,六祖慧能在五祖东山门下承袭衣钵,因此有"三代禅祖聚蕲黄"的辉煌。位于武昌的佛学院,是近代中国用现代教育方式创办的最具影响力的佛学高等学府。

湖北省著名佛教场所

武汉莲溪寺

武汉宝通禅寺

武汉归元寺

荆州章华寺

当阳玉泉寺

惟楚有材

自古便有"惟楚有材"的说法。位于武汉新洲的问津书院自科举以来共出进士387人,曾与白鹿洞书院、岳麓书院、嵩阳书院、应天书院四大书院齐名。公认的聪明人诸葛亮在襄阳市著名的景点古隆中躬耕陇亩,刘备三顾茅庐才请得军师,古隆中也因此被称为智者摇篮,三分天下的策源地。

此外,古代的湖北人在青铜冶炼、铸铁、丝织刺绣、漆器方面的发明创造也显示其聪明才智。在湖北省博物馆里,可以看到最先进的青铜、最早的铁器、数量庞大且工艺精美的漆器,还有最富有创造力的丝织刺绣,这些均早于古希腊。越王勾践剑等青铜剑、鸟兽人身的铜雕等展现出楚人天马行空的想象力和创造力,更不用说闻名天下的曾侯乙编钟。

除了博物馆展示的"匠"才,思想人文领域方面湖北也成就不俗。哲学有老庄,老庄同为楚国属地人,他们的哲学和古希腊哲学一起成为人类哲学思想的两个源头。在先秦的文学史上,楚国的文学占据了半壁江山。尤以《楚辞》"逸响伟辞,卓绝一世"。

在近代,湖北在新中国的建立和建设中也人才辈出,可谓能文能武,敢拼敢打。文有思想家殷海光、徐复观,历史学家王葆心,天文学家甘德,地质学家李四光,武有一大批将军和英雄,以及革命家陈潭秋、董必武、李先念等。

湖北是科教大省,高考水平之高全国闻名,黄冈中学声名远扬,"黄冈密卷"令全国考生"闻风丧胆"。湖北高校的数量和质量在全国也是名列前茅,全省有120多所大学、130余万的在校大学生,2016年省内的两院院士人数已达71人,专业领域各有侧重,远超出其经济地位。省会武汉的高等学府数量和在校大学生数量在全国名列前茅。而且这些高校校园之大其他省份高校望尘莫及,从国内高校面积的排行来看,华中农业大学、华中科技大学、武汉大学都位于前列,横穿一所大学需要设置好几个公交站。

从企业界来看,湖北籍企业家也人数众多,尤其是在智力密集型的互联网界,如小米的雷军、360的周鸿祎和雅虎的创始人杨致远等。

码头上的湖北人

大江大湖让湖北码头林立,交通便利让湖北商业气息浓重。由此生发出湖北浓重的"码头"文化和湖北人仗义、豪爽的"江湖儿女"一般的性格。

湖北人的豪气仗义令历史上流传了不少"侠义"的传说。武汉汉阳的古琴台,是俞伯牙和钟子期高山流水觅知音的地方;湖北还是三国古迹的重要所在地,一百二十回的《三国演义》就有七十二回涉及荆州,刘关张桃园三结义留下"兄弟之义"美名,关公的崇拜从这里走向全国;崇尚"侠客"做派的"诗仙"李白也在湖北孝感旅居长达十余年。

由于远离中原,经济文化落后,政治上备受歧视,军事上累遭征伐,在列强环伺下求生存的楚国先民形成了桀骜不驯、奋发图强的精神,也养成了剽悍刚烈、率真热烈、吃软不吃硬的性格。竹林七贤的阮籍云:"楚越之风多勇,故其俗轻死……轻死,故有火焰赴水之歌。"屈原因国都被破、郁郁不得志而自投汨罗江;"西楚霸王"项羽不肯过江东,"楚虽三户,亡秦必楚";洪湖"鱼花子"陈友谅和朱元璋争夺天下,可见楚人"不服周"的桀骜。

这桀骜的血脉传到风云际会时,便诞生了武昌首义的第一枪,"二七"京汉铁路工人的罢工以及大别山区的漫漫红旗。湖北红安是黄麻起义的策源地和鄂豫皖革命根据地的摇篮,被誉为"将军县",除了董必武、李先念

湖北的将

自实行军衔制的1955年至1965年10年间,授衔的湖北籍将帅共236名,数量全国第二。其中:

元帅1名:林彪

大将2名:徐海东和王树声

湖北巾帼多英豪

湖北女性并非是外地人认为的"彪悍",她们性格大气、爽朗,眼中容不下沙子,心直口快让外地人容易觉得尴尬、下不了台,其实颇有侠女"路见不平"的风范。因此,在湖北,"嫂子"并非仅指一般意义上的亲戚,这个称呼也颇具江湖气息,反映了女性的"江湖地位"。

湖北女性的侠义和疾恶如仇自古有之。四大美女之一王昭君出生湖北宜昌秭归,为民族大义主动请求出塞与匈奴和亲。古代传说中还讲王昭君不满画匠贪污勒索的行径,拒绝贿赂导致画匠毛延寿没有如实画出其美貌,疾恶如仇可见一斑。还有替父从军的花木兰,她是黄郡西陵县人(湖北黄陂),现在的黄陂还有木兰山,以纪念这位巾帼英雄。

在方方和池莉的小说里,湖北女性的形象是刚柔并济,面对生活的磨难百折不挠,《万箭穿心》中的"女扁担"李宝莉、《生活秀》中吉庆街个体户女老板来双扬,她们是湖北女性顽强个性的真实写照。方方和池莉自己作为著名作家,也是湖北巾帼的代表。著名女子网球运动员李娜个性鲜明,敢闯敢拼,是典型湖北女性形象,跳水皇后伏明霞、周继红,体操奥运冠军程菲,网球奥运冠军李婷和孙甜甜也都是湖北当代文体界的明星。

两位国家主席外,还有223名将军,举世罕见。武汉会战是抗战以来规模最大、持续时间最长、牺牲最多的一次会战,其中荆楚英雄辈出。

> 今日湖北方言中也依然保留着诸如"拐子"(意思为大哥)之类的"江湖"词语。

到了现代,湖北人交朋友做事讲究"有味",最怕"掉底子"。"有味"就是够意思,"掉底子"就是丢面子。"有味"源自湖北人的饮食口味,湖北菜重咸重辣,符合湖北人爱憎分明的个性,所以"有味"才是好。如果是对刚认识的朋友评价是"有味",今后就能继续一起玩,如果被评价为"冇得味",那基本上以后就不会主动有来往。湖北人饮酒虽不能和东北、山东比,但讲究"够不够意思",如果在酒桌上不够爽快利落,就会被视为"冇得味"。

湖北人憎恶虚情假意、装模作样的做派,把这称为"鬼做",因为爱面子而吹的牛,一定要"逞能"做到;他们看不起胆小怕事、逆来顺受和优柔寡断,武汉人称其为"瘫腔";吵架有爱"抖狠"的江湖做派。经常听闻的公交车斗车传说也反映了湖北人火爆好强的性格。

市井与浪漫

湖北地处中原,夏天高温,冬天奇冷,省会武汉更是著名的"四大火炉"之一,极端气候给予湖北人民不修边幅追求舒适的天性。在酷热的暑天,你会看到湖北人民颇具特色的场面:竹床阵。

湖北人将吃早餐叫作"过早",早上见面的问候,自然就是"过早了冇"。对于湖北人而言,"过早"是件重要的事情,品种也丰富多样,但湖北人对"过早"的环境却并无要求,拎一袋生煎包,手捧一碗热干面,边走边吃是见怪不怪。

> 根据《黄陂县志》记载,木兰代父从军后立功异域,朝廷封她为将军,木兰不受朝禄,乞归故里,终年九十,葬于木兰山的将军庙下。

横渡长江是湖北人一项标志性的娱乐活动,不爱在泳池游,偏爱投身大自然。1966年72岁的毛泽东在武汉畅游长江后,全国掀起横渡长江运动。其实毛泽东先后游过长江、珠江、湘江、钱塘江、庐林湖、韶山青年水库等大小河流水域,却只有湖北广泛地流传下来。武汉国际渡江节到现在已经举办了36届。

> 黄陂木兰山是中国5A级风景区,山上有木兰殿、木兰将军坊,诵一诵"双兔傍地走,安能辨我是雄雌",去怀古一下这位巾帼英雄吧。

"我本楚狂人,凤歌笑孔丘",不拘泥于小节的湖北人有一种内心的放达与浪漫。楚国豪气浪漫不拘俗礼的人文风情颇得李白之意,以至于一住十余年。楚人屈原的《楚辞》也不拘《诗经》四字一句的死板格式,遣词造句浓郁瑰丽、激昂高亢,内容充满浪漫的幻想,"长太息以掩涕兮,哀民

竹床阵

竹床是用竹子做成的一种家居,竹筒做床脚,竹篾做床体。因竹子凉爽的触感,在酷热的暑天,太阳一落山,老人和小孩就会出动,先用砖头或板凳占领一块"片区",待太阳落尽,便端盆拎桶打凉水泼在发烫的"片区"路面上,给地面降温,然后家家户户会抬出竹床在室外纳凉。一家老小,或坐或卧,手摇蒲扇,由于天热,床上或坐或躺的男人大多打着赤膊,女人则着汗衫短裤,谁也不觉得有失体统,就着夏夜丝丝小风,邻里之间话家长里短。竹床阵首尾相挨,有些地方甚至路有多长,床就有多长,路拐弯了,竹床也跟着拐弯。民风淳朴单纯的小城镇,更是整晚就以穹庐为被,在竹床上坦然睡到天亮。不过,随着城镇化的进程,楼房林立,空调也越来越普及,竹床阵也渐失其往日的阵势,尽管如此,"竹床阵"仍然作为湖北人民不拘小节、接地气的典型写照,存在于方方、池莉的小说中,在武汉的民国风情历史文化街汉口里,你还可以看到一片24张的竹床阵。

生之多艰",毫不掩饰悲天悯人的感情。

这种浪漫因子流淌在楚人的血液中,造就湖北丰富多彩的民间艺术,比如汉剧(旧称楚调、汉调)、黄孝大鼓、湖北评书、楚剧(旧时山歌、道情、竹马、高跷及民间说唱)、黄梅戏、皮影戏,还有区域性更强的向坝民歌、龙船调、土家族摆手舞等,反映了楚人豪迈刚烈、活泼浪漫的个性。当代的湖北艺术家在国际上也屡获认可,2016年,湖北艺术界代表人物著名画家刘一原、樊枫,以及野搞派(又称野生派)理论创始人梁山(梁相斌),学院派代表黄勇、许东升、柯斗等12位艺术家的作品在国际顶级美术馆与世界级大师作品同台展出,以多种艺术表现形式在国际艺术舞台上呈现出独特的艺术状态和地域文化。写过《乡关何处》《江上的母亲》的"土家野夫"(见本书"当地人推荐"对土家野夫的采访)是湖北利川人,其作品描写了自己"颠沛流离"的个人经历,也展现了他洒脱不羁的个性。

文化与艺术

"灵"与"秀"本是很抽象的词汇,却在《楚辞》中得到具象而准确的阐述——"灵之来兮如云""容则秀雅"——屈原身后的楚国,便是今日的湖北,其文化与艺术充满了浪漫和奇幻的色彩。楚文化与中原文化并列为华夏文明两大源头,在历史长河里始终闪烁独特的光芒。

鸿蒙初开:炎帝神龙文化

荆楚繁盛的文化,已经直达遥远的上古。

1982年,神农架林区文化馆干部胡崇峻在神农架的深山老林中,发现了一本长达3000行的手抄本,手抄本以七字一句的民歌形式叙述了史前至明代的重大历史事件,分为四大部分:天地起源、盘古开天、洪水泡天和再造人类,三皇五帝出现。后来被证明这是华夏民族首部创世史诗《黑暗传》。这部创世史诗和世界无数创世史诗都有共通之处,特别是洪水泡天的起源,所以胡崇峻这个发现人和翻译者也被称为"中国的荷马"。

《黑暗传》的发现也把世人的关注转到神农架这片神奇的土地。神农架因炎帝神农氏而名,和黄帝轩辕氏同为华夏始祖。神农给华夏大地引入了原始农业和药学,是一位充当了一代社会先进生产力杰出代表的英雄,为开创原始文明、缔造华夏民族做出了卓绝贡献的伟人,因而才成为被历代炎黄子孙日益神话了的先人。"炎黄子孙"中的炎帝既是华夏农业的鼻祖,也是华夏文明的"人文始祖",而湖北是炎帝神农氏的故里,也是楚文化的发祥地之一。

神农架也成为殷商文化、秦汉文化、巴蜀文化、荆楚文化源源不断汇集地,地域民俗文化资源蕴藏丰富,门类繁多。炎帝神农虽然代表上古文化,但衍生到今天也有了现代意义:被概括为一心为民无私奉献的精神,科学求实开拓创新的精神,迎难而上吃苦耐劳的精神和扎根山区艰苦奋斗的精神。其实还应包括另一重要方面,即探秘猎奇勇往直前的精神,正是

> 农历五月初五,中国传统的端午节就是为了纪念投汨罗江殉国的屈原。

古楚文化中的"中国第一"

早在上古时期,神农氏就在这块土地上遍尝百草,开辟中草药治病之先河。在政治上,楚人最早创立县制,改革赋税制度、军事制度等,著名的吴起变法要比商鞅变法还要早二三十年;尤其是楚庄王敢于饮马黄河,问鼎中原,做到"一鸣惊人"。在生产上,最先进的青铜冶铸出自楚国,最早的铁器出自楚国,工艺精美的漆器出自楚国,丝绸刺绣出自楚国。秦汉至明清时期,出土于江陵汉墓中的《算数书》,比西汉中期的《九章算术》还要早几百年,是迄今所见最古老的一部数学著作;北宋时毕昇的活字印刷术,是我国古代四大发明之一;明朝李时珍的《本草纲目》,堪称中医学的经典巨著。

新读《隆中对》

付开镜,许昌学院教授,研究魏晋南北朝历史。他对《隆中对》实施中的秘密性和变异性作了分析,认为刘备集团在夺取荆益二州之前,基本上遵守了《隆中对》的战略,实施了《隆中对》表现出较强的秘密性。刘备驾崩后,《隆中对》已失去了战略实施的重要前提,其秘密实施的价值也就大打折扣。

凭借了这种精神,他才能首创农耕、首创医药、首兴交易和重演八卦……所有的发明创造都应该是这种精神的成果。

决战荆襄:三国文化

迄今为止,湖北在中国历史上最璀璨的一个时段,就是三国。衔接而上的魏晋风骨被仰望得多么瑰丽恢宏,而这些多是来自三国时代的遗存和积累。散落荆楚大地上的181处遗迹无一不证明湖北是整个三国文化的中心。尤其在荆州与襄樊两个重镇。

那个时代,荆州是争夺焦点。荆州之争,决定国家分、合命运。荆州是三国历史的缩影,一部三国史,也可以看作荆州之争夺史。刘备借荆州、关羽守荆州、吕蒙袭荆州,谈起三国,重要桥段都在荆州;说到荆州,又使人想起三国。当时的荆州,鲁肃谓之"帝王之资",诸葛亮则称"用武之国"。虽然中国历史纪元表记载的三国史,始于公元220年曹丕称帝,终于公元280年孙皓被俘吴亡,但实际上三国鼎立局面,应从赤壁之战后曹操、孙权、刘备三分荆州开始。

三国中的襄樊则代表另外一种起始意义。刘备三顾茅庐,诸葛亮隆中对策,便定天下三分,这些都发生在襄樊,此可谓三国历史始于襄樊。羊祜推荐杜预,二人先后都督重兵镇守襄樊,定下灭吴大计,天下归于一统,三国历史终于襄樊。

诸葛亮与关羽,被后世奉若神明超越帝王的大人物,他们的生死就发生在湖北这块热土上。诸葛亮"生"于襄樊隆中的山野,以隆中对为出发点,一步步走上他作为谋略之士安身立命、经邦济世之路。而一部《三国演义》也几乎大半部写的是中国顶级的智慧谋略。诸葛亮后来是神一般的存在,还被誉为中国民族智慧的化身。

关羽"死"于荆州。荆州是关羽镇守达十年之地,是他一生事业的亮点,也是他为之丧身而悲切之所。"大意失荆州"被擒斩首的悲剧结局,正是关羽身后被尊奉、神化的一个重要因素。关羽之死正是关羽之生。作为群雄角逐的舞台,当时魏、蜀、吴的主要文官武将,都纷纷在荆州或是襄樊登台亮相,斗智斗勇。

湖北是三国历史中反复出现的主角之一:《三国演义》有七十多回涉及湖北;三大战役中的赤壁之战和夷陵之战的主战场在湖北;东吴大帝孙权的原都城,在今湖北鄂州;隆中对、刘备借荆州、火烧赤壁、当阳长坂坡等人们耳熟能详的故事,都发生在湖北。而现存的襄阳"古隆中"、襄阳城墙、赤壁之战遗址、关陵、吴王城遗址、麦城遗址等大量文物古迹,正是湖北三国文化的重要实证和见证。

《三国演义》作为艺术再现三国历史的文学名著,以大量篇幅生动描绘了三国荆州之争,全书一百二十回,计有三分之二的回目直接或间接写到荆州。

热血浪漫：文学

"楚文化"是一种充满浪漫与奇诡想象的文化，似乎这一块土地天生就盛产诗情洋溢的诗人与作家。这片土地还孕育出凡夫俗子董永与七仙女之间的故事，是中华民间文学里少之又少的爱情读本；能凭空而起一位不爱红妆爱武装的巾帼英雄花木兰，以侠与义的形象存活于民间……而无论从前还是现在，无论多么浪漫奇诡，湖北的文学始终深沉地关注现实。

屈宋文学

屈原就是这块大地上浪漫主义的发端。他被后世认为是中国历史上第一位伟大的爱国诗人，中国浪漫主义文学的奠基人。他的《离骚》《天问》《九歌》《九章》等作品现在读来惊为天人。尽管被后世评为爱国主义的滥觞，但至今仍给中国文学以深远的影响。他的作品与《诗经》是两座并列的高耸入云的奇峰，巍然屹立。屈原几乎成为传说的神，甚至影响到了民间风俗。

屈原以后，湖北宜城人宋玉发展了赋这种文体。他的《九辩》是一首长篇政治抒情诗，辞藻秀美，具有丰富的社会意蕴。"下里巴人""阳春白雪""曲高和寡"这些著名的典故都出自宋玉的作品。李白和杜甫均对屈宋表以盛赞，李白云："屈宋长逝，无堪与言。"杜甫曾说："窃攀屈宋宜方驾，恐与齐梁作后尘。"

唐孟宋袁

公元8世纪上半叶的盛唐时代，在湖北襄阳出现了"山水诗人"孟浩然。孟浩然常常以隐士的形象出现，李白评价他是"红颜弃轩冕，白首卧松云"。（《赠孟浩然》）孟浩然入仕失败后远离了时代，对盛唐沸腾的生活缺少体验，诗歌的重要题材是山水隐逸。他创作了许多田园山水诗，在诗歌的形式上推动了五律的发展。

公元9世纪中期，在唐末文坛上现实主义流派中，湖北襄阳人皮日休的诗具有一定地位，体现了中国文学传统的"悯农"情怀，此时唐末诗风衰落，小品文得到了发展。皮日休的小品文颇有声誉，能一针见血，如《鹿门隐书》。

北宋的书画家米芾，其画风洒脱奇俊，本人还好穿奇装异服，人称"米癫"。再往后，晚明出现的一个著名的文学流派"公安派"，是当年文坛上的一股小清新。"公安三袁"是公安派的领袖，其中以袁宏道声誉最高，成绩最大，其次是袁中道，袁宗道又次之。公安派反对前七子和后七子的拟古风气，主张"独抒性灵，不拘格套"，发前人之所未发。其创作成就主要在散文方面，清新活泼，自然率真，但多局限于抒写闲情逸致。袁宏道创立了"性灵说"，要求文章"从自己心中流出"，他的散文飘逸秀美，佳作较多，比如《满井游记》，是中学语文教材的内容。

新时期文学

纵观古代湖北作家创作的基本轮廓，可以发现，那些在当时就产生了较大社会影响并能流传下来的文学作品，它的题材和主题往往与国家的前途、人民的命运紧密相连。可见对现实关注的文化传统由来已久，对底层命运的关注甚至影响到现代的新时期文学。

新时期以来，湖北的小说创作和诗歌写作一直是当代中国文学的重要部分，荆楚文学界一直是当代文坛的中坚力量。

20世纪70年代末80年代初，姚雪垠的长篇小说《李自成》、徐迟的报告文学《哥德巴赫猜想》和熊召政的诗歌《请举起森林一般的手，制止！》等作品，被广泛认为是我国新时期文学的奠基石之一。同时兴起的"新写实"浪潮，是对现实主义的创新，其中两位重要作家方方和池莉都是湖北人。20世纪90年代，湖北作家方方、刘醒龙、邓一光等写出了一大批优秀作品，对中国文学的繁荣做出了巨大的贡献。进入21世纪后，湖北文学也进入了一个新的高峰，仅长篇小说就产生了方方的《乌泥湖年谱》、邓一光的《我是太阳》、刘醒龙的《圣天门口》、陈应松的《失语的村庄》等优秀作品，而熊召政的历史长篇小说《张居正》四卷，方方的《风景》、池莉的《化蛹为蝶》所代表的"新写实主义"文学，扬弃了现实主义一些传统理念，更多地注重原生态的摹写。

同时，除了小说，诗歌也是热血派湖北文人们最喜欢的载体。尤其是在20世纪90年代，湖北诗人群体出现也是中国诗歌版图上无法忽略的一个文化现象。"平行""或者"和"新汉诗"在规模和实力上都是熠熠生辉的现当代诗坛明星，他们的核心成员作品、个性化网络论坛、民间刊物，正式出版的诗刊时至今天还有深远的意义。

奇绝多彩：艺术

"筚路蓝缕，以启山林。抚有蛮夷，以属华夏。不鸣则已，一鸣惊人。"这么触目惊心的描述再加高度的褒扬出自《左传》，很难想象衣衫褴褛的古楚先民拉着荆柴大车，从开垦山林坡地伊始，励精图治后得以崛起，一度称霸中原，创造了与古希腊文明同样辉煌璀璨的楚文化，一举摘掉蛮夷的帽子。

而最能够阐述一个盛世气象的莫过于当时出产的各种器物，祭器能够见国家治度，日用品则可观楚人生活的日常。楚人在审美上有着独到的眼光和品位，也有着对技术方面的追求和挑剔，以至于可以把青铜器、楚绣、漆器等数个门类就此推上千年以来美的巅峰，成就了今日中国当之无愧的"文物大省"。

青铜冶铸独步一时

华夏自古以礼仪之大自居，周公为周代建立了一套完备的礼乐制度，而青铜礼器是商周时期最好的仪轨载体。

在东周礼崩乐坏之时，强大的楚国一直想洗掉蛮夷的痕迹，所以恪守周代礼乐制度的核心价值——明尊卑，别上下。"问鼎"一词源于楚庄王询问鼎轻重时昭见天下的野心。

位于今湖北大冶县的铜绿山遗址，是当时重要的铜矿产地，为楚国青铜器的制作提供了丰富的资源基础。独具特色、工艺精湛的楚国青铜器就是在吸收周文化的基础上，融合吸收了个诸侯国及自身的特色而形成。楚式青铜器在器形、器物种类、器物组合等诸方面，均进行了变革与创新。尤其成为战略强国后，青铜剑、戈、矛以及甲胄等兵器也不输当时的越国。其中在纹饰方面既保持了传统的风格，又有自身的特点。第一，素面器增多，很多鼎、盉、壶等器物均以素面呈现。第二，以失蜡法铸造的青铜装饰繁复精美，玲珑剔透。第三，一些花纹独具特色，如以浪花飞溅的变形蟠螭

"惟楚有材，于斯为盛"

这对名联由清嘉庆年间岳麓书院山长袁名曜撰写，虽然是对书院暧昧的夸耀，但是不得不承认也是对楚地人才的一个致敬。

凤图腾

楚人作为太阳神祝融的后代，崇尚被视为"太阳鸟"的凤凰。在楚文化核心区域的湖北地区尤甚。楚人以凤鸟自居。楚地很多文物的艺术元素就以凤为主体。甚至在世俗里都有一句俗语，"天上九头鸟，地上湖北佬"，也可以说是凤文化的另外一种幻化。

纹、以线条勾勒的极度简化凤纹等。这些精美的纹饰展示了当时社会的审美情趣和文化内涵，也显示了古代精湛的青铜冶铸工艺。

举世闻名的曾侯乙编钟为青铜铸造，共65件，重2500多公斤，设计精巧，造型壮观。虽然在地下埋藏了2400多年，但它的音质还是很好。编钟的出土令世界震惊，被誉为"世界奇观中独一无二的珍宝"，填补了我国在考古学、音乐史和冶炼史上的许多空白。

髹漆刺绣领袖群伦

青铜虽好，但是有笨重和容易生锈的缺点。这注定了漆器在日常生活中的盛行。春秋战国时期，楚式漆器以造型之美、彩绘之精，达到我国漆器制作工艺的巅峰。现存有三大类，榫卯木雕类、金漆盆盘类、瓜果甲骨胎类。

楚地漆器通常是以黑漆为底，红漆或彩漆画纹。其他颜色如黑、红、金、银、黄、绿、蓝、褚、灰等各色油漆常见于漆器的装饰上。其中楚式漆器髹饰技艺尤其精湛。元末生产的"金漆盆盘"和明代生产的"朱漆盒"曾闻名全国，晚清生产的成套髹漆木雕"十殿阎君""八仙过海""大闹天宫"还曾远销到南洋群岛、美国、日本和印度。直到建国初期当地人常用的漆器还和千年前一样。

同一时期的楚国刺绣品，那时已远销到西伯利亚地区。南方的楚国丝织业足以代表春秋中期我国丝织品工艺技术的最高水平。屈原的《楚辞·招魂》为我们描绘了一幅楚宫丝织品图画，"翡翠珠被，烂齐光些"，可以想见柔软的华丽。楚绣发展成汉绣后名称沿用至今，鼎盛期是清末民初，当时汉口甚至还有一条绣花街，汉口的绣花戏衣颇具名气。汉绣用针有别于四大名绣，以"平金夹绣"为主要表现形式，分层破色、层次分明，对比强烈。追求充实丰满、富丽堂皇的热闹气氛，充分体现了"花无正果，热闹为先"的美学思想，呈现出浑厚、富丽的色彩。江陵马山一号墓发掘出的战国中期绣品，进一步证实了汉绣的历史承载量。绣线颜色以红、黄、绿、兰等亮色为主，绣品以密集的满绣填充块面，或虚地绣纹轮廓内的局部块面，绣出的珍禽异兽、奇花佳卉富于立体感和虚实感。

音乐、舞蹈与戏剧

唐代诗人刘方平在《采莲曲》中很著名的一句，"落日晴江里，荆歌艳楚腰"。荆歌与楚腰，寥寥四个字反映的却是荆楚大地上音乐与舞蹈双星耀眼的事实。

中国历史上关于音乐的传奇最著名的莫过于"高山流水"，除了是中国十大古曲以外，也是一段伯牙与子期知音相遇的佳话。知音身影已远，武汉龟山月湖畔至今还是留存了古琴台遗迹。而琴台也成为音乐的一个文化符号。曾经的琴台音乐节是中国的四大音乐节之一，而武汉的城市音乐厅也是以琴台来命名的。

只要略微去查阅一下湖北的非物质文化遗产，就要吃惊于湖北音乐体系的复杂构成：长阳山歌、兴山民歌、宜昌丝竹、荆州花鼓戏、枝江吹打乐、武当山宫观道乐等，湖北地方的锣鼓和唢呐都非常有名。更加有影响力的峡江号子，千百年来就萦绕于滚滚长江上。

与荆歌相对的是楚腰，杜牧的那一句"楚腰纤细掌中轻"，应该可以想象到这样的身姿在舞蹈中能够得到最大化的体现。在国内外较具影响的有《编钟乐舞》《九歌》，从这样集雅之大成的舞蹈里可以一窥楚腰的魅力。《编钟乐舞》以楚史和楚文化为依据，以曾侯乙编钟为主体，运用歌、乐、舞相结合的艺术形式，来展现古代楚国的文化艺术、民俗风情、祭祀、农事、征战及宫廷宴乐等情景。而在民间，舞蹈欢快热烈——土家族的摆手舞、"撒叶儿嗬""花鼓子"和"毛古斯舞"，又完全是另外一种坦率的原生态风ља。

不得不说的地方剧种，湖北也是一个特殊的存在。其他地方往往都是一地一种，也很少在一个地域里看到三足鼎立的现象。家喻户晓的黄梅戏尽管现代人已经完全把它看成是安徽的名片，但是追溯起来却是发源于湖北的黄梅县，目前是两个省的共同财富。除此以外，湖北还有汉剧和楚剧两大剧种。

汉剧，旧称"楚调"，又名楚曲、楚腔、汉调、二黄和黄腔。流行于湖北以及豫、陕、湘、粤、闽部分地区，并形成襄河、府河、荆河、汉河四大流派，汉河派成为汉剧的主流。汉剧已有300余年的历史，辛亥革命前后改称"汉剧"。最特别的是角色系统构成纷繁复杂统。现今影响较大的传统剧目有《宇宙锋》《二度梅》《窦娥冤》《打花鼓》，移植剧目《柜中缘》《屈原》及现代剧《借牛》《弹吉他的姑娘》等。

楚剧相对汉剧比较年轻。旧称"黄孝花鼓""西路花鼓"，1926年改名为"楚剧"。流行于湖北全省，约有百余年历史。在表演艺术上，楚剧从京剧、汉剧中吸收了大量的艺术成分，但又不为之所束缚。楚剧的最大特色是要求演员熟悉本地方言俚语、生活习俗和人情世故，因而保持了浓厚的地方特色和生活情趣。

湖北的曲艺时至今日也很发达，民间至今有各种曲艺馆子，人气还都不错。评书表演艺术家何祚欢、湖北大鼓表演艺术家张明智活跃舞台几十年，颇受当地人欢迎。央视春晚的小品，其实很多年都有湖北曲艺人的出现。

武汉的琴台音乐会则是高雅音乐和通俗音乐同展风采的盛会，显示了楚风汉魂的民族特色，它与"上海之春""羊城花会""哈尔滨之夏"齐名，被誉为中国最早的四大音乐节。

湖北民歌如《龙船调》《洪湖水，浪打浪》等家喻户晓。

当代艺术

在很多人心目中，20世纪"85美术新潮运动"（以下简称"85新潮"）

黄梅戏

黄梅戏，与京剧、越剧、评剧、豫剧并称"中国五大戏曲剧种"。旧称黄梅调或采茶戏，最初其实就是湖北黄梅一带的采茶歌。它起源于湖北黄梅，发展壮大于安徽安庆，唱腔以明快的抒情见长，表演以风格真实活泼著称。以湖北孝感地区流行的董永与七仙女传说而创作的《天仙配》让黄梅戏流行于大江南北，《女驸马》《小辞店》也是人们耳熟能详的剧目。2006年，黄梅戏经国务院批准列入第一批国家级非物质文化遗产名录。

仍然是中国当代艺术史里最激动人心的一页。20世纪80年代,"上海M艺术体""北方艺术群体""厦门达达""江苏红色旅""湖北部落"等艺术群体在新思潮影响下,全国各地的年轻艺术家不再以单一的姿态登台亮相,而是终于可以互相呼应着集体发声。

作为85时期的艺术重镇,如尚扬、曾梵志、王广义、冷军、魏光庆、马六明等众多艺术家都与武汉有着密不可分的关联。他们现在依然在北上广深等重要城市延续着思潮与创作的影响力。

湖北艺术群体尤其是在文献方面所作的贡献更是有目共睹。作为阵地的重要媒体《美术思潮》1985年在武汉创刊,到1987年停刊为止发行的22期杂志,使其成为了85新潮中的聚集重要阵地。而围绕《美术思潮》所形成的批评家群体,包括彭德、皮道坚、鲁虹、黄专、杨小彦等人在内,他们无疑成为了中国当代艺术批评中的重要力量。

时至今日,湖北当代艺术创作,风格多变,支脉繁多。其中曾梵志是目前中国拍卖榜上价位最高的艺术家。

八五美术史实考据论坛

2015年12月,全国"八五美术史实考据论坛"在85美术重镇武汉的湖北美术馆举行,这是一次梳理、研究85美术这一中国当代艺术里程碑的论坛。

饮食

在湖北谈吃，你必须得注意到"湖"这个字。既然为千湖之省，两江交汇，千年鱼米之乡的美誉并非浪得虚名。湖北人的日常饮食中，水产占据了牢牢的分量。鱼虾蟹暂且不说，莲藕、菱角、莲米、鸡头苞等，每一样都能做出湖水的鲜味来。而湖北菜也正如它的产地，融汇东西南北，折中、家常而又有自己独特的咸鲜。

鱼为先

几乎每一个中国人都听说过武昌鱼的大名。这得感谢毛泽东那首《水调歌头·游泳》的广为传颂，清蒸武昌鱼也就成了湖北菜在外地的头牌之一。鱼在湖北人生活当中的地位也是其他地方难以相比的，老武汉人的年夜饭，一般要上"三全"（全鸡、全鸭、全鱼）"三糕"（鱼糕、肉糕、羊糕）"三丸"（鱼丸、肉丸、藕丸）。三个三，都有鱼，甚至在武当山、神农架和恩施这种高山地区，当地最爱的名产，也是剑河鱼、神农架冷水鱼和清江鱼。

事实上，仅仅长江的野生鱼类就有几百种，湖北人常吃的家常鱼类也高达几十种，在环境有了翻天覆地变化的今天，湖北仍是中国淡水鱼产量最高的省份。在湖北人的餐桌上，除了草、青、鲢、鳙四大家鱼外，刁子鱼、鳊鱼、鳜鱼、大白刁、江颡、江鲶和鮰鱼，等等都非常受欢迎，大白刁的学名叫翘嘴红鲌，鮰鱼的学名叫长吻鮠，都是肉嫩刺少的本地特产。

湖北人吃鱼喜欢蒸和烧。对于极新鲜的鱼，地道的湖北蒸法是用葱、姜、酱油、醋和猪油，调一个综合的汁，淋在鱼上，再上大火蒸。而独具湖北特色的蒸鱼，恐怕又非粉蒸鱼莫属，取上好的鮰鱼，鱼块裹上米粉，装

有意思的是，同样一尾鱼，在不同的江段，叫法也不同。同样的长吻鮠，在武汉和石首叫鮰鱼，到了宜昌，满街都是"长江肥鱼"招牌，到了清江，人们把它称作肥沱，过了三峡进入川渝之后，就变成了江团。

什么才算武昌鱼

事实上，你在绝大部分餐厅里吃到的"武昌鱼"都是普通的鳊鱼。但究竟什么是武昌鱼，是有普遍认可的原则的。

鳊鱼，上古称"鲂"。有三种分类：三角鳊、长春鳊、团头鲂。前两种分布很广，团头鲂则仅产于湖北境内，尤以产在鄂州梁子湖与长江的连接处——樊口者冠甲天下。

毛泽东1956年、1957年曾两次在武汉吃过武昌鱼，都是游长江后在渡船上吃的。但那时还无武昌鱼之名，湖北名厨杨纯清给毛泽东做的，也就是清蒸樊口鳊鱼。1965年，武昌酒楼举行厨艺比赛，杨纯清又做了这道菜。根据毛主席的诗词名句，时任武汉市财办主任的王健当即把清蒸樊口鳊鱼定名为"**武昌鱼**"。

所以要被认为是真正的"武昌鱼"，必须是产自梁子湖樊口的团头鲂，做法也须得是清蒸才能被认为是毛泽东诗句里的那条鱼。

盘，放进不锈钢的大蒸屉里。不放葱姜蒜，却把米粉的软糯和鱼肉的柔嫩，天衣无缝地融入无尽的鲜美中。

那些对鱼情有独钟的湖北人，常常会在假日来个自驾游去寻找真正的好鱼。石首的笔架湾和宜昌的西坝，是著名的吃鱼的地方，石首的鮰鱼号称最佳，鱼肚是著名菜式，而宜昌人则坚信宜昌的肥鱼远远好吃过下游的鮰鱼。而在鄂西南的长江支流清江流域，虽已进入深山，却更以清鱼之鲜闻名。

除了饭桌上一尾完整的鱼，湖北人更让人惊叹的是"吃鱼不见鱼"的多重吃鱼方式。鱼丸、鱼糕、鱼茸都是湖北菜中的常见菜式。鱼丸通常选用新鲜湖鱼当场做，松软嫩鲜。鱼糕比鱼丸要结实得多，又叫"湘妃糕"，是荆沙地区的传统佳肴，在当地不管谁家请客摆席，上的第一道菜肯定是它，所以又叫头菜、三鲜头菜、合家欢。云梦鱼面则是把鱼肉泥和在面里，擀成面条，特别清鲜。甚至在早餐，你也能吃到鱼，除了鲜美鱼片、鱼汤配置的才鱼面，鲜鱼糊汤粉也极具湖北特色，汤底是鲫鱼熬的鲜汤，吃鱼不见刺，口里只有鲜甜，堪称食不厌精、脍不厌细的代表作之一。

要说湖北烹鱼的不同，还得提一种荆沙特有的豆瓣酱"金沙酱"。它用黄豆、豌豆晒干腌制而成，微辣浓香，常常用于名菜"荆沙水煮财鱼"，在炉子上越煮越香。皮条鳝也是荆沙地区名菜，鳝鱼切成长条，制熟后犹如皮条，亦似竹节，也叫竹节鳝鱼。色泽金黄，皮酥肉嫩。

虾兵蟹将

单单鱼，已经支撑不起"鱼米之乡"的厚度。当代湖北人外出的念想之一，便是四五月到秋天之前的小龙虾季。湖北人亲切地把小龙虾称为"大虾"和"虾子"，可见亲昵。

初夏刚至，不怕麻烦且自认为烹饪技艺还不错的湖北人家，便会上菜市场买上几斤刚上市的小龙虾，回到家里，依照各人的喜爱，要么把虾子做成红烧虾球，要么用啤酒加大料包做成油焖大虾，要么加上蒜蓉、蒜泥，入蒸锅做成蒸虾，要么用一锅卤水，用重味做成卤虾。街上所有的酒楼和大排档也都打出龙虾的招牌，甚至还有专营龙虾的虾棚，大红灯笼高高挂，成为一时胜景。点上几斤油焖大虾，配上当季的冰镇毛豆，喝上二两白酒或者几瓶啤酒，是最典型的、神仙不换的湖北夏夜消暑方式。

小龙虾是20世纪90年代初才走上湖北人的餐桌的。在将近20余年龙虾品牌的激烈角逐中，湖北潜江的"五七油焖大虾"在市场中胜出，成为湖北全境在夏天随处可见的招牌。除了常见的油焖大虾、卤虾、蒜蓉蒸虾，各个餐厅争奇斗艳，甚至还有菠萝虾、榴莲虾、芒果虾这样稀奇的吃法。当然，油焖依旧被当地人认为是处理小龙虾的最佳方式。

油焖大虾的制作，来自潜江五七油田的所在地广华。如今已被认为是最典型的湖北菜式之一，啤酒将植物油和各种佐料混合而成的油汁，渗入小龙虾的脂肪里，让溶油性极强的小龙虾充分入味，吃来回味绵长。每到吃虾季的周末，汉宜高铁的潜江站几乎成了终点站，虽然这里吃的大虾和湖北其他地方没什么不同，可是到原产地，似乎就更有朝拜带来的鲜香。

夏天过去，龙虾季完结之后。螃蟹却开始上市了。洪湖的产量更大，不过武汉人更偏爱梁子湖的大闸蟹。在霜重菊黄的时节，配上美酒，试试肥美的洪湖蟹和梁子湖蟹，或许会让你从此破了独偏阳澄湖和太湖的迷思。

> 小龙虾已经不是普通的排档消费了，有充足冷气和精心雅致装修的专门店逐渐成为主流。巴厘龙虾、靓靓蒸虾、小亮蒸虾、潜江虾皇和8号虾馆等都是现在武汉走红的名店。这些大店品种繁多，供应迅速，基本不用担心吃到不新鲜的虾，倒是要注意，他们都各自有很多名字高仿的山寨店。

湖北也有火锅？

不要惊讶，在湖北的山区和江河码头，同样流行着各式各样的火锅。当然，它与你熟悉的重庆牛油火锅是大不相同的。

公安牛肉火锅算是其中最有名之一。公安县是长江上一个重要码头，码头工人用牛三鲜、牛杂涮锅，逐渐成为当地名食。

牛肉火锅在当地被称为"牛肉炉子"，有牛三鲜、牛杂、纯牛肉、牛蹄筋、黄金管五种火锅。牛三鲜指牛肉、牛肚和牛筋，口味是与川湘都不一样的香辣。肉吃完再上一份千张或豆腐或黄瓜继续煮，是地道的吃法。

在鄂东的大别山区、鄂南的咸宁和鄂西南的恩施、神农架等多山地区，"吊锅"在冬天非常常见，腊肉、牛肉和鱼都是常见食材，口味接近于汤锅和干锅之间，热气腾腾，特别适合围炉喝酒。

一碗莲藕汤

潜江大虾是新生代的念想，但排骨莲藕汤，则是所有老湖北心之所系的家常味道，其地位之重，可以说超越其他任何食物。

无汤不成席，湖北人最爱藕汤。每家每户，从秋天到春天，每个月总归要熬几次藕汤的。如果家里有客人来，头一天主人就会用炉子煨好汤，汤在砂锅吊子里放上一晚，第二天客人来了热一遍，味道更加浓厚醇美。

湖北人的藕汤不像其他地方的汤，只是菜肴的配角，它本身就是一道极其庄严和重要的主菜。每个人都会盛上一大碗藕汤，排骨和藕满满地堆在汤面上，吃上两碗，仿佛就能维持一天的力量。藕汤仿佛是万能的，可以下面、烫饭、煮火锅、煮馄饨，不把它喝完是不罢休的。

"粉"是评价汤里的藕最重要的一个标准，类似外省人所说的"面"，汤里的藕需煮得绵软，咬一口丝如胡须般扑来，淀粉完全溶进汤里，香醇回味。

如果没有买对藕，就算把吊子底煨穿了，藕也烂不了。湖北的藕，大部分是九孔莲藕，其中仙桃沔城莲花池、蔡甸莲花湖、浠水巴河九孔藕都是藕中上品。9月初上市的新藕特别脆嫩，吃起来比梨还甜，适合生吃、凉拌或是滑藕片。待到10月末，藕里的淀粉质完全长成，就到了煨汤的最佳季节，一直持续到春节以后。

每家每户的排骨藕汤都有自己的味道。武汉人家居煨汤用的器皿被称为"吊子"，这种陶器制品由一种深灰色的粗砂制成，越是有年头的"吊子"，煨出的汤才越香，把"吊子"搁在煤炉上，煨上几个小时，才有家里汤浓汁醇的好汤。餐馆里器具完全不同，所以想要喝到真正的藕汤，也许你应该争取到一个太婆还在主中馈的湖北人家里做客，喝完汤，再吃一吃湖北人喜欢的炸藕夹下酒，非常愉快。

除了藕汤，其他煨汤在湖北也非常盛行，鸡、鸭、鱼都是湖北人家日常煨汤的材料。武汉人爱汤的饮食习惯，也催生了专业的汤馆。始创于20世纪三四十年代"小桃园"，以瓦罐鸡汤闻名，被认为是鄂式汤品的鼻祖。

蔬食的季节

湖北人非常讲究一时一味。就以他们珍爱的藕来说，外省很罕见的藕带就是一种可爱而鲜美的时令菜。每年初夏，刚种下去一两个月的藕秧就长出了藕带,它是藕的幼年形态,几乎没有淀粉,清脆鲜甜,清炒或是做酸辣藕带都很爽口。

藕带下市之后,8月开始上市鸡头苞梗,它外观与藕带相似,味道却大不相同,每年夏秋时节就会上市,它其实是芡实的根茎,新鲜的鸡头苞梗清甜味十足。和它同期上市的还有鲜美的菱角,在千湖之省颇为常见,和红烧肉一起是为绝配。

10月鸡豆梗开始下市,但是湖北人的另一个骄傲——红菜薹马上就要在冬天上市了。湖北人如此喜爱红菜薹,已经把洪山菜薹推成神话。在武汉,宝通禅寺有一座洪山宝塔,塔影随着太阳的角度而变化,据说,凡是塔影能遮住的地方以及能听到寺内钟声的地方,种出的洪山菜薹才是正宗。

宝通寺最近一二十年早已成了城市中心。背靠宝塔、面朝南湖的菜薹原产地仅存80亩薄田,可见其珍贵。洪山菜薹有半人高,全身油亮,汁多味甜。11月初上市,它的美味不仅在菜梗,甚至连叶片和花也是甜的。湖北人处理红菜薹,最喜欢腊肉蒸熟后切成薄片,下锅煸出香味,菜薹下锅快速翻炒端盘,鲜美脆嫩。

冬天除了红菜薹,应时的泥蒿也很受湖北人热爱。通常在春节的时候吃的是根,春节过后吃的是苗(蒿),阳春三月后,泥蒿疯长,就只能当柴火煮饭烧水了。但是春天来临以后,广受欢迎的红苋菜(湖北人称为"汗菜")也大量上市,随着春雨而来的雷竹笋也发出来,鲜嫩的食物,总是一年到头出现在湖北人的餐桌上。

蒸菜

湖北人讲究原味的鲜美,也就特别喜欢用"蒸"这种烹饪方式。蒸的多元化,是湖北菜与其他菜式最大的差别之一。湖北蒸菜"稀、滚、烂、淡",要求多汁、滚烫、入口即化,并且要少加作料,保存原味,倒是和今天的"健康"要求不谋而合。

江汉平原,尤其是天门、沔阳(现在称仙桃)地区,在饮食习俗中素有"三蒸九扣十大碗,不上蒸笼不请客""无蒸不成宴"之说,所以"沔阳三蒸"天下闻名,也是应有之义。三蒸的三,不过是一个概数,其实种类多得眼花缭乱。传统的做法是粉蒸肉、蒸白丸、蒸珍珠丸子三款。原料与别的地方自是不同,比如用米粉蒸藕丁、茼蒿、菱角米、萝卜丝。菜放在蒸笼的最下层,肉和鱼放置其上,蔬菜和鱼肉都把米粉当作介质,调上酱油、红腐乳汁等,味道互相融合,称得上相得益彰。

在今天,以蒸菜烹饪方法的多样性而言,天门蒸菜已经超越了沔阳地区。天门蒸菜有粉蒸、清蒸、炮蒸、包蒸、封蒸、扣蒸、酿蒸、干蒸、花样造型蒸九种烹制技法。

> 炮蒸名字特别,其实是鱼和肉完全蒸熟后,将蒸菜扣入盘内,淋上温度很高的食油,撒上香料即成。高温滚油如爆竹声响,炮蒸之名由此而来。

热爱圆子的湖北人

湖北人把丸子称为"圆子",几乎日常食材都可以做成圆子,常见的就有珍珠圆子、肉圆子、鱼圆子、藕圆子、豆腐圆子和绿豆圆子。圆子一直是湖北人年味必不可少的陪伴和点缀,湖北人吃圆子,也是为了讨个圆圆满满的好彩头。圆子是精致菜,做一道菜要经过十几道手续,每一种都是要细功夫的,搅拌都要一二个小时,自家肯在年节亲自做的人也是越来越少了。

更辣一点的鄂西山区

湖北本是一个四方交会之地,所以全省各地的菜式也就显现出不同的面貌来。武汉为中心的汉沔、荆南片区,鱼米之乡,是相对清淡的鲜美,而北部的襄郧地区受北方的影响,红烧味型突出;西南部的宜昌恩施,则受到重庆和湖南的影响,滋味也更加香辣。

相对来说,恩施在湖北菜中算是别具一格。这一地区属于山区,所以常见的食材就有别于水产品为主的江汉平原,像葛仙米、莼菜、高山土豆、高粱粑、土家腊肉等,都是当地具有代表性的原生态食材。腊味在整个西部山区都比江汉平原重要得多,最常见的是用榨广椒炒腊肉。榨广椒其实并非都用辣椒做成,而是以鲜红辣椒和苞谷面(玉米面)为主要原料加工而成。工序繁复,鲜红辣椒要剁成细末,加入食盐拌匀,再加入苞谷面拌匀(也有的还拌入花椒、橘皮等调料的),盛入干净的坛子里,密封发酵约3个礼拜。保存时间可以很长。

小吃的世界

即使是小吃,湖北人也是极其讲究的,并且随着季节的变化而应时更换品种。各色春卷、春饼、大小汤圆、油糍粑、油香、油墩在春天应市;酷暑时,各种凉糕、凉粉、凉面、伏汁酒、粽子、豆腐脑、八宝稀饭、冰糖莲子来解清凉;秋天有蟹黄汤包、蜜汁甜藕、桂花糍粑、红薯面窝、九黄饼和荷月饼;冬天则是热腾腾的八卦汤、糍粑鸡汤、银耳莲子羹、羊肉汤面、汤圆来驱寒送暖。

这其中,武汉小吃又是湖北小吃的集大成者。几乎没有武汉人会在家里自己弄早餐,因为用料讲究、制作精细的小吃实在太多了。在武汉"过早",早已经成为体验湖北的第一要事。

每天从上午6点到中午12点,随时随地都有武汉人过早,热干面、热干粉、热干豆丝、牛肉面、牛杂面、牛肉米粉、牛肉豆丝、糊汤米粉、米粑、面窝、油条、发糕、油香、炸糍粑、豆皮、生煎小包、烧卖(烧梅)、小汤圆米酒、鸡蛋清米酒、糊汤米酒、豆浆、豆腐脑,等等,加上省内其他小吃的进攻,譬如香辣的襄阳牛肉面和胡辣汤等,尝上一整月都可以不重样。

黄酒和米酒

和其他地方的中国人一样,茶、酒也是湖北人的日常饮料,家家会酿的苞谷烧酒和糯米黄酒,是人们日常生活中常饮的四季酒,冬饮御寒,夏喝消暑。相比浙江黄酒,湖北人说的黄酒,更接近于酒酿醪糟的风味,他们用纯糯米酿制,呈淡黄色,以西北部房县所产最为有名。无论热饮冷饮都香甜可口,但其实喝多了,一样上头。

至于在国人中更有名的孝感米酒,与国内其他地方的米酒相差不大,唯一的差别,可能就是湖北人更频繁、更热衷地将它用于各色菜肴和甜汤当中了。

环 境

湖北位于中国第二级阶梯到第三级阶梯的过渡带，各种地形细碎又混杂，尽管山地占到全省面积的56%，丘陵又占24%，可山脉多而不高、丘陵杂又不大，倒是江汉平原盛名在外，"拥两江抱千湖"，河流湖泊星星点点，水系发达，是著名的"千湖之省""鱼米之乡"。省内山山水水、山水环抱的格局，造就了一派灵秀的景色。

由于地处亚热带季风区，雨水丰沛，四季鲜明，局部气候多变，东边日出西边雨，历史再一悠久，物产资源就特别多元。湖北不仅有全球同纬度地区最为丰富的森林植被资源，还有金丝猴、扬子鳄和白鳍豚等知名物种，区内矿藏丰富，7种矿产资源储量居全国首位。

地理地貌

巴山楚水

> "荆"和"楚"都是植物名，大概指丛生多刺的小灌木，具体是什么物种已很难考证。最有可能"荆"指蒺藜、荆芥，"楚"指杜荆、荆树。

湖北省的地形总貌是西、北、东部三面被武陵山、巫山、大巴山、武当山、桐柏山、大洪山、大别山等山地环绕，山前丘陵广布，中南部为江汉平原，与湖南省的洞庭湖平原连成一片。地势三面高起，向南敞开，犹如一把坐北朝南的交椅。

有趣地是，省内的山水总不分家。无论是恩施的大峡谷与清江，还是神龙架与神龙溪、武当山与汉水丹江，乃至省会武汉的两江交汇、三镇分立，山水的湖北钟灵毓秀。

三面环山

> "走上鸡心岭，一脚踏三省。"这座海拔1890米的山岭，正好跨在重庆市巫溪县、湖北省竹溪县和陕西省镇坪县的交界点上。是中国地理上的"自然国心"。

湖北的山系有鄂西北"秦楚"的武当山和神农架，鄂西南云贵高原东延的土家族苗族驻地，鄂东北"晋楚"的三北岗地，鄂东"吴楚"的桐柏山脉和大别山脉，以及鄂东南的幕阜山脉。

鄂西北是秦岭和大巴山脉的东延。鄂西北的武当山，徐霞客曾赞它"地既优绝，景复殊异"。武当山的地质结构形成于13亿年前，是理解秦岭造山带的一个关键点，现在能看到的地质遗迹类型，是陡峻断块山和变质岩峰丛，也就是七十二峰、三十六岩、二十四涧、十一洞这些独特的地貌景观。神农架是中国县级行政区里唯一以"林区"命名的地方，这里可谓中国的"绿肺"，拥有无尽的森林资源。

鄂西南武陵山层峦叠嶂，交通不便，长期封闭，土家族文化传统相对独立。这里最值得一看的是喀斯特地貌的恩施大峡谷和梭布垭石林。前文提到的清江、神农溪和腾龙洞也在此地。不过恩施雨多、雾重，雨热同期，最好避开雨季出行。

鄂北岗地是多雨的湖北唯一的旱地，位于盆地风口，干旱少雨，风大扬尘。"晴天一把刀，下雨一团糟。"唯有一座大洪山，山上有天池和溶洞可看。

> **高山上的长江**
>
> 长江三峡段的切割深度一千多米,世间罕见。你的旅途中也很可能遇到古长江曾经流过的证据:"山顶上的鹅卵石。"1959年至1960年间,地质研究者们曾在重庆河段海拔315米、三峡河段海拔540米、宜昌河段海拔146米高度处发现古长江遗留下的砾卵石层。1982年至1984年,又在三峡上游丰都与三峡之中的巫山两处海拔1350米高度上,发现了20~30厘米,甚至2~3米厚的古长江堆积的磨圆砾石(即通常所说的鹅卵石,有来自四川西部的玄武岩、安山岩成分)。后来在比长江三峡两岸更高的1850米的巫山上,也发现存在多处磨圆的小卵石和卵石层。这些,就是当年古长江的河床河滩。

鄂东大别山区也是中国名山。吴头楚尾地接江南,一衣带水。吴楚地区是长江大通道,同时有星罗棋布的大小湖泊和连通江、湖的众多河流。水上生活是沿江沿湖人民的主要生活方式。不过,大别山区集花岗岩地貌、变质岩地貌、丹霞地貌、构造地貌和火山岩地貌为一体,实属罕见。山脉上有大别山、天堂寨和吴家山三个地质公园和自然保护区。

云梦千泽

长江从川入鄂,一进来便是长江三峡的巫山山脉。长江在湖北省内兜兜转转,湖的产生、山的形成都暗暗受了河流的影响,江汉平原更是长江和汉水的杰作。全省境内几乎都属长江及其分支水系,仅在大别山北麓就有淮河水系的两条——竹竿河和游河。

多年前"凭栏十里菱荷香"的江汉平原,人们摇橹歌唱"水味歌谣":"湖汊汊,水洼洼,没有一块平整地,十有九把沟跨。出门把船划,动脚把桥搭。"如今虽然水面已经减少了一大半,但仍有东湖、洪湖、梁子湖名湖尚在:"正东湖、谁家柳下,午阴漠漠人荡桨。""洪湖水浪打浪",梁子湖依然盛产著名的武昌鱼。若正好赶上了淡季或者人少的晨昏,也能别有一番风味。若就想清闲些,网络评选出有网湖、长湖、沉湖、磁湖、向阳湖、野潴湖等小众湖泊,风光好又安静,其实在湖北访湖未必要追个名号,随便路过,村头老妪捶衣的,镇尾顽童捕鱼的,方寸水面,也自有味道。

"湖广熟,天下足。"长年的泥沙积累,地表组成主要是近代河流冲积物和湖泊淤积物,属细沙、粉砂及黏土,十分肥沃,适宜耕作。隋唐时代起湖北就是全国最重要的粮食产区之一。农作物主要种植水稻和棉花,周边山地除水稻外,也种玉米、马铃薯等杂粮。"鄂中田歌"唱道:"沙湖沔阳州,十年九不收,一年闹上头,粮往水里丢。"说的就是只要不闹水灾,江汉平原的农业就会大丰收。

气候

湖北属于亚热带季风气候,大部分地区属于北亚热带湿润区,鄂西南长江三峡以南属于中亚热带湿润区,特征是季节变化明显,四季分明,处于南北气候过渡区域。年降水量800~1600毫米,自东南向西北递减。

湖北人常自嘲是最能适应各种气候的:夏如火炉,冬无暖气,每年还有洪涝灾害,真是活过湖北,走遍天下都不怕。湖北夏季的炎热历来有名,武汉"火炉"的名头顶了许多年了,虽然近些年最高气温被有些城市超过,但它本身可是丝毫没有变凉爽。7月最热,气温升到30℃以上极为常见,能持续几个星期。但湖北的高山地区,例如神农架,则是令人愉快的避暑胜

"弯弯拐拐的清江河",是土家族的母亲河,古称夷水,是鄂西南最大的河流,也是省内第二大长江支流,仅次于汉水。

> **暗河、溶洞、天坑和地缝**
>
> 如果你是探洞爱好者，三峡地区简直是天堂：奉节小寨天坑，天井峡地缝，长江与岷江交汇处的兴文石海及漏斗，九曲连环的云龙洞，长达20公里的云龙地缝，等等。地质学上认为这些是远古长江泄水，切削溶蚀而形成的地理奇观。小寨天坑直径626米、深660米、坑底宽500多米，是目前发现地球上最大的地层漏斗，底部潜藏的暗河水道四通八达，至今科考者没能发现它最终通往何处。还有清江落水洞的溶洞群，建有恩施腾龙洞大峡谷地质公园、长阳清江地质公园，值得一访。

地。湖北夏季常常有暴雨，一下起来的架势就惊人，城中湖上岸，长江漫过堤。江汉平原多水患，"茫茫七里畈，钉螺是祸患。要是发大水，人会死一半"。因此，如果选择夏季出行，一定要提前关注长期的天气预报，确保出行期间没有暴雨来袭。

动植物

神农架的地理条件特殊，在第四纪冰川期时为许多物种充当了避难所，非常完整地保存了当时许多原生生物群落，因此存活着许多"活化石"孑遗植物。这是指一些从地质灭绝事件中存活下来，保留了原始特性的动植物种，其类似物种仅仅存在于化石中，而没有现存的近似种。如银杏、水杉、珙桐、杜仲、台湾杉、香果树、钟萼木、大血藤，等等。尤其是前三种，在湖北不仅发现有野生群落，而且早已人工培育繁殖，在许多地方推广为行道木，城镇里都有机会一见，民歌里都唱"对门杉树坡，杉树苗苗多"。如果你想去一探野生的原始群落，利川的中国水杉植物园就保护着一棵树龄600余年的水杉古树，七姊妹山、星斗山等几个自然保护区内都有野生珙桐分布，建始县山羊头村也发现有野生的光叶珙桐。

如果你是植物狂热爱好者，想跋山涉水寻找些稀奇古怪的，例如小勾儿茶、独花兰、桃儿七之类的，湖北也是个好地方。《湖北植物志》2002年出版，记载有170科1140属3928种植物，综合湖北的面积来看，植物多样性极高。不过，江汉平原上的物种相对单一，访花问草要去四周山区，神农架或者大别山都不错。湖北的珍稀植物总共62种（1998年数据），占全国总数388种的15.98%，最多分布在鄂西北（54种）和鄂西南（51种）。

相比之下，湖北的动物情况就没有那么好。还值得一探的珍稀哺乳动物可能只剩下川金丝猴，有巴东金丝猴保护区，神农架还有大龙潭金丝猴研究基地。尽管遇见野外种群非常困难，但拜访这些保育基地，还是有很大机会见到的。猕猴的种群繁衍得不错，有些山区甚至意外能遇见。石首市的天鹅洲麋鹿保护区有麋鹿。湖北有记录的鸟类数量在521种（2012年数据），接近全国鸟种的一半，倒是十分适合观鸟。而且不分季节，随时随地可看。珍稀的鸟类有东方白鹳，江汉湖群可见。湖北的护鸟活动做得也较好，许多湖区的鸟类数量近年都有增长。

环境问题

"千湖之省"，现在已凑不齐千湖。由于人们对长江的过度开发，在长江中自由生活了2500万年的白鱀豚已"功能性灭绝"，同样，江豚的未来也不容乐观。作为南水北调中线工程的水源地，巨大的水利设施在源源不断地向北方输送生命之源的同时,也需要更多地考虑当地生态环境的保护。

如果云梦没有泽

20世纪50年代初,湖北全省水域面积在100亩以上的天然湖泊有1332个,到了20世纪80年代,这一数字锐减为843个,再到2011年全国水利普查,仅存728个,减少近半。现存的湖泊面积更只有2438.6平方千米,仅为50年代的34%。云梦烟消,随之飘散的,还有每一个湖北人童年记忆里那一汪清澈潋滟的湖光水色。湖泊的消逝,导致了水生生物资源锐减,蓄洪能力下降,局部气候改变。严重地从宏观上改变了当地的方方面面。但现在的科学还无法精确模拟这些改变的结果,没人预警丰饶的华中变成荒漠的可能,人们便贪图眼前的利益,对可能到来的危机视而不见。

除了持续萎缩之外,湖北的湖泊还存在着水体污染严重,富营养化问题突出,生态功能退化等诸多问题。从污染的情况来看,河流湖泊的水质不算好,以2015年丰水期的一次监测结果为例,水面面积大于5平方公里的重点湖泊整体情况为轻度污染,46.3%的湖泊水域处于富营养化的状态。但这在全国的水体污染情况中,已经算是好的了。

生态环境恶化

长江摇摆,历来改道,湖北属于有史以来生态环境变化较大的地区。2016年重现1998年的大洪水,城市内涝严重。原因除了气候本来如此,近些年厄尔尼诺更加顽皮,更重要的,是人们在不知不觉中大规模改变了自然环境的样貌,例如城市里填湖造房,乡村里围水垦田,却远远没有能力预知这些行为在大的生态环境尺度上会带来什么恶果,也就无从防范。

在人们几乎没有注意到的长年人类活动中,动物们已经被渐渐逼进绝路:大型食肉动物几乎已无分布,唯一剩下的黑熊和金钱豹罕有讯息。尽管官方一直不愿意宣布华南虎野外灭绝,可目击证据从1994年最后一只华南虎被射杀之后,便再无可靠证据。身处同样末路的还有江里的白鳍豚,江豚也同样走在这条老路上。

一些大型工程带来的环境代价也颇为巨大。宜昌三峡工程所带来的环境问题已是众所周知的事实。鄂西北的神农架刚刚建立了机场,用四千多吨炸药削平了几个山头,旨在发展旅游业。湖北的矿藏丰富,已发现的矿产占全国已发现矿种数的八成。如何在开挖这些资源的同时,保护好当地的生态环境,也亟待良好的政策与措施。

记事本

生存指南

出行指南 284
住宿 284
证件 285
保险 285
银行 285
购物 286
邮政 286
电话 286
上网 286
营业时间 286
气候 287
旅游信息 287
团队游 287
摄影和摄像 288
危险和麻烦 288
独自旅行者 288
残障旅行者 288
女性旅行者 288
同性恋旅行者 289
志愿服务 289
活动 289

交通指南 291
到达和离开 291
飞机 291
火车 291
长途汽车 292
船运 292
省内交通 292
飞机 292
火车 292
长途汽车 292
自驾车 292
船运 292
当地交通 292
地铁和轻轨 292
公交车 293
出租车 293
自行车 293
轮渡 293

幕后 294
索引 296
地图图例 301
我们的作者 302

出行指南

住宿

湖北旅游业比较发达。武汉是华中最大城市,而且这里的在校大学生很多,因此从青年旅舍、民居客栈到星级宾馆,丰俭由人的住宿选择很多。宜昌、恩施、神农架、武当山是热门旅游地,各个档次的住宿也很丰富,不过旺季最好提前预订,一般各大小长假和七八月份的暑期是旺季,房价上涨很常见。到了夏季,鄂中、鄂东的一些避暑目的地,如大别山、大洪山、九宫山会迎来大量本地自驾客,宾馆在周末会比较火爆。

青年旅舍

在这类旅舍中,你很容易得到旅游信息、订票服务、上网、自助洗衣,以及结识其他旅伴的机会,公共活动空间往往比房间还要吸引人。与宾馆相对隐私、封闭的感觉相比,青年旅舍的开放环境更有"在路上"的感觉。

国际青年旅舍组织中国总部(YHA China; www.yhachina.com)在湖北的加盟青年旅舍并不算多,目前在武汉市内有4家,此外在恩施有2家,在武当山脚下有1家,宿舍铺位35~70元。持有YHA会员卡(年费50元)可以享受会员价,通常是每个铺位便宜5元,或者每个房间便宜10~30元。有时候去哪儿、携程等网站会提供比会员价更便宜的房价。

还有更多未加入青年旅舍组织而风格、服务类似的客栈,除了本书列举的以外,你还可以登录**青芒果旅行网**(www.qmango.com)等网站查询。

民居和客栈

住进老百姓家里,可以多些与当地人的互动,对民风民俗会有更深的了解。特别是在神农架、武当山等热门旅游区,农家宾馆是你旅途中住宿的重要选择之一。而在城市周边一些当地人常去的旅游地,农家乐是普遍的选择。设施视主人家的条件有所差异,简单的普通间60~100元,有时也有包吃住的套餐。通常你可以期待:安静的庭院,友好的主人,可以搭伙与主人一起用餐。如果投缘的话,会有回家的感觉。住进民居客栈要保持礼貌,尽量尊重主人家的作息和生活习惯。

如果你想投宿的村庄小镇根本没有客栈,也可以试着到当地人家里借宿。如果不知道从哪家问起,可以先找村长请求帮助。适当付费,或者馈赠些礼品,以弥补对主人家的打扰。

连锁快捷酒店

在住宿选择不多的小城市,或者匆匆过往的大城市,品牌连锁快捷酒店是比较放心的选择,没有惊喜也不会有太大失望。它们的选址一般都比较方便,要么在城中心,要么靠近交通枢纽,而且通过官网预订时常有折扣,湖北各地房价一般在100~130元。

小旅馆和招待所

在很多小城镇,这类住宿是最常见的,价格一般在40~150元,房间基本没什么个性,卫生条件一般,住客的来源可能比较复杂,入住前最好用你的江湖经验判断一下。

要在某个县城找条件较好的招待所,最好先知道当地的经济支柱产业(林业、电力或者矿产公司),并寻找相应行业名字打头的宾馆(电力宾馆、林业宾馆等)。

星级酒店

湖北县城一级的地方,基本都能找到星级宾馆,两到三星级一般在100元以上；经济比较发达的县市很可能会有四星级，价位一般在300元左右；在武汉五星级也很好找。建议了解一下宾馆的新旧程度，一家新开的三星级宾馆与一家装修了十年的四星级酒店相比，前者很可能是更舒适的选择。

通过携程、去哪儿等旅游门户网上预订可以获得星级酒店的折扣价。也可以请当地旅行社代订，或是直接去酒店官网预订，折扣或许更大。

度假村

湖北的度假村主要分布在各大温泉景区、城市郊区和知名景点也有一些。通常这类度假村的自然环境都很好，更为亲近自然，但交通和住宿成本也相应更高。度假村可作为经济条件和时间都较为宽裕的旅行者的选择。

露营

除了在神农架、恩施州深处之外，湖北少有随身携带帐篷的旅行者，宾馆酒店和农家乐等选择很多。而在神农架的山间徒步，通常会持续几天几夜，中途基本没有补给点，这种情况下，帐篷是必需品。另外，在一些山区里，寺庙的院子也可以作为安全方便的营地，当然，前提是征得僧人的允许，并且，适当随喜也是基本礼仪。

长期或短期租房

"分享住宿"的概念越来越普遍，如果在武汉考虑短租公寓的话，Airbnb网站上有充足的房源，每日价格从几十元到500元以上都有，其中有不少是和房东共享一套公寓，如果碰上对武汉熟悉的房主，也许会获得很多有用的旅行信息。长期住宿的话，一个方法是和宾馆谈长租价格折扣，但折扣不会太低，私人宾馆更容易讨价还价。长租公寓房的话，房产中介办公室、租房网站或大学内公告栏上贴的招租小广告都能帮到你。

证件

在湖北旅游，带好身份证用于住宿登记、购买机票和火车票即可。学生、军人、记者、老人等可以凭证件得到折扣门票的人群，一定要带上自己的证件（老人用身份证），它会为你省下一些费用。不过，现在研究生证已被大多数景点排除在享受优惠之外，在一些门票价格较高的景点，记者证可能也不管用。

保险

购买保险是旅游计划的一个重要组成部分。不少保险公司都有旅游意外险的险种，能够对旅行者在旅行中因人身意外、财物丢失、医疗急救等造成的损失进行一定比例的赔偿，尽可能地降低旅行的风险承担。

如果你在旅行中需要参团游览，团费中一般都已包含旅行社为你购买的旅行社责任保险。但这个险种只承担因旅行社的过错给旅游者带来的损失，却不包括因意外或旅行者自身过错造成的损失，因此，即使在参团的时候，也别忘了自行购买旅游意外险。

喜欢户外运动的旅行者需要注意：传统的旅游意外险一般都不包括极限运动造成的损失，所以旅行者需要另行购买人身伤害险。**美亚保险**（☎400 820 8858；www.aig.com.cn）推出的"畅游神州"险种承保多种热门户外运动项目，如潜水、骑马、自行车、滑雪等，但滑翔翼和跳伞活动除外。另有针对短期户外活动推出的"拉磨无忧"险种，可在**磨房保险**（☎400 600 9995；bx.doyouhike.net）购买，保费更低一些。华泰的"安途"系列不仅承保团队成员各项户外运动的意外风险，而且针对领队责任设计了特别风险保障，很适合组团进行户外活动的驴友选择，这个也得在磨房保险购买。

旅行者在购买火车票、长途汽车票的时候，不少车站在售票时会主动搭售保险，根据保险自愿的原则，旅客有权拒绝（最好购票时提前声明）。即使没有另外购买保险，但票面已经包含了承运者的保险责任。因此，如果发生意外，依然有权进行索赔。一路上的各种票据请妥善保管，以备不时之需。另外，旅游意外险通常包括了航空意外，有时候比购买航空意外险更加优惠，而且保额更高。

至于自驾游的旅行者，建议为汽车购买全车盗抢险或车辆损失险，比较昂贵的相机之类的装备也可以考虑购买财产险。另外，如果是租车自驾，建议事先了解好车辆已上保险的范围。

银行

湖北各地的银行、ATM自动取款机随处可见。乡镇一级的地方最起码也有农村信用社、中国邮政储蓄。如果你要去武当山、大九湖、恩施大峡谷、九宫山等深山景点，最好于进山前在附近的县城、镇子取好足够的现金。

购物

在湖北旅行，抛开一些国内所有景点都雷同的纪念品，仍然有不少特色产品可以购买。

在湖北中东部，最推荐的购物地点是各大博物馆的礼品部，能买到编钟、铜镜、漆器复制品等充满特色的纪念品，不过价格偏高。恩施州是湖北省最具民俗风情的地方，能在集市、景点门口买到一些土家族的手工艺品，不过要提防买到的是义乌货。

武汉是中国中部最大的商业城市。曾经名扬四海的汉正街风光不再，调研期间这里正在建设新的商务旅游中心。想淘小商品的，不妨去汉口的宝成路夜市逛逛。汉口新民众乐园、摩尔城，武昌楚河汉街、光谷广场，汉阳永旺梦乐城……都是武汉的大型购物中心，血拼一族会很喜欢。广埠屯的电子数码市场号称"北有中关村，南有广埠屯"，在电商兴起前风光一时。值得一提的还有大学云集的文教氛围，让武汉有很多值得一逛的书店，尤其是校园附近的独立书店、旧书店，能买到市面上不易找到的好书。

不过目前最受欢迎的手信，仍然是周黑鸭的各种卤味，真空包装很适合带回家分给亲朋好友。热干面有方便面包装，可是口味相差甚远，并不推荐。孝感米酒、孝感麻糖、咸宁桂花糕、黄石港饼……也很常见，不过这些食品早已批量化生产、市场化销售，外地超市也能买到正宗的产品。更值得带走的是风干武昌鱼、蟠龙菜、钟祥葛粉、荆州鱼糕等，注意保质期限。

山区有可能碰到山民贩卖一些稀奇古怪的草药，甚至有国家保护的野生动植物——请说"不"，还是买一些松子、榛子、蜂蜜、果干之类的农副产品更好。当然，如果遇到了价格昂贵（几千元一斤）的长江刀鱼，就算能消费得起，也请为长江水族的保护尽一份微薄的心意。

户外徒步旅行者如果需要购置装备和用品，则可在武汉、宜昌先行购买。

邮政

只要是县城一级就有邮局，寄包裹不是问题。**国家邮政局**（www.spb.gov.cn）的网站上可以查到供参考的邮政资费。包裹有普包、快包、EMS等多种服务，但有时邮局不太愿意给你普包的单子，要坚持一下。一些小城镇仅有邮政储蓄而不提供邮寄服务，需要注意。

民营快递在湖北省的网络也很发达，申通、中通、顺丰等公司在湖北各地布有不少网点。

电话

无论是移动、联通还是电信，在湖北各县市都有良好的手机信号，县城一级的地方基本都有这些运营商的营业厅。但是在神农架、武当山、恩施等山区，只要离开居民生活的区域，可能就没有手机信号了。

一些宾馆、旅馆和电信有合作，在客房有免费畅打国内长途的座机。旅行时间较长或者通话频繁的，出发前可电询电话公司，申请更改一个包含若干免费通话时间和全国免费接听的套餐。因为手机太方便，公用电话和IP话吧正在不断减少。如果你是拨打报警电话，可尽量使用座机，方便警方迅速定位。

上网

像全国其他地方一样，湖北的城乡布满大小网吧，基本为网游爱好者而设，环境嘈杂。要浏览网页或处理文件，有时会找不到相关应用程序，需自行下载。目前网吧上网需要刷二代身份证，如果没有带，有可能被拒绝入内。

湖北绝大多数宾馆都会有无线网络提供，一些还会提供电脑房，比普通房间贵上10～30元钱。如今热门旅游区的农家乐也提供无线网络，青年旅舍一般还会有公用电脑，咖啡馆、好一些的餐厅，无线网络也是必备的。

营业时间

受季节影响不大的人文旅游景点几乎全年开放，博物馆除外，周一常为闭馆日；景点淡季开放和关闭时间相对旺季大多会推迟或提早半小时；神农架、武当山等自然景观在冬季或会因雪封山，夏季暴雨天气也有可能暂时封闭。各地银行和邮局的营业时间一般8:30或9:00开始，17:00或17:30结束，中午可能有1～2小时的休息时间，周末会相应缩短工作时间。武汉市内一些供应早餐的咖啡馆10:00开始营业，酒吧一般都到16:00以后开门，不过晚上打烊也会比较晚，至少要开到午夜。

气候

请参见25页了解湖北的最佳旅行季节。**中国天气网**（www.weather.com.cn）能查到湖北所有市县和主要景点的天气情况，可预报3~7天。

武汉

°C/°F 气温   降水量 in/mm

宜昌

°C/°F 气温   降水量 in/mm

恩施

°C/°F 气温   降水量 in/mm

襄阳

°C/°F 气温   降水量 in/mm

旅游信息

湖北各县市的旅游局是最权威的旅游信息来源。一些旅游局和热门景点的官方网站和微博会发布较实用稳妥的资讯，更新还比较及时。而在一些旅游不太发达的县城，我们的经验是旅游局反而更乐于帮助普通旅行者。

一般来说，当地最贵的酒店，一楼的大堂常有丰富的旅游资料免费供人取阅，青年旅舍的酒吧和布告板也是交换旅游信息的好地方。在开发较好的旅游景点，售票处旁边的游客信息中心常常会提供免费或收费的资料和地图（在禁止拍照的博物馆，带展品照片的宣传页是很好的纪念品），也能打听到一些实用信息。最直接的办法是跟当地人沟通，出租车司机、导游、户外向导、商贩等，大都会热情地向你提供信息，不过一定要提防被误导。

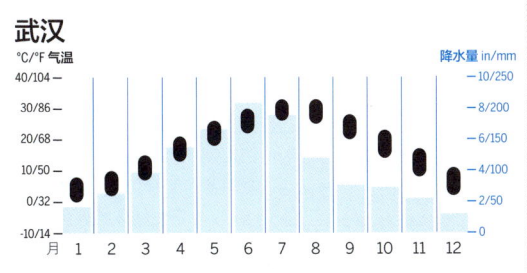

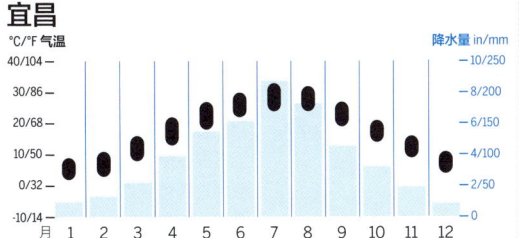

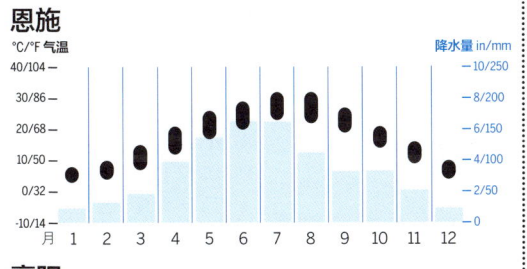

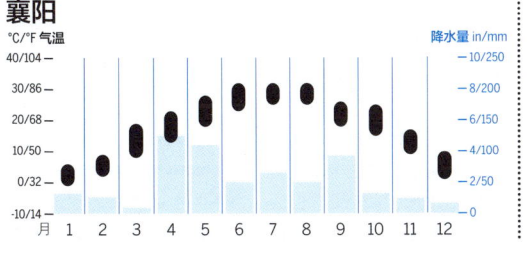

团队游

这里的团队游指的是在湖北当地报名参加的团队，以1~3日游为主。武汉的旅行社资源很多，这类团队游的路线丰富，金家墩、傅家坡车站内的旅游集散中心还提供散客拼团的班车。

公共交通在鄂西山区不怎么方便，因此在这里参加团队游很不错。不过武当山、神农架等知名景区都有可靠的景交车，还是去一些偏僻的景区再适宜报团。

宜昌是三峡旅游的门户城市。由于长线客轮、快艇的停运，游览三峡更适宜搭乘邮轮。邮轮本身就有一些团队游的性质，而报团可能比直接购买船票更便宜。

需要注意：团队游最大的好处是可以简单解决交通问题，普遍的问题是，可能浪费不少时间在购物上。所以报名前，了解旅行社的资质、口碑很重要。

背包客若要结伴走神农架、恩施，一些户外俱乐部组织的活动更为灵活便利,也更加投合背包客的口味。但从官方角度看,这些俱乐部的经营资质可能会有问题,通常有在行前要求旅行者签免责声明的潜规则,这意味着此次户外活动个人的安全完全由自己负责。

摄影和摄像

在湖北,很多宗教场所都禁止拍照,僧人等宗教人士一般也不允许随便拍摄,因此一定要注意遵守,不要因为宗教人士的友善而放纵你的快门,肆意"咔嚓"。此外,一些博物馆禁止拍摄展品,即使允许拍摄,也不能使用闪光灯。

在地形复杂的地方拍照需量力而行,不要到危险的悬崖攀爬取景,自驾车经过风景壮美的高速路桥也不要随意停车拍照,以免影响来车。在沉迷于美景的时候,别忘了珍重自己与他人。

拍摄人物照的时候,要事先征得对方同意,拍完之后要表示感谢,答应寄照片,则请言出必行。在一些偏远地区,带立拍得相机或随身手机照片打印机,可以即时将照片分享给当地人。

危险和麻烦

整体来说,湖北是一个对旅行者挺友好的地区。不过作为大城市的武汉人员繁杂,可能因此有安全隐患;另外,山岭荒野之地交通不便、通信不发达,也须小心为上。

交通安全

鄂西近年来有多条高速公路开通,总体交通状况有很大改善。不过高速公路只覆盖交通干道,深入各景区仍以回弯、坡道很多的国道、省县道为主。出行遇到雨季,一定要多关注天气预报和路况新闻,给自己的旅行时间留些余量。一般司售人员会了解第一手路况信息,不妨向他们打听,打电话直接咨询景区工作人员也是不错的方式。

捐客

武汉三大火车站和各市级火车站附近有很多捐客。少数情况下他们是有帮助的,更多情况下,他们会将你引向一趟私营并拖拉等客的班车或者条件糟糕的小旅馆。简单的谢绝是合适的处理方式。此外,如果一位出租车司机过分努力地向你推荐某一家宾馆,同时诋毁你已经预订的住处,通常是期望从宾馆获得一份回扣而已。

武当山镇、神农架木鱼镇等旅游区的班车下客点,也常有捐客拉人住宿。不过这些捐客大都自家开有小宾馆,因为位置稍偏、旅游淡季等原因住不满,才上街拉客。可以考虑跟去看看,旅游区的这些小宾馆一般都不会太糟。

偷窃和欺诈

不少旅行者反映,青年旅舍的多人间已经成为小偷喜欢下手的地方,所以现金与重要财物如电脑、相机一定不要随意留在房间,在背包上加一把锁或者寄存前台都是可取的办法。

在人流量巨大的公共场合,记得看好你的财物,以防被扒窃。偷窃"重灾区"包括火车站、地铁、公交车、天桥、广场等地。去偏僻地方行走的话,最好先打听一下那里的治安。欺诈主要是看中你兜里的钱,只要不贪小便宜,不轻易掏钱,也就无从让人下手了。湖北的部分寺庙和道观,会纠缠游客索要"香火钱",可不理会。

独自旅行者

独自旅行可以和当地有更多的互动,也有更多思考和感受的时间,不过需要独自解决路上所遇到的问题,对旅行经验的要求稍高一点。武汉、武当山镇、宜昌有一些背包客栈提供宿舍的铺位,在这些背包客栈,也容易找人结伴包车,甚至共享美食。如果去稍微偏远而交通不便的目的地,建议约上几个伙伴,不管对于个人安全还是包车费用都有便利。一个人在路上,记得及时把自己的行踪告知家人或亲友。武汉有很多营业至深夜的酒吧,最好选现场开盖的瓶装饮料,防止被下药。

残障旅行者

就目前情况来看,无人陪护的残障人士要在武汉市区自助旅行是可以考虑的。机场、四星级以上的酒店和4A级以上的景区会有一些无障碍设施。比较适合残障旅行者的还有三峡大坝旅游区、三峡邮轮等景点。当然最好还是在到达湖北后雇请旅行社协助。记得带上残疾证,大多数景区都有优惠。

女性旅行者

整体来说,湖北人对女性

旅行者是友好、尊重的，甚至还会提供更多的关照。不过深入一些山区，女性旅行者最好多留一些心眼，以防当地人过分好奇的一些骚扰。湖北的青年旅舍基本都按性别分床位，但偶尔有陌生男女被安排混住到一个宿舍的情况，如果你不习惯，可以请旅舍给你重新安排。

同性恋旅行者

在湖北也如中国其他省份一样，一般来说只要不太张扬，同性恋旅行者不会遇到太多麻烦。武汉一些面向同性恋人群的酒吧和聚集地，在国内"同志圈"内颇有名气。而武汉市民对同性恋者的接受程度，也要比湖北其他地方更包容一些。

志愿服务

在湖北，从扶贫、支教活动到环保，各种项目都需要大量的义工，参与这些活动将让你对湖北有更深刻的理解。有兴趣的旅行者可以关注这几个网站：

湖北希望工程(新浪微博@湖北希望工程)是湖北一家实施希望工程、服务青少年助学的专业公益机构，会提供一些前往恩施、大别山区的支教岗位。

志愿湖北(hubei.zhiyuanyun.com)会实时更新一些湖北省的志愿者招募资讯，包括助学、防艾宣传、关爱留守儿童等。

世界自然基金会（www.wwfchina.org)有专门的长江生态区保护项目，江豚是重要保护对象，可在网站上找到其联系方式和一些活动信息。

志青春(www.whzyz.org)为武汉青年志愿服务信息平台，"汉马"志愿者就可在此报名。

活动
徒步

湖北的徒步活动集中在鄂西山区，最热门的徒步路线是神农架穿越。

自行车

自行车是到达当地后，一种更主动、自由的游玩方式。当然，如果有骑行经验和强壮的体魄，也可长距离骑行，湖北大部分地区的道路情况良好，沿途食宿方便，比较适合骑行。

武汉市内有城市自行车租赁点，沿武汉东湖、江滩骑自行车是很不错的骑行项目。除了骑行大桥，自行车过长江还可以通过轮渡实现，更有特色。宜昌等地的自行车俱乐部会组织到神农架、三峡等山区骑行，可到当地自行车俱乐部咨询。

318国道横穿湖北，是比较热门的长途骑行线路，由华东省份入川、进藏的旅行者大都会选择这条线，过了宜昌之后进入恩施山区，沿途风景和难度都明显升级。

观鸟

湖北水资源丰富，湖泊、湿地适宜鸟类栖居，再配上青翠的低山丘陵，更是各种候鸟、留鸟的天堂。因此在湖北观鸟的机会比较多。

东湖、磁湖、莫愁湖等城中湖是最方便的观鸟地，城市郊区的沉湖湿地、府河湿地、涨渡湖湿地更在每年10月至次年3月的候鸟迁徙季节，常能见到成群结队的大型鸟类。而洪湖、仙岛湖、沲水等较大的湖泊，自然也吸引了许多鸟类驻扎。

水田中点缀着一只只白鹭，这是湖北乡间常见的景色。位于大洪山南麓的京山县，每年5月10日的世界候鸟日都会举办观鸟节。长江沿线也很容易见到飞禽，溯江而上的江鸥别有风情，"西塞山前白鹭飞"的景色从古流传至今。

漂流

湖北境内有长江、汉江两条大江，其他河流众多，丰富的水资源让这里的漂流项目特别多。基本上每一个有山区的县市都有漂流，比如黄冈的大别山、咸宁的幕阜山、鄂中的大洪山……鄂西为大山大水，景色更棒，漂流两岸多为悬崖峭壁。恩施的清江闯滩漂流（见185页)、巴东的神农溪漂流（见176页)、秭归的九畹溪漂流（见173页)、英山的五洲洞穴漂流、通山的九宫山银河谷漂流（见241页)都各有特色。

骑马

在湖北旅行没有必要把骑马作为代步的交通工具。木兰草原、春秋寨等景点会推出骑马服务，但仅仅局限于旅行者坐在马背上被马夫牵着溜一圈。武汉的赛马活动在国内很有名，去东方马城（见53页)能享受到更专业的指导和培训。

滑雪

湖北的滑雪资源不多，滑

雪期时间也短，因此对于南方人而言更有吸引力。神农架有两家滑雪场，九宫山有一家滑雪场，是湖北目前仅有的三处滑雪选择地。

登山

湖北西部群山连绵，给这里提供了许多可选的登山目的地。武当山（见121页）和神农顶（见137页）等一些成熟的景区是难度较低、安全较有保障的登山选择。难度最大的是神农架穿越，有多条线路可选择，最受驴友欢迎的是4天重装老君山小环线（见138页方框）。

需要提醒的是，在景区内不按常规线路登山且没有装备和食物饮水补给的"爬野山"行为是不受鼓励的。

高尔夫

湖北的高尔夫球场分布在武汉及周边的鄂东地区。不过相比较而言，这里的高尔夫球场并没有过人之处，可在**新浪高尔夫频道**（golf.sina.com.cn）"球场"版块查询湖北各个高尔夫球场的情况。

交通指南

到达和离开

湖北，作为九省通衢之地，沟通着长江南北两岸，也是东部地区到西部地区的主要通道之一。全省有大小飞机场六座，能方便地到达全国各地。而省会武汉是全国四大铁路交通枢纽之一，城内的三大车站每天保持着420趟旅客列车始发或终到，加上过路的列车，每天有近千趟客车进出。尤其在"高铁时代"，京广、沪汉蓉高铁"一纵一横"令湖北成为中部最重要的"十字架"。在公路上，湖北则拥有自己的"七纵五横三环"的高速公路网，能方便通达各个省内地级城市。但离开平原丘陵地带，进入鄂西北的大山中，还是有诸多不便。山高路远，时间颇费。

飞机
机场

湖北境内现有六座机场，分别是武汉、宜昌、神农架、襄阳、恩施、武当山。武汉天河国际机场为我国中部地区最大的空港，也是该区域中唯一可直飞世界四大洲的机场。

武汉天河国际机场（☎027-96577；www.whairport.com）距离武汉市中心26公里，到汉口火车站30分钟大巴车程，在我们调研期间，连通机场的地铁已修建完毕，等T3航站楼投入使用时通车。

襄阳刘集机场（☎0710-3236737，售票381 2124；www.hbxyairport.com；襄州区机场路刘集村）有发往北京、上海、武汉、西安、昆明、广州、深圳等地的航班。

十堰武当山机场（☎0719-8876999；www.sywdsjc.com）有通往武汉、西安、上海、天津、北京、昆明、广州、兰州、杭州、深圳、重庆和长春的航线，计划在2017年开通成都、海口和厦门航线。在淡季，南方航空往往会推出武汉到十堰与动车票价格不相上下的折扣票价。

宜昌三峡机场（☎0717-6532114；www.sanxiaairport.com；猇亭区机场路8号）是三峡工程的重要配套项目，除了与国内各大城市之间的连接，还开辟了飞往韩国的国际航班。

恩施许家坪机场（☎0718-8410753；www.esairport.cn；许家坪路38号）目前与武汉、北京、上海、宜昌、广州等地有航班相通，但班次较少，机场就在恩施城内。

神农架红坪机场（☎0719-3312187）建于海拔2580米的高山之顶，是华中最高机场，也是湖北省投入运营的第五个民用机场。武汉到神农架只需50分钟飞行时间。

机票

购买机票先找一些诸如**去哪儿**（www.qunar.com）、**携程旅行网**（☎400 820 6666；www.ctrip.com）这样的网络代理商总归是没错。找到合适的时刻和心仪的航空公司后，可以直接去这个航空公司的官方网站碰碰运气，一般总有些"秒杀"或者打折票价的机会出现。

火车

由于湖北在内陆的中心位置，铁路交通可谓四通八达。以省会武汉为中心，拥有京广、京九、长荆、焦柳、武康、襄渝、宜万、汉宜铁路，武广、合武高铁等多条铁路。同时加上周边城市襄阳、宜昌、荆门为各自区域内的中心枢纽，连通着周边各省——湘、渝、陕、豫、皖、赣。武汉至长沙、南昌、合肥等长江中游城市只需2小时左右，到长三角、珠三角、京津冀地区只需4至5小时，到环渤海、成渝城市群等地则需6至7小时。

长途汽车

湖北有"四纵四横"的八条高速公路与外界相连，其中四条纵向——大动脉"京港澳"（G4），与之平行的大广（G45）、二广（G55）、焦桐高速（S49），连通着黄河岸边的河南与洞庭、鄱阳湖畔的湖南、江西。"四横"为沪蓉（G42）、沪渝（G50）、杭瑞（G56）、武英（S5），将东部的安徽与西部的重庆、陕西相连。

船运

如果想一日看尽长江三峡美景，可以选择宜昌交运的**长江三峡两日游游轮**（☎0717-6910001；三峡游客中心；680元）。在宜昌太平溪码头上船，当晚在奉节下船；第二天游览白帝城之后乘车返回宜昌或者前往重庆。这个行程节约时间，而且是在白天过峡，能欣赏到完整的三峡风光。

钱包和时间都宽裕的话，可选择从宜昌港出发到重庆港的涉外豪华游轮，通常是五日游，沿途停靠码头和景点较多，豪华游轮有各种系列，价格也不尽相同，可在网上预订或咨询游轮的官方网站。

省内交通

湖北省内交通以高铁动车最为经济便捷，目前高铁动车已经通达省内各大地级市。再有就是每年都会开通若干条高速公路，也是较为快捷的交通方式。除开东、南部的丘陵平原地区，湖北东、西、北三面环山，尤其是神农架、恩施地区，山路崎岖。

飞机

省内的几大机场——宜昌、神农架、襄阳、恩施、武当山，分别都有连通省会武汉的航班。在高铁动车的存在下，从时间费用上考虑，短距离的飞行并不经济。

火车

随着号称中国修建难度最大、公里造价最高、历时最长的宜万铁路的开通，之前最难以进入的地区——恩施州，也可快捷方便到达。加之石武、汉宜、武黄等高速铁路相继建成，湖北的高铁动车已覆盖除荆门、神农架以外的所有地市，而武汉成中国高铁的中部中心。在湖北中部的工业重镇——荆门，有焦柳铁路、长荆铁路在此交叉。咸宁，有京广铁路、武广高铁和武咸铁路交会。西部重镇宜昌，则坐拥三条铁路——西有宜万铁路，东有汉宜铁路，南向和东北向有焦柳铁路。同时，以武汉为中心已初步形成由城际铁路连接的1小时武汉城市圈，这些城市包括有黄石、鄂州、黄冈、孝感、咸宁等。

长途汽车

湖北的地级市之间都有完善的高速公路网连接，不通高速的只有鹤峰、神农架两地。"七纵五横三环"的省内高速网络初步形成，城市之间的点到点移动完全没有问题。

自驾车

随着高速公路的不断开通，自驾成为一种流行的旅行方式。尤其是对以前需要翻山越岭的鄂西北山区，现在行车时间大大缩减，行车难度大大降低。只不过出行之前，一定要检查好车况，以及加满油，因为沿途的服务区加油站并不十分完备。常常几十公里下来，看见某服务区加油站点的建筑，却未对外开放。

船运

长江自西向东纵贯省内，流程1062公里。虽然水运已难再现曾经的辉煌，但是作为一种旅行方式，可以方便地到达沿江的诸多城镇，同时饱览长江风景，三峡的起点就在宜昌境内。

当地交通

目的地的交通可以选择公交车、出租车、自行车，甚至是步行，到了县乡还有摩的、三轮车之类的辅助交通工具。

地铁和轻轨

湖北拥有地铁的城市，只有省会武汉。现阶段，武汉已建成1至4号共4条轨道交通线路,贯穿了三镇的核心区域。2016年,武汉有14条地铁在同时建设。可以预见将来会更加方便。

公交车

湖北省内城市的大部分公共交通都采用公交车,价格为1~2元。

出租车

出租车起步价6~10元。但还是有一些地方的出租车不打表,只讲价。

自行车

想骑车游览武汉,可租用公共自行车,下载一个APP"江城易单车"。公共租车点遍布市中心的各大景点,咨询电话027-85511588。

轮渡

游览武汉,可体验当地一种特殊的交通工具——轮渡,其航线有十五条,既有日常过渡的轮渡客运航线,也有高档一点的观光游览航线。不差钱,可体验"奢华"的"武汉·两江游览"航线。更多信息可查询武汉市轮渡公司网站(www.whlundu.com)。

幕后

说出你的想法

我们很重视旅行者的反馈——你的评价将鼓励我们前行,把书做得更好。我们同样热爱旅行的团队会认真阅读你的来信,无论表扬还是批评都非常欢迎。虽然很难一一回复,但我们保证将你的反馈信息及时交到相关作者手中,使下一版更完美。我们也会在下一版特别鸣谢来信读者。

请把你的想法发送到**china@lonelyplanet.com.au**,谢谢!

请注意:我们可能会将你的意见编辑、复制并整合到Lonely Planet的系列产品中,例如旅行指南、网站和数字产品。如果不希望书中出现自己的意见或不希望提及你的名字,请提前告知。请访问lonelyplanet.com/privacy了解我们的隐私政策。

作者致谢

崔群

感谢父母在我离家十年后与我同游故里,我很珍惜这段时光。感谢我的先生,很高兴终于带你认识了我的家乡。多年的好友苏婷、陶源夫妇,相隔数年的相聚也如昨日刚见,无须言多。祝福小牛,愿她的宝宝健康成长。感谢给予本书帮助的梅小排、胡楠、明智、孙毅飞、魏国巍、方铁、张晶晶、丁子凌、李小可和谭川遥,感谢一起吃小龙虾,一起放飞机的跳跳哥和高老师。特别的,感谢刀哥和孙澍。

孙澍

感谢张晓鸣、胡莲、柴凡、高举、谢斌、丁世东、周谨、罗莎和江毅等人提供的各种帮助,以及学姐、两位CE和在路上的其他同伴。更要感谢家人的支持和理解。

尼佬

完成这次旅行和写作,要对米念、刘威、周俊凌、崔群、小牛和阿Sam等的帮助表示感谢。

易晓春

对要致谢各方的人士,在此就不一一提名。老朋友新伙伴,没有你们的指点帮助,就完不成此项任务。

袁亮

非常感谢好CE崔群,让我能顺利完成这次调研。谢谢宜昌三毛青旅的老四和画子,忘不了半夜一起看欧洲杯决赛时的那盘好吃到爆的毛豆,还有给我的诸多帮助。谢谢我的同学喻植桃,谢谢老朋友周志宏和他《长江商报》的同事们,谢谢宜昌的摄影师李风和《湖北日报》摄影师刘曙松,谢谢秭归电力公司的雷勇和屈原镇供电所的师傅们,还有清江方山下的美女未央和她家的美猫黄二。

声明

本书地图由中国地图出版社提供,审图号GS (2016) 2876号。

封面图片:雪后武当山,刘璐/摄。

关于本书

这是Lonely Planet《湖北》的第一版。本书的作者为崔群、孙澍、尼佬、易晓春和袁亮。

本书由以下人员制作完成:
项目负责 关媛媛
项目执行 丁立松

内容策划 崔群 涂识 丁子凌
视觉设计 李小棠 庹桢珍
协调调度 高原
总　　编 朱萌
执行出版 马珊
责任编辑 廖恬

特约编辑 王歆
地图编辑 刘红艳
制　　图 张晓棠
流　　程 孙经纬
排　　版 北京梧桐影电脑科技有限公司

感谢吴英琦、洪良、徐华、陈爽为本书提供的帮助。

索引

A

阿列克桑德聂夫东正教堂 89, **88**

B

八路军武汉办事处旧址纪念馆 92, **84**
八七会议会址纪念馆 91, **88**
八仙观 129
白帝城 177
白鹤梁 175
白浪街 115
白兆山 226
百里荒 150
宝通寺 67, **68**
北伐军二十军军部旧址 231
滨江公园 230

C

彩虹桥 139
曾侯乙编钟 71, **12**
曾侯乙墓 225
柴埠溪大峡谷 157
长春观 62, **58**, **166**
长江观景第一台 58, **52**
车溪民俗旅游风景区 149
陈老巷 206
楚河汉街 70, **68**
楚王车马阵景区 217, **35**

000 地图页码
000 图片页码

春秋寨 210, **202**
磁湖 237

D

大洪山风景区 225
大九湖 139, **38**
大水井 193, **181**
丹江口 133
丹江口大坝 133
丹江口水库 134
道观河 110
东方山 238
东风汽车工业旅游区 114, **116**
东湖公园 73, **68**, **38**
东湖梅园 75, **68**
东坡赤壁 232

E

鄂州 230, **229**
鄂州博物馆 230
恩施大峡谷 189, **189**, **12**
恩施土司城 182, **183**
恩施州博物馆 182, **183**

F

房县 134
放鹰台 71, **68**
奉节 177
夫人城 204, **204**

G

葛洲坝公园 146, **146**

古德寺 91, **84**
古隆中 205, **202**, **30**
古琴台 102, **103**
关公馆 219, **218**
关陵 159
关垭遗址 132
关羽祠 219, **218**
官门山 140
广德寺 206, **202**
归元寺 101, **103**
龟峰山 234
龟山 102, **103**

H

汉口江滩 85, **84**
汉口老租界 89
汉阳 101
汉阳江滩 104, **103**
汉阳树 105, **103**
红安天台山 234
红色将军县 234
红巷 65, **58**
洪波池 66
洪湖风景区 223
洪山 70, **68**
湖北省博物馆 71, **68**
华中科技大学 63, **68**
黄冈 232
黄冈中学 233
黄鹤楼 59, **58**, **161**
黄龙古镇 115
黄龙滩水电站 115
黄梅 236, **14**
黄石 237

黄石博物馆 237
黄石国家矿山公园 237, **229**
黄仙洞 214, **202**
黄州 232
火塔线 109

J

基督教荣光堂 90, **88**
吉庆街 95
剑河桥 125
江汉关博物馆 82, **84**, **20**
江汉路 85, **84**
解放公园 92, **84**
金殿 128
金猴岭 137
金龙水寨 110
锦里沟 109
京汉铁路总工会旧址 91, **84**, **20**
京山 215
荆门 210, **30**
荆门博物馆 210, **202**
荆州 216
荆州博物馆 218, **202**, **218**
荆州古城 217, **202**, **218**
景德寺 110
净乐宫 133
九宫山 241
九老仙都 220, **218**
九龙瀑 115
九路寨 211
九畹溪漂流风景区 173
九真山 110

K

夔门 177

L

蓝田生态旅游区 223
利川 193, **192**
连珠塔 184
链子崖 173
两坝一峡游轮 150

林家大湾 234
龙鳞宫 185
龙泉寺 114
龙王庙公园 86, **84**
陆水湖 243
鹿门山 207, **202**
鹿院坪 190
罗田 235, **229**
洛阳镇千年银杏谷 226
落雁景区 73, **52**
绿影壁 205

M

米公祠 206
沔阳三蒸 225
民族文化公园 175
明显陵 211, **202**, **13**
磨基山公园 147, **146**
磨山 74, **68**
磨针井 124
莫愁湖 212, **212**
木兰草原 109
木兰山 108
木鱼镇 141, **141**

N

南岸嘴 102, **103**
南河小三峡 211
南岩 126
牛头山公园 114, **116**

P

坪坝营 196

Q

七星树 130
起义门 62, **58**
钱冲古银杏公园 227
潜山 240
清江 191
清江方山 157

清凉寨 110
晴川阁 103, **103**
琼台 129
屈原故里 171, **172**
瞿塘峡 177

S

赛武当 115
三国赤壁 242
三峡 160, **160**, **11**
三峡大坝 145, **15**, **29**, **164**, **165**
三峡大瀑布 149
三峡人家 147
三游洞 148
沙市 220
上海路天主堂 90
上津古镇 132
蛇山 60, **58**
神农顶 137
神农谷 138
神农架 135, **10**, **26**
神农坛 140
神农溪 176
诗城博物馆 176
施洋烈士陵园 68
十里长堤 75, **68**
十堰 114
十堰博物馆 114, **116**
石牌岭路 80
水杉王 196
四方山森林公园 114, **116**
嵩阳寺 110
宋庆龄旧居陈列室 86, **88**
随州 224
随州博物馆 224
梭布垭石林 191

T

太晖观 220, **218**
太极湖 123
太子坡 124
唐崖土司城 196, **14**, **168**
腾龙洞 193, **181**

天鹅洲 224
天井峡地缝 178
天生桥 140
天堂寨 235
天燕 139
铁女寺 220, **218**
铜绿山古铜矿遗址 238
土家女儿城 185

W

万寿园 220
浠水风景区 223
文峰塔 213, **212**
问津书院 111
巫山县博物馆 174
巫峡 174
无影塔 70
五道峡 211
五祖寺 236
武昌江滩 58, **58**
武当山 119, **2, 8, 42, 166, 167**
武当山博物馆 122, **122**
武当山地质博物馆 122
武汉大学 66, **68**
武汉二七纪念馆 91, **84**
武汉国民政府旧址纪念馆 91, **84**
武汉基督教教世堂 90, **84**
武汉科学技术馆新馆 88, **84**
武汉美术馆 89, **88**
武汉长江大桥 57, **45, 161**

X

西兰卡普 184
西陵峡 160
西塞山 238
西山 230
浠水 235
习家池 207, **202**
仙岛湖风景区 239
咸宁 239
香水河 211
香溪源 140
襄阳 201, **34**
襄阳博物馆 205
襄阳古城墙 201, **168**
襄阳唐城 207, **202**
逍遥谷 125
猇亭古战场风景区 159
小寨天坑 178
孝感 226
薤山 211
辛亥革命博物馆 60, **58**
辛亥革命武昌起义纪念馆 60, **58**
玄岳门 123
雪松路 95

Y

炎帝神农故里 225
洋澜湖 231
尧治河 211
叶挺将军囚居旧址纪念馆 184
宜昌 144, **45**
宜昌博物馆 147
宜昌规划展览馆 147
遗爱湖 232
隐水洞 242, **229**

英山 236
鱼梁洲 206
鱼木寨 194, **181**
玉泉寺 158
玉虚宫 123, **122**
玉虚岩 125
元和观 123
元青花四爱图梅瓶 71
元佑宫 213, **212**
越王勾践剑 71
云雾山 109
郧县人头骨化石 71

Z

枣宜会战 210
张居正故居 219, **218**
张居正墓 220
张自忠将军纪念馆 210
章华寺 221
昭君故里 158
治世玄岳坊 123
中华龙文化博物馆 88
中华鲟园 149
中科院武汉植物园 74, **68**
中山公园 91, **84**
中山舰博物馆 111
钟祥 210, **212**
钟祥博物馆 212, **212**
重庆中国三峡博物馆 175
卓刀泉寺 75, **68**
秭归 171, **172**
紫霄宫 125

000 地图页码
000 图片页码

记事本

地图图例

景 点
- 佛寺
- 城堡
- 教堂
- 清真寺
- 纪念碑
- 孔庙
- 道观
- 世界遗产
- 博物馆
- 遗址
- 酒窖
- 动物园
- 温泉
- 剧院
- 一般景点

活动、课程和团队游
- 潜水/浮潜
- 划艇
- 滑雪
- 冲浪
- 游泳/游泳池
- 蹦极
- 徒步
- 帆板
- 其他活动、课程、团队游

住 宿
- 酒店
- 露营

就 餐
- 就餐

饮 品
- 酒吧
- 咖啡

娱 乐
- 娱乐

购 物
- 购物

实用信息
- 银行
- 使馆
- 医院/药店
- 网吧
- 公安局
- 邮局/邮筒
- 公共电话
- 卫生间
- 旅游信息
- 无障碍通道
- 其他信息

地 理
- 海滩
- 灯塔
- 瞭望台
- 山峰
- 栖身所、棚屋
- 森林公园

行政区划
- 首都
- 省级行政中心
- 地级市行政中心
- 自治州行政中心
- 县级行政中心
- 乡、镇、街道
- 村

交 通
- 机场
- 过境处
- 公共汽车
- 渡船
- 地铁
- 停车场
- 加油站
- 自行车租赁
- 出租车
- 火车站
- 有轨电车
- 索道缆车
- 其他交通工具

道 路
- 高速公路
- G213 国道
- S203 省道
- X013 县、乡道
- 铁路
- 地铁
- 收费公路
- 高速公路
- 一级公路
- 二级公路
- 三级公路
- 小路
- 未封闭道路
- 购物中心/商业街
- 台阶
- 隧道
- 步行天桥
- 步行游览路
- 小路

境 界
- 国界
- 未定国界
- 地区界
- 军事分界线/停火线
- 省界
- 未定省界
- 特别行政区界
- 地级界
- 县级界
- 海洋公园界
- 城墙
- 悬崖

水 系
- 河流、小溪
- 间歇性河流
- 沼泽
- 礁石
- 运河
- 湖泊
- 干/盐/间歇性湖
- 冰川

地区特征
- 海滩/沙漠
- 基督教墓地
- 其他墓地
- 公园/森林
- 运动场所
- 重要景点(建筑)
- 一般景点(建筑)

注：并非所有图例都在此显示。

我们的故事

一辆破旧的老汽车，一点点钱，一份冒险的感觉——1972年，当托尼（Tony Wheeler）和莫琳（Maureen Wheeler）夫妇踏上那趟决定他们人生的旅程时，这就是全部的行头。他们穿越欧亚大陆，历时数月到达澳大利亚。旅途结束时，风尘仆仆的两人灵机一闪，在厨房的餐桌上制作完成了他们的第一本旅行指南——《便宜走亚洲》(Across Asia on the Cheap)。仅仅一周时间，销量就达到了1500本。Lonely Planet 从此诞生。

现在，Lonely Planet 在都柏林、富兰克林、伦敦、墨尔本、奥克兰、北京和德里都设有公司，有超过 600 名员工和作者。在中国，Lonely Planet 被称为"孤独星球"。我们恪守托尼的信条："一本好的旅行指南应该做好三件事：有用、有意义和有趣。"

我们的作者

崔群

内容策划; 武汉之汉口和三镇周边; 鄂东之黄冈和黄石　生于汉口，却已十年游走他乡。出于情怀接下此书，有时带着父母，有时带着爱人，有时带着大疆，有时带着步伐，在烈日和暴雨中隔着时光再次认识了这片生她养她的地方，发现家乡是个待久了会烦，离久了又想的奇怪地方。自打2010年开始参与Lonely Planet内容创作以来，目前此书或许是她最难也最难忘的工作吧？崔群同时为本书撰写了"今日湖北"。

孙澍

统筹作者; 武汉之武昌和汉阳; 鄂中; 鄂东之咸宁和鄂州　古云梦泽退去千年有余，湖北调研终于开始，孙澍借机再次深入了荆楚大地。"极目楚天阔"的风光令他大饱眼福，鱼米之乡的美食令他大饱口福，更有"吾将上下而求索"的历史文化，让他深深折服。而坐在凌波门外的栈桥上，东湖水色如故，他更重温了大学时代的美好回忆。孙澍同时为本书撰写了"负责任的旅行"和"出行指南"。

尼佬

十堰和神农架　云南人，不自由的撰稿人，也是常年的旅行者。从2009年开始，他已经参与了Lonely Planet约20本中文旅行指南的内容创作，也为各个知名中文媒体撰写关于旅行和地理的专栏，这次为写作指南而进行的湖北西部旅行成功地超出了他的期待。尼佬同时为本书撰写了"欢迎来湖北"和"饮食"。

袁亮

宜昌和三峡　网名刀哥，猫奴，伪球迷，渣图党，终生减肥未遂者。作为重庆人竟然没有去过三峡，这次赶上了真是运气，也因此更怀念长江边的少年时光。这是她参与调研的第8本Lonely Planet中文旅行指南，希望下一次继续在路上。袁亮同时为本书撰写了"湖北快门"。

易晓春

恩施 一个喜欢在山水间行走，去走不曾走过的路，去交不曾交过的朋友。为了这个一生犯贱的爱好，他从背着书包上路的无聊学子，到不安分的IT人士，再到被全球最大牌的Lonely Planet所接纳成为其中一员，成为几本旅行指南的中文作者和统筹编辑。现在他安分居于一个小城市，守着一个小店，接待着五湖四海的来客，继续做着下一次旅行的美梦。易晓春同时为本书撰写了"交通指南"和"湖北建筑"部分章节。

何书彬

历史 毕业于武汉大学新闻学专业，非虚构文学作者，原《看历史》杂志记者，现《讲古》APP主编，已出版《奔腾年代：鼓浪屿上的商业浪潮》等图书。

黎雯

湖北人 也真是湖北人，生于斯，长于斯至21岁，本科四年令她对大城市的印象烙下的是大武汉的印记，之后北上又南下，切身体会南北人个性，也更了解她身上与生俱来的湖北人秉性。在"湖北人"的写作中，她加深了对家乡的历史故事和人情风物的了解，也更加了解了同乡和自己。

姚雪霏

环境 笔名桃之，生态学博士生。一只脚踩在科研道路上，转过基因、出过野外、算过函数、跑过程序，从微观到宏观，希望从各种视角科学地了解自然界；另一只脚探进科普出版、生态旅游、环境保护等话题上，希望能找到"人与自然和谐共处"之道。

茵阁

文化与艺术 喜欢各种跨界，对多重身份乐此不疲。资深媒体人、职业写字匠，生活美学推手、心灵塔罗师。在国内外多家一线媒体开过专栏，曾经是FT（英国《金融时报》）特约撰稿人，著有《情爱厨房》一书。现为《收藏·拍卖》杂志执行副主编。

湖 北

中文第一版

© Lonely Planet 2017
本中文版由中国地图出版社出版

© 书中图片版权归图片持有者所有，2017

版权所有。未经出版方许可，不得擅自以任何方式，如电子、机械、录制等手段复制，在检索系统中储存或传播本书中的任何章节，除非出于评论目的的简短摘录，也不得擅自将本书用于商业目的。

图书在版编目（CIP）数据

湖北／澳大利亚LonelyPlanet公司编.--北京：中国地图出版社，2017.2（2021.8重印）
（中国旅行指南系列）
ISBN 978-7-5031-9734-5

Ⅰ.①湖…Ⅱ.①澳…Ⅲ.①旅游指南－湖北Ⅳ.
①K928.963

中国版本图书馆CIP数据核字（2017）第008509号

出版发行	中国地图出版社
社　　址	北京市白纸坊西街3号
邮政编码	100054
网　　址	www.sinomaps.com
印　　刷	北京华联印刷有限公司
经　　销	新华书店
成品规格	197mm×128mm
印　　张	9.5
字　　数	517千字
版　　次	2017年2月第1版
印　　次	2021年8月北京第5次印刷
定　　价	59.00元
书　　号	ISBN 978-7-5031-9734-5
审图号	GS（2016）2876号
图　　字	01-2016-9564

如有印装质量问题，请与我社发行部（010-83543956）联系

虽然本书作者、信息提供者以及出版者在写作和出版过程中全力保证本书质量，但是作者、信息提供者以及出版者不能完全对本书内容之准确性、完整性做任何明示或暗示之声明或保证，并只在法律规定范围内承担责任。

Lonely Planet 与其标志系 Lonely Planet 之商标，已在美国专利商标局和其他国家进行登记。不允许如零售商、餐厅或酒店等商业机构使用 Lonely Planet 之名称或商标。如有发现，急请告知：lonelyplanet.com/ip。